高等学校
工程管理专业应用型本科规划教材

Fangdichan Caiwu Guanli

房地产财务管理

主　编　赵玉霞　周桂芳
副主编　缪立勤　韩艳华　尹建中
主　审　邵军义

人民交通出版社
China Communications Press

内容提要

本书为高等学校工程管理专业应用型本科规划教材。

本教材针对房地产企业经营活动的特点，系统阐述了其财务管理的基本原理和方法，结合案例，全面介绍了房地产财务管理实务的处理过程。本书内容新颖，理论精简，可操作性强。其主要内容包括：房地产企业财务管理总论，资金时间价值与风险分析，房地产企业资金筹集管理，资金成本与资金结构，房地产企业证券管理，房地产企业开发项目决策评价，房地产企业流动资产、固定资产和其他管理，房地产企业成本费用控制管理，利润分配管理，财务预测，财务分析。

本书主要作为高等学校工程管理、房地产经营与管理、土地资源管理等专业的教材，同时也可供相关从业人员学习参考。

高等学校工程管理专业应用型本科规划教材出版说明

工程管理专业自1998年设置以来，伴随着国民经济及工程建设的迅猛发展，已逐步成熟完善，目前已有近300所院校开设该专业。在这些院校里面，有相当一部分以“应用型”定位为主，各院校结合自身的专业特点，形成了各具特色的教学培养模式。为满足广大“应用型”本科院校的需要，加强特色方向教材的出版，人民交通出版社深入调研，周密组织，在高等学校工程管理专业指导委员会的热情鼓励和悉心指导下，蒙清华大学朱宏亮教授尽心主持，得到了国内七十余所高校的积极响应，邀请一大批各院校骨干教师参与，由国内一流专家审稿，组织、编写、出版了本套高等学校土建学科工程管理专业应用型本科规划教材。

本套教材以《全国高等学校土建类专业本科教育培养目标和培养方案及主干课程教学基本要求——工程管理专业》为纲，结合专业建设、课程建设和教学改革以及本学科的最新研究成果，设置了技术平台课程、管理平台课程、经济平台课程、法律平台课程，以及工程项目管理方向课程、房地产经营与管理方向课程、投资与造价管理方向课程、公路工程项目管理方向课程，进行了相应的教材开发，供各院校选用。

本套教材以“应用型”定位为出发点，结合教学实际，全面规划成系列开发近50个品种。教材编委会、审稿委员会、编写与审稿人员全力以赴，为打造精品教材做出了不懈努力，希望能够以此推动工程管理专业的教材建设。

本套教材适用于高等学校工程管理专业，各高校独立学院、成人教育学院及网络教育中的工程管理、房地产经营与管理、工程造价等相关专业亦可选用。

人民交通出版社

2007年6月

前 言

随着房地产企业在我国的迅速发展，房地产企业的生产经营活动越来越广泛和复杂，企业之间的竞争越来越激烈。如何确立合理的财务管理目标，如何通过有效的资金运动来实现房地产财务管理的目标，如何在竞争中立于不败之地是摆在房地产企业面前的重大课题。

房地产企业财务管理的实践推动着财务管理理论和管理方法的发展。10 几年来，财政部根据企业不断发展的生产经营环境连续不断地颁布了一系列的财务制度，如 1992 年颁布的《企业财务通则》、《工业企业财务制度》；1993 年颁布的《施工、房地产开发企业财务制度》、《房地产开发企业会计制度》；2000 年颁布的《企业会计制度》；2003 年颁布的《房地产企业会计核算补充规定》；2004 年颁布的《小企业会计制度》；2006 年颁布的《企业会计准则——基本准则》、《企业会计准则的 1 号——存货》等 38 项具体准则。依据这些财务制度和会计准则我们编写出了这本教材。

在编写本教材的过程中，我们既阐述了企业财务管理的共性，又兼顾了房地产财务管理的行业个性；既有财务管理的基础理论和知识，又全面系统地介绍了房地产财务管理实务的处理过程。在编写过程中，我们力求做到以下几点：

1. 理论精简。适应当代大学生开课多，课时少，知识面广的特点，本教材做到了理论全面、简短、精辟。

2. 案例逼真。本教材所选案例紧密结合房地产企业的特点，可操作性强。

3. 内容新颖。依据财政部颁布的最新的财务、会计制度，融会了符合当前房地产企业经营管理的最新的财务理论，同时吸收了部分国际上比较新的理论知识。

本教材共 12 章，由平顶山工学院赵玉霞和周桂芳主编，苏州科技学院缪立勤、平顶山工学院韩艳华和湖南城市学院尹建中副主编。具体编写分工：赵玉霞（第 4 章、第 6 章），周桂芳（第 1 章、第 2 章），缪立勤（第 5 章、第 7 章），韩艳华（第 9 章、第 10 章），尹建中（第 3 章），平顶山工学院的孙亚辉（第 11 章、第 12 章）和张厚钧（第 8 章）参加编写。本教材由赵玉霞主编负责全书的大纲和初稿的审阅、讨论和修改工作，并负责全书的总纂和定稿。

青岛理工大学邵军义教授担任本书的主审工作，为本书提出了许多建设性的意见，在些表示衷心的感谢。

本教材在编写过程中得到了有关专家、学者的支持和帮助，并参考了大量的文献，谨在此致以诚挚谢意。

由于时间仓促，水平有限，书中难免有疏漏之处，敬请广大读者批评指正。

编者

2007 年 6 月

学习导言

同学们！当你初次手捧这本书时，你脑子里肯定会闪现很多问题，比如说：这本书讲什么内容？本教材对我今后工作有什么作用？怎么才能学好这门功课？我有能力学好吗？等等。面对这些未知而又好奇的问题你也许充满了信心，也许觉得茫然不知所措。真诚地希望这篇导言能给你以启示和帮助。

1. 房地产财务管理的先导课程

要想学好房地产财务管理，就必须要学好它的先导课程，如《基础会计》、《房地产会计》、《管理会计》、《经济法》等，同时还要了解相关的金融学、税法、证券投资等知识。因为房地产企业财务管理，既是一门独立于其他学科之外的学科，又是一门与会计学、金融学、税法、证券投资等紧密相关的一门综合学科。

2. 房地产企业会计与房地产财务管理的关系

要学好房地产财务管理的首要问题是正确认识《房地产会计》与《房地产财务管理》的关系。首先，房地产会计与房地产财务管理联系紧密不可分割，房地产会计与房地产财务管理都离不开“价值”，两者都是通过或利用“价值”发挥作用，两者相辅相成贯穿于企业生产管理过程的始终。会计的本质就是反映价值运动过程中的数与量，财务管理只有利用会计所提供的真实可靠的信息，才能对企业的经营业务状况进行准确的把握，才能制订出合理的计划和决策，从这点上说，财务管理离不开会计，会计是财务管理的基础。其次，房地产会计和房地产财务管理又有着本质的区别。他们的概念不同：会计是以货币作为主要计量手段，反映和监督一个单位经济活动的一种经济管理工作，财务管理是基于企业生产经营过程中客观存在的财务活动和财务关系而产生的，它是利用价值的形式对企业的生产经营过程进行管理，是企业组织财务活动、处理与各方面财务关系的一项综合性管理工作。职能不同：会计的职能是反映和监督，侧重于对资金运动过程的事后反映和监督，而财务管理的基本职能是预测、决策、计划和控制，侧重于对资金的组织、运用和管理。时间不同：房地产会计所提供的会计信息是事后的，而财务管理提供的信息是未来的。方法不同：会计利用凭证、账簿、报表等形式对经济业务从价值的角度进行反映，而财务管理是利用会计提供的信息，运用数学、运筹学等方法分析其资金的运动规律，并对房地产企业筹资、投资、用资等方案进行财务预测、分析、评价、决策的过程。

3. 房地产财务管理的重要性

房地产财务管理的重要性可以从以下三方面凸现出来。其一，从个人的角度来说，这门课程的内容对于你们今后的生活和工作都有很大帮助，也可以说这门课程能让你终生受益。据调查，当今世界很多国家优秀的企业家是学财务出身的。或许你将来不从事财务工作，但是无论你将来从事什么工作，这门课程都会帮助你正确思考和决策问题。我想这是你们正确认识这门课程，端正学习态度最关键的因素。其二，从房地产企业的角度来说，学好这门课程对房地产经营与管理更是意义重大。例如，房地产证券投资管理可以告诉我们，房地产企业在资金充足的情况下，除了进行开发项目投资外，还可以进行证券投资，通过分析证券投资的风险与收益的关系、投资风险的衡量、投资收益的预测等，使我们认识并掌握投资的基本知识与一般规律，帮助房地产企业合理有效地理财。所以经营好现代企业的首要问题，当推理财问题。其三，从社会的角度来讲，随着市场经济的发展和我国资本市场体系的不断完善，财务信息越来越受到人们的重视。不论是企业管理人员还是广大投资者，以及债权人，他们对财务信息需求也越来越大，对财务信息质量要求越来越高。

4. 教材重要章节、难点、重要概念

在学习本教材之前，我们首先要了解本教材的重要章节、难点知识、重要概念。

(1) 本教材的主要章节

第 2 章 资金时间价值与风险分析，尤其是资金的复利终值与现值、年金终值与现值、风险的概念及分析计算等，是房地产财务管理的基础。

第 4 章 资金成本与资金结构，重点内容是：单项资金及综合资金成本的计算、分析、作用、边际资金成本、最佳资本结构等。

第 6 章 房地产开发项目决策评价，重点内容是：开发商品房及出租房的财务评价及投资方案的选择。

第 7 章 房地产企业流动资产管理，重点内容是：现金、应收账款、存货的管理。

第 9 章 房地产企业成本费用控制管理，本章的重点内容是：成本费用的预算、计划和控制。

第 11 章 财务预测，重点内容是：销售预测、利润与资金需求量的预测。

第 12 章 财务分析，重点内容是：趋势分析法、比率分析法和因素分析法、偿债能力分析、营运能力分析、盈利能力分析、杜邦分析法。

(2) 本教材的难点

资金成本和资本结构、房地产开发项目决策评价、流动资产管理、房地产企业成本费用的控制。

(3) 本教材的重要概念

包括财务管理的目标、复利终值与现值、年金终值与现值、资金成本、资本结构、边际成本、公司价值、财务杠杆、投资收益率、投资风险、现金流量、净现金流量、净现值、内部收益率、成本费用、成本预测、目标成本、作业成本法、资金需要量、财务分析、趋势分析法、环比分析法、因素分析法、偿债能力、营运能力、盈利能力、杜邦分析法等。

5. 相关的重要网站、期刊、文献

重要网站：中国财会网http://www.chinese-fortune.com/

北京财会网http://www.cpa21.com.cn/

中国税务财会网http://www.cs114.org/

中文财会类重要期刊：《财会研究》、《财会月刊》、《财会通讯》、《会计之友》、《四川会计》、《现代会计》、《中国房地产》

重要图书：财务成本管理．财政部注册会计考试教材，2007

谷祺，刘淑莲．财务管理，大连：东北财经大学出版社，2006.1

张先治．财务分析．大连：东北财经大学出版社，2005.9

(美) 威廉·E·夏普著．投资组合理论与资本市场．胡坚译．北京：机械工业出版社，2001.3

(美) 伦道夫 W·威斯特菲尔德著．公司理财（第六版）．吴世农，沈艺峰，等译．北京：机械工业出版社，2003.1

编者

2007 年 6 月

目 录

第1章
房地产企业财务管理总论

本章概要

1. 财务管理内容；
2. 描述财务管理的环境；
3. 明确财务管理的目标；
4. 介绍财务管理的环节。

1.1 房地产企业财务管理概述

1.1.1 房地产企业财务管理概念

在商品经济条件下，社会产品是使用价值和价值的统一体。企业开发经营房地产过程也表现为使用价值的生产和交换过程及价值的形成和实现过程的统一。在这个过程中，劳动者将生产中所消耗的生产资料的价值转移到产品中去，并且创造出新的价值，通过实物商品的出售，使转移价值和新创造的价值得以实现。企业资金的实质是开发经营过程中运动着的价值。

在企业开发经营房地产过程中，实物商品不断地运动，其价值形态也不断地发生变化，由一种形态转化为另一种形态，周而复始，不断循环，形成了企业资金运动。所以，企业的房地产开发经营过程，一方面表现为实物商品的运动过程；另一方面表现为资金的运动过程或资金运动。资金运动不仅以资金循环的形式而存在，而且伴随开发经营过程的不断进行，因此，资金运动也表现为一个周而复始的周转过程。资金运动是企业开发经营房地产过程的价值方面，它以价值形式综合地反映着企业的开发经营过程。企业的资金运动，构成企业开发经营房地产活动的一个独立方面，具有自己的运动规律，这就是房地产企业的财务活动。

房地产企业的资金运动，从表面上看是钱和物的增减变动，其实，钱和物的增减变动都离不开人与人之间的经济利益关系。

一言以蔽之，房地产企业财务是指企业在开发经营房地产过程中客观存在的资金运动及其所体现的经济利益关系。

房地产企业财务管理是基于房地产企业经营过程中客观存在的财务活动和财务关系而产生的，它是利用价值形式对企业开发经营房地产过程进行的管理，是企业组织财务活动、处理与各方面财务关系的一项综合性管理工作。

1.1.2 房地产企业财务活动

所谓房地产企业财务活动是指资金的筹集、投放、使用、收回及分配等一系列行为。从整体上讲，房地产企业财务活动包括以下 4 个方面。

1. 筹资活动

房地产企业组织商品生产，必须以占有或能够支配一定数额的资金为前提，也就是说，房地产企业从各种渠道以各种形式筹集资金，是资金运动的起点。所谓筹资是指企业为了满足投资和用资的需要，筹措和集中所需资金的过程。在筹资过程中，房地产企业一方面要确定筹资的总规模，以保证投资所需要的资金；另一方面要通过筹资渠道、筹资方式或工具的选择，合理确定筹资结构，以降低筹资成本和风险，提高房地产企业价值。

房地产企业通过筹资可以形成两种不同性质的资金来源：一是企业权益资金，企业可以通过向包括国家、法人、个人等投资者吸收直接投资、发行股票、用留存收益转增资本等方式取得；二是房地产企业债务资金，企业可以通过向银行借款、发行债券、利用商业信用等方式取得。企业筹集资金，表现为企业资金的流入。企业偿还借款、支付利息、股利以及付出各种筹资费用等，则表现为企业资金的流出。这种因为资金筹集而产生的资金收支，便是由企业筹资而引起的财务活动，是企业财务管理的主要内容之一。

2. 投资活动

房地产企业取得资金后，必须将资金投入使用，以谋求最大的经济效益；否则，筹资就失去了目的和效用。企业投资可以分为广义的投资和狭义的投资两种。广义的投资是指企业将筹集的资金投入使用的过程，包括企业内部使用资金的过程（如购置流动资产、固定资产、无形资产等）和对外投放资金的过程（如投资购买其他企业的股票、债券或与其他企业联营等）；狭义的投资仅指对外投资。无论企业购买内部所需资产，还是购买各种证券，都需要支付资金。而当企业变卖其对内投资形成的各种资产或收回其对外投资时，则会产生资金的流入。这种因企业投资而产生的资金收付，便是由投资而引起的财务活动。

企业在投资过程中，必须考虑投资规模（即为确保获取最佳投资效益，企业应投入资金数额的多少)；同时，企业还必须通过投资方向和投资方式的选择，来确定合理的投资结构，以提高投资效益，降低投资风险。所有这些投资活动都是财务管理的内容。

3. 资金营运活动

房地产企业在日常开发经营活动中，会发生一系列的资金收付。首先，企业要采购材料和商品，以便从事生产和销售活动，同时，还要支付工资和其他营业费用；其次，当房地产企业把开发商品售出后，便可取得收入，收回资金；第三，如果企业现有资金不能满足企业经营的需要，还要采取短期借款方式来筹集所需资金。上述各方面都会产生企业资金的收付。这种因企业日常开发经营而引起的财务活动，也称为资金营运活动。企业的营运资金，主要是为满足企业日常营业活动的需要而垫支的资金，营运资金的周转具有一致性。在一定的时期内，资金周转越快，资金的利用效率就越高，就可能生产出更多的产品，取得更多的收入，获得更多的报酬。因此，如何加速资金周转，提高资金利用效果，也是财务管理的主要内容之一。

4. 分配活动

房地产企业通过投资或资金营运活动可以取得相应的收入，并实现资金的增值。企业取得的各种收入在补偿成本、缴纳税金之后，还应依据现行法规及规章对剩余收益予以分配。广义地说，分配是指对企业各种收入进行分割和分派的过程；而狭义的分配仅指对企业净利润的分配。

随着分配过程的进行，资金或者退出或者留存企业，它必然会影响企业的资金运动，这不仅表现在资金运动的规模上，而且表现在资金运动的结构（如筹资结构）上。因此，如何依据一定的法律原则，合理确定分配规模和分配方式，确保企业取得最大的长期利益，也是财务管理的主要内容之一。

上述财务活动的4个方面，不是相互割裂、互不相关的，而是相互联系、相互依存的。正是上述互相联系又有一定区别的4个方面，构成了完整的企业财务活动，这4个方面也就是企业财务管理的基本内容。

1.1.3 财务关系

企业财务关系是指企业在组织财务活动过程中与有关各方所发生的经济利益关系。企业资金的筹集、投放、使用、回收和分配，与企业上下左右各方面有着广泛的联系，企业的财务关系可概括为以下几个方面。

1. 企业与投资者之间的财务关系

这主要是指企业的投资者向企业投入资金，向其投资者支付投资报酬所形成的经济关系。企业的所有者要按照投资合同、协议、章程的约定履行出资义务，以便及时形成企业的资本。企业利用资本进行营运，实现利润后，应该按照出资比例或合同、章程的规定，向其所有者支付投资报酬。这就形成了企业与投资者之间的经济关系。

2. 企业与债权人之间的财务关系

这主要是指企业向债权人借入资金，并按借款合同的规定按时支付利息和归还本金所形成的经济关系。企业除利用资金进行经营活动外，还要借入一定数量的资金，以便降低企业资金成本，扩大企业经营规模。企业的债权人主要有本企业发行的公司债券的持有人、贷款机构、商业信用提供者、其他出借资金给企业的单位和个人。企业利用债权人的资金，要按约定的利息率，及时向债权人支付利息，债务到期时，要合理调度资金，按时向债权人归还本金。企业同其债权人的财务关系在性质上属于债务与债权关系。

3. 企业与受资者之间的财务关系

这主要是企业以购买股票或直接投资的形式向其他企业投资所形成的经济关系。随着市场经济的不断深入发展，企业经营规模和经营范围的不断扩大，这种关系将会越来越广泛。企业向其他单位投资，应按约定履行出资义务，并依据其出资份额参与受资者的经营管理和利润分配。企业与受资者的财务关系是体现所有权性质的投资与受资的关系。

4. 企业与债务人之间的财务关系

这主要是指企业将其资金以购买债券、提供借款或商业信用等形式出借给其他单位所形成的经济关系。企业将资金借出后，有权要求其债务人按约定的条件支付利息和归还本金。企业同其债务人的关系体现的是债权与债务关系。

5. 企业与政府之间的财务关系

中央政府和地方政府作为社会管理者，担负着维持社会正常秩序、保卫国家安全、组织和管理社会活动等任务，行使政府行政职能。政府依据这一身份，无偿参与企业利润的分配。企业必须按照税法规定向中央和地方政府缴纳包括所得税、流转税、资源税、财产税和行为税等各种税款。这种关系体现一种强制和无偿的分配关系。

6. 企业内部各单位之间的财务关系

这主要是指企业内部各单位之间在开发经营各环节中相互提供产品或劳务所形成的经济关系。企业在实行厂内经济核算制和企业内部经营责任制的条件下，供、产、销各个部门以及各个生产单位之间，相互提供的劳务和产品也要计价结算。这种在企业内部形成的资金结算关系，体现了企业内部各单位之间的利益关系。

7. 企业与职工之间的财务关系

这主要是指企业向职工支付劳动报酬过程中所形成的经济关系。职工是企业的劳动者，他们以自身提供的劳动作为参加企业分配的依据。企业根据劳动者的劳动情况，用其收入向职工支付工资、津贴和奖金，并按规定提取公益金等，体现着职工个人和集体在劳动成果上的分配关系。

1.2 房地产财务管理的环境

财务管理环境又称理财环境，是指对企业财务活动和财务管理产生影响作用的企业外部条件，财务管理环境是企业财务决策难以改变的外部约束条件，企业财务决策更多的是适应它们的要求和变化。

企业财务活动在相当大程度上受理财环境，如生产、技术、供销、市场、物价、金融、税收等因素制约，对企业财务活动都有重大的影响。只有在理财环境的各种因素作用下实现财务活动的协调平衡，企业才能生存和发展。研究理财环境，有助于正确地制订理财策略。

本书主要讨论对企业财务管理影响比较大的经济环境、法律环境和金融环境等因素。

1.2.1 经济环境

影响财务管理的经济环境因素主要有经济周期、经济发展水平和经济政策等。

1. 经济周期

市场经济条件下，经济发展与运行带有一定的波动性，大体上经历复苏、繁荣、衰退和萧条几个阶段的循环，这种循环叫做经济周期。在不同的经济周期，企业应相应采用不同的财务管理策略。资本主义经济周期是人所共知的现象，西方财务学者曾探讨了经济周期中的经营理财策略，现择其要点归纳如表1-1所示。

经济周期中的经营理财策略 表1-1

复　苏	繁　荣	衰　退	萧　条
1. 增加设备	1. 扩充设备	1. 停止扩张	1. 建立投资标准
2. 实行长期租赁	2. 继续建立存货	2. 出售多余设备	2. 保持市场份额
3. 建立存货	3. 提高产品价格	3. 停产不利产品	3. 压缩管理费用
4. 开发新产品	4. 开展营销规划	4. 停止长期采购	4. 放弃次要利益
5. 增加劳动力	5. 增加劳动力	5. 削减存货	5. 削减存货
		6. 停止扩招雇员	6. 裁减雇员

我国的经济发展与运行也呈现其特有的周期特征，带有一定的经济波动。过去曾经历过若干次从投资膨胀、生产高涨，到控制投资、紧缩银根和正常发展的过程，从而促进了经济的持续发展。企业的筹资、投资和资产运营等理财活动都要受这种经济波动的影响，比如在治理紧缩时期，社会资金十分短缺，利率上涨，会使企业的筹资非常困难，甚至影响到企业的正常开发经营活动。相应企业的投资方向会因为市场利率的上涨而转向本币存款或贷款。此外，由于国际经济交流与合作的发展，西方的经济周期影响也不同程度地波及我国。因此，企业财务人员必须认识到经济周期的影响，掌握在经济发展波动中的理财本领。

2. 经济发展

经济发展水平对企业财务管理具有重大影响。近几年来，我国经济增长比较快，人均收入迅速增长。随着人均收入水平的提高，对住房的面积、质量要求也相应提高，房地产行业的发展符合了人们的要求。因而，最近几年房地产开发迅速增长。

但是，在市场经济条件下，经济通常不会出现较长时间的持续增长，而是在波动中前进的。经济运行沿着复苏、高涨、衰退、萧条 4 个阶段周而复始地循环，称为经济周期。而且，我国经济的发展与运行在过去曾多次出现超高速增长，发展过快，因而不得不对其进行治理整顿或宏观调控，也呈现出特有的周期特征，带有一定的波动性。

在经济周期的不同阶段，房地产企业财务管理工作面临着不同的财务问题。在萧条阶段，整个宏观经济环境不景气，需求减少，投资锐减，购销停滞，利润下降，企业筹资出现困难，经营也面临困难；在高涨阶段，需求旺盛，购销活跃，利润上升，企业为扩大投资，要进行大量的筹资和投资活动。经济运行的周期性，要求企业财务部门对经济周期应由全面、正确的了解和认识，事前要作出科学的预测，并预先根据各阶段的特点和本企业的实际情况采取相应的对策和措施，争取主动，避免被动，使企业财务工作适应经济环境的变化。

3. 经济政策

我国经济体制改革的目标是建立社会主义市场经济体制，以进一步解放和发展生产力。在这个总目标的指导下，我国已经进行或正在进行财税体制、金融体制、外汇体制、外贸体制、计划体制、价格体制、投资体制、社会保障制度等项改革。所有这些改革措施，深刻地影响着我国的经济生活，也深刻地影响着我国企业的发展和财务活动的运行。如金融政策中货币的发行量、信贷规模都能影响企业投资的资金来源和投资的预期收益；财税政策会影响企业的资金结构和投资项目的选择等；价格政策能影响决定资金的投向和投资的回收期及预期收益等。可见，经济政策对企业财务的影响是非常大的。这就要求企业财务人员必须把握经济政策，更好地为企业的经营理财活动服务。

1.2.2 法律环境

财务管理的法律环境是指企业和外部发生经济关系时所应遵守的各种法律、法规和规章。企业在其经营活动中，要和国家、其他企业或社会组织、企业职工或其他公民，及国外的经济组织或个人发生经济关系。国家管理这些经济活动和经济关系的手段包括：行政手段、经济手段和法律手段3种。在市场经济条件下，行政手段逐步减少，而经济手段，特别是法律手段日益增多，越来越多的经济关系和经济活动的准则用法律的形式固定下来。同时，众多的经济手段和必要的行政手段的使用，也必须逐步做到有法可依，从而转化为法律手段的具体形式，真正实现国民经济管理的法制化。

法律为企业经营活动规定了活动空间，也为企业在相应空间内自由经营提供了法律上的保护。影响财务管理的主要法律环境因素有企业组织形式的法律规定和税收法律规定等。

1. 企业组织形式

企业组织必须依法成立。组建不同的企业，要依照不同的法律规范，如《中华人民共和国公司法》、《中华人民共和国全民所有制工业企业法》、《中华人民共和国外资企业法》、《中华人民共和国中外合资经营企业法》、《中华人民共和国中外合作经营企业法》、《中华人民共和国个人独资企业法》、《中华人民共和国合伙企业法》等。这些法律规范既是企业的组织法，又是企业的行为法。

企业是市场经济的主体，不同类型的企业在所适用的法律方面有所不同。了解企业的组织形式，有助于企业财务管理活动的开展。按组织形式不同，可将企业分为独资企业、合伙企业和公司。

（1）独资企业

个人独资企业是指依法设立，由一个自然人投资，财产为投资人个人所有，投资人以其个人财产对公司债务承担无限责任的经营实体。个人独资企业的特点是：

①只有一个出资者。

②出资人对企业债务承担无限责任。在个人独资企业中，独资人直接拥有企业的全部资产并直接负责企业的全部负债。也就是说，独资人承担无限责任。

③独资企业不作为企业所得税的纳税主体。一般而言，独资企业并不作为企业所得税的纳税主体，其收益纳入所有者的其他收益一并计算交纳个人所得税。

（2）合伙企业

合伙企业是依法设立，由各合伙人订立合伙协议，共同出资，合伙经营，共享收益，共担风险，并对合伙企业债务承担无限连带责任的营利组织。合伙企业的法律特征是：

①有两个以上合伙人，并且都是具有完全民事行为能力，依法承担无限责任的人。

②有书面合伙协议，合伙人依照合伙协议享有权利，承担责任。

③有各合伙人实际缴付的出资，合伙人可以用货币、实物、土地使用权、知识产权或者其他属于合伙人的合法财产及财产权利出资，经全体合伙人协商一致。合伙人也可以用劳务出资，其评估作价由全体合伙人协商确定。

④有关合伙企业改变名称、向企业登记机关申请办理变更登记手续、处分不动产或财产权利，为他人提供担保、聘任企业经营管理人员等重要事务，均须经全体合伙人一致同意。

⑤合伙企业的利润和亏损，由合伙人依照合伙协议约定的比例分配和分担；合伙协议未约定利润分配和亏损分担比例的，由各合伙人平均分配和分担。

⑥各合伙人对合伙企业债务承担无限连带责任。

（3）公司

公司是指依照公司法登记设立，以其全部法人财产，依法自主经营、自负盈亏的企业法人。公司享有由股东投资形成的全部法人财产权，依法享有民事权利，承担民事责任。公司股东作为出资者按投入公司的资本额享有所有者的资产受益、重大决策和选择管理者等权利，并以其出资额或所持股份为限对公司承担有限责任。我国公司法所称公司指有限责任公司和股份有限公司。

①有限责任公司，是指由 2 个以上 50 个以下股东共同出资，每个股东以其所认缴的出资额为限对公司承担有限责任，公司以其全部资产对其债务承担责任的企业法人，其特征有：

a. 公司的资本总额不分为等额的股份；

b. 公司向股东签发出资证明书，不发股票；

c. 公司股份的转让有较严格限制；

d. 限制股东人数，不得超过一定限额；

e. 股东以其出资比例享受权利、承担义务；股东以其出资额为限对公司承担有限责任。

②股份有限公司，是指其全部资本分为等额股份，股东以其所持股份为限对公司承担责任，公司以其全部资产对公司的债务承担责任的企业法人，其特征有：

a. 公司的资本划分为股份，每一股的金额相等；

b. 公司的股份采取股票的形式，股票是公司签发的证明股东所持股份的凭证；

c. 同股同权，同股同利；股东出席股东大会，所持每一股份有一表决权；

d. 股东可以依法转让持有的股份；

e. 股东不得少于规定的数目，但没有上限限制；

f. 股东以其所持股份为限对公司债务承担有限责任。

2. 税法

税收是国家为了实现其职能，按照法律预先规定的标准，凭借政治权力，强制地无偿地征收货币或实物的一种经济活动，也是国家参与国民收入分配和再分配的一种方法，税收是国家参与经济管理，实行宏观调控的重要手段之一。税收具有强制性、无偿性和固定性 3 个显著特征。

任何企业都有法定的纳税义务。税赋是企业的一种费用，会增加企业的现金流出，对企业理财有重要影响。企业无不希望在不违反税法的前提下减少税务负担。税负的减少，只能靠精心安排和筹划投资、筹资和利润分配等财务决策，而不允许在纳税行为已经发生时去偷税漏税。精通税法，对财务主管人员有重要意义。

国家财政收入的主要来源是企业所缴纳的税金，而国家财政状况和财政政策，对于企业资金供应和税收负担有着重要的影响；国家各种税种的设置、税率的调整，具有调节开发经营的作用。国家税收制度特别是工商税收制度，是企业财务管理的重要外部条件。企业的财务决策应当适应税收政策的导向，合理安排资金投放，以追求最佳的经济效益。

1.2.3 金融环境

企业总是需要资金从事投资和经营活动。而资金的取得，除了自有资金外，主要从金融机构和金融市场取得。广义的金融市场，是指一切资本流动的场所，包括实物资本和货币资本的流动。广义金融市场的交易对象包括货币借贷、票据承兑和贴现、有价证券的买卖、黄金和外汇买卖、办理国内外保险、产权交换等。狭义的金融市场一般是指有价证券市场及股票和金融政策的变化必然影响企业的筹资、投资和资金运营活动。所以，金融环境是企业最为主要的环境因素。影响财务管理的主要金融环境因素有金融机构、金融市场和利息率等。

1. 金融机构

社会资金从资金供应者手中转移到资金需求者手中，大多要通过金融机构。金融机构包括银行业金融机构和其他金融机构。

（1）银行业金融机构

银行业金融机构是指经营存款、放款、汇兑、储蓄等金融业务，承担信用中介的金融机构。银行的主要职能是充当信用中介、充当企业之间的支付中介、提供信用工具、充当投资手段和充当国民经济的宏观调控手段。我国银行主要包括各种商业银行和政策性银行。商业银行，包括国有商业银行（如中国工商银行、中国农业银行、中国银行和中国建设银行）和其他商业银行（如交通银行、广东发展银行、招商银行、光大银行等）；国家政策性银行主要包括中国进出口银行、国家开发银行等。

（2）其他金融机构

其他金融机构包括金融资产管理公司、信托投资公司、财务公司和金融租赁公司等。

2. 金融工具

金融工具是在信用活动中产生的、能够证明债权债务关系，并据以进行货币资金交易的合法凭证，它对于债权债务双方所应承担的义务与享有的权利均具有法律效力。金融工具一般具有期限性、流动性、风险性和收益性 4 个基本特征。

（1）期限性是指金融工具一般规定了偿还期，也就是规定债务人必须全部归还本金之前所经历的时间。

（2）流动性是指金融工具在必要时迅速转变为现金而不致遭受损失的能力。

（3）风险性是指购买金融工具的本金和预定收益遭受损失的可能性，一般包括信用风险和市场风险两个方面。

（4）收益性是指持有金融工具所能够带来的一定收益。

金融工具若按期限不同可分为货币市场工具和资本市场工具，前者主要有商业票据、国库券（国债）、可转让大额定期存单、回购协议等；后者主要是股票和债券。

3. 金融市场

（1）金融市场的意义、功能与要素

金融市场是指资金供应者和资金需求者双方通过金融工具进行交易的场所。金融市场可以是有形的市场，如银行、证券交易所等；也可以是无形的市场，如利用电脑、电传、电话等设施通过经纪人进行资金融通活动。

金融市场的主要功能有 5 项：转化储蓄为投资；改善社会经济福利；提供多种金融工具并加速流动，使中短期资金凝结为长期资金；提高金融体系竞争性和效率；引导资金流向。

金融市场的要素主要有：

①市场主体，即参与金融市场交易活动而形成买卖双方的各经济单位；

②金融工具，即借以进行金融交易的工具，一般包括债权债务凭证和所有权凭证；

③交易价格，反映的是在一定时期内转让货币资金使用权的报酬；

④组织方式，即金融市场的交易采用的方式。

从企业财务管理角度来看，金融市场作为资金融通的场所，是企业向社会筹集资金必不可少的条件。财务管理人员必须熟悉金融市场的各种类型和管理规则，有效地利用金融市场来组织资金的筹措和进行资本投资等活动。

(2) 金融市场的种类

金融市场按组织方式的不同可划分为两部分：一是有组织的、集中的场内交易市场，即证券交易所，它是证券市场的主体和核心；二是非组织化的、分散的场外交易市场，它是证券交易所的必要补充。本书主要对第一部分市场的分类作一介绍。

①按期限划分为短期金融市场和长期金融市场。

短期金融市场又称货币市场，是指以期限1年以内的金融工具为媒介，进行短期资金融通的市场。其主要特点有：

a. 交易期限短；

b. 交易的目的是满足短期资金周转的需要；

c. 交易的金融工具有较强的货币性。

长期金融市场是指以期限1年以上的金融工具为媒介，进行长期性资金交易活动的市场，又称资本市场。其主要特点有：

a. 交易的主要目的是满足长期投资性资金的供求需要；

b. 收益较高而流动性较差；

c. 资金借贷量大；

d. 价格变动幅度大。

②按证券交易的方式和次数分为初级市场和次级市场。

初级市场，也称一级市场或发行市场，是指新发行证券的市场，这类市场使预先存在的资产交易成为可能。次级市场，也称二级市场或流通市场，是指现有金融资产的交易场所。初级市场我们可以理解为“新货市场”，次级市场我们可以理解为“旧货市场”。

③按金融工具的属性分为基础性金融市场和金融衍生品市场。

基础性金融市场是指以基础性金融产品为交易对象的金融市场，如商业票据、企业债券、企业股票的交易市场；金融衍生品市场是指以金融衍生产品为交易对象的金融市场。所谓金融衍生产品，是一种金融合约，其价值取决于一种或多种基础资产或指数，合约的基本种类包括远期、期货、掉期（互换）、期权，以及具有远期、期货、掉期（互换）和期权中一种或多种特征的结构化金融工具。

除上述分类外，金融市场还可以按交割方式分为现货市场、期货市场和期权市场；按交易对象分为票据市场、证券市场、衍生工具市场、外汇市场、黄金市场等；按交易双方在地理上的距离而划分为地方性的、全国性的、区域性的金融市场和国际金融市场。

4.利率

利率也称利息率，是利息占本金的百分比指标。从资金的借贷关系看，利率是一定时期运用资金资源的交易价格。资金作为一种特殊商品，以利率为价格标准的融通，实质上是资源通过利率实行的再分配。因此利率在资金分配及企业财务决策中起着重要作用。

(1) 利率的类型

利率可按照不同的标准进行分类：

①按利率之间的变动关系，分为基准利率和套算利率。

基准利率又称基本利率，是指在多种利率并存的条件下起决定作用的利率。所谓起决定作用是说，这种利率变动，其他利率也相应变动。因此，了解基准利率水平的变化趋势，就可了解全部利率的变化趋势。基准利率在西方通常是中央银行的再贴现率，在我国是中国人民银行对商业银行贷款的利率。

套算利率是指在基准利率确定后，各金融机构根据基准利率和借贷款项的特点而换算出的利率。例如，某金融机构规定，贷款AAA级、AA级、A级企业的利率，应分别在基准利率基础上加0.5%、1%、1.5%，加总计算所得的利率便是套算利率。

②按利率与市场资金供求情况的关系，分为固定利率和浮动利率。

固定利率是指在借贷期内固定不变的利率。受通货膨胀的影响，实行固定利率会使债权人利益受到损害。

浮动利率是指在借贷期内可以调整的利率。在通货膨胀条件下采用浮动利率，可使债权人减少损失。

③按利率形成机制不同，分为市场利率和法定利率。

市场利率是指根据资金市场上的供求关系，随着市场而自由变动的利率。

法定利率是指由政府金融管理部门或者中央银行确定的利率。

(2) 利率的一般计算公式

正如任何商品的价格均由供应和需求两方面来决定一样，资金这种特殊商品的价格——利率，也主要是由供给与需求来决定。但除这两个因素外，经济周期、通货膨胀、国家货币政策和财政政策、国际经济政治关系、国家利率管制程度等，对利率的变动均有不同程度的影响。因此，资金的利率通常由3部分组成：

①纯利率；

②通货膨胀补偿率（或称通货膨胀贴水）；

③风险收益率。利率的一般计算公式可表示如下：

利率＝纯利率＋通货膨胀补偿率＋风险收益率

纯利率是指没有风险和通货膨胀情况下的均衡点利率；通货膨胀补偿率是指由于持续的通货膨胀会不断降低货币的实际购买力，为补偿其购买力损失而要求提高的利率；风险收益率包括违约风险收益率、流动性风险收益率和期限风险收益率。其中，违约风险收益率是指为了弥补因债务人无法按时还本付息而带来的风险，由债权人要求提高的利率；流动性风险收益率是指为了弥补因债务人资产流动不好而带来的风险，由债权人要求提高的利率；期限风险收益率是为了弥补因偿债期长而带来的风险，由债权人要求提高的利率。

1.3 财务管理的目标

财务管理目标是在特定的理财环境中，通过组织财务活动，处理财务关系所要达到的目的。

从根本上说，财务目标取决于企业生存目的或企业目标，取决于特定的社会经济模式。企业财务目标具有体制性特征，整个社会经济体制、经济模式和企业所采用的组织制度，在很大程度上决定企业财务目标的取向。根据现代企业财务管理理论和实践，最具有代表性的财务管理目标主要有以下几种观点。

1.3.1 利润最大化

即假定在企业的投资预期收益确定的情况下，财务管理行为将朝着有利于企业利润最大化的方向发展。以追逐利润最大化作为财务管理的目标，其主要原因有三：一是人类从事开发经营活动的目的是为了创造更多的剩余产品，在商品经济条件下，剩余产品的多少可以用利润这个价值指标来衡量；二是在自由竞争的资本市场中，资本的使用权最终属于获利最多的企业；三是只有每个企业都最大限度地获得利润，整个社会的财富才可能实现最大化，从而带来社会的进步和发展。在社会主义市场经济条件下，企业作为自主经营的主体，所创利润是企业在一定期间全部收入和全部费用的差额，是按照收入与费用配比原则加以计算的。它不仅可以直接反映企业创造剩余产品的多少，而且也从一定程度上反映出企业经济效益的高低和对社会贡献的大小。同时，利润是企业补充资本、扩大经营规模的源泉。因此，以利润最大化为理财目标是有一定的道理的。

利润最大化目标在实践中存在以下难以解决的问题：

(1) 这里的利润是指企业一定时期实现的利润总额，它没有考虑资金时间价值；

(2) 没有反映创造的利润与投入的资本之间的关系，因而不利于不同资本规模的企业或同一企业不同期间之间的比较；

(3) 没有考虑风险因素，高额利润往往要承担过大的风险；

(4) 片面追求利润最大化，可能导致企业短期行为，如忽视产品开发、人才开发、生产安全、技术装备水平、生活福利设施和履行社会责任等。

1.3.2 资本利润率最大化或每股利润最大化

资本利润率是利润额与资本额的比率。每股利润是利润额与普通股股数的比值。这里利润额是净利润。资本所有者作为企业的投资者，其投资目标是取得资本收益，具体表现为净利润与出资额或股份数（普通股）的对比关系。这个目标的优点是把企业实现的利润额同投入的资本或股本数进行对比，能够说明企业的盈利水平，可以在不同资本规模的企业或同一企业不同期间之间进行比较，揭示其盈利水平的差异。但该指标仍然没有考虑资金时间价值和风险因素，也不能避免企业的短期行为。

1.3.3 企业价值最大化

投资者建立企业的重要目的，在于创造尽可能多的财富。这种财富首先表现为企业的价值。企业价值不是账面资产的总价值，而是企业全部财产的市场价值，它反映了企业潜在或预期获利能力。投资者在评价企业价值时，是以投资者预期投资时间为起点的，并将未来收入按预期投资时间的同一口径进行折现，未来收入的多少按可能实现的概率进行计算。可见，这种计算方法考虑了资金的时间价值和风险问题。企业所得的收益越多，实现收益的时间越近，应得的报酬越确定，则企业的价值或股东财富越大。以企业价值最大化作为财务管理的目标，其优点主要表现在：

(1) 该目标考虑了资金的时间价值和投资的风险价值，有利于统筹安排长短期规划、合理选择投资方案、有效筹措资金、合理制订股利政策等；

(2) 该目标反映了对企业资产保值增值的要求，从某种意义上说，股东财富越多，企业市场价值就越大，追求股东财富最大化的结果可促使企业资产保值或增值；(3) 该目标有利于克服管理上的片面性和短期行为；

(4) 该目标有利于社会资源合理配置。

社会资金通常流向企业价值最大化或股东财富最大化的企业或行业，有利于实现社会效益最大化。

以企业价值最大化作为财务管理的目标也存在以下问题：

(1) 对于股票上市企业，虽可通过股票价格的变化揭示企业价值，但是股票是受多种因素影响的结果，特别在即期市场上的股价不一定能够直接揭示企业的获利能力，只有长期趋势才能做到这一点。

(2) 为了控股或稳定购销关系，现代企业不少采用环形持股的方式，相互持股。法人股东对股票市价的敏感程度远不及个人股东，对股价最大化目标没有足够的兴趣。

(3) 对于非股票上市企业，只有对企业进行专门的评估才能真正确定其价值。而在评估企业的资产时，由于受评估标准和评估方式的影响，这种估价不易做到客观和准确，这也导致企业价值确定的困难。

本书以企业价值最大化作为财务管理目标。

1.3.4 财务管理目标的协调

企业财务管理目标是企业价值最大化，根据这一目标，财务活动所涉及的不同利益主体如何进行协调是财务管理必须解决的问题。

1. 所有者与经营者的矛盾与协调

企业价值最大化直接反映了企业所有者的利益，与企业经营者没有直接的利益关系。对企业所有者来讲，他所放弃的利益也就是经营者所得的利益。在西方，这种被放弃的利益也称为企业所有者支付给经营者的享受成本。但问题的关键不是享受成本的多少，而是在增加享受成本的同时，是否更多地提高了企业价值。因而，经营者和所有者的主要矛盾就是经营者希望在提高企业价值和股东财富的同时，能更多地增加享受成本；而所有者和股东则希望以较小的享受成本支出带来更高的企业价值或股东财富。为了解决这一矛盾，应采取让经营者的报酬与绩效相联系的办法，并辅之以一定的监督措施。

(1) 解聘。这是一种通过所有者约束经营者的办法。所有者对经营者予以监督，如果经营者未能使企业价值达到最大，就解聘经营者。为此，经营者会因为害怕被解聘而努力实现财务管理目标。

(2) 接收。这是一种通过市场约束经营者的办法。如果经营者经营决策失误、经营不力，未能采取一切有效措施使企业价值提高，该公司就可能被其他公司强行接收或吞并，相应经营者也会被解聘。为此，经营者为了避免这种接收，必须采取一切措施提高股票市价。

(3) 激励。即将经营者的报酬与其绩效挂钩，以使经营者自觉采取能满足企业价值最大化的措施。激励有两种基本方式：

①“股票选择权”方式。它是允许经营者以固定的价格购买一定数量的公司股票，当股票的价格高于固定价格时，经营者所得的报酬就越多。经营者为了获取更大的股票涨价益处，就必然主动采取能够提高股价的行动。

②“绩效股”形式。它是公司运用每股利润、资产收益率等指标来评价经营者的业绩，视其业绩大小给予经营者数量不等的股票作为报酬。如果公司的经营业绩未能达到规定目标时，经营者也将部分丧失原先持有的“绩效股”。这种方式使经

营者不仅为了多得“绩效股”而不断采取措施提高公司的经营业绩，而且为了使每股市价最大化，也采取各种措施使股票市价稳定上升。

2.所有者与债权人的矛盾与协调

企业所有者的财务目标可能与债权人期望实现的目标发生矛盾。首先，所有者可能要求经营者改变举债资金的原定用途，将其用于风险更高的项目，这会增大偿债的风险，债权人的负债价值也必然会实际降低。若高风险的项目一旦成功，额外的利润就会被所有者独享；但若失败，债权人却要与所有者共同负担由此而造成的损失，这对债权人来说风险与收益是不对称的；其次，所有者或股东可能未征得现有债权人同意，而要求经营者发行新债券或举借新债，致使旧债券或老债券的价值降低（因为相应的偿债风险增加）。

为协调所有者与债权人的上述矛盾，通常可采用以下方式：

（1）限制性借债，即在借款合同中加入某些限制性条款，如规定借款的用途、借款的担保条款和借款的信用条件等。

（2）收回借款或停止借款，即当债权人发现公司有侵蚀其债权价值的意图时，采取收回债权和不给予公司增加放款，从而来保护自身的权益。

1.4 财务管理的环节

财务管理的环节是指财务管理的工作步骤与一般程序。一般说来，企业财务管理包括以下几个环节。

1.4.1 财务预测

财务预测是根据财务活动的历史资料，考虑现实的要求和条件，对企业未来的财务活动和财务成果作出科学的预计和测算。本环节的主要任务在于：测算各项开发经营方案的经济效益，为决策提供可靠的依据；预计财务收支的发展变化情况，以确定经营目标；测定各项定额和标准，为编制计划、分解计划指标服务。财务预测环节主要包括明确预测目标、搜集相关资料、建立预测模型、确定财务预测结果等步骤。

1.4.2 财务决策

财务决策是指财务人员按照财务目标的总体要求，利用专门方法对各种备选方案进行比较分析，并从中选出最佳方案的过程。在市场经济条件下，财务管理的核心是财务决策，财务预测是为财务决策服务的，决策成功与否直接关系到企业的兴衰成败。财务决策环节主要包括确定决策目标、提出备选方案、选择最优方案等步骤。

1.4.3 财务预算

财务预算是指运用科学的技术手段和数量方法，对未来财务活动的内容及指标所进行的具体规划。财务预算是以财务决策确立的方案和财务预测提供的信息为基础编制的，是财务预测和财务决策的具体化，是控制财务活动的依据。财务预算的编制一般包括以下几个步骤：分析财务环境，确定预算指标；协调财务能力，组织综合平衡；选择预算方法，编制财务预算。

1.4.4 财务控制

财务控制是在财务管理的过程中，利用有关信息和特定手段，对企业财务活动所施加的影响或进行的调节。实行财务控制是落实预算任务、保证预算实现的有效措施。财务控制一般要经过以下步骤：制定控制标准，分解落实责任；实施追踪控制，及时调整误差；分析执行情况，搞好考核奖惩。

1.4.5 财务分析

财务分析是根据核算资料，运用特定方法，对企业财务活动过程及其结果进行分析和评价的一项工作。通过财务分析，可以掌握各项财务计划的完成情况，评价财务状况，研究和掌握企业财务活动的规律性，改善财务预测、决策、预算和控制，改善企业管理水平，提高企业经济效益。财务分析包括以下步骤：占有资料，掌握信息；指标对比，揭露矛盾；分析原因，明确责任；提出措施，改进工作。

本章小结

1. 房地产企业在开发经营房地产过程中，要进行资金的筹集、投放、使用、收回、分配等财务活动，企业在组织财务活动过程中与投资者、债权人、债务人等发生财务关系。

2. 企业财务管理是在一定外部环境条件下进行的，外部环境条件的状况会给企业财务管理的效率产生影响。这些外部环境包括经济环境、法律环境和金融环境等。

3. 企业财务管理就是服务于企业，为企业创造价值，实现企业价值最大化是企业财务管理的主要目标。同时要协调好所有者与经营者、与债权人的矛盾。

4. 企业财务管理分为 5 个环节，即财务预测、财务决策、财务预算、财务控制、财务分析。且这 5 个环节是紧密相连，缺一不可的。

复习思考题

1. 财务管理的内容有哪些？
2. 简述经济环境对企业财务管理活动的影响。
3. 企业财务管理的目标是什么？
4. 企业财务管理包括哪几个环节？

第2章 资金时间价值与风险分析

本章概要

1. 资金时间价值的概念；
2. 终值与现值、普通年金的终值与现值、即付年金的终值与现值、递延年金和永续年金的现值的计算；
3. 折现率、期间和利率的推算；
4. 风险的概念和类别、风险衡量、风险收益率和风险对策。

2.1 资金时间价值

2.1.1 资金时间价值的概念

资金时间价值，是指一定量资金在不同时点上的价值量的差额。在市场经济条件下，即使不存在通货膨胀，等量资金在不同时点上的价值量也不相等，今天的1元钱和将来的1元钱不等值，前者要比后者的价值大。比如，若银行存款年利率为10%，将今天的1元钱存入银行，一年以后就会是1.10元。可见，经过一年时间，这1元钱发生了0.10元的增值，今天的1元钱和一年后的1.10元钱等值。人们将资金在使用过程中随时间的推移而发生增值的现象，称为资金具有时间价值的属性。

资金的时间价值是资金在周转使用中产生的，是资金所有者让渡资金使用权而参与社会财富分配的一种形式。

通常情况下，资金的时间价值相当于没有风险和没有通货膨胀条件下的社会平均资金利润率，这是利润平均化规律作用的结果。由于时间价值的计算方法同有关利息的计算方法相同，因而时间价值与利率容易被混为一谈。实际上，财务管理活动总是或多或少地存在风险，而通货膨胀也是市场经济中客观存在的经济现象。因此，利率不仅包含时间价值，而且也包含风险价值和通货膨胀的因素。只有在购买国库券等政府债券时几乎没有风险，如果通货膨胀率很低的话，可以用政府债券利率来表现时间价值。

资金时间价值以商品经济的高度发展和借贷关系的普遍存在为前提条件或存在基础，它是一个客观存在的经济范畴，是财务管理中必须考虑的重要因素。我国不仅有资金时间价值存在的客观基础，而且有充分运用它的迫切性。把资金时间价值引入财务管理，在资金筹集、运用和分配等各方面考虑这一因素，是提高财务管理水平，搞好筹资、投资、分配决策的有效保证。

2.1.2 终值与现值

终值又称将来值，是现在一定量现金在未来某一时点上的价值，俗称本利和。比如存入银行一笔现金 100 元，年利率为复利 10%，经过 3 年后一次性取出本利和 133.10 元，这 3 年后的本利和 133.10 元即为终值。

现值又称本金，是指未来某一时点上的一定量现金折合为现在的价值。上述 3 年后的 133.10 元折合为现在的价值为 100 元，这 100 元即为现值。

终值与现值的计算涉及到利息计算方式的选择。目前有两种利息计算方式，即单利和复利。单利方式下，每期都按初始本金计算利息，当期利息即使不取出也不计入下期本金，计算基础不变。复利方式下，以当期末本利和为计息基础计算下期利息，即利上加利。现代财务管理中一般用复利方式计算终值与现值，因此也有人称之为复利现值和复利终值。

1. 单利的终值和现值

为便于同后面介绍的复利计算方式相比较，加深对复利的理解，这里先介绍单利的有关计算。为计算方便，先设定如下符号标识：I 为利息；P 为现值；F 为终值；i 为每一利息期的利率（折现率）；n 为计算利息的期数。

按照单利的计算法则，利息的计算公式为：

$$I=P\cdot i\cdot n \tag{2-1}$$

除非特别指明，在计算利息时，给出的利率为年利率，对于不足 1 年的利息，以 1 年等于 360d 来折算。

单利计算方式下，终值的计算公式为：

$$F=P+I=P+P\cdot i\cdot n=P\cdot(1+i\cdot n) \tag{2-2}$$

【例 2-1】广厦房地产企业持有一张带息票据，面额为 2 000 万元，票面利率 5%，出票日期为 8 月 12 日，到期日为 11 月 10 日（90d）。则该持有者到期可得利息为：

$$I=2\,000\times5\%\times(90/360)=25\text{（万元）}$$

单利计息方式下，现值的计算与终值的计算是互逆的，由终值计算现值的过程称为折现。单利现值的计算公式为：

$$P=F/(1+i\cdot n) \tag{2-3}$$

【例 2-2】 广厦房地产企业希望在 5 年末取得本利和 1 000 万元，用以支付一笔款项。则在利率为 5%，单利方式计算条件下，该企业现在需存入银行的资金为：

$$P=1\,000/\ (1+5\times5\%)\ =800\ (\text{元})$$

2. 复利的终值和现值

(1) 复利的终值（已知现值 P，求终值 F）

资金时间价值通常是按复利计算的。复利不同于单利，它是指在一定期间（如一年）按一定利率对本金求利息。

复利终值是指一定量的本金按复利计算若干期后的本利和。例如公司将一笔资金 P 存入银行，年利率为 i，如果每年计息一次，则 n 年后的本利和就是复利终值。

则 1 年后的终值为：

$$F_1=P+P\cdot i=P\cdot\ (1+i)$$

2 年后的终值为：

$$F_2=P\cdot\ (1+i)\ \cdot\ (1+i)\ =P\cdot\ (1+i)^2$$

3 年后的终值为：

$$F_3=P\cdot(1+i)^2\cdot(1+i)=P\cdot(1+i)^3$$

依此类推，第 n 年的本利和为：

$$F=P\cdot(1+i)^n \tag{2-4}$$

【例 2-3】 横远房地产企业将 20 000 万元存放于银行，年存款利率为 6%，则经过 1 年时间的本利和为：

$$F_1=20\,000\times\ (1+6\%)\ =21\,200\ (\text{万元})$$

如企业不提走现金，将 21 200 元继续存在银行，则第 2 年本利和为：

$$F_2=20\,000\ (1+6\%)^2\times=22\,472\ (\text{万元})$$

同理，第 3 年的本利和为：

$$F_3=20\,000\times\ (1+6\%)^3=23\,820.32\ (\text{万元})$$

式（2-4）中的 $(1+i)^n$ 通常称作“复利终值系数”，用符号 $(F/P,\ i,\ n)$ 表示。所以复利终值可表示为：

$$F=P\cdot(F/P,i,n) \tag{2-5}$$

即：

复利终值＝现值×复利终值系数

复利终值系数可以通过查阅“1 元复利终值系数表”直接获得。

(2) 复利的现值（已知终值 F，求现值 P）

复利现值相当于原始本金，它是指今后某一特定时间收到或付出的一笔款项，按折现率（i）所计算的现在时点价值。例如，将 n 年后的一笔资金 F，按年利率 i

折算为现在的价值，这就是复利现值。复利现值的计算公式为：

$$P = F \cdot (1+i)^{-n} \tag{2-6}$$

式中 $(1+i)^{-n}$ 通常称为“复利现值系数”，记作 $(P/F, i, n)$，可以直接查阅“1 元复利现值表”。上式也可写作：

$$P = F \cdot (P/F, i, n) \tag{2-7}$$

即：复利现值＝终值×复利现值系数。

【例 2-4】 横远房地产企业有一投资项目，预计 6 年后可获得收益 800 万元，按年利率（折现率）12％计算，则这笔收益的现值为：

$$P = F \cdot (1+i)^{-n} = F \cdot (P/F, i, n)$$

$$= 800 \times (1+12\%)^{-6} = 800 \times (P/F, 12\%, 6)$$

$$= 800 \times 0.5066 = 405.28 \text{（万元）}$$

3. 普通年金的终值与现值

上面介绍了一次性收付款项。除此之外，在现实经济生活中，还存在一定时期内多次收付的款项，即系列收付款项。如果每次收付的金额相等，则这样的系列收付款项便称为年金。简言之，年金是指一定时期内每次等额收付的系列款项，通常记作 A。

年金的形式多种多样，如保险费、养老金、折旧、租金、等额分期收款、等额分期付款以及零存整取或整存零取储蓄等，都存在年金问题。

年金按其每次收付发生的时点不同，可分为普通年金、即付年金、递延年金、永续年金等几种。

(1) 普通年金终值的计算（已知年金 A，求年金终值 F）

普通年金是指从第一期起，在一定时期内每期期末等额发生的系列收付款项，又称后付年金。

如果年金相当于零存整取储蓄存款的零存数，那么，年金终值就是零存整取的整取数。年金终值的计算公式可根据以下方法推导。

根据复利终值的方法计算年金终值 F 的公式为：

$$F = A + A \cdot (1+i) + A \cdot (1+i)^2 + \cdots + A \cdot (1+i)^{n-1}$$

等式两边同乘 $(1+i)$，则有：

$$F \cdot (1+i) = A \cdot (1+i) + A \cdot (1+i)^2 + A \cdot (1+i)^3 + \cdots + A \cdot (1+i)^n$$

两式相减得：

$$F \cdot (1+i) - F = A \cdot (1+i)^n - A$$

$$F \cdot i = A[(1+i)^n - 1]$$

$$F = A \cdot \frac{(1+i)^n - 1}{i} \tag{2-8}$$

其中式（2-8）中的分式称作“年金终值系数”，记为（F/A，i，n），可通过直接查阅“1 元年金终值系数表”求得有关数值。上式也可写作：

$$F = A \cdot (F/A, i, n) \tag{2-9}$$

【例 2-5】 假设横远房地产企业投资开发一项目，在 5 年建设期内每年年末从银行借款 100 万元，借款年利率为 10%，则该项目竣工时企业应付本息的总额为：

$$F = 100 \times [(1+10\%)^5 - 1]/10\% = 100 \times (F/A, 10\%, 5)$$
$$= 100 \times 6.1051 = 610.51 \text{（万元）}$$

（2）年偿债基金的计算（已知年金终值 F，求年金 A）

偿债基金是指，为了在约定的未来某一时点清偿某笔债务或积聚一定数额的资金而必须分次等额形成的存款准备金。由于每次形成的等额准备金类似年金存款，因而同样可以获得按复利计算的利息，所以债务实际上等于年金终值，每年提取的偿债基金等于年金 A。也就是说，偿债基金的计算实际上是年金终值的逆运算，其计算公式为：

$$A = F \cdot \frac{i}{(1+i)^n - 1} \tag{2-10}$$

式中的分式 $\frac{i}{(1+i)^n - 1}$ 称作“偿债基金系数”，记为（A/F，i，n），可直接查阅“偿债基金系数表”或通过年金终值系数的倒数推算出来，上式也可写作：

$$A = F \cdot (A/F, i, n) \tag{2-11}$$

或：

$$A = F[1/(F/A, i, n)] \tag{2-12}$$

【例 2-6】 横远房地产企业有一笔 4 年后到期的借款，到期值为 1 000 万元。若存款年复利率为 10%，则为偿还该项借款应建立的偿债基金为：

$$A = 1\,000 \cdot \frac{10\%}{(1+10\%)^4 - 1}$$
$$= 1\,000 \times 0.2154 = 215.4 \text{（万元）}$$

或：

$$A = 1\,000 \times [1/(F/A, 10\%, 4)]$$
$$= 1\,000 \times (1/4.6410) \approx 215 \text{（万元）}$$

（3）普通年金现值的计算（已知年金 A，求年金现值 P）

年金现值是指一定时期内每期期末等额收付款项的复利现值之和。年金现值的计算公式为：

$$P = A \cdot (1+i)^{-1} + A \cdot (1+i)^{-2} + \cdots + A \cdot (1+i)^{-(n-1)} + A \cdot (1+i)^{-n}$$

整理上式，可得到：

$$P = A\frac{1-(1+i)^{-n}}{i} \tag{2-13}$$

式中的分式$\frac{1-(1+i)^{-n}}{i}$称作“年金现值系数”，记为（P/A，i，n），可通过直接查阅“1元年金现值系数表”求得有关数值。上式也可以写作：

$$P = A \cdot (P/A,i,n) \tag{2-14}$$

【例2-7】横远房地产企业租入一大型设备，每年年末需要支付租金120万元，年复利率为10%，则该企业5年内应支付的该设备租金总额的现值为：

$$P=120\times\frac{1-(1+10\%)^{-5}}{10\%}=120\times(P/A,10\%,5)$$

$$=120\times3.7908\approx455\text{（万元）}$$

(4) 年资本回收额的计算（已知年金现值P，求年金A）

年资本回收额是指在约定年限内等额回收初始投入资本或清偿所欠债务的金额。年资本回收额的计算是年金现值的逆运算，其计算公式为：

$$A=P\cdot\frac{i}{1-(1+i)^{-n}} \tag{2-15}$$

式中的分式称作“资本回收系数”，记为（A/P，i，n），可直接查阅“资本回收系数表”或利用年金现值系数的倒数求得。上式也可写作：

$$A=P\cdot(A/P,i,n) \tag{2-16}$$

或：

$$A=P\cdot[1/(P/A,i,n)] \tag{2-17}$$

【例2-8】横远房地产企业现在借得1 000万元的贷款，在10年内以年利率12%等额偿还，则每年应付的金额为：

$$A=1000\times\frac{12\%}{1-(1+12\%)^{-10}}$$

$$=1\,000\times0.1770=177\text{（万元）}$$

或：

$$A=1\,000\times[1/(P/A,12\%,10)]$$

$$=1\,000\times[1/5.6502]\approx177\text{（万元）}$$

4.即付年金的终值与现值

即付年金是指从第一期起，在一定时期内每期期初等额收付的系列款项，又称先付年金。它与普通年金的区别仅在于付款时间的不同。

(1) 即付年金终值的计算

即付年金的终值是其最后一期期末时的本利和，是各期收付款项的复利终值之和。

n期即付年金与n期普通年金的付款次数相同，但由于其付款时间不同，n期

即付年金终值比 n 期普通年金的终值多计算一期利息。因此，在 n 期普通年金终值的基础上乘上（$1+i$）就是 n 期即付年金的终值，其计算公式为：

$$F = A\cdot\frac{(1+i)^n-1}{i}\cdot(1+i)$$

$$=A\cdot\frac{(1+i)^{n+1}-(1+i)}{i}$$

$$=A\cdot\left[\frac{(1+i)^{n+1}-1}{i}-1\right] \qquad (2\text{-}18)$$

式中方括号内的内容称作“即付年金终值系数”，它是在普通年金终值系数的基础上，期数加1，系数减1所得的结果。通常记为［（F/A，i，$n+1$）-1］。这样，通过查阅“1元年金终值系数表”得到（$n+1$）期的值，然后减1便得出对应的即付年金终值系数的数值。这时可用如下公式计算即付年金的终值：

$$F = A[(F/A,i,n+1)-1] \qquad (2\text{-}19)$$

【例 2-9】某房地产公司决定连续5年于每年年初存入100万元作为住房基金，银行存款利率为10%。则该公司在第5年末能一次取出本利和为：

$$F = A[(F/A,i,n+1)-1]$$

$$=100\times[(F/A,10\%,6)-1]$$

$$=100\times(7.715\,6-1)\approx 672\text{（万元）}$$

（2）即付年金现值的计算

如前所述，n 期即付年金现值与 n 期普通年金现值的期限相同，但由于其付款时间不同，n 期即付年金现值比 n 期普通年金现值少折现一期。因此，在 n 期普通年金现值的基础上乘以（$1+i$），便可求得 n 期即付年金的现值，其计算公式为：

$$P = A\,\frac{1-(1+i)^{-n}}{i}(1+i)$$

$$=A\,\frac{(1+i)-(1+i)^{-(n-1)}}{i}$$

$$=A\left[\frac{1-(1+i)^{-(n-1)}}{i}+1\right] \qquad (2\text{-}20)$$

式中方括号内的内容称作即付年金现值系数，它是在普通年金现值系数的基础上，期数减1，系数加1所得的结果。通常记为［（P/A，i，$n-1$）$+1$］。这样，通过查阅“1元年金现值系数表”得到（$n-1$）期的值，然后加1便得出对应的即付年金现值系数的数值。可用如下公式计算即付年金的现值：

$$P = A[(P/A,i,n-1)+1] \qquad (2\text{-}21)$$

【例 2-10】某房地产企业分期付款购办公楼，每年年初支付6 000万元，20年还款期，假设银行借款利率为5%，如果该项分期付款现在一次性支付，则需支付的款项为：

$$P = A\left[\frac{1-(1+i)^{-(n-1)}}{i}+1\right]$$

$$=6\,000\times\left[\frac{1-\ (1+5\%)^{-(20-1)}}{5\%}+1\right]$$

$$=6\,000\times 13.085\,3=78\,511.8\ (万元)$$

或：

$$P = A\cdot[(P/A,i,n-1)+1]$$

$$=6\,000\times[(P/A,5\%,20-1)+1]$$

$$=6\,000\times 13.085\,3=78\,511.8\ (万元)$$

5.递延年金与永续年金的计算

（1）递延年金终值

递延年金的终值计算与普通年金的终值计算一样，只是要注意期数。

$$F = A(F/P,i,n) \tag{2-22}$$

（2）递延年金现值的计算

递延年金是指第一次收付款发生时间与第一期无关，而是隔若干期（假设为 m 期，$m\geqslant 1$）后才开始发生的系列等额收付款项（如图 2-1 所示）。它是普通年金的特殊形式，凡不是从第一期开始的年金都是递延年金。

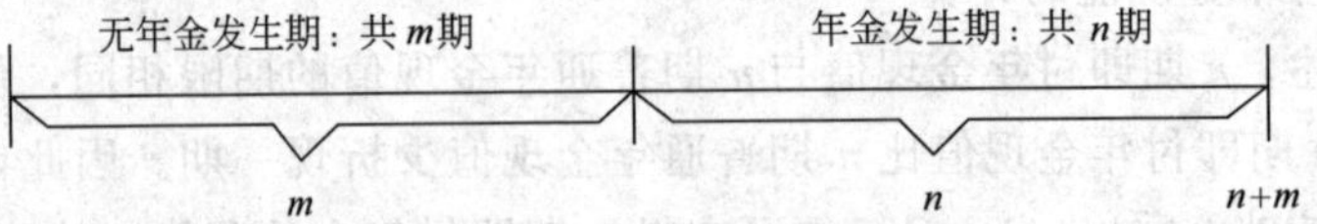

图 2-1　递延年金示意图

递延年金现值的计算有 3 种方法。

第一种方法：先求出递延期末（即图中的 m 处）的现值，然后再将此现值调整到第一期期初。

$$P_m = A(P/A,i,n)$$

$$P = P_m(1+i)^{-m}$$

$$=A\cdot\left[\frac{1-(1+i)^{-n}}{i}+1\right]\cdot(1+i)^{-m}$$

$$=A(P/A,i,n)(P/F,i,m) \tag{2-23}$$

第二种方法：先求出（$m+n$）期的年金现值，再扣除递延期（m）的年金现值。

$$P = P_{m+n} - P_m$$

$$P = A\left[\frac{1-(1+i)^{-(m+n)}}{i}-\frac{1-(1+i)^{-m}}{i}\right]$$

$$=A[(P/A,i,m+n)-(P/A,i,m)] \tag{2-24}$$

第三种方法：先求出递延年金的终值，再将其折算为现值。

$$P=A\cdot(F/A,i,n)\cdot(P/F,i,n+m) \tag{2-25}$$

或：

$$P=F(1+i)^{-(n+m)}$$
$$=A\cdot\left[\frac{(1+i)^n-1}{i}\right]\cdot(1+i)^{-(n+m)}$$

【例 2-11】 某房地产企业在年初存入一笔资金，存满 5 年后每年末取出 1 000 万元，至第 10 年末取完，银行存款利率为 10%，则此人应在最初一次存入银行的钱数为：

$$P=A\ (P/A,\ 10\%,\ 5)\ (P/F,\ 10\%,\ 5)$$
$$=1\,000\times3.790\,8\times0.620\,9\approx2\,354\ (万元)$$

或：

$$P=A\ [\ (P/A,\ 10\%,\ 10)\ -\ (P/A,\ 10\%,\ 5)]$$
$$=1\,000\times\ (6.144\,6-3.790\,8)\ \approx2\,354\ (万元)$$

或：

$$P=A\ (F/A,\ 10\%,\ 5)\ (P/F,\ 10\%,\ 10)$$
$$=1\,000\times6.105\,1\times0.385\,5\approx2\,354\ (万元)$$

(3) 永续年金现值的计算

永续年金是指无限期等额收付的特种年金，可视为普通年金的特殊形式，即期限趋于无限的普通年金，存本取息可视为永续年金的例子。此外，也可将利率较高，持续期限较长的年金视同永续年金计算。

由于永续年金持续期无限，没有终止的时间，因此没有终值，只有现值。通过普通年金现值计算可推导出永续年金现值的计算公式为：

$$P=A\,\frac{1-\ (1+i)^{-n}}{i}=A\,\frac{1-\dfrac{1}{(1+i)^n}}{i}$$

当 $i\to\infty$ 时： $\dfrac{1}{(1+n)^n}\to0$

故：

$$P=\frac{A}{i} \tag{2-26}$$

即：

永续年金现值=年金/利率

【例 2-12】 横远房地产企业持有的某公司优先股，每年每股股利为 2 元，若此企业想长期持有，在利率为10%的情况下，要求对该项股票投资进行估价。

这是一个求永续年金现值问题，即假设该优先股每年股利固定且持续较长时期，计算出这些股利的现值之和，即为该股票的估价。

$$P=A/i=2/10\%=20\text{（元）}$$

6.折现率、期间和利率的推算

（1）折现率（利息率）的推算

对于一次性收付款项，根据其复利终值（或现值）的计算公式可得折现率的计算公式为：

$$i=(F/P)^{-n}-1 \tag{2-27}$$

因此，若已知 F、P、n，不用查表便可直接计算出一次性收付款项的折现率（利息率）i。

永续年金折现率（利息率）i 的计算也很方便。若 P、A 已知，则根据公式 $P=A/i$，变形即得 i 的计算公式为：

$$i=\frac{A}{P} \tag{2-28}$$

普通年金折现率（利息率）的推算比较复杂，无法直接套用公式，而必须利用有关的系数表，有时还会牵涉到内插法的运用。下面着重对此加以介绍。

根据普通年金终值 F 和普通年金现值 P 的计算公式可推算出年金终值系数 $(F/A, i, n)$ 和年金现值系数 $(P/A, i, n)$ 的算式：

$$(F/A, i, n)=F/A$$

$$(P/A, i, n)=P/A$$

根据已知的 F、A 和 n，可求出 F/A 的值。通过查年金终值系数表，有可能在表中找到等于 F/A 的系数值，只要读出该系数所在列的 i 值，即为所求的 i。

同理，根据已知的 P、A 和 n，可求出 P/A 的值。通过查年金现值系数表，可求出 i 值，必要时可采用内插法。

下列详细介绍利用年金现值系数表计算 i 的步骤。

①计算出 P/A 的值，设其为 $P/A=\alpha$。

②查普通年金现值系数表。沿着已知 n 所在的行横向查找，若恰好能找到某一系数值等于 α，则该系数值所在的列相对应的利率便为所求的 i 值。

③若无法找到恰好等于 α 的系数值，就应在表中 n 行上找与 α 最接近的两个左右临界系数值，设为 β_1、β_2（$\beta_1>\alpha>\beta_2$，或 $\beta_1<\alpha<\beta_2$），读出 β_1、β_2 所对应的临界利率，然后进一步运用内插法。

④在内插法下，假定利率 i 同相关的系数在较小范围内线性相关，因而可根据临界系数 β_1、β_2 和临界利率 i_1、i_2 计算出 i，其公式为：

$$i=i_1+\frac{\beta_1-\alpha}{\beta_1-\beta_2}\cdot(i_2-i_1) \tag{2-29}$$

式中：i——所求的折现率；

α——为对应的年金现值系数；

i_1、i_2——与 i 相邻的两个折现率，且 $i_1<i<i_2$；

β_1、β_2——与 i_1、i_2 对应的年金现值系数。

【例 2-13】 横远房地产公司于第一年年初借款 20 000 万元，每年年末还本付息额均为 4 000 万元，连续 9 年还清。问借款利率为多少？

根据题意，已知 $P=20\,000$，$A=4\,000$，$n=9$，则：

$$(P/A,\ i,\ 9)=P/A=20\,000/4\,000=5$$

查 $n=9$ 的普通年金现值系数表。在 $n=9$ 一行上无法找到恰好为 α（$\alpha=5$）的系数值，于是在该行上找大于和小于 5 的临界系数值，分别为：$\beta_1=5.328\,2>5$，$\beta_2=4.916\,4<5$。同时读出临界利率为 $i_1=12\%$，$i_2=14\%$，则：

$$i=12\%+\frac{5.328\,2-5}{5.328\,2-4.916\,4}\times(14\%-12\%)\approx13.60\%$$

对于一次性收付款项，若应用查表法求 i，可先计算出 F/P 的值，设其为 α，然后查复利终值系数表，或先计算出 P/F 的值，设其为 α，然后查复利现值系数表。

对于即付年金利率 i 的推算，同样可遵照上述方法。先求出 F/A 的值，令$=F/A+1$，然后沿（$n+1$）所在的行横向在普通年金终值系数表中查找，若恰好找到等于 α，则该系数值所在列所对应的利率便为所求的 i，否则便查找临界系数值和对应的临界利率，应用内插法求出利率 i。

（2）期间的推算

期间 n 的推算，其原理和步骤同折现率（利息率）i 的推算相类似。

现以普通年金为例，说明在 P、A 和 i 已知情况下，推算期间 n 的基本步骤。

①计算出 P/A 的值，设其为 α'。

②查普通年金现值系数表。沿着已知 i 所在的列纵向查找，若能找到恰好等于 α' 的系数值，则该系数所在行的 n 值即为所求的期间值。

③若找不到恰好为 α' 的系数值，则在该列查找最为接近 α' 值的上下临界系数 β'_1、β'_2 以及对应的临界期间 n_1、n_2，然后应用内插法求 n，公式为：

$$n=n_1+\frac{\beta'_1-\alpha'}{\beta'_1-\beta'_2}\cdot(n_2-n_1) \tag{2-30}$$

式中：n——所求的折现期间；

α'——对应的年金现值系数；

n_1、n_2——相邻的两个折现期间，且 $n_1<n<n_2$；

β'_1、β'_2——与 n_1、n_2 对应的年金现值系数。

【例 2-14】 某房地产企业拟购买一台大型推土机，更新目前的推土机。新推土机价格较老推土机高出 2 000 元，但每年可节约燃料费用 500 元。若利率为 10%，求新推土机应至少使用多少年对企业而言才有利？

依题意，已知 $P=2\ 000$，$A=500$，$i=10\%$，则：

$$(P/A,\ 10\%,\ n)=P/A=2\ 000/500=4$$

查普通年金现值系数表，在 $i=10\%$ 的列上纵向查找，无法找到恰好为 α'（$\alpha'=4$）的系数值，于是查找大于和小于 4 的临界系数值：$\beta'_1=4.355\ 3>4$，$\beta'_2=3.790\ 8<4$ 对应的临界期间为 $n_1=6$，$n_2=5$。

$$n=6+\frac{4.355\ 3-4}{4.355\ 3-3.790\ 8}\times(5-6)\approx5.4\ (\text{年})$$

7. 名义利率与实际利率的换算

上面讨论的有关计算均假定利率为年利率，每年复利一次。但实际上，复利的计息期间不一定是一年，有可能是季度、月份或日。比如某些债券半年计息一次；有的抵押贷款每月计息一次，银行之间拆借资金均为每天计息一次。当每年复利次数超过一次时，这样的年利率叫做名义利率，而每年只复利一次的利率才是实际利率。

对于一年内多次复利的情况，可采取两种方法计算时间价值。

第一种方法是按如下公式将名义利率调整为实际利率，然后按实际利率计算时间价值。

$$i=(1+r/m)^m-1 \tag{2-31}$$

式中：i——实际利率；

r——名义利率；

m——每年复利次数。

【例 2-15】 某房地产企业于年初存入 10 万元，在年利率为 10%，半年复利一次的情况下，到第 10 年末，该企业能得到多少本利和？

依题意，$P=10$，$r=10\%$，$m=2$，$n=10$

则：$i=(1+r/m)^m-1=(1+10\%/2)^2-1=10.25\%$

$F=P\cdot(1+i)^n=10\times(1+10.25\%)^{10}=26.53$（万元）

因此企业于第 10 年末可得本利和 26.53 万元。

这种方法的缺点是调整后的实际利率往往带有小数点，不利于查表。

第二种方法是不计算实际利率，而是相应调整有关指标，即利率变为 r/m，期数相应变为 $m\cdot n$，其计算公式为：

$$F=P\ (1+r/m)^{m\cdot n} \tag{2-32}$$

【例 2-16】 利用上例中的有关数据，用第二种方法计算本利和。

$$F=P\cdot\ (1+r/m)^{m\cdot n}=10\times\ (1+10\%/2)^{2\times 10}$$
$$=10\times\ (F/P,\ 5\%,\ 20)\ =26.53\ (\text{万元})$$

2.2 风险分析

2.2.1 风险的概念与类别

1. 风险的概念与构成要素

风险是现代企业财务管理环境的一个重要特征，在企业财务管理的每一个环节都不可避免地要面对风险。风险是对企业的目标产生负面影响的事件发生的可能性。从财务管理的角度看，风险就是企业在各项财务活动过程中，由于各种难以预料或无法控制的因素作用，使企业的实际收益与预计收益发生背离，从而蒙受经济损失的可能性。

风险由风险因素、风险事故和风险损失 3 个要素构成。

(1) 风险因素

风险因素是指引起或增加风险事故的机会或扩大损失幅度的条件，是事故发生的潜在原因。风险因素包括实质性风险因素、道德风险因素和心理风险因素 3 个方面。其中，实质性风险因素是指增加某一标的风险事故发生机会或扩大损失严重程度的物质条件，它是一种有形的风险因素，如汽车制动系统失灵产生的交通事故、食物质量对人体的危害等。道德风险因素是指与人的不正当社会行为相联系的一种无形的风险因素，如偷工减料引起产品事故、业务欺诈、出卖情报、中饱私囊拿回扣等，常常表现为由于恶意行为或不良企图，故意使风险事故发生或扩大，心理风险因素也是一种无形的风险因素，例如：保管员忘记锁门而丢失财产、新产品设计错误、信用考核不严谨而出现货款拖欠等，是指由于人的主观上的疏忽或过失，导致增加风险事故发生机会或扩大损失程度。

(2) 风险事故

风险事故，又称风险事件，是引起损失的直接或外在原因，是使风险造成损失的可能性转化为现实性的媒介，也就是说风险是通过风险事故的发生来导致损失的，如工厂火灾、货船碰撞都是风险事故。

(3) 风险损失

风险损失是指风险事故所带来的物质上、行为上、关系上以及心理上的实际和潜在的利益丧失。损失通常是指非故意、非计划、非预期的经济价值减少的事实。它包含两个要素：经济价值减少；非故意、非计划、非预期。

2. 风险的类别。

风险可按不同的分类标志进行分类。

（1）按照风险损害的对象分为人身风险、财产风险、责任风险和信用风险。

人身风险是指由于员工生、老、病、死、伤、残等原因而导致经济损失的风险；财产风险是导致财产发生毁损、灭失和贬值的风险；责任风险是指因侵权或违约，依法对他人遭受的人身伤亡或财产损失应负赔偿责任的风险；信用风险是指在经济交往中，权利人与义务人之间，由于一方违约或犯罪而给对方造成经济损失的风险。

（2）按照风险导致的后果分为纯粹风险和投机风险。

纯粹风险是指只会造成损失而无获利可能性的风险；投机风险是指既可能造成损失也可能产生收益的风险。

（3）按照风险的性质或发生原因分为自然风险、经济风险和社会风险。

自然风险是由于自然现象导致的财产损失和人身伤害的风险；经济风险是指开发经营过程中，由于各种因素的变动，导致产量减少或价格涨跌所致损失的风险；社会风险是指组织或个人的异常行为导致的财产损失和人身伤害的风险。

（4）按照风险能否被分散分为可分散风险和不可分散风险。

可分散风险是指能够通过风险分担协议使得经济单位面临的风险减小的风险；不可分散风险是指通过风险分担协议不能使经济单位面临的风险减少的风险。

（5）按照风险的起源与影响分为基本风险与特定风险。

基本风险是指风险的起源与影响方面都不与特定的组织或个人有关，至少是某个特定组织或个人所不能阻止的风险，即全社会普遍存在的风险，如战争、自然灾害、经济衰退等带来的风险；特定风险是指由特定的因素引起而且损失仅涉及特定组织或者个人的风险，如罢工、诉讼失败、失去销售市场等带来的风险。从个别理财主体的角度看，基本风险通常是不可分散风险，或称系统风险；特定风险通常是可分散风险，或称非系统风险。对于特定企业而言，企业风险可进一步分为经营风险和财务风险。

2.2.2 风险衡量

风险客观存在，广泛影响着企业的财务和经营活动，因此，正视风险并将风险程度予以量化，进行较为准确的衡量，便成为企业财务管理中的一项重要工作。风险与概率直接相关，并由此与期望值、离散程度等相联系，对风险进行衡量时应着重考虑以下几方面的因素。

1. 概率

在现实生活中，某一事件在完全相同的条件下可能发生也可能不发生，既可能出现这种结果又可能出现那种结果，我们称这类事件为随机事件。概率就是用百分数或小数来表示随机事件发生可能性及出现某种结果可能性大小的数值。用 X 表示随机事件，X_i 表示随机事件的第 i 种结果，P_i 为出现该种结果的相应概率。若 X_i 出现，则 $P_i=1$；若不出现，则 $P_i=0$，同时，所有可能结果出现的概率之和必定为 1。因此，概率必须符合下列两个要求：

$$0\leqslant P_i\leqslant 1 \tag{2-33}$$

$$\sum_{i=1}^{n} P_i=1 \tag{2-34}$$

将随机事件各种可能的结果按一定的规则进行排列，同时列出各结果出现的相应概率，这一完整的描述称为概率分布。

概率分布有两种类型，一种是离散型分布，也称不连续的概率分布，其特点是概率分布在各个特定的点（指 X 值）上。另一种是连续型分布，其特点是概率分布在连续图像的两点之间的区间上。两者的区别在于，离散型分布中的概率是可数的，而连续型分布中的概率是不可数的。

2. 期望值

期望值是一个概率分布中的所有可能结果，以各自相应的概率为权数计算的加权平均值，是加权平均的中心值，通常用符号 $\overline{E}$ 表示，其计算公式如下：

$$\overline{E}=\sum_{i=1}^{n} X_i P_i \tag{2-35}$$

期望收益反映预计收益的平均化，在各种不确定性因素（本例中假定只有市场情况因素影响产品收益）影响下，它代表着投资者的合理预期。

【例 2-17】某房地产企业有 A、B 两个投资项目，两个投资项目的收益率及其概率分布情况如表 2-1 所示，试计算两个项目的期望收益率。

A 项目和 B 项目投资收益表的概率分布 表 2-1

项目实施情况	该种情况出现的概率		投资收益率	
	项目 A	项目 B	项目 A	项目 B
好	0.20	0.30	15%	20%
一般	0.60	0.40	10%	15%
差	0.20	0.30	0	−10%

根据公式分别计算项目 A 和项目 B 的期望投资收益率分别为：

项目 A 的期望投资收益率＝0.2×15%＋0.6×10%＋0.2×0＝9%

项目B的期望投资收益率＝0.3×20％＋0.4×15％＋0.3×（－10％）＝9％

从计算结果可以看出，两个项目的期望投资收益率都是9％。但是否可以就此认为两个项目是等同的呢？我们还需要了解概率分布的离散情况，即计算标准离差和标准离差率。

3. 离散程度

离散程度是用以衡量风险大小的统计指标。一般说来，离散程度越大，风险越大；离散程度越小，风险越小。反映随机变量离散程度的指标包括平均差、方差、标准离差、标准离差率和全距等。本书主要介绍方差、标准离差和标准离差率3项指标。

（1）方差

方差是用来表示随机变量与期望值之间的离散程度的一个数值，计算公式为：

$$\sigma^2=\sum_{i=1}^{n}(X_i-\overline{E})^2\cdot P_i \tag{2-36}$$

（2）标准离差

标准离差也叫均方差，是方差的平方根，其计算公式为：

$$\sigma=\sqrt{\sum_{i=1}^{n}(X_i-\overline{E})^2\cdot P_i} \tag{2-37}$$

标准离差以绝对数衡量决策方案的风险，在期望值相同的情况下，标准离差越大，风险越大；反之，标准离差越小，则风险越小。

【例2-18】以【例2-17】中的数据为例，分别计算上例中A、B两个项目投资收益率的方差和标准离差。

项目A的方差 $\sigma^2=\sum_{i=1}^{n}(X_i-\overline{E})^2\cdot P_i$

$=0.2\times(0.15-0.09)^2+0.6\times(0.10-0.09)^2$

$+0.2\times(0-0.09)^2$

$=0.0024$

项目A的标准离差 $\sigma=\sqrt{\sum_{i=1}^{n}(X_i-\overline{E})^2\cdot P_i}$

$=\sqrt{0.0024}$

$=0.049$

项目B的方差 $\sigma^2=\sum_{i=1}^{n}(X_i-\overline{E})^2\cdot P_i$

$=0.3\times(0.20-0.09)^2+0.4\times(0.15-0.09)^2$

$+0.3\times(-0.10-0.09)^2$

$=0.0159$

项目 B 的标准离差 $\sigma=\sqrt{\sum_{i=1}^{n}(X_i-\overline{E})^2\cdot P_i}$

$=\sqrt{0.0159}=0.126$

以上计算结果表明项目 B 的风险要高于项目 A 的风险。

(3) 标准离差率

标准离差率是标准离差同期望值之比，通常用符号 V 表示，其计算公式为：

$$V=\frac{\sigma}{\overline{E}}\times100\% \tag{2-38}$$

标准离差率是一个相对指标，它以相对数反映决策方案的风险程度。方差和标准离差作为绝对数，只适用于期望值相同的决策方案风险程度的比较。对于期望值不同的决策方案，评价和比较其各自的风险程度只能借助于标准离差率这一相对数值。在期望值不同的情况下，标准离差率越大，风险越大；反之，标准离差率越小，风险越小。

【例 2-19】 现仍以例 2-17 中的有关数据为依据，分别计算项目 A 和项目 B 的标准离差率为：

$$\text{项目 A 的标准离差率 } V_A=\frac{0.049}{0.09}\times100\%=54.44\%$$

$$\text{项目 B 的标准离差率 } V_B=\frac{0.126}{0.09}\times100\%=140\%$$

当然，在此例中项目 A 和项目 B 的期望投资收益率是相等的，可以直接根据标准离差来比较两个项目的风险水平。但如比较项目的期望收益率不同，则一定要计算标准离差率才能进行比较。

通过上述方法将决策方案的风险加以量化后，决策者便可据此作出决策。对于单个方案，决策者可根据其标准离差（率）的大小，并将其同设定的可接受的此项指标最高限值对比，看前者是否低于后者，然后作出取舍。对于多方案择优，决策者的行动准则应是选择低风险高收益的方案，即选择标准离差最低、期望收益最高的方案。然而高收益往往伴有高风险，低收益方案其风险程度往往也较低，究竟选择何种方案，就要权衡期望受益与风险，而且还要视决策者对风险的态度而定。对风险比较反感的人可能会选择期望收益较低同时风险也较低的方案，喜冒风险的人则可能选择风险虽高但同时受益也高的方案。

2.2.3 风险收益率

上节讲述的资金的时间价值是投资者在无风险条件下进行投资所要求的收益率（这里暂不考虑通货膨胀因素）。这是以确定的收益率为计算依据的，也就是以肯定能取得的收益为条件的。但是，企业财务和经营管理活动总是处于或大或小的风险之中，任何经济预测的准确性都是相对的，预测的时间越长，风险程度就越高。因此，为了简化决策分析工作，在短期财务决策中一般不考虑风险因素。而在长期财务决策中，则不得不考虑风险因素，需要计量风险程度。

任何投资者宁愿要肯定的某一收益率，而不要不肯定的同一收益率，这种现象称为风险反感。在风险反感普遍存在的情况下，诱使投资者进行风险投资的因素是风险收益。

标准离差率虽然能正确评价投资风险程度的大小，但还无法将风险与收益结合起来进行分析。假设面临的决策不是评价与比较两个投资项目的风险水平，而是要决定是否对某一投资项目进行投资，此时就需要计算出该项目的风险收益率。因此，还需要一个指标将对风险的评价转化为收益率指标，这便是风险价值系数。风险收益率、风险价值系数和标准离差率之间的关系可用公式表示如下：

$$R_R = b \cdot V \tag{2-39}$$

式中：R_R——风险收益率；

b——风险价值系数；

V——标准离差率。

在不考虑通货膨胀因素的情况下，投资的总收益率（R）为：

$$R = R_F + R_R = R_F + b \cdot V \tag{2-40}$$

式中：R——投资收益率；

R_F——无风险收益率。

其中，无风险收益率 R_F 可用加上通货膨胀溢价的时间价值来确定。在财务管理实务中一般把短期政府债券（如短期国债）的收益率作为无风险收益率。风险价值系数（b）的数学意义是指该项投资的风险收益率占该项投资的标准离差率的比率。在实际工作中，确定单项投资的风险价值系数，可采取以下 4 种方法：

（1）通过对相关投资项目的总投资收益率和标准离差率，以及同期的无风险收益率的历史资料进行分析。

（2）根据相关数据进行统计回归推断。

（3）由企业主管投资的人员会同有关专家定性评议而获得。

（4）由专业咨询公司按不同行业定期发布，供投资者参考使用。

【例 2-20】 以【例 2-17】的数据为依据，并假设无风险收益率为 10%，风险价值系数为 10%，试计算两个项目的风险收益率和投资收益率。

项目 A 的风险收益率＝10%×54.44%≈5.44%

项目 A 的投资收益率＝10%＋10%×54.44%＝15.44%

项目 B 的风险收益率＝10%×140%＝14%

项目B的投资收益率=10%+10%×140%=24%

从计算结果可以看出，项目B的投资收益率（24%）要高于项目A的投资收益率（15.44%），似乎项目B是一个更好的选择。而从我们前面的分析来看，两个项目的期望收益率是相等的，但项目B的风险要高于项目A，故项目A是应选择的项目。

2.2.4 风险对策

（1）规避风险

任何经济单位对风险的对策，首先考虑到的是避免风险。凡风险所造成的损失不能由该项目可能获得利润予以抵消时，避免风险是最可行的简单方法。避免风险例子包括：拒绝与不守信用厂商业务往来；放弃可能明显导致亏损的投资项目；新产品在试制阶段发现诸多问题而果断停止试制。

（2）减少风险

事先从制度、文化、决策、组织和控制上，从培育核心能力上提高企业防御风险的能力。减少风险主要有两方面的意思：一是控制风险因素，减少风险的发生；二是控制风险发生的频率和降低风险损害程度。减少风险的常用方法有：对汇率预测、利率预测、债务人信用评估等进行准确的预测；对决策进行多方案优选和相机替代；及时与政府部门沟通获取政策信息；在发展新产品前，充分进行市场调研；实行设备预防检修制度，以减少设备事故；选择有弹性的、抗风险能力强的技术方案，进行预先的技术模拟试验，采用可靠的保护和安全措施；采用多领域、多地域、多项目、多品种的投资以分散风险。

（3）转移风险

企业以一定代价（如保险费、盈利机会、担保费和利息等），采取某种方式（如参加保险、信用担保、租赁经营、套期交易、票据贴现等），将风险损失转嫁给他人承担，以避免可能给企业带来灾难性损失。如向专业性保险公司投保；采取合资、联营、增发新股、发行债券、联合开发等措施实现风险共担；通过技术转让、特许经营、战略联盟、租赁经营和业务外包等实现风险转移。

（4）接受风险

对于损失较小的风险，如果企业有足够的财力和能力承受风险损失时，可以采取风险自担和风险自保自行消化风险损失。风险自担，就是风险损失发生时，直接将损失摊入成本或费用，或冲减利润；风险自保，就是企业预留一笔风险金或随着房地产开发经营的进行，有计划地计提风险基金如坏账准备金、存货跌价准备等。

本章小结

本章是房地产财务管理的基础，通过本章的学习要求掌握以下内容。

1. 货币的时间价值：包括复利终值和现值的含义与计算，普通年金的终值和现值的含义与计算，先付年金的终值和现值的含义与计算，递延年金现值和永续年金现值的含义与计算，折现率、期间和利率的含义与推算，名义利率与实际利率的含义与实际利率的计算；并熟悉现值系数、终值系数在资金的时间价值中的运用。

2. 风险：包括风险的含义衡量方法、报酬率的含义与衡量方法、风险与报酬率之间的内在联系。

复习思考题

1. 何为资金时间价值？其实质是什么？

2. 投资风险与报酬的关系如何？

练习题

1. 某房地产企业打算做一项投资计划，希望在 10 年后由现在的 1 000 万元增长至 3 500 万元，请问：什么样的收益率才能实现该投资人的希望？

2. 某房地产企业计划出售商品房。甲客户出价 5 550 万元，以现金方式一次付清，乙客户出价 6 500 万元但无法一次付清，打算 3 年后再以现金方式一次付清。若目前市场利率为 10%，请问该房地产企业应该将该商品房卖给哪个客户？

3. 甲银行可提供 2 年期定期存款服务，名义年利率为 4%，该存款每季计息一次；乙银行同样可提供 2 年期定期存款服务，名义年利率为 3.9%，该存款每月计息一次。某房地产企业有现金 1 000 万元，暂无投资项目，请问它应选择哪一家银行储蓄？

4. 某房地产企业通过向银行按揭贷款方式购入周转房，与银行约定，贷款金额为 4 000 万元，贷款期限 20 年，采用等额偿还法偿还贷款，该款项由银行每月月末从该房地产企业指定的银行账户上扣款，银行贷款利率为 6%，试问该房地产企业每月偿付的款项为多少？

5. 甲房地产企业从某租赁公司租入一设备，设备价款及各项费用合计500万元，合同期为8年，合同规定甲公司每年年末支付租金，合同期满后，该设备归甲公司所有，现市场利率为6%。请问：

(1) 甲房地产企业每期支付的租金为多少？

(2) 如果合同规定甲房地产企业须于每年年初支付租金，那么甲房地产企业每期支付的租金应为多少？

第3章 房地产企业资金筹集管理

本章概要

1. 房地产企业筹资的含义、分类及筹资原则、筹资方式；
2. 权益资金筹集的种类、特点及利弊；
3. 负债资金筹集的种类、特点及利弊。

3.1 房地产企业筹资概述

3.1.1 企业筹资的含义与动机

筹集资金，是指房地产企业根据其开发经营、对外投资和调整资本结构的需要，通过筹资渠道和资金市场，运用筹资方式，经济有效地筹措和集中资金的财务活动。资金是房地产企业进行生产经营活动的必要条件。筹集资金是企业资金运动的起点，是决定资金运动规模和生产经营发展程度的重要环节，筹集资金是房地产企业的基本财务活动，筹资管理是房地产企业财务管理的一项重要内容。

企业筹资的基本目的，是为了自身的维持和发展。但每次具体的筹资活动，则受特定动机的驱使。企业筹资的具体动机是多种多样的，归纳起来有4类，即新建筹资动机、扩张筹资动机、偿债筹资动机和混合筹资动机。

1. 新建筹资动机

新建筹资动机是在企业新建时为满足生产经营活动所需的铺底资金而产生的筹资动机。资金是企业持续从事生产经营活动的基本条件。企业的创建是以充分的资金准备为基本前提的。新建企业，首先必须筹集资本金，进行企业的设立、登记，才能开展正常生产经营活动。

2. 扩张筹资动机

扩张筹资动机是企业因扩大生产经营规模或追加对外投资而产生的筹资动机。

具有良好发展前景、处于成长时期的企业，通常会产生扩张筹资动机。房地产的开发，不但需要的资金多，而且资金占用时间长，随着开发经营规模的不断扩大，对资金的需求也不断增加。同时为了降低房地产开发成本，谋求相关企业（如建筑材料生产供销企业、施工企业）配合企业本身的开发经营，也需要筹集资金对其他企业投资控股，以参与其生产经营决策。企业扩张筹资会使企业资产的规模有所扩大，但负债规模也有所增大，从而给企业带来收益增长的机会，同时也带来更大的风险，这是扩张筹资的典型特征。

3.偿债筹资动机

偿债筹资动机是企业为了偿还某项债务而形成的借款动机，即借新债还旧债。偿债筹资动机一般分为两种情况：一是调整性偿债筹资，即企业具有足够的能力支付到期旧债，但为了调整原有的资本结构，举借一种新债务，从而使资本结构更加合理，这是主动的筹资策略；二是恶化性偿债筹资，即企业现有的支付能力不足以偿付到期旧债，被迫举新债还旧债，这表明企业财务状况已经恶化。

4.混合筹资动机

企业因同时需要长期资金和现金而形成的筹资动机，称为混合性筹资动机。企业在生产经营过程中，一方面可能因为扩大生产经营规模需要筹集资金；另一方面可能因为现金短缺而无法偿还到期债务。这样，通过混合性筹资，既满足了企业扩大资金规模的需要，又满足了及时偿还债务的需要，即在这种筹资中混合了扩张性筹资和偿债性筹资两种筹资动机。

3.1.2 筹资的分类

房地产企业筹资可按不同的标准进行分类。

1.按来源的不同分类

按资金来源的不同可分为权益资金与负债资金。

企业的全部资金来源，可以按资金权益性质的不同分为权益资金和负债资金。合理安排权益资金与负债资金的比例关系，是筹资管理的一个核心问题。

（1）权益资金

权益资金又称自有资本、权益资本或主权资本，是企业依法筹集并长期拥有、自主调配运用的资金来源。根据我国财务制度，企业权益资金包括资本金、资本公积金、盈余公积金和未分配利润。按照国际惯例，一般包括实收资本（或股本）和留存收益两部分。

权益资金具有以下特点：

①权益资金的所有权归属企业的所有者，所有者凭借其所有权参与企业的经营

管理和利润分配，并对企业的经营状况承担有限责任。

②企业对权益资金依法享有经营权，在企业存续期内，投资者除依法转让外，不得以任何方式抽回其投入的资本，因而权益资金被视为“永久性资本”。

③权益资金主要是通过国家财政资金、其他企业资金、民间资金、外商资金等渠道，采用吸收直接投资、发行股票、留用利润等方式筹措形成的。

(2) 负债资金

负债资金，亦称借入资本或债务资本，是企业依法筹措并依约使用、按期偿还的资金来源。负债资金包括各种债券、应付借款、应付票据等。

与权益资金比较，负债资金具有如下特点：

①负债资金体现企业与债权人的债权债务关系，属于企业的债务。

②企业对负债资金在约定期限内享有使用权，承担按期付息还本的义务。

③企业债权人有权按期索取本息，但无权参与企业的经营管理，对企业的经营状况不承担责任。

④企业的负债资金是通过银行、非银行金融机构、民间等渠道，采用银行借款、发行债券、发行融资券、商业信用、财务租赁等方式筹措取得的。

必须指出，在特定的条件下，有些负债资金可转换为权益资金，如可转换为股票的公司债券；在企业财务困难不能偿还债务时，经过债务重组也可将债务转为股权，成为企业权益资金。

2.按照筹集资金使用期限的长短分类

按照筹集资金使用期限的长短可将企业筹资分为短期资金筹资与长期资金筹资。

企业的资金来源按期限的不同区分为长期资金与短期资金，两者构成企业全部资金的期限结构。合理安排企业资金的期限结构，有利于实现企业资金的最佳配置和筹资组合。

(1) 长期资金

长期资金是指需用期限在1年以上的资金。企业要长期、持续、稳定地进行生产经营活动，就需要一定数量的长期资金。

广义的长期资金包括中期资金和长期资金。一般划分标准为：需用期限在1年以上5年以内的资金为中期资金；5年以上的资金为长期资金。

企业需要长期资金的原因主要有：购建固定资产、取得无形资产、开展长期投资、垫支于长期性流动资产等。长期资金通常采用吸收直接投资、发行股票、发行债券、长期借款、融资租赁等方式来筹措。

(2) 短期资金

短期资金是指需用期限在1年以内的资金。企业由于生产经营过程中资金周转的暂时短缺，往往需要一些短期资金。

企业的短期资金，一般通过短期借款、商业信用、发行融资券等方式来融通。

企业的长期资金和短期资金有时可互相通融。如用短期资金来源暂时解决长期资金需要，或者用长期资金来源临时解决短期资金的不足。

3.1.3 筹资渠道与筹资方式

筹资渠道与筹资方式，既有联系，又有区别。同一筹资渠道的资金往往可以采用不同的筹资方式取得，而同一筹资方式又往往可以筹措到不同渠道的资金。所以财务人员应认真分析研究各种筹资渠道和各种筹资方式的特点及适用性，以确定最优的筹资结构。

1. 筹资渠道

筹资渠道是指企业取得资金的来源或途径，体现着企业所筹集资金的源泉和性质。房地产企业的筹资渠道，主要有以下几种。

(1) 国家财政资金

国家财政资金一直以来是全民所有制企业的主要资金来源。国家财政资金具有稳定的来源和稳固的基础，而国民经济命脉也应由国家掌握。所以国家投资是大中型国有企业的重要资金来源，在企业各种资金来源中占有重要的地位。但是，国家资金的供应方式可以多种多样，不一定都采取拨款的方式，更不宜实行无偿供应。

(2) 银行信贷资金

银行对企业的贷款也是企业重要的资金来源。银行一般分为商业性银行和政策性银行。商业性银行包括：中国工商银行、中国农业银行、中国银行、中国人民建设银行以及交通银行等，它们为各类企业提供商业性贷款。政策性银行包括：国家开发银行、中国进出口银行等，它们主要为特定企业提供政策贷款。银行信贷资金有个人储蓄、单位存款等经常增长的来源，财力雄厚，贷款方式能灵活适应企业的各种需要，且有利于加强宏观调控，它是企业资金的主要供应渠道。

(3) 非银行金融机构资金

非银行金融机构包括：保险公司、信托投资公司、信用合作社、证券公司、租赁公司、企业集团的财务公司等。非银行金融机构资金力量比银行信贷资金要小，目前只起辅助作用，但非银行金融机构资金供应比较灵活方便，而且可提供其他方面的服务，所以这种筹资渠道具有广阔的发展前景。

(4) 其他企业单位资金

其他企业单位资金，包括其他企业资金和社会团体事业单位资金。它是其他企业单位以其可以支配的资产对企业投资或以其闲置资金与企业进行资金融通等形成的资金，包括联营、入股、购买债券及各种商业信用，既有长期的稳定的联合，又有短期的临时的融通。从目前看，这部分资金占整个来源渠道的比重不大，但却是企业资金来源很重要的补充。

(5) 民间资金

企业职工和城乡居民手中，暂时闲置不用的节余货币，银行难以全部集中，企业可以通过合理地调整资金使用上的关系，充分利用这一大有潜力的资金来源。如本企业职工入股，向非本单位职工发行股票、债券等。

(6) 企业内部形成资金

企业内部形成资金，主要是指计提的折旧、资本公积、提取的盈余公积、未分配利润而形成的资金，以及一些经常性的延期支付的款项，如应付工资、应交税金、应付股利等而形成的资金来源。

(7) 境外资金

境外资金包括：境外投资者投入资金和借用外资，如进口物资延期付款、补偿贸易、国家租赁、在国外发行企业债券、股票等。

以上筹资渠道中，国家财政资金、其他企业单位资金、民间资金、企业内部形成资金、境外资金可以成为筹措企业资本金的筹资渠道；银行信贷资金、非银行金融机构资金、其他企业单位资金、民间资金、企业内部形成资金、境外资金可以成为筹措负债资金的筹资渠道。

2.筹资方式

筹资方式是指企业取得资金的具体方式和形式，体现着不同的经济关系（所有权关系或债权债务关系）。房地产企业的筹资方式，主要有以下几种。

(1) 吸收直接投资

吸收直接投资是指不通过中介机构或股票市场，筹资者直接从投资者手中接受资本金的行为。在我国除了采取募集方式设立的股份有限公司外，其余企业均属于采用直接吸收投资方式而筹集资本金。

(2) 发行股票

股票是股份有限公司为筹措主权资本而发行的有价证券，是持股人持有公司股份的凭证，它代表持股人在公司拥有的所有权。发行股票是股份有限公司筹措主权资本的一种基本方式。

(3) 银行借款

银行借款是指企业根据借款合同向银行以及非银行金融机构借入的、按规定期限还本付息的款额。

(4) 发行债券

债券是企业为筹措长期负债资金而发行的、约定在一定期限向债权人还本付息的有价证券。发行债券是企业筹集长期负债资金的一种重要的筹资方式。

(5) 租赁

租赁是出租人以收取租金为条件，在契约或合同规定的期限内，将资产转让给承租人使用的一种信用业务。企业资产的租赁按其性质不同有经营性租赁和融资性租赁两种。租赁筹资是企业筹资的一种特殊方式。

(6) 商业信用

商业信用是指商品交易中以延期付款或预收货款方式进行购销活动而形成的借贷关系。它是企业之间的直接信用行为。

3.1.4 筹资原则

房地产企业在筹集资金过程中，必须对筹资活动的各项因素，如资金成本、筹资风险、资金结构、开发投资项目经济效益、筹资难易程度等进行综合分析。

1. 合理确定筹资规模

企业的筹资规模要与资金的需求量相一致，既要避免因资金困难筹资不足，影响生产经营的正常进行，又要防止资金筹集过多，造成资金闲置。

2. 力求降低筹资成本

房地产企业必须选择最经济、最方便的资金来源，力求降低综合资金成本，降低筹资风险，实现最佳的筹资组合。

3. 讲求资金使用效益

房地产企业对房地产项目和固定资产投资项目的开发和建设，都必须做好房地产市场有效需求的调查，进行可行性研究，认真分析项目的投资经济效益。筹资是为了投资，筹资之前，应先确定有利的投资、开发项目，明确资金用途，然后选择筹资渠道和筹资方式，必须防止把资金筹集与资金投放割裂开来。

4. 科学防范筹资风险

科学防范筹资风险，就是要合理安排资金结构，保持适当的偿债能力，正确运用负债经营，合理安排权益资金与债务资金的比例，适时、适度地负债经营。

5. 筹措及时原则

企业财务人员应当全面掌握资金需求的具体情况，合理安排资金的筹资时间，适当获取所需资金。

3.2 权益资金的筹集

权益资金主要通过吸收直接投资、发行股票、发行认股权证等筹资方式取得。

3.2.1 吸收直接资金

吸收直接投资是指企业按照“共同投资、共同经营、共担风险、共享利润”的原则直接吸收国家、法人、个人投入资本，形成企业资本金的一种筹资方式。吸收直接投资不以股票为媒介，是非股份制企业筹集主权资本的一种基本方式。吸收直接投资中的出资者都是企业的所有者，他们对企业拥有经营管理权。

1. 吸收直接投资的种类

按所形成资本金的构成，开发企业通过吸收直接投资方式筹集资金的方式可以归纳为以下3类。

(1) 吸收国家投资

国家投资是指有权代表国家投资的政府部门或机构以国有资产投入企业。吸收国家的直接投资形成企业的国家资本金。吸收国家投资是国有企业筹集权益资金的主要方式。当前，除了原来国家以拨款形式投入企业所形成的各种资金外，用利润总额归还贷款后所形成的国家资金、财政和主管部门拨给企业的专用拨款以及减免税后形成的资金，也应视为国家投资。国家直接投资仍占有相当重要的地位。吸收国家投资一般具有以下特点：

①产权归属国家；

②资金的运用和处置受国家约束较大；

③在国有企业中采用较广泛。

(2) 吸收法人投资

法人投资是指法人单位以其依法可以支配的资产投入企业。吸收法人的直接投资形成企业的法人资本金。吸收法人投资一般具有以下特点：

①发生在法人单位之间；

②以参与企业利润分配为目的；

③出资方式灵活多样。

(3) 吸收个人投资

个人投资是指社会个人或本企业内部职工以个人合法财产投入企业。吸收个人的直接投资形成企业的个人资本金。个人投资一般具有以下特点：

①投资人员较多；

②每人投资的数额相对较少；

③以参与企业利润分配为目的。

2. 吸收直接投资的出资方式

吸收直接投资中，投资者主要采用现金和非现金两种形式向企业投资。具体而言，吸收直接投资中的投资者向企业出资的方式主要有货币资金、实物投资、工业产权投资和土地使用权投资4种。

(1) 货币资金投资

用货币资金对企业进行投资是吸收直接投资中重要的出资形式。有了货币资金，便可获取其他物质资源。因此，企业应尽量动员投资者采用现金方式出资。外国公司法或投资法对现金投资在资本总额中的份额一般都有规定。我国目前尚无这方面的规定，所以，需要在投资过程中由双方协商加以确定。

(2) 实物投资

实物投资是指以房屋、建筑物、设备等固定资产和材料、燃料、产品等流动资产所进行的投资。企业吸收实物投资应符合以下条件：

①适合企业生产、经营、科研开发等的需要；

②技术性能良好；

③作价公平合理。

投资实物的价格，可由双方按公平合理的原则协商确定，也可聘请专业资产评估机构评估确定。

(3) 工业产权和非专利技术投资

工业产权投资是指以专有技术、专利权、商标权等无形资产所进行的投资。企业吸收的工业产权和非专利技术应符合以下条件：

①有助于企业研究、开发和生产新的、适销对路的高科技产品；

②有助于企业改进产品质量，提高生产效率；

③有助于大幅度降低各种消耗；

④作价比较合理。

值得注意的是，企业在吸收工业产权和非专利技术投资时，应进行周密的可行性研究，认真分析其先进性、效益性和技术更新的速度，并合理作价，以免吸收以后在短期内就发生明显的贬值。因为以工业产权和非专利技术投资实际上是把有关技术资本化了，把技术的价值固定化了，而技术实际上贬值的速度很快，其价值在不断减少甚至完全丧失。

(4) 土地使用权投资

企业吸收土地使用权投资应符合以下条件：

①适合企业科研、生产、销售活动的需要；

②交通、地理条件比较适宜；

③作价公平合理。

3. 吸收直接投资的优缺点

(1) 吸收直接投资的优点

①有利于增强企业的实力，提高企业的信誉。吸收直接投资所筹集的资金属于企业的权益资金，与负债资金相比，它能提高企业的资信和借款能力，对扩大企业经营规模、壮大企业实力具有重要作用。

②有利于尽快形成生产能力。吸收直接投资不仅可以获取现金，还可以直接获取投资者的先进设备和先进技术，能较快形成生产能力。

③有利于降低财务风险。吸收直接投资可以根据企业的经营状况向投资者支付报酬，企业经营状况好，向投资者支付的报酬就多，企业经营状况不好，可向投资者支付较少的报酬，因而财务风险相对较小。

(2) 吸收直接投资的缺点

①资金成本较高。采用吸收直接投资方式向投资者支付的报酬是根据其出资额的数额和企业实现利润的多少来计算的，当企业经营状况较好时，企业要支付较多的报酬，因而用这种方式筹集资金所需负担的资金成本较高。

②企业控制权容易分散。采用吸收直接投资方式筹集资金，投资者一般都要求获得与投资数额相适应的经营管理权，这是接受外来投资的代价之一。如果外部投资者的直接投资较多，则投资者会有相当大的管理权，甚至会对企业实行完全控制，这是吸收直接投资的不利因素。

③产权关系有时不明晰，也不便于产权交易。

3.2.2 发行股票

股票是股份公司为筹集主权资本而发行的有价证券，是股东拥有公司股份的凭证，它代表持股人在公司中拥有的所有权。发行股票是股份制企业筹集资本金的基本形式。

1.股票的分类

股票的种类很多。各种股票有不同的特点。股份有限公司筹集资金可能有种种不同的需要与需求，而不同的投资者对风险的承受能力和对收益的要求也不尽相同。股份有限公司可以根据公司的需要并考虑投资者的需求选择发行各种不同的股票筹集资金。

股票可以按不同标准进行分类。

(1) 按股东权利和义务的不同，股票分为普通股股票和优先股股票。

普通股股票简称普通股，是股利随着股份公司利润的多少及股利政策的松紧而变化的股票。普通股股东享有作为股东的平等权利并负有相应的义务。通常情况下，股份有限公司只发行普通股股票。

优先股股票简称优先股，是相对于普通股而言，其持有者有某些优先权利的股票。

（2）按股票票面是否记名，股票分为记名股票和无记名股票。

记名股票，是在股票票面上记载股东姓名或名称并记入公司股东名册的一种股票。记名股票的财产所有权归股票上所记载姓名或名称的股东所有。记名股票一律用股东本名，并不能随意转让。转让、继承时，必须办理过户手续，并将受让人的姓名、住所记载于股东名册上，受让人的姓名记载于股票票面上。

无记名股票，是在股票票面上不记载股东的姓名或名称，也不记入公司的股东名册，只记载其股票数量、编号及发行日期。凡持有无记名股票者，都可以成为公司股东。无记名股票的转让、继承无需办理过户手续，只要将股票交给受让人，就可发生转让效力，移交股权。

《中华人民共和国公司法》规定，公司向发行人、国家授权投资的机构和法人发行的股票，应当为记名股票；向社会公众发行的股票，可以为记名股票，也可以为无记名股票。

（3）按发行对象和上市地区不同，我国股票分为A股、B股、H股和N股。

A股，是供我国境内个人或法人买卖的，以人民币标明票面价值并以人民币认购和交易的股票。

B股、H股和N股是专供外国和我国港、澳、台地区的投资者买卖的，以人民币标明面值但以外币认购和交易的股票。其中，B股在深圳、上海上市；H股在香港上市；N股在纽约上市。

2.股票发行

我国股份公司发行股票必须符合《中华人民共和国证券法》和《上市公司证券发行管理办法》规定的发行条件。股票发行方式有公募发行和私募发行，公募发行有自销方式和承销方式，承销方式具体分为包销和代销。

3.股票上市

股票上市，是指股份有限公司公开发行的股票经批准在证券交易所进行挂牌交易。经批准在证券交易所上市交易的股票称为上市股票，其股份有限公司称为上市公司。

（1）股票上市的有利影响

①有助于改善财务状况。公司公开发行股票可以筹得自有资金，能迅速改善公司财务状况，并有条件得到利率更低的贷款。同时，公司一旦上市，就可以有更多的机会从证券市场上筹集资金。

②利用股票收购其他公司，从而扩大公司的规模。

③利用股票市场客观评价企业。对已经上市的公司来说，每时每日的股票行情，都是对企业客观的市场估价。

④提高公司的知名度，吸引更多顾客。股票上市公司为社会所知，并被认为经营良好，这会给公司带来良好的声誉，从而吸引更多的顾客，扩大公司的销售。

(2) 股票上市的不利影响

①使公司失去隐私权。一家公司转为上市公司，其最大的变化是公司隐私权的消失。国家证券管理机构要求上市公司将关键的经营情况向社会公众公开。

②限制经理人员操作的自由度。公司上市后，其所有重要决策都需要经董事会讨论通过，有些对企业至关重要的决策则须全体股东投票决定。股东们通常以公司盈利、分红、股价等来判断经理人员的业绩，这些压力往往使得企业经理人员只注重短期效益而忽略长期效益。

③公开上市需要很高的费用。这些费用包括：资产评估费用、股票承销佣金、律师费、注册会计师费、材料印刷费等。这些费用的具体数额取决于每一个企业的具体情况、整个上市过程的难易程度和上市融资的数额等因素。公司上市后还需要花费一些费用为证券交易所、股东等提供资料，聘请注册会计师、律师等。

4.普通股与优先股筹资比较

普通股股本是股份公司权益资本的首要资金来源，也是股份公司筹措其他资金的基础。普通股股票的持有者为普通股股东。普通股股东的出资总额即公司普通股股本。普通股股本体现普通股股东对公司的所有权。

(1) 普通股股东的权利和义务

普通股股东是公司的所有者，享有一定的权利，并承担相应的义务。普通股股东的权利由《中华人民共和国公司法》和股份有限公司的章程规定。普通股股东的权利可能因公司章程的规定不同而有一定差异。一般来说，普通股股东的权利通常包括如下方面：

a. 经营管理权。普通股股东有权出席或委托代理人出席股东大会，并依公司章程规定行使表决权。这是普通股股东参与公司经营管理的基本方式。具体来说，普通股股东的经营管理权主要表现为：其一，投票权。普通股股东有权投票选举公司董事会成员并有权修改公司章程、改变公司资本结构、批准出售公司重要资产、吸收或兼并其他公司等重大问题进行投票表决。其二，查账权。从原则上讲，普通股股东具有查账权。但由于保密的原因，这种权利常常受到限制。因此，并不是每个股东都可以自由查账，但股东可以委托会计师事务所代表他去查账。其三，阻止越权的权利。当公司的管理当局越权进行经营时，股东有权阻止。

b. 分享盈余权。分享盈余也是普通股股东的一项基本权利。股份有限公司的税后净利在支付罚没金、弥补以前年度亏损、提取法定盈余公积和公益金，并支付优先股股利之后，即可向普通股股东分配股利。

c. 剩余财产分配权。在股份有限公司解散时，公司财产按规定清偿债务后的剩余财产，按股东持有的股份比例分配。

d. 股票转让权。普通股股东有权根据自己的选择将股票转让出去。

e. 优先认购权。优先认购权，是股份有限公司为增加资本而决定增加发行新的普通股股票时，现有的普通股股东有按其原持有的公司总股份中的比例优先认购增发股票的权利。这主要是为了使现有股东保持其在公司股份中原来所占的百分比，以保证他们的控制权。

普通股股东基于其资格，也相应地对公司负有义务。如《中华人民共和国公司法》中规定了股东具有遵守公司章程、缴纳股款、对公司负有以其所认购的股份为限的有限责任后，不得退股等义务。

(2) 普通股筹资的优缺点

发行普通股筹资的优点主要如下。

a. 没有偿还期。发行普通股筹措的资金是公司的永久性资本，除非公司清算才需偿还。这对保证公司对资本的最低需要、维持公司长期稳定发展具有十分重要的作用。

b. 没有固定利息负担。普通股利支付与否以及支付多少，由公司盈亏状况、股利分配政策以及经营需要而定。公司有盈利，并认为适于分配股利，就可以给股东支付股利；公司没有盈利，或虽有盈利但由于资金短缺或有较好的投资机会时，也可以少支付或不支付股利。

c. 筹资风险小。由于普通股没有固定到期日，不用支付固定的利息，这种筹资实际上不存在不能偿付的风险，因而风险最小。

d. 能提高公司的信誉，增加资金实力。普通股本与留存收益构成公司所有债务的基础。有了较多的权益资金，就可以为债权人提供较大的损失保障，因而普通股筹资既可以提高公司的信用价值，同时也为更多地使用债务资金提供了强有力的支持。

e. 筹资限制较少。利用优先股或债券筹资，通常有许多限制，这些限制往往会影响公司经营的灵活性，而利用普通股筹资则没有这种限制。

发行普通股筹资也有许多缺点主要如下。

a. 容易分散控制权。以发行普通股股票筹资会增加新股东，从而可能分散公司的控制权。

b. 资金成本较高。普通股筹资的成本一般要大于债务资金，其原因主要有：其一，由于投资者购买普通股股票既没有取得固定收益的保证也不能抽回投资收回本钱，因而普通股股东的投资风险最高，相应地就要求有较高的投资报酬，而支付给普通股股东的股利（投资报酬）也就是发行普通股票筹资的资金成本中的用资费用，所以，发行普通股股票筹资的用资费用较高。其二，普通股股票的发行成本较高。

c. 可能导致股价下跌。一方面，由于发行新的普通股股票筹资会增加新股东，新股东分享公司未发行新股前积累的盈余，会降低普通股的每股净收益，从而可能引发股价的下跌；另一方面，发行新的普通股股票筹资，可能被投资者视为消极的信号，从而可能导致股本价格的下跌。

(3) 优先股股票筹资的优缺点

发行优先股筹资的优点主要如下。

a. 所筹资金没有偿还期。发行优先股股票筹集的资本是公司的主权资本，没有固定到期日，没有偿还本金义务，实际上近乎得到一笔永久性借款。

b. 不会分散公司的控制权。这是发行优先股这种筹资方式比发行普通股筹资的一大优点。如果公司既想筹措主权资本又不愿分散公司的控制权，发行优先股股票筹资不失为一种两全其美的选择。

c. 其股利支付有一定的灵活性。一般而言，优先股都采用固定股利，但固定股利的支付并未构成公司的法定义务。如果财务状况不佳，则可暂时不支付优先股股利，那么，优先股股东也不可能像债权人一样迫使公司破产。所以相对于发行公司债券或取得长期借款等取得借入资本的筹资方式而言，它减轻了公司的财务压力和筹资风险。

d. 有利于增强公司信誉。优先股扩大了权益基础，可适当增加公司的信誉，加强公司的借款能力。

e. 可使普通股股东获得财务杠杆利益。由于优先股股东按股票面值和固定的股利率取得股利，所以当公司的资本收益率高于优先股股利率时，发行优先股股票筹资，就可以提高普通股股本收益率，普通股股东就可获得财务利益。

利用优先股筹资的缺点主要如下。

a. 筹资成本高。优先股所支付的股利要从税后净利润中支付，不同于债务利息可在税前扣除。因此，优先股筹资成本较高。

b. 财务负担重。如前所述，优先股需要支付固定股利，但又不能在税前扣除，所以，优先股股利会成为一项较重的财务负担。

3.2.3 发行认股权证

认股权证是由股份公司发行的可认购其股票的买方选择权。它赋予认股权证持有者在特定期间内，以预定的价格购买一定数量的该公司股票。认股权证通常随公司债券一起发行，以吸引投资者用较低的利率购买公司的长期债券。认股权证是一种有价证券，其持有人可以行使认股权，也可不行使认股权，也可将认股证转让。

1. 认股权证的初始价值

发行债券的公司，为了降低债券筹资成本，在低利率的债券后常附以认股权证，以吸引投资者。这种低利率债券吸引投资者的原因是因为认股权证的价值足以抵消债券利率的降低。

投资者购买附有认股权证的债券是认为这种债券的价格包含了债券的价值和认股证的价值。

【例 3-1】 某公司发行期限 20 年，面值 1 000 元的债券，不附认股权发行的利率为 10%，附认股权发行时的利率为 8%。投资者有两种选择：一是购买利率 10%、为期 20 年的公司债券；二是购买利率 8%、为期 20 年的公司债券，便可获得 20 份认股权。试估计每个权证的价值。

(1) 计算债券的纯负债价值

$$\text{债券价值}=\sum_{t=1}^{20}\frac{80}{(1+10\%)^{t}}+\frac{1\,000}{(1+10\%)^{20}}=830.12\ (\text{元})$$

即附认股权条件下的债券纯负债价值为 830.12 元。

(2) 计算认股权证的价值

$$\text{认股权的初始价值}=\text{附认股权债券的价值}-\text{债券的纯价值}$$

$$=1\,000-830.12\approx170\ (\text{元})$$

$$\text{每个认股权证的价值}=\frac{170}{20}=8.5\ (\text{元})$$

由此可见，作为债券购入者，将 1 000 元的投资分别分散在两个方面：一是利率为 8%，期限为 20 年的纯债券，耗资 830 元；二是购入 20 份认股权，耗资 170 元。

2. 认股权证的作用

附有认股权证的公司债券，兼有负债和股本的性质，是一种混合证券，为企业提供了扩大证券组合和广泛地吸引投资者的机会。认股权证在筹资中的作用具体体现如下。

(1) 促进证券等其他证券的发行。认股权证是公司发行债券、优先股等证券的引诱物，由于投资者在购买债券、优先股的同时，具有分享公司未来利润的机会，这种潜在的利益促使投资者愿意接受较低的债券利率和不很严格的契约条件。

(2) 增加公司资本实力。附认股权的债券出售后，认股权与债券分离，独立进行交易。当认股权证被行使后，即认购了公司的股票（此时公司要增发股票），而负债额不变。可见，行权后公司增加了权益资本，降低了负债比率，为进一步筹资奠定了基础。

3. 发行认股权证筹资的优缺点

(1) 发行认股权证筹资的优点

①可降低筹资成本。发行附有认股权证的债券时，由于认股权证的吸引作用，

债券利率可以降低，因而降低了债券发行成本。

②有利于吸引投资者向公司投资。只有认股权证的约定价格低于股票价格，认股权证就会被行使，从而增加公司的资本金。

③有助于调整资本结构，扩大股权。认股权被行使后，公司发行在外的股票数量会增加；同时，公司的资本金增加，所有者权益在资产中的比重会上升，从而调整了资本结构。

(2) 发行认股权证筹资的缺点

①当认股权被行使后，公司的股东数增加，导致分散股东对公司的控制权。

②在认股权被行使时，若普通股股价高于认股权证约定价格较多，则公司筹资成本较高，会出现实际的筹资损失。

3.2.4 留存收益筹资

1. 留存收益的渠道

(1) 盈余公积金

盈余公积，是指有指定用途的留存净利润，它是公司按照《中华人民共和国公司法》规定从净利润中提取的积累资金，包括法定盈余公积金和任意盈余公积金。

(2) 未分配利润

未分配利润，是指为限定用途的留存净利润。这里有两层含义：一是这部分净利润没有分给公司的股东；二是这部分净利润未指定用途。

2. 留存收益筹资的优缺点

(1) 留存收益筹资的优点

①资金成本较普通股低。用留存收益筹资，不用考虑筹资费用，资金成本较普通股低。

②保持普通股股东的控制权。用留存收益筹资，不用对外发行股票，由此增加的权益资本不会改变企业的股权结构，不会稀释原有股东的控制权。

③增加公司的信誉。留存收益筹资能够使企业保持较大的可支配的现金流，既可解决企业经营发展的资金需要，又能提高企业举债的能力。

(2) 留存收益筹资的缺点

①筹资数额有限制。留存收益筹资最大可能的数额是企业当前的税后利润和上年未分配利润之和。如果企业经营亏损，则不存在这一渠道的资金来源。此外，留存收益的比例常常受到某些股东的限制。他们可能从消费需求、风险偏好等因素出发，要求股利支付比率要维持在一定水平上。留存收益过多，股利支付过少，可能会影响到今后的外部筹资。

②资金使用受到制约。留存收益中某些项目的使用，如法定盈余公积金等要受到国家有关规定的制约。

3.3 负债资金的筹资

负债资金，又称债务资金、负债资金，是指企业向银行、其他金融机构、其他企业单位等吸收的资金，它反映债权人的权益。负债资金的出资人是企业的债权人，对企业拥有债权，有权要求企业按期还本付息。企业负债资金的筹资方式，又称债权性筹资，主要有银行借款、发行公司债券、融资租赁、商业信用等。

3.3.1 银行借款

银行借款是指企业根据借款合同向银行及其他金融机构借入的资金。银行借款分为短期借款和长期借款。

1.短期借款

短期借款是指企业向银行或其他非银行金融机构借入的期限在1年以内的借款。短期借款是企业为满足流动资金的周转需要而借入的短期资金。

(1) 短期借款的种类

短期借款主要有生产周转借款、临时借款、结算借款等。按照国际通行做法，短期借款还可依偿还方式的不同，分为一次性偿还借款和分期偿还借款；依利息支付方法的不同，分为收款法借款、贴现法借款和加息法借款；按有无担保，分为抵押借款和信用借款。

(2) 短期借款的信用条件

银行发放短期贷款时，往往涉及以下信用条件：

①信贷额度。信贷额度亦即贷款限额，是借款人与银行在协议中规定的允许借款人借款的最高限额。

②周转信贷协定。周转信贷协定是银行从法律上承诺向企业提供不超过某一最高限额的贷款协定。在协定的有效期内，只要企业借款总额未超过最高限额，银行必须满足企业任何时候提出的借款要求。企业享有周转协定，通常要对贷款限额的未使用部分付给银行一笔承诺费。

③补偿性余额。它是银行要求借款人在银行中保持按贷款限额或实际借款额的一定百分比计算的最低存款余额。补偿性余额的要求提高了借款的实际利率。实际利率计算公式为：

$$\text{实际利率}=\frac{\text{名义借款金额}\times\text{名义利率}}{\text{名义借款金额}\times(1-\text{补偿性余额比例})}$$

$$=\frac{\text{名义利率}}{1-\text{补偿性余额比例}} \tag{3-1}$$

补偿性余额有助于银行降低贷款风险，补偿其可能遭受的损失；但对借款企业来说，补偿性余额则提高了借款的实际利率，加重了企业的利息负担。

【例 3-2】 某房地产开发企业按年利息为10%向银行借款200万元，银行要求保留20%的补偿性余额，企业实际可以动的借款只有160万元。则该项借款的实际利率为：

$$\text{补偿性余额贷款实际利率}=\frac{10\%}{1-20\%}=12.5\%$$

④借款抵押。银行向财务风险较大，信誉不好的企业发放贷款，往往需要有抵押品担保，以减少自己蒙受损失的风险。房地产企业借款的抵押品通常是其房屋建筑物。

⑤偿还条件。无论何种借款，银行一般都会规定还款的期限。根据我国金融制度的规定，贷款到期后仍无力偿还的，视为逾期贷款，银行要照章加收逾期罚息。

⑥以实际交易为贷款条件。当企业发生经营性临时资金需求，向银行申请贷款以求解决时，银行则以企业将要进行的实际交易为贷款基础，单独立项，单独审批，最后作出决定并确定贷款的相应条件和信用保证。

(3) 借款利息的支付方式

①利随本清法。利随本清法，又称收款法，是在借款到期时向银行支付利息的方法。采用这种方法，借款的名义利率等于其实际利率。

②贴现法。贴现法，是银行向企业发放贷款时，先从本金中扣除利息部分，在贷款到期时借款企业再偿还全部本金的一种计息方法。贴现法的实际贷款利率公式为：

$$\text{贴现贷款实际利率}=\frac{\text{利息}}{\text{贷款金额}-\text{利息}}\times 100\% \tag{3-2}$$

(4) 短期借款筹资的优缺点

①短期借款筹资的优点。短期借款较之其他筹资方式，具有以下优点：一是所需时间短、筹资效率高。这是由于其他筹资方式下，企业需要受银行或贷款人全面调查，使之了解企业的财务状况，所以要花费较多的时间。二是筹资弹性大，便于灵活安排资金。当企业资金不足时，可随时取得借款，而在资金富余时可及时偿还借款，企业能灵活调整资金余缺，提高短期资金的使用效率。

②短期借款筹资的缺点。短期借款筹资的缺点：一是筹资风险大，因为借款期限短，势必要求企业能随时偿还到期债务，一旦出现债务不能及时偿还，就有可能对企业财务状况乃至企业生产经营活动产生较大影响。二是筹资成本高，特别是当存在补偿性余额和附加利率等条件时，实际的借款利率会更高。

2. 长期借款

长期借款是指企业根据借款合同向银行或非银行金融机构借入的，期限在1年以上的各种类型借款。

（1）长期借款的种类

①按提供贷款的机构不同，长期借款分为政策性银行贷款、商业性银行贷款和其他金融机构贷款。

政策性银行贷款是指执行国家政策性贷款业务的银行向企业发放的贷款，如国家开发银行为满足企业承建国家重点建设项目的资金需要提供的贷款。

商业银行贷款是指各商业银行向各企业提供的贷款，这类贷款主要是满足企业生产经营和短期资金需要，其长期贷款是为填补企业建设竞争性项目资金的不足。

其他金融机构贷款，包括企业从保险公司、信托投资公司、财务公司等取得的各种贷款。从其他金融机构取得的贷款一般较商业银行贷款的期限更长，要求的利率更高，对借款企业的信用要求和担保的选择也比较严格。

②按有无抵押品分，长期借款分为抵押贷款和信用贷款。

抵押贷款是指企业以特定抵押物作为担保从银行取得的借款。抵押物可以是不动产、机器设备等实物资产，也可以是股票、债券等有价证券。信用贷款是指凭借企业的信用或保证人的信用而发放的贷款。

③按借款用途不同，长期借款可分为基本建设借款和专项借款。

基本建设借款是指企业因为从事新建、改建、扩建等基本建设项目需要资金时向银行申请借入的款项。专项借款是指企业因为专门用途向银行申请借入的资金，包括：更新改造借款、大修理借款、科研开发借款、小型技术措施借款、出口专项借款。

（2）房地产开发企业向银行申请长期借款的条件

房地产开发企业向银行或其他金融机构申请固定资产投资借款，一般必须符合以下条件：

①投资项目应符合国家政策；

②能提供投资项目的可行性研究报告，投资经济效益好；

③投资项目中有不少于总投资30%的自筹资金；

④企业具有一定的财产或有符合法定条件并具有足够盈利的经济实体提供担保；

⑤企业具有偿还借款本息的能力；

⑥企业具有较高的管理水平和资信度。

（3）长期借款筹资的优缺点

①长期借款筹资的优点。长期借款筹资相对于其他筹资方式具有以下优点：一

是筹资速度快。发行各种证券筹集长期资金需要较长时间，而长期借款与发行证券相比，所需时间较短，可以迅速地获取资金。二是筹资成本低。就目前我国情况来看，利用银行借款所支付的利息比发行债券所支付的利息低，另外，也无需支付大量的发行费用。三是借款弹性好。企业与银行可以直接接触，可通过直接商谈，来确定借款时间、数量和利息。在借款期间，如果企业情况发生了变化，也可与银行协商，修改借款的数量和条件。借款到期后，如有正当理由，还可延期归还。四是可发挥财务杠杆的作用。企业利用借款筹资，可以借助财务杠杆的作用，提高权益资金的报酬率。

②长期借款筹资的缺点。长期借款筹资的缺点主要有：第一，财务风险大。企业举借长期借款，必须定期还本付息，在企业经营不利的情况下，可能会产生不能偿付的风险，甚至会导致企业破产。第二，限制条款较多。企业与银行签订的借款合同，一般都有一些限制条款，如定期报送有关报表、不准改变借款用途等，这些条款可能会限制企业的经营活动。第三，筹资数额有限。银行一般不愿借出巨额长期借款。因此，利用银行借款筹资都有一定的上限。

3.3.2 发行公司债券

公司债券是公司制企业为筹集资金而发行的，约定在一定期限内向债权人还本付息的有价证券。在我国，非公司制企业发行的债券称为企业债券。发行债券是企业筹集资金的一种重要形式。

1.公司债券的种类

公司债券的种类很多，按不同的标准有不同的分类。

(1) 按公司债券是否记名，债券分为记名债券和无记名债券。

记名债券，是指在债券票面上注明债权人姓名或名称，同时在发行公司的债权人名册上进行登记的债券。记名债券转让时，除要交付债券外，还要在债券上背书和在公司债权人名册上更换债权人姓名或名称。投资者须凭印鉴领取本息。这种债券的优点是比较安全，缺点是转让时手续复杂。

无记名债券，是指票面未注明债权人姓名或名称，也不用在债权人名册上登记债权人姓名或名称的债券。无记名债券在转让同时随即生效，无需背书，因而比较方便。

(2) 按有无抵押担保，债券可分为信用债券和抵押债券。

信用债券。信用债券又称无担保债券，是指发行公司没有抵押品担保，完全凭信用发行的债券。信用债券通常只在信誉卓著的大公司才能发行。由于信用债券没有财产担保，故在债券契约中一般规定有负抵押条款，即不准公司把财产抵押给其他债权人，以保证公司的财产完整无缺，从而保障信用债券持有人债权的安全。

抵押债券。抵押债券又称有担保债券，是指发行公司以特定财产作为担保品发行的债券。按担保品的不同，抵押债券又可分为：

一般抵押债券，即以公司的全部资产作为抵押品而发行的债券；

不动产抵押债券，即以公司的不动产作为抵押品而发行的债券；

动产抵押债券，即以公司的动产作为抵押品而发行的债券；

证券信托抵押债券，即以公司持有的股票、债券以及其他担保证书交付给信托公司作为抵押发行的债券。

(3) 公司债券的其他分类。

①可转换公司债券。可转换公司债券是指在一定时期内，可以按规定的价格或一定比例由持有人自由地选择转换为普通股的债券。

②无息公司债券。是指票面上不标明利息，按面值折价出售，到期按面值归还本金的债券。债券的面值与买价的差异就是投资人的收益。

③浮动利率公司债券。浮动利率公司债券是指利息率随基本利率（一般是国库券利率或银行同业拆放利率）变动而变动的债券。发行浮动利率债券的主要目的是为了对付通货膨胀。

④收益公司债券。收益公司债券是指在企业不盈利时，可暂时不支付利息，而到获利时支付累积利息的债券。

⑤附认股权债券。附认股权债券是指所发行的债券附带允许债券持有人按特定价格认购股票的一种长期选择权。这种认股权通常随债券发放，具有与可转换公司债券相类似的属性。

此外，公司债券还可按用途分为直接用途债券和一般用途债券；按偿还方式分为提前收回债券和不提前收回债券、分期偿还债券和一次性偿还债券等。

2. 债券的发行

(1) 债券发行的资格与条件

①债券发行的资格。《中华人民共和国公司法》规定，股份有限公司、国有独资公司和两个以上的国有企业或其他两个以上的国有投资主体投资设立的有限责任公司，有资格发行公司债券。

②债券发行的条件。根据《中华人民共和国公司法》规定，发行公司债券，必须符合下列条件：股份有限公司的净资产额不低于人民币3千万元，有限责任公司的净资产额不低于人民币6千万元；累计债券总额不超过公司净资产额的40%；最近3年平均可分配利润足以支付公司债券1年的利息；筹集的资金投向符合国家产业政策；债券的利率不得超过国务院限定的利率水平；国务院规定的其他条件。

(2) 债券的发行方式

债券的发行方式有私募发行和公募发行两种。

①私募发行。即以特定的少数投资者为募集对象所进行的债券发行。这里的“特定的”投资者，一般可分为两类：一类是个人投资者，如企业职工工资；另一类是机构投资者，如大的金融机构。

②公募发行。即以非特定的多数投资者作为募集对象所进行的债券发行。这一概念包含两个方面的意思：其一，债券发行的对象不是少数的、有限的某些投资者，而是很多投资者。各国对“多数”的规定不一样，如美国要求在35人以上，日本要求在50人以上。其二，多数的投资者应没有特定的对象，即任何投资者都可以购买。公募发行涉及到众多投资者，其社会责任和影响都很大，为了保证投资者的利益，各国都对公募发行的条件作了严格规定。

(3) 债券的发行价格

公司债券的发行价格，是发行公司或其承销机构发行债券时所使用的价格，亦即投资者向发行公司或其承销机构认购债券时实际支付的价格。公司在发行债券之前，必须依据有关因素，运用一定方法，确定债券的发行价格。

①影响债券发行价格的因素。公司债券发行价格的高低，主要取决于下述4项因素：

a. 债券面值。债券面值就是债券票面上的标定价值。债券面值是债券到期时发行公司偿还本金的数额，也是在债券期限内据以按票面利率计算利息的本金额。

b. 票面利率。债券的票面利率是债券的名义利率。通常在发行债券时即已确定，并注明于债券票面上。一般而言，债券的票面利率越高，债券的发行价格也就越高；反之，亦然。

c. 市场利率。债券发行时的市场利率是影响债券发行价格高低的一项重要因素，或者说是影响债券是否按债券面值发行的一个重要因素。债券票面利率与债券发行时的市场利率不一致时，债券往往不按债券面值发行。一般来说，债券发行时的市场利率越高，债券的发行价格就越低；反之，越高。

d. 债券期限。债券的期限越长，债权人的风险越大，要求的利息报酬就越高，债券的发行价格就可能较低；反之，可能较高。

②债券发行价格的确定。发行债券时，若市场利率与债券票面利率不一致，就要计算确定债券的发行价格，以调节债券购销双方的利益。

公司债券的发行价格通常有3种，即：等价发行、溢价发行和折价发行。等价发行又叫面值发行，是指债券按面值出售；溢价发行是指按高于债券面值的价格出售；折价发行是指以低于债券面值的价格出售。

债券发行价格的计算公式为：

$$\text{债券发行价格}=\frac{\text{票面金额}}{(1+\text{市场利率})^n}+\sum_{t=1}^{n}\frac{\text{票面金额}\times\text{票面利率}}{(1+\text{市场利率})^t} \tag{3-3}$$

式中：n——债券期限；

t——付息期数。

市场利率指债券发行时的市场利率。

【例 3-3】 某房地产公司发行面额为 1 000 元、票面利率 6%、期限 10 年的债券，每年年末付息一次。

①若债券发行时的市场利率为 6%，等于票面利率，故为等价发行。发行价格可计算如下：

$$债券发行价格=\frac{1\,000}{(1+6\%)^{10}}+1\,000\times6\%\times(P/A,6\%,10)$$

$$=\frac{1\,000}{1.791}+60\times7.360$$

$$\approx1\,000（元）$$

②若债券发行时的市场利率为 4%，低于票面利率，故为溢价发行。发行价格可计算如下：

$$债券发行价格=\frac{1000}{(1+4\%)^{10}}+1\,000\times4\%\times(P/A,4\%,10)$$

$$=\frac{1\,000}{1.480}+40\times8.111$$

$$\approx1000.12（元）$$

③若债券发行时的市场利率为 8%，高于票面利率，故为折价发行。发行价格可计算如下：

$$债券发行价格=\frac{1\,000}{(1+8\%)^{10}}+1\,000\times8\%\times(P/A,8\%,10)$$

$$=\frac{1\,000}{2.159}+80\times6.710$$

$$\approx999.97（元）$$

3. 公司债券筹资的优缺点

(1) 债券筹资的优点

①资金成本较低。利用债券筹资的成本要比股票筹资的成本低。这主要是因为债券的发行费用较低，而且债券利息在税前支付，属于免税费用，可使发行债券筹资的实际成本降低。

②不会分散企业控制权。发行债券筹资，其资金提供者是企业的债权人。债权人无权参与企业经营管理，他们对企业的约束仅仅通过债券合同中的限制性契约条款来实现。因此，发行债券筹资，不会分散企业控制权。

③具有财务杠杆作用。发行债券筹资，是按事先确定的利息率给债券持有人支付利息，债券持有人不参与企业盈利的分配。因此，当企业的资本收益率高于债券利率时，发行债券筹资，就可以提高主权资本收益率，使企业所有者获得资本收益率超过债券利息率部分的杠杆收益。

④便于调整资本结构。公司债券的种类很多，企业可以根据需要采用不同种类的债券筹资以形成灵活的资本结构。如公司发行的可转换债券，转换为普通股票后即可降低企业的资产负债率，又如可提前赎回债券，赎回后也可降低企业的资产负债率。

(2) 债券筹资的缺点

①筹资风险高。债券有固定的到期日，并定期支付利息。债券筹资要承担还本付息的义务。在企业经营不景气时，向债券持有人还本付息，无异于釜底抽薪，会给企业带来更大的困难，甚至导致企业破产。

②限制条件多。发行债券的契约书中往往有一些限制条款。这种限制比优先股及短期债务严格得多，可能会影响企业的正常发展和以后的筹资能力。

③筹资额有限。债券筹资有一定的限度，当公司的资产负债率超过了一定限度后，债务筹资的成本要迅速上升，有时甚至会发行不出去。

3.3.3 融资租赁

融资租赁又称财产租赁、资本租赁，是由租赁公司按照承租企业的要求融资购买设备，并在契约或合同规定的较长期限内提供给承租企业使用的信用性业务。这种方式，解决了企业对资产的长期需要。融资租赁集融资与融物为一身，具有借贷性质，是承租企业筹集长期负债资金的一种特殊形式。

1.融资租赁的特点

融资租赁的主要特点如下。

(1) 承租人必须向出租人提出正式申请，然后由出租人融资购进设备再租给用户使用。

(2) 租期较长。融资租赁的租期一般为租赁财产寿命的一半以上。

(3) 租赁合同比较稳定，不能中途随意取消。这样既能保证承租人长期使用资产，又能保证出租人在基本租期内收回投资并获得一定利润。

(4) 出租人仍然保留租赁资产的所有权，但与租赁资产有关的全部风险和报酬实质上已经转移。承租人需要承担租赁资产的维修保养、折旧和其他费用，但无权自行拆卸改装。

(5) 融资租赁的租金通常包括出租人支付租赁设备的买价、利息费用和手续费用。

(6) 租赁期满，承租人有优先选择廉价购买租赁资产的权利，或采取续租方式，或将租赁资产退还出租人。

2.融资租赁的形式

融资租赁的形式可按其业务的不同特点具体细分为以下3种。

(1) 直接租赁

直接租赁是指承租人直接向出租人租入所需要的资产，并交付租金。直接租赁的出租人可以是制造厂商、租赁公司或金融公司等。除制造厂商外，其他出租人都是从制造厂商购买资产出租给承租人。

(2) 售后租回

售后租回是指企业根据协议，将某资产卖给出租人，再将其租回使用并按期向出租人支付租金的一种租赁形式。采用这种租赁形式，出售资产的企业可得到相当于售价的一笔资金，同时仍然可以使用资产。当然，在此期间，该企业要支付租金，并失去了财产所有权。从事售后租回的出租人为租赁公司等金融机构。

(3) 杠杆租赁

杠杆租赁方式涉及承租人、出租人和资金出借者三方当事人。从承租人的角度来看，这种租赁与其他租赁形式并无区别，同样是按合同的规定，在基本租赁期内定期支付定额租金，取得资产的使用权。但对出租人却不同，出租人只出购买资产所需的部分资金（一般为20%～40%），作为自己的投资；另外以该资产作为担保向资金出借者借入其余资金（一般为60%～80%）。因此，它既是出租人又是借款人，同时拥有对资产的所有权，既收取租金又要偿付债务。如果出租人不能按期偿还借款，那么资产的所有权就要转归资金出借者。由于其租金收入一般大于借款成本支出，从而可获得财务杠杆利益，故被称为杠杆租赁（或借款租赁）。这种租赁一般适应价值特别大、租赁期长的资本密集型设备的融资需要，如飞机、输油管道、卫星系统等。

3.融资租赁租金的计算

在融资租赁方式下，承租企业要按合同规定向租赁公司支付租金，租金的数额和支付方式对承租企业未来的财务状况具有直接影响，也是租赁筹资决策的重要依据。

(1) 融资租赁租金的构成

融资租赁租金包括设备价款和租息两部分，租息又可分为租赁公司的融资成本、租赁手续费等。

设备价款是租金的主要内容，它由设备的买价、运杂费和途中保险费等构成。

融资成本是指租赁公司为购买租赁设备所筹资金的成本，即设备租赁期间的利息。

租赁手续费包括租赁公司承办租赁设备的营业费用和一定的盈利。租赁手续费的高低一般无固定标准，可由承租企业与租赁公司协商确定。

（2）融资租赁租金的支付形式

租金的支付方式影响到每期租金的数额，支付次数越多，每次支付额越小。租金通常采用分次支付的方式，具体类型有：

①按支付间隔期的长短，可以分为年付、半年付、季付和月付等方式。

②按支付时期先后，可以分为先付租金和后付租金两种。

③按每期支付金额，可以分为等额支付和不等额支付两种。

（3）融资租赁租金的计算方法

租金的计算方法很多，通常有平均分摊法、等额年金法、附加率法、浮动利率法等。目前融资租赁实务中，大多采用平均分摊法和等额年金法。

①平均分摊法。这种方法是指承租人将应付的租金（包括设备购置成本、利息费用和手续费用）在租赁期内平均计算的一种方法。这种方法计算简单，但没有充分考虑时间价值因素。其计算公式如下：

$$A=\frac{(P-S)+I+F}{N} \tag{3-4}$$

式中：A——每次支付的租金；

P——租赁设备的购置成本；

S——租赁设备预计残值；

I——租赁期间的利息费用；

F——租赁期间的手续费用；

N——租赁期限。

【例 3-4】某开发企业向机械设备租赁公司租赁大型吊机一台，价值为 40 万元。租赁期 5 年，预计租赁期满设备的残值为 5 万元（归租赁公司所有）。年利率 5%，租赁手续费率为设备价值的 2.5%。每年末支付一次租金。该设备每年末应支付的租金为：

$$A=\frac{(40-5)+[40\times(1+5\%)^5-40]+40\times2.5\%}{5}$$

$$=9.41\text{（万元）}$$

②等额年金法。等额年金法是指运用年金现值的计算原理计算每期应付租金的方法。年金的计算在第二章中已经详述过，这里不再重述。

4. 融资租赁筹资的优缺点

（1）融资租赁的优点

融资租赁是一种特殊的筹资方式，它与其他筹资方式在形式上的区别，主要是通过融资租赁所筹资金是实物形式——租赁物，并对租赁物具有使用权。对于承租企业而言，融资租赁筹资方式的优点主要有以下几个方面。

①融资速度快。融资租赁比借款购置设备更迅速、更灵活，因为租赁是筹资与设备购置同时进行，可以缩短设备的购进、安装时间，使企业尽快形成生产能力。

②可给承租企业提供追加的资金来源。有些企业由于种种原因，如负债比率过高、资信较弱等，不能向外界筹集大量的长期资金。而融资租赁方式则不必支付大量资金就能得到所需设备，从而可以解决这类企业的筹资困难，并且还可达到全额筹资的效果。

③限制条款少。发行债券、股票和长期借款等筹资方式都有相当多的限制条款，相比之下，融资租赁筹资的限制要少。

④设备淘汰风险小。现代社会科学技术迅速发展，固定资产更新周期日趋缩短，企业设备陈旧过时的风险日益增高，但利用融资租赁方式可以减少这一风险。这主要是由于：一是融资租赁的期限虽然一般为资产使用年限的75%，但不会像自己购买设备那样承担整个期间的设备过时风险；二是多数租赁协议都规定由出租人承担设备陈旧过时的风险。

⑤到期还本负担轻。融资租赁的租金在整个租期内分摊，不用到期归还大量本金，将到期不能偿付的风险均匀分散在整个租赁期，降低了企业到期不能偿付的风险。

⑥税收负担轻。租赁可在所得税前扣除，具有抵免所得税的效用。

(2) 融资租赁的缺点

融资租赁的最主要缺点是资金成本较高。与债券和贷款相比，租赁费通常要高于利息费用。在财务困难时，固定的租金也会构成一项较沉重的负担。

3.3.4 商业信用

1. 商业信用的概念

商业信用是指商品交易中以延期付款或延期交货进行购销活动而形成的借贷关系，是企业之间的一种直接信用行为。商业信用几乎是所有企业都会发生的一种短期融资方式。在信用发达的今天，商业信用是短期筹资的主要方式之一。特别是对于一些中小企业，由于它本身条件的限制，无法或者很难从其他渠道取得资金，因此，对商业信用的依赖程度很高。

2. 商业信用的形式

企业利用商业信用筹资的具体形式，通常有应付账款、应付票据和预收账款。

(1) 应付账款

应付账款是企业购买货物暂未付款而对卖方的欠账，即卖方允许买方在购货后一定时期内支付货款的形式。它是由赊购商品形成的最典型、最常见的商业信用形式，通常是在卖方对买方的信用充分信任的情况下才提供的。企业采用应付账款这种形式，相当于向卖方借用资金购进商品，可以满足短期资金的需要。

应付账款作为一种借贷关系没有签署正式借据，但在信用发达的国家里，购买方的购货订单、货物运输发票和应收账款记录足以作为确定借贷关系的法律依据。

(2) 应付票据

应付票据是企业进行延期付款商品交易时以书面形式开具的载明债务人有义务按规定期限向债权人无条件支付一定金额的凭证，它是以票据取代无任何凭证的信用方式。通常在下列情况下买方被要求开出票据：一是应付账款被展延；二是卖方赊销价值较高的商品时，也会要求买方采取票据形式。

(3) 预收账款

预收账款是卖方正式在交付货物之前向买方预先收取部分或全部货款的信用形式。预收账款一般用于生产周期长、成本价格高的货物销售，卖方通过预收账款，取得一定的短期资金来源。

在房地产开发企业，预收账款一般称为预收购房定金和代建工程款。预收购房定金和代建工程款是指开发企业按照合同或协议规定，在交付房屋和代建工程之前，向购房单位、个人和委托建设单位预先收取部分或全部购建房款和代建工程款的信用行为。

开发企业预售房屋，俗称卖“楼花”，一般应具备以下条件：

①已取得土地使用权证书；

②持有建设工程规划许可证；

③已达到可预售房屋的开发进度要求；

④向房地产管理部门办理预售登记取得房屋预售许可证。

预售房屋时，双方当事人应签订《房屋预售合同》，在合同中应载明房屋坐落地点、房屋结构、建筑面积、相应土地使用比例、房屋价款、房屋预售款的支付方式和房屋交付方式等。

开发企业在房屋竣工交付以前，对所收房屋预售款，必须先用于支付及清偿该预售房屋的一切建筑安装费用和土地价款。企业不得将已预售的房屋用于抵押。

至于预售房屋价款是否给予折扣，应根据房地产市场需求、房屋所处环境以及企业资金情况而定。一般在房地产市场不景气、房屋所处环境不是很好、企业资金短缺时，应给购房者以一定的折扣，以便预售较多的房屋，满足后续开发资金的需要。

3. 商业信用筹资的优缺点

(1) 商业信用筹资的优点

商业信用筹资的优点：

①方便。商业信用与商品买卖同时进行，属于一种自然性筹资，不用作正规的安排。

②及时。商业信用在交易发生需要资金时就及时获得信用，也即取得了资金来源。

③限制条件少。商业信用不需经过谈判或协商即可获得，销售方很少提出其他授予信用的附加条件。而企业利用银行借款筹资，银行往往对贷款的使用规定一些限制条件。

④筹资免费。如果销售方没有现金折扣，或者购货方不放弃现金折扣，以及使用不带息的票据，则企业利用商业信用筹资不会发生筹资费用。

⑤弹性大。商业信用富有较大的筹资弹性。企业购货增加，商业信用也随之增加，取得的资金来源额增加；反之，企业购货减少，商业信用也减少，取得的资金来源也减少。购货企业可以根据自身资金的需要来决定商业信用的取舍，其资金筹措额可随时调整。

（2）商业信用筹资的缺点

商业信用的最大缺点是：时间一般较短，如果企业取得现金折扣，则时间会更短，如果放弃现金折扣，则要付出较高的资金成本。

本章小结

1. 筹集资金是房地产企业资金运动的起点，是决定资金运动规模和生产经营发展程度的重要环节。企业筹资的基本目的，是为了自身的维持和发展。目前我国房地产企业的融资渠道主要有：国家财政资金、银行信贷资金、非银行金融机构资金、其他企业单位资金、民间资金、企业内部形成资金及境外资金。

2. 取得资本金的方式有：吸收直接投资、发行股票、发行认股权证等。取得负债资金的方式有：长期借款、短期借款、发行公司债券、融资租赁、商业信用等。

3. 发行股票是股份制企业筹集资本金的方式。股票按性质不同可划分为普通股与优先股，二者的权利与责任不同。读者应了解股票的种类、股票发行的条件、股票上市的利弊及发行股票融资的优缺点。

4. 认股权证赋予证券的买入者选择买卖股票的权力。选择权是金融创新中发展起来的融资工具。了解股权的价值，并掌握认股权证在筹资中的应用是财务管理的一项重要内容。

5. 适度负债经营，不仅可以降低资金成本、保持对企业的控制权，还可以使股东获得财务杠杆利益。银行借款、发行公司债券、融资租赁、商业信用是企业债务资金的重要筹资方式。

复习思考题

1. 企业筹资的动机有哪些？
2. 企业筹资的主要分类有哪几种？各有何特点？
3. 各种筹资渠道有何优缺点？
4. 优先股比普通股有哪些优先的权利？有哪些不能享有的权利？
5. 股票与企业债券有何区别？
6. 发行股票的资格与条件是什么？
7. 股票的发行与销售方式有哪些？各有何利弊？
8. 公司为什么要申请股票上市？为什么有些公司即使符合上市条件却放弃上市机会？
9. 发行认股权证有何作用？
10. 公司发行债券应具备哪些条件？
11. 债券筹资有何特点？
12. 决定债券发行价格的基本因素有哪些？怎样确定债券的发行价格？
13. 短期借款与长期借款有什么区别？
14. 什么是融资租赁？融资租赁有何特点？
15. 融资租赁方式下租金如何计算？影响租金的因素有哪些？
16. 什么是商业信用？商业信用有哪几种形式？

练习题

1. 某房地产企业准备发行面值 1 000 元，债券票面年利率为 8%，期限 5 年的债券。每年年末付息一次，到期一次还本。要求：假设债券发行时的市场利率分别为 6%、8%、10%，分别计算确定债券的发行价格。

2. 某房地产企业经批准发行面值为 1 000 元、票面利率 10%、期限为 5 年的债券。到期一次还本付息。债券发行时的市场利率为 12%。要求：计算确定债券的发行价格。

3. 某房地产企业采用融资租赁方式，于 2007 年 1 月 1 日从租赁公司租入一台设备，设备价款为 160 000 元，租期 5 年，到期后设备归承租方所有。租赁期间贴现率为 12%，分别采用后付等额年金和先付等额年金方式支付租金。试计算每年年末应支付的租金数额。

第4章 资金成本与资金结构

本章概要

1. 资金成本的概念与作用；
2. 个别资金成本的计算；
3. 加权资金成本；
4. 边际资金成本的概念与计算；
5. 成本习性、边际贡献与息税前利润；
6. 经营杠杆系数；
7. 经营杠杆系数的计算；
8. 经营杠杆系数与经营风险；
9. 财务杠杆系数；
10. 财务杠杆系数的计算；
11. 财务杠杆系数与财务风险；
12. 复合杠杆系数；
13. 复合杠杆系数的计算；
14. 资本结构的概念；
15. 影响资本结构的因素；
16. 资本结构优化决策方法：每股收益无差别点法、资金成本比较法、公司价值分析法。

4.1 资金成本

4.1.1 资金成本的概念与作用

1. 资金成本的概念

资金成本是指企业为筹集和使用资金而发生的代价。在市场经济条件下，企业不能无偿使用资金，必须向资金提供者支付一定数量的费用作为补偿。企业使用资金就要付出代价，所以，企业必须节约使用资金。

资金成本包括用资费用和筹资费用两部分内容。

(1) 用资费用

用资费用是指企业在生产经营、投资过程中因使用资金而支付的代价，如向股东支付的股利、向债权人支付的利息等，这是资金成本的主要内容。

(2) 筹资费用

筹资费用是指企业在筹措资金过程中为获取资金而支付的费用，如向银行支付的借款手续费；因发行股票、债券而支付的发行费等。筹资费用与用资费用不同，它通常是在筹措资金时一次支付的，在用资过程中不再发生。

资金成本可以用绝对数表示，也可用相对数表示，但在财务管理中，一般用相对数表示，即表示为用资费用与实际筹得资金（即筹资数额扣除筹资费用后的差额）的比率，其通用计算公式为：

$$资金成本=\frac{每年的用资费用}{筹资总额-筹资费用} \tag{4-1}$$

2. 资金成本的作用

资金成本在许多方面可加以应用，主要用于筹资决策和投资决策。

(1) 资金成本在企业筹资决策中的作用

资金成本是企业选择资金来源、拟订筹资方案的依据。资金成本对企业筹资决策的影响主要有以下几个方面：

①资金成本是影响企业筹资总额的重要因素。随着筹资数额的增加，资金成本不断变化。当企业筹资数额很大，资金的边际成本超过企业承受能力时，企业便不宜再增加筹资额。因此，资金成本是限制企业筹资数额的一个重要因素。

②资金成本是企业选择资金来源的基本依据。企业的资金可以从许多方面来筹集，就长期借款来说，可以向商业银行借款，也可向保险公司或其他金融机构借款，还可向政府申请借款。企业究竟选用哪种来源，首先要考虑的因素就是资金成本的高低。

③资金成本是企业选用筹资方式的参考标准。企业可以利用的筹资方式是多种多样的，在选用筹资方式时，需要考虑的因素很多，但必须考虑资金成本这一经济标准。

④资金成本是确定最优资金结构的主要参数。不同的资金结构，会给企业带来不同的风险和成本，从而引起股票价格的变动。在确定最优资金结构时，考虑的因素主要有资金成本和财务风险。

资金成本并不是企业筹资决策中所要考虑的唯一因素。企业筹资还要考虑财务风险、资金期限、偿还方式、限制条件等。但资金成本作为一项重要的因素，直接关系到企业的经济效益，是筹资决策时需要考虑的一个首要问题。

(2) 资金成本在投资决策中的作用

资金成本在企业评价投资项目的可行性、选择投资方案时也有重要作用。

①在计算投资评价指标净现值指标时，常以资金成本作折现率。当净现值为正时，投资项目可行；反之，如果净现值为负，则该项目不可行。因此，采用净现值指标评价投资项目时，离不开资金成本。

②在利用内部收益率指标进行项目可行性评价时，一般以资金成本作为基准收益率。即只有当投资项目的内部收益率高于资金成本时，投资项目才可行；反之，当投资项目的内部收益率低于资金成本时，投资项目不可行。因此，国际上通常将资金成本视为投资项目的“最低收益率”或是否采用投资项目的取舍率，它是比较、选择投资方案的主要标准。

4.1.2 个别资金成本

个别资金成本是指各种筹资方式的成本。其中主要包括债务成本、银行借款成本、优先股成本、普通股成本和留存收益成本。各种资金成本的计算如下。

1. 债券成本

债券成本中的利息在税前支付，具有减税效应，债券的筹资费用一般较高，这类费用主要包括申请发行债券的手续费、债券注册费、上市费以及推销费等。债券成本的计算公式为：

$$债券成本=\frac{年利息\times(1-所得税税率)}{债券筹资额\times(1-债券筹资费率)}\times100\% \quad (4\text{-}2)$$

【例 4-1】 广厦房地产公司发行债券筹集资金，债券的期限为 5 年，面值为 1 500元，票面利率为 10%，每年付一次利息，发行费率为 3%，企业所得税税率为 33%，债券按面值等价发行。则该笔债券的成本为：

$$债券成本=\frac{1\,500\times10\%\times(1-33\%)}{1\,500\times(1-3\%)}\times100\%=6.9\%$$

2. 银行贷款的资金成本

银行借款成本的计算基本与债券一致，其计算公式为：

$$银行借款成本=\frac{年利息\times(1-所得税税率)}{银行借款筹资总额\times(1-银行借款筹资费率)}\times100\% \quad (4\text{-}3)$$

【例 4-2】 广厦房地产公司预计从银行借款 1 000 万元，手续费 0.2%，年利率为 5%，期限为 3 年，每年结息一次，到期一次还本付息。公司所得税率为 33%。

$$银行借款成本=\frac{1\,000\times5\%\times(1-33\%)}{1\,000\times(1-0.2\%)}=3.36\%$$

3. 优先股的资金成本

企业发行优先股，既要支付筹资费用，又要定期支付股利。它与债券不同的是股利在税后支付，且没有固定到期日。优先股成本的计算公式为：

$$优先股成本=\frac{优先股每年的股利}{\left(\begin{array}{c}发行优先\\股总额\end{array}\right)\times（1-优先股筹资费率）}\times 100\% \tag{4-4}$$

企业破产时，优先股股东的求偿权位于债券持有人之后，优先股股东的风险大于债券持有人的风险，这就使得优先股的股利率一般要大于债券的利息率。另外，优先股股利要从净利润中支付，不减少公司的所得税，所以，优先股成本通常要高于债券成本。

4. 普通股成本

普遍股的资金成本率就是普通股投资的必要收益率；其测算方法一般有 3 种：股利折现模型，资本资产定价模型和无风险利率加风险溢价法。本节只介绍股利折现模型。

股利折现模型的基本形式为：

$$P_{\mathrm{o}}=\sum_{t=1}^{n}\frac{D_{\mathrm{t}}}{(1+K_{\mathrm{c}})^{t}} \tag{4-5}$$

式中：P_{o}——普通股筹资净额，即发行价格扣除发行费用；

D_{t}——普通股第 t 年的股利；

K_{c}——普通股投资必要收益率，即普通股资金成本率。

运用上面的模型测算普通股资金成本率，因具体的股利政策而有所不同。如果公司采用固定股利政策，则资金成本率可按下式测算：

$$普通股成本=\frac{每年固定股利}{普通股金额\times\left[1-\left(\begin{array}{c}普通股筹\\资费率\end{array}\right)\right]}\times 100\% \tag{4-6}$$

如果公司采用固定股利增长率的政策，则资金成本率需按下式测算：

$$\left(\begin{array}{c}普通股\\成本\end{array}\right)=\frac{第1年预期股利}{\left(\begin{array}{c}普通股\\金额\end{array}\right)\times\left[1-\left(\begin{array}{c}普通股\\筹资费率\end{array}\right)\right]}\times 100\%+\left(\begin{array}{c}股利固定\\增长率\end{array}\right) \tag{4-7}$$

【例 4-3】 广厦房地产公司发行普通股，每股发行价格 5 元，筹资费用率为 15%。预定第一年分派现金股利每股 1 元，以后每年股利增长 2%。其资金成本率测算为：

$$\left(\begin{array}{c}普通股\\成本\end{array}\right)=\frac{1}{5\times（1-15\%）}\times 100\%+2\%=25.53\%$$

5. 留存收益成本

一般企业都不会把全部收益以股利形式分给股东，所以，留存收益是企业资金的一种重要来源。企业留存收益，等于股东对企业进行追加投资，股东对这部分投资与以前缴给企业的股本一样，也要求有一定的报酬，所以，留存收益也要计算成本。留存收益成本的计算与普通股基本相同，但不用考虑筹资费用。其计算公式为：

$$留存收益成本=\frac{每年固定股利}{普通股金额}\times 100\% \tag{4-8}$$

普通股股利逐年固定增长的企业则为：

$$留存收益成本=\frac{第一年预期股利}{普通股金额}\times 100\%+股利年增长率 \tag{4-9}$$

4.1.3 加权资金成本

房地产企业从不同渠道筹措资金，其筹资的成本率是各不相同的。由于诸多条件的限制，房地产企业筹资可能无法做到只从某种筹资成本率较低的来源渠道筹措资金。相反，从多渠道筹集资金的可能性较大，而且有时多渠道组合筹资对筹资者更为有利。为了进行筹资决策和投资决策，就需要计算全部资金来源的综合筹资成本率。即以各种来源的资金占用全部资金的比重作为权数，将各种资金来源的资金成本加权平均计算出来，其公式为：

$$\left(\begin{matrix}加权平均\\资金成本\end{matrix}\right)=\Sigma\left[\left(\begin{matrix}某种资金占\\总资金的比重\end{matrix}\right)\times\left(\begin{matrix}该种资金的\\成本\end{matrix}\right)\right] \tag{4-10}$$

【例 4-4】 广厦房地产公司共有资金 1000 万，其中债券 200 万，优先股 100 万，普通股 500 万，留存收益 200 万。各种资金的成本率分别为 6%、12%、15%和 14%。试计算该公司的综合资金成本率。

（1）计算各种资金所占的比重

债券的资金比重＝200÷1 000×100%＝20%

优先股资金比重＝100÷1 000×100%＝10%

普通股资金比重＝500÷1 000×100%＝50%

留存收益资金比重＝200÷1 000×100%＝20%

（2）计算加权资金成本

加权资金成本＝20%×6%＋10%×12%＋50%×15%＋20%×14%＝12.7%

在测算加权平均资金成本时，企业资本结构或各种资金在总资金中所占的比重取决于各种资金价值的确定。各种资金价值的确定基础主要有 3 种选择，即：账面价值、市场价值和目标价值。

在财务管理实物中，通常以账面价值为基础确定的资金价值计算加权平均资金成本。

4.1.4 边际资金成本

1.边际资金成本的概念

资金的边际成本是指资金每增加一个单位而增加的成本。这是财务管理中的重要概念，也是房地产企业投资、筹资过程中必须加以考虑的问题。加权平均资金成本，是企业过去筹集的或目前使用的资金的成本。但是，企业各种资金的成本，是随时间的推移或筹资条件的变化而不断变化的，加权平均资金成本也不是一成不变的。一个企业进行投资，不能仅仅考虑目前所使用的资金的成本，还要考虑为投资项目新筹集的资金的成本，这就需要计算资金的边际成本。资金的边际成本需要采用加权平均法计算，其权数应为市场价值权数，不应使用账面价值权数。

2.边际资金成本的计算

（1）确定目标资本结构；

（2）测算个别资金的成本率；

（3）计算筹资总额分界点。

筹资分界点是指在保持某资金成本率的条件下，可以筹集到的资金总限度。一旦筹资额超过筹资分界点，即使维持现有的资本结构，其资金成本率也会增加。

$$\text{筹资总额分界点}=\frac{\text{某种筹资方式的成本分界点}}{\text{目标资金机构中该筹资方式所占比重}} \tag{4-11}$$

（4）计算边际资金成本。根据计算出的分界点，可得出若干组新的筹资范围，对各筹资范围分别计算加权平均资金成本，即可得到各种筹资范围的边际资金成本。

【例 4-5】仍以【例 4-4】为资料，如果该公司准备筹措新资金，测算、追加筹资的边际资金成本。

（1）确定最优资金结构

公司经过分析研究发现，目前公司的资本结构为最优的资本结构，即债券比重为 20%，优先股比重为 10%，普通股比重为 50%，留存收益比重 20%。

（2）确定各种筹资方式的资金成本

该公司的财务人员分析了目前金融市场状况和企业筹资能力，各种资金的筹资成本如表 4-1 所示。

广厦房地产公司筹资资料 表 4-1

筹资方式	目标资金结构（%）(1)	新筹资的数量范围（万元）(2)	个别资金成本（%）(3)
长期债券	20	0～1 000	6
		1 000～4 000	7
		大于 4 000	8
优先股	10	0～250	12
		大于 250	14
普通股	50	0～500	14
		500～1 000	15
		大于 1 000	16
留存收益	20	0～500	15
		500～1 000	16
		大于 1 000	18

(3) 计算筹资总额分界点。广厦房地产公司计算的筹资总额分界点如表 4-2 所示。

计算筹资总额的分界点 表 4-2

筹资方式	个别资金成本率（%）	各种筹资方式筹资范围（元）	筹资总额分界点（元）	筹资总额范围（元）
长期债券	6	0～1 000	1 000/0.2=5 000	0～5 000
	7	1 000～4 000	4 000/0.2=20 000	5 000～20 000
	8	大于 4 000	—	大于 20 000
优先股	12	0～250	250/0.1=2 500	0～2 500
	14	大于 250	—	大于 2 500
普通股	14	0～500	500/0.5=1 000	0～1 000
	15	500～1 000	1 000/0.5=2 000	1 000～2 000
	16	大于 1 000	—	大于 2 000
留存收益	15	0～500	500/0.2=2 500	0～2 500
	16	500～1 000	1 000/0.2=5 000	2 500～5 000
	18	大于 1 000		大于 5 000

(4) 计算资金的边际成本。

根据前三步计算的结果可计算资金的边际成本如表 4-3 所示。

计算资金边际成本 表 4-3

序号	筹资总额的范围	筹资方式	目标资金结构（%）	个别资金成本（%）	资金的边际成本（%）
1	0～1 000	长期债券	20	6	1.2
		优先股	10	12	1.2
		普通股	50	14	7
		留存收益	20	15	3
			第一个范围的资金边际成本＝12.4		
2	1 000～2 000	长期债券	20	6	1.2
		优先股	10	12	1.2
		普通股	50	15	7.5
		留存收益	20	15	3
			第二个范围的资金边际成本＝12.9		
3	2 000～2 500	长期债券	20	6	1.2
		优先股	10	12	1.2
		普通股	50	16	8
		留存收益	20	15	3
			第三个范围的资金边际成本＝13.4		
4	2 500～5 000	长期债券	20	6	1.2
		优先股	10	14	1.4
		普通股	50	16	8
		留存收益	20	18	3.6
			第四个范围的资金边际成本＝14.2		
5	5 000～20 000	长期债券	20	7	1.4
		优先股	10	14	1.4
		普通股	50	16	8
		留存收益	20	18	3.6
			第五个范围的资金边际成本＝14.4		
6	大于 20 000	长期债券	20	8	1.6
		优先股	10	14	1.4
		普通股	50	16	8
		留存收益	20	18	3.6
			第六个范围的资金边际成本＝14.6		

4.2 杠杆原理

4.2.1 杠杆效应的含义

自然界中的杠杆效应，是指人们通过利用杠杆，可以用较小的力量移动较重的物体现象。财务管理中也存在着类似的杠杆效应，表现为：由于特定费用（如固定成本或固定财务费用）的存在而导致的，当某一财务变量以较小幅度变动时，另一相关财务变量会以较大幅度变动。合理运用杠杆原理，有助于企业合理规避风险，提高资金营运效率。财务管理中的杠杆效应有3种形式，即经营杠杆、财务杠杆和复合杠杆。

（1）经营杠杆，是指由于固定成本的存在而导致息税前利润变动率大于产销量变动率的杠杆效应。

（2）财务杠杆，是指由于固定财务费用的存在而导致每股利润变动率大于息税前利润变动率的杠杆效应。

（3）复合财务杠杆，是指由于固定资产和固定财务费用的存在共同作用导致的每股利润变动率大于产销量变动率的杠杆效应。

4.2.2 成本习性、边际贡献与息税前利润

1. 成本习性与分类

所谓成本习性，是指成本总额与业务量之间在数量上的依存关系。按成本习性可把全部成本划分为固定成本、变动成本和混合成本3类。

（1）固定成本

固定成本，是指其总额在一定时期和一定业务量范围内不随业务量发生任何变动的那部分成本。也就是说，固定资产总额在一定的产量下不变，单位固定成本将随产量的增加而逐渐变小。固定成本还可进一步区分为约束性固定成本和酌量性固定成本两类。

①约束性固定成本。约束性固定成本属于企业“经营能力”成本，是企业为维持一定的业务量所必须负担的最低成本。如，房地产企业的机器设备折旧费、长期租赁费等都属于这类成本。企业的经营能力一经形成，在短期内很难有重大改变，因而这部分成本，具有很大的约束性，管理当局的决策行动不能轻易改变其数额。要想降低约束性固定成本，只能从合理利用经营能力入手。

②酌量性固定成本。酌量性固定成本属于企业“经营方针”成本，即根据企业经营方针由管理当局确定的一定时期（通常为一年）的成本。广告费、研究与开发费、职工培训费等都属于这类成本。这些成本的支出，是可以随企业经营方针和财务状况的变化而变化的，斟酌这部分成本的开支情况。因此，要降低酌量性固定成本，就要在预算时精打细算，合理确定这部分成本的数额。

应当指出的是，固定成本总额只是在一定时期和业务量的一定范围内保持不变。这里所说的一定范围，通常为相关范围。超过了相关范围，固定成本也会发生变动。因此，固定成本必须和一定时期、一定业务量联系起来进行分析。从较长的时间来看，所有的成本都在变化，没有绝对不变的固定成本。

（2）变动成本

变动成本是指其总额随着业务量成正比例变动的那部分成本，直接材料、直接人工等都属于变动成本。但从产品的单位成本来看，则恰好相反，产品单位成本中的直接材料、直接人工将保持不变。与固定成本相同，变动成本也要研究“相关范围”问题，也就是说，只有在一定范围之内，产量和成本才能完全成同比例变化，即完全的线性关系，超过了一定范围，这种关系就不存在了。例如，房地产企业开发新型的房屋构造，由于开发项目还处于不熟练阶段，直接材料和直接人工耗费可能较多。在这一阶段，变动成本不一定与产量完全成同比例变化，而是表现为小于产量增减幅度。在这以后，生产过程比较稳定，变动成本与产量成同比例变动，这一阶段的产量便是变动成本的相关范围。然而，当产量达到一定程度以后，再大幅度增产可能会出现一些新的不利因素，使成本的增长幅度大于产量的增长幅度。

（3）混合成本

有些成本虽然也随业务量的变动而变动，但不成同比例变动，不能简单地归入变动成本或固定成本，这类成本称为混合成本。混合成本按其与业务量的关系又可分为半变动成本和半固定成本。

①半变动成本这是混合成本的基本类型，它通常有一个初始量，类似于固定成本，在这个初始量的基础上随产量的增长而增长，又类似于变动成本。例如，企业的公共事业费，如电费、水费、电话费等均属半变动成本。

②半固定成本，这类成本随产量的变化而呈阶梯形增长，产量在一定限度内，这种成本不变，当产量增长到一定限度后，这种成本就跳跃到一个新水平。

（4）总成本习性模型

从以上分析我们知道，成本按习性可分成变动成本、固定成本和混合成本3类，但混合成本又可以按一定方法分解成变动部分和固定部分，这样，总成本习性模型可用下式表示：

$$y=a+bx \tag{4-12}$$

式中：y——总成本；

a——固定成本；

b——单位变动成本；

x——业务量（产销量，假定产量＝销量）。

显然，若能求出公式中 a 和 b 的值，就可以利用这个直线方程来进行成本预测、成本决策和其他短期决策。

2. 边际贡献及其计算

边际贡献是指销售收入减去变动成本以后的差额，这是一个十分有用的价值指标。其计算公式为：

边际贡献＝销售收入－变动成本

＝（销售单价－单位变动成本）×产销量

＝单位边际贡献×产销量 (4-13)

若以 M 表示边际贡献，p 表示销售单价，b 表示单位变动成本，x 表示产销量，m 表示单位边际贡献，则上式可表示为：

$$M=px-bx=(p-b)x=mx \tag{4-14}$$

3. 息税前利润及其计算

息税前利润是指企业支付利息和交纳所得税之前的利润。成本按习性分类后，息税前利润可用下列公式计算：

$$\text{EBIT}=px-bx-a=(p-b)x-a=M-a \tag{4-15}$$

式中：EBIT——息税前利润；

a——固定成本。

显然，不论利息费用的习性如何，它不会出现在计算息税前利润公式之中，即，在上式的固定成本和变动成本中不应包括利息费用因素。息税前利润也可以用利润总额加上利息费用求得。

4.2.3 经营杠杆系数

1. 经营风险

企业经营面临着各种风险，可划分为经营风险和财务风险。房地产企业是资金密集型行业，其发展需要巨额的投资，而我国的大多数房地产企业的资金50%以上来源于银行贷款，这无疑加大了其经营风险和财务风险。

经营风险是指由于经营上的原因导致的风险，即未来的息税前利润（EBIT）的不确定性。经营风险因具体行业、具体企业以及具体时期而异。市场需求、销售价格、成本水平、对价格的调整能力、固定成本等因素的不确定性影响经营的风险。

2. 经营杠杆的含义

企业的经营风险部分取决于其利用了固定成本的程度，但是引起房地产企业经营风险的主要原因不仅仅是固定资产的利用程度。因为房地产企业的固定资产在企业的总资产中占的比重要比一般工业企业小得多，所以市场因素、定价策略、销售策略、成本策略等因素可能成为房地产更主要的风险因素。但是，这些因素具有很大的不确定性，不易计量，所以这里只介绍因为固定成本的利用程度所引起的经营风险。

在其他条件不变的情况下，产销量的增加不改变固定成本总额，但会降低单位固定成本，从而提高单位利润，使息税前的利润的增长率大于产销量的增长率，反之，产销量的减少会提高单位固定成本，降低单位利润，使息税前利润下降率也大于产销量下降率。这种由于固定成本的存在而导致息税前利润变动率大于产销量变动率的杠杆效应，称为经营杠杆。经营杠杆系数也是衡量经营风险的一个重要标准。

3. 经营杠杆的计量

对经营杠杆的计量最常用的指标是经营杠杆系数或经营杠杆度。经营杠杆系数，是指息税前利润变动率相当于产销业务量变动率的倍数，计算公式为：

$$经营杠杆系数（DOL）=\frac{息税前利润变动率}{产销量变动率} \tag{4-16}$$

另外，还可以用基期的资料预测预测期的经营杠杆系数，这样，经营杠杆系数的公式可简化为：

$$经营杠杆系数（DOL）=\frac{基期边际贡献}{基期息税前利润} \tag{4-17}$$

假设这里的产销量等于销售量，销售量的单位可以选择套，也可以选择平方米。本章以平方米作为销售量的计量单位。

【例 4-6】 建业房地产企业有关资料如表 4-4。

某房地产的有关资料（单位：万元） 表 4-4

项目	2005 年	2006 年	变动额	变动率（%）
销售额	1 000	1 200	200	20
变动成本	600	720	120	20
边际贡献	400	480	80	20
固定成本	200	200	0	—
息税前利润	200	280	80	40

根据表中资料求该企业的经营杠杆系数。

根据公式可得：

$$息税前利润变动率=40\%$$

$$销售额的变动率=销售量的变动率=20\%$$

$$经营杠杆系数（DOL）=\frac{40\%}{20\%}=2$$

以上是按理论公式计算的经营杠杆系数，按简化的经营杠杆系数公式计算2006年的经营杠杆系数：

$$经营杠杆系数（DOL）=\frac{400}{200}=2$$

4.经营杠杆系数与经营风险的关系

引起企业经营风险的主要原因是市场需求和成本等因素的不确定性，经营杠杆本身并不是利润不稳定的根源。但是，经营杠杆扩大市场和生产等不确定性因素对利润变动的影响，而且，经营杠杆系数越高，利润变动越剧烈，企业的经营风险就越大。一般来说，在其他因素一定的情况下，固定成本越高，经营杠杆系数越大，企业经营风险也就越大，其关系式：

$$\begin{pmatrix}经营杠\\杆系数\end{pmatrix}=\frac{基期边际贡献}{基期边际贡献-基期固定成本} \tag{4-18}$$

或：

$$\begin{pmatrix}经营杠\\杆系数\end{pmatrix}=\frac{\left[\begin{pmatrix}基期销\\售单价\end{pmatrix}-\begin{pmatrix}基期单位\\变动成本\end{pmatrix}\right]\times\begin{pmatrix}基期\\产销量\end{pmatrix}}{\left[\begin{pmatrix}基期销\\售单价\end{pmatrix}-\begin{pmatrix}基期单位\\变动成本\end{pmatrix}\right]\times\begin{pmatrix}基期\\产销量\end{pmatrix}-\begin{pmatrix}基期固\\定成本\end{pmatrix}} \tag{4-19}$$

从上式可以看出，影响经营杠杆系数的因素包括产品销售数量、产品销售价格、单位变动成本和固定成本总额等因素。经营杠杆系数将随固定成本的变化呈同方向变化，即在其他因素一定的情况下，固定成本越高，经营杠杆系数越大。同理，固定成本越高，企业经营风险也越大；如果固定成本为零，则经营杠杆系数等于1。

由于经营杠杆系数影响着企业的息税前利润，从而也就制约着企业的筹资能力和资本结构。因此，经营杠杆系数也是资本结构决策的一个重要因素。

4.2.4 财务杠杆

1. 财务风险

财务风险，亦称筹资风险，是指企业在经营活动过程中与筹资有关的风险，尤其是指在筹资活动中利用财务杠杆可能导致企业股权资本所有者收益下降的风险，甚至可能导致企业破产的风险。主要表现为丧失偿债能力的可能性和股东每股收益，即 EPS 的不确定性。

2. 财务杠杆的概念

在资本总额及其结构既定的情况下，企业需要从息税前利润中支付的债务利息通常都是固定的。当息税前利润增大时，每 1 元盈余所负担的固定财务费用（如利息、融资租赁租金等）就会相对减少，就能给普通股股东带来更多的盈余；反之，每 1 元盈余所负担的固定财务费用就会相对增加，就会大幅度减少普通股的盈余。这种由于固定财务费用的存在而导致普通股收益变动率大于息税前利润变动率的杠杆效应，称作财务杠杆。

3. 财务杠杆的计算

只要在企业的筹资方式中有固定财务费用支出的债务，就会存在财务杠杆效应。但不同企业财务杠杆的作用是不完全一致的，为此，需要对财务杠杆进行计量。对财务杠杆计量的主要指标是财务杠杆系数。财务杠杆系数是指普通股每股收益的变动率相当于息税前利润变动率的倍数，计算公式为：

$$财务杠杆系数（DFL）=\frac{普通股每股收益变动率}{税前利润变动率}$$

$$=\frac{基期息税前利润}{基期息税前利润-基期利息} \tag{4-20}$$

影响企业财务杠杆系数的因素包括息税前利润、企业资金规模、企业的资本结构、固定财务费用水平等。财务杠杆系数将随固定财务费用的变化呈同方向变化，即在其他因素一定的情况下，固定财务费用越高，财务杠杆系数越大。同理，固定财务费用越高，企业财务风险也越大；如果企业固定财务费用为零，则财务杠杆系数为 1。

【例 4-7】 光大房地产企业资本结构与普通股利润如表 4-5 所示，计算该公司 2005 年的财务杠杆系数。

光大房地产公司资本结构与普通股利润表　　表 4-5

2004 年		2005 年	
项目	金额（股数）（元）	项目	金额（股数）（元）
普通股发行在外股数（股）	50 000	息税前利润增长率	20%
普通股股本（每股面值 100 元）	5 000 000	增长后的息税前利润	276 000
债务（年利率 8%）	1 000 000	债务利息	80 000
资金总额	6 000 000	利润总额	196 000
债务利息	80 000	所得税（33%）	64 690
息税前的利润	230 000	净利润	131 320
利润总额	150 000	每股收益	2.63
所得税（33%）	49 500	每股收益增加额	0.62
净利润	100 500	普通股每股收益增长率	30.84%
每股收益	2.01		

根据表中的资料计算光大房地产企业的财务杠杆系数如下：

$$该公司财务杠杆系数=\frac{30.84\%}{20\%}\approx 1.5$$

$$或：该公司财务杠杆系数=\frac{230\ 000}{230\ 000-80\ 000}\approx 1.5$$

4.财务杠杆系数与财务风险

由以上的计算可知：当利润增长时，举债经营的企业每股收益的增长幅度要大于没有债务的企业；当然，当利润减少时，举债经营的公司每股收益减少的也更快。因此，公司息税前利润较大，增长幅度也较大时，适当地利用负债性资金发挥财务杠杆的作用，可增加每股收益，使股票价格上涨，增加企业价值。

由于财务杠杆的作用，当息税前利润下降时，税后利润下降得更快，从而给企业股权资本所有者造成财务风险。财务杠杆会加大财务风险，企业举债比重越大，财务杠杆效应越强，财务风险越大。

目前控制财务风险的方法主要有：控制负债比率，即通过合理安排资本结构，适度负债使财务杠杆利益抵消风险增大所带来的不利影响。

【例 4-8】现有 A、B、C3 家房地产企业的资本构成情况及每股收益情况如表 4-6 和表 4-7 所示。

A、B、C 房地产企业的资本结构情况表（单位：万元） 表 4-6

项　目	A 企业	B 企业	C 企业
资金总额	2 000	2 000	2 000
普通股	2 000	1 000	1 000
负债	0	1 000	1 000
负债利息	0	60	120

每股收益指标（单位：万元） 表 4-7

企业名称	经济情况	概率	息税前利润	利息	利润总额	所得税（33%）	净利润	普通股股数（万）	每股收益
A	好	0.20	300	0	300	99	201	200	1.01
	中	0.60	200	0	200	66	134	200	0.67
	差	0.20	60	0	60	19.8	40.2	200	0.20
B	好	0.20	300	60	240	79.2	210.8	100	2.10
	中	0.60	200	60	140	46.2	93.8	100	0.94
	差	0.20	60	60	0	0	0	100	0.00
C	好	0.20	300	120	180	59.4	120.6	100	1.21
	中	0.60	200	120	80	26.4	53.6	100	0.54
	差	0.20	60	120	−60	0	−60	100	−0.6

试根据表中资料计算 3 个企业的财务杠杆系数、每股收益的标准离差和标准离差率。

(1) 计算 3 个企业的每股收益的期望值

A 企业的期望每股收益 $=0.20\times1.01+0.6\times0.67+0.20\times0.20=0.64$

B 企业的期望每股收益 $=0.20\times2.10+0.6\times0.94+0.20\times0.00=0.98$

C 企业的期望每股收益 $=0.20\times1.21+0.6\times0.54-0.20\times0.60=0.45$

(2) 计算 3 个企业每股收益的标准离差

$$\left(\begin{array}{c}\text{A 企业每股收益的}\\ \text{标准离差}\end{array}\right)=\sqrt{(1.01-0.64)^2\times0.2+(0.67-0.64)^2\times0.6+(0.2-0.64)^2\times0.2}=0.27$$

$$\left(\begin{array}{c}\text{B 企业每股收益的}\\ \text{标准离差}\end{array}\right)=\sqrt{(2.10-0.98)^2\times0.2+(0.94-0.98)^2\times0.6+0.98^2\times0.2}=0.67$$

$$\left(\begin{array}{c}\text{C 企业每股收益的}\\ \text{标准离差}\end{array}\right)=\sqrt{(1.21-0.45)^2\times0.2+(0.54-0.45)^2\times0.6+(-0.6-0.45)^2\times0.2}=0.65$$

(3) 计算3个企业每股收益的标准离差率

$$\begin{pmatrix}\text{A企业每股收益的}\\\text{标准离差率}\end{pmatrix}=\frac{0.27}{0.64}=0.42$$

$$\begin{pmatrix}\text{B企业每股收益的}\\\text{标准离差率}\end{pmatrix}=\frac{0.67}{0.98}=0.68$$

$$\begin{pmatrix}\text{C企业每股收益的}\\\text{标准离差率}\end{pmatrix}=\frac{0.65}{0.45}=1.44$$

(4) 计算3个企业的财务杠杆系数

3个企业的息税前利润的期望值相同，计算如下：

$$\text{期望息税前利润}=0.20\times300+0.6\times200+0.20\times60=192$$

$$\text{A企业的财务杠杆系数}=\frac{192}{192-0}=1$$

$$\text{B企业的财务杠杆系数}=\frac{192}{192-60}=1.45$$

$$\text{C企业的财务杠杆系数}=\frac{192}{192-120}=2.67$$

从以上分析可知，A企业全部靠自有资金经营，其期望每股收益为0.64元，财务杠杆系数为1，标准离差为0.42。说明A企业的财务风险较小，但每股收益较低。B企业利用了利息率为6%的负债1 000万元，自有资金与负债比率为1∶1，负债比率为50%，则B企业的每股收益上升为0.98元，财务杠杆系数上升为1.45，标准离差率上升到0.68元。企业每股收益期望值上升，说明应用财务杠杆取得了比较好的效益，同时也增大了财务风险。C企业利用了利率为12%的负债1 000万元，负债比率也为50%，但是C企业的期望每股收益却下降到0.45元，财务杠杆系数上升到2.67，标准离差率为1.44。说明此时只能加大企业财务风险，而不能取得财务杠杆效益。这就是说，企业利用财务杠杆，可能产生好的效果，也可能会产生坏的效果。企业只有有效利用了财务杠杆作用，才能增加企业每股收益，真正提升企业的价值。

4.2.5 复合杠杆

1.复合杠杆的概念

企业如果同时存在固定成本和固定财务费用，就有可能同时存在经营杠杆效应和财务杠杆效应的复合效应。所谓复合杠杆系数就是指由于固定生产经营成本和固定财务费用的共同存在而导致的普通股每股收益变动率大于产销量变动率的杠杆效应。

复合杠杆系数反映了经营杠杆与财务杠杆之间的关系，即为了达到某一复合杠杆系数，经营杠杆和财务杠杆可以有多种不同组合。即为了达到某一复合杠杆系数，经营杠杆和财务杠杆可以有多种不同组合。在维持总风险一定的情况下，企业可以根据实际，选择不同的经营风险和财务风险组合，实施企业的财务管理策略。

2. 复合杠杆的计量

对复合杠杆效应计量，主要指标是复合杠杆系数。复合杠杆系数就是指普通股每股收益变动率相当于产销量变动率的倍数，其计算公式为：

$$\text{复合杠杆系数（DCL）}=\frac{\text{普通股每股收益变动率}}{\text{产销量变动率}} \tag{4-21}$$

$$\text{复合杠杆系数}=\text{经营杠杆系数}\times\text{财务杠杆系数} \tag{4-22}$$

或：

$$\text{复合杠杆系数（DCL）}=\frac{\text{边际贡献}}{\text{息税前利润}-\text{利息}-\text{融资租赁租金}} \tag{4-23}$$

如果没有融资租赁租金，则复合杠杆系数的公式还可表示为：

$$\text{复合杠杆系数（DCL）}=\frac{\text{边际贡献}}{\text{息税前利润}-\text{利息}} \tag{4-24}$$

4.3 资本结构

4.3.1 资本结构概述

1. 资金结构的含义

资金结构指企业各种资本的构成及其比例关系。资本结构是企业筹资决策的核心问题。企业应综合考虑有关影响因素，运用适当的方法确定最佳资金结构，并在以后追加筹资中继续保持。企业现有资本结构不合理，应通过筹资活动进行调整，使其趋于合理化。

在企业筹资管理活动中，资本结构有广义和狭义之分。狭义的资本结构是指企业各种长期资本价值的构成及其比例关系，尤其是指长期的股权资本与债权资本构成及其比例关系。狭义的资本结构下，短期债权资本系作为营运资本来管理。广义的资本结构是指企业全部资本的价值及比例关系，它不仅包括长期资本，还包括短期资本，主要是短期债权资本。本章所指资本结构是指狭义的资本结构。

企业资本结构是由企业采用的各种筹资方式筹集资金而形成的，各种筹资方式不同的组合类型决定着企业资本结构及其变化。企业筹资方式虽然很多，但总的来看分为负债资本和权益资本两类，因此，资本结构问题总的来说是负债资本的比例问题，即负债在企业全部资本中所占的比重。

人们对资本结构有着若干不同认识。最早提出资本结构理论这一问题的是美国经济学家戴维·杜兰德，杜兰德认为，早期企业的资本结构是按照净收益法、净营业收益法和传统折中法建立的。1958年，莫迪格利尼和米勒又提出了著名的MM理论。在此基础上，后人又进一步提出了代理理论和等级筹资理论等。从这些理论分析中可知，利用负债资金具有双重作用，适当利用负债，可以降低企业资金成本，但当企业负债比率太高时，会带来较大的财务风险。为此，企业必须权衡财务风险和资金成本的关系，确定最佳资金结构。最佳资本结构是指在一定条件下使企业加权平均资金成本最低、企业价值最大的资本结构。

2. 影响资本结构的因素

（1）企业财务状况

企业获利能力越强、财务状况越好、变现能力越强，就越有能力负担财务上的风险。因而，随着企业变现能力、财务状况和盈利能力的增进，举债筹资就越有吸引力。当然，有些企业因为财务状况不好，无法顺利发行股票，只好以高利率发行债券来筹集资金。衡量企业财务状况的指标主要有流动比率、利息周转倍数、固定费用周转倍数、投资收益率等。

（2）企业资产结构

拥有大量固定资产的企业，主要通过长期负债和发行股票筹集资金。

①拥有较多流动资产的企业，更多依赖流动负债来筹集资金；

②资产适用于抵押贷款的公司（如房地产企业）举债额较多；

③以技术研究开发为主的公司则负债很少。

（3）企业产品销售情况

如果企业的销售比较稳定，其获利能力也相对稳定，则企业负担固定财务费用的能力相对较强；如果销售具有较强的周期性，则企业负担固定的财务费用将冒较大的财务风险。

（4）投资和管理人员的态度

如果一个企业股权较分散，企业所有者并不担心控制权旁落，因而会更多地采用发行股票的方式来筹集资金；反之，有的企业被少数股东所控制，为了保证少数股东的绝对控制权，多采用优先股或负债方式筹集资金。喜欢冒险的财务管理人员，可能会安排比较高的负债比例；一些持稳健态度的财务人员则使用较少的债务。

（5）贷款人和信用评级机构的影响

一般而言，大部分贷款人都不希望企业的负债比例太大。同样，如果企业债务太多，信用评级机构可能会降低企业的信用等级，从而影响企业的筹资能力。

（6）行业因素

不同行业，资本结构有很大差别。财务经理必须考虑本企业所在的行业，以确定最佳的资本结构。

(7) 所得税率的高低

企业利用负债可以获得减税利益，因此，所得税税率越高，负债的好处越多；如果税率很低，则采用举债方式的减税利益就不显著。

(8) 利率水平的变动趋势

利率水平的变动趋势也会影响到企业的资金结构。如果企业财务管理人员认为利息率暂时较低，但不久的将来有可能上升的话，便会大量发行长期债券，从而在若干年内把利率固定在较低水平上。

4.3.2 资本结构的优化决策

确定资本最佳结构的方式有每股收益无差别点法、比较资金成本法和公司价值分析法。

1. 每股收益无差别点法

每股收益无差别点法又叫每股利润无差别点法或息税前利润－每股收益分析法，EBIT－EPS 分析法。资金结构是否合理可以通过分析每股收益的变化来衡量，能提高每股收益的资本结构是合理的资本结构。按每股收益大小判断资本结构的优劣可以运用每股收益无差别点法，其计算公式为：

$$\frac{(\overline{\mathrm{EBIT}}-I_1)\cdot(1-T)}{N_1}=\frac{(\overline{\mathrm{EBIT}}-I_2)(1-T)}{N_2} \tag{4-25}$$

可简化为：

$$\overline{\mathrm{EBIT}}=\frac{N_2\cdot I_1-N_1\cdot I_2}{N_2-N_1} \tag{4-26}$$

式中：$\overline{\mathrm{EBIT}}$——每股收益无差别点处的息税前利息；

I_1、I_2——筹资方式下的年利息；

N_1、N_2——两种筹资方式下的流通在外的普通股股数；

T——所得税税率。

【例 4-9】光大房地产公司资金 80 000 万元，因为开发项目的需要准备再筹资 20 000 万元，这些资金可以利用发行股票来筹集，也可以利用发行债券来筹集，资料如表 4-8 所示。

光大房地产公司资本结构变化情况表（单位：万元）　　表 4-8

筹资方式	原资本结构	增加筹资后资本结构	
		增发普通股	增发公司债券
公司债券（利率 8%）	15 000	15 000	35 000
普通股（每股面值 10 元）	20 000	30 000①	20 000

续上表

筹资方式	原资本结构	增加筹资后资本结构	
		增发普通股	增发公司债券
资本公积	25 000	35 000②	25 000
留存收益	20 000	20 000	20 000
资本总额合计	80 000	100 000	100 000
普通股股数（股）	2 000	3 000	2 000

说明：①②发行股票时，每股发行价格 20 元，筹资 20 000 万元，需发行 1 000 万股，普通股股本增加 10 000万元，资本公积金增加 10 000 万元。

根据表中资料用每股收益无差别点法，分析确定增资方案。

将表中的有关数据代入公式得：

$$\frac{(\overline{EBIT}-1\,200)\cdot(1-33\%)}{3\,000}=\frac{(\overline{EBIT}-2\,800)\cdot(1-33\%)}{2\,000}$$

$$\overline{EBIT}=6\,000$$

这就说明，当预计的息税前利润大于 6 000 万元时，增发债券的每股收益大于增发股票的每股收益，利用负债较为有利；当预计的息税前利润小于 6 000 万元时，增发债券的每股收益小于增发股票的收益，所以增发股票有利。

每股收益无差别点法的原理比较容易理解，测算过程较为简单。它以普通股每股收益最高为决策标准，也没有具体的测算财务风险因素，其决策目标实际上是每股收益最大化而不是公司价值最大化，可用资本规模不大、资本结构不太复杂的股份有限公司。

2. 比较资金成本法

该方法的基本思路是，决策前先拟订若干个备选方案，分别计算各个方案的加权平均资金成本，并根据加权平均资金成本的高低来确定资本结构。

【例 4-10】 环宇房地产公司原来的资本结构如表 4-9 所示。普通股每股面值 1 元，发行价格为 10 元，目前价格也为 10 元，今年期望股利为 1 元/股，预计以后每年增加股利 5%。该企业使用的所得税税率假设为 33%，假设发行的各种证券均无筹资费用。

资本结构（单位：万元）　　表 4-9

筹 资 方 式	金　额
债券（年利率 10%）	8 000
普通股（每股面值 1 元，发行价 10 元，共 800 万股）	8 000
合计	16 000

该企业现拟增资4 000万元，以扩大生产经营规模，现有如下3种方案可供选择。

甲方案：增加发行4 000万元的债券，因负债增加，投资风险加大，债券利率增加至12%才能发行，预计普通股股利不变，但由于风险加大，普通股市价降至8元/股。

乙方案：发行债券2 000万元，年利率为10%，发行股票200万股，每股发行价为10元，预计普通股股利不变。

丙方案：发行股票400万股，普通股市价10元/股。

要求：分别计算其加权平均资金成本，并确定哪个方案最好。

(1) 计算计划年初加权平均资金成本

$$\left(\begin{matrix}\text{债券的}\\\text{比重}\end{matrix}\right)=\frac{8\,000}{16\,000}\times100\%=50\%$$

$$\left(\begin{matrix}\text{普通股票的}\\\text{比重}\end{matrix}\right)=\frac{8\,000}{16\,000}\times100\%=50\%$$

$$\left(\begin{matrix}\text{债券的资金}\\\text{成本}\end{matrix}\right)=10\%\times(1-33\%)=6.7\%$$

$$\left(\begin{matrix}\text{股票的资金}\\\text{成本}\end{matrix}\right)=\frac{1}{10}\times100\%+5\%=15\%$$

计划年初的加权平均资金成本为：

计划年初加权平均资金成本=50%×6.7%+50%×15%=10.85%

(2) 计算甲方案的加权资金成本

$$\left(\begin{matrix}\text{债券的}\\\text{比重}\end{matrix}\right)_1=\frac{8\,000}{20\,000}\times100\%=40\%$$

$$\left(\begin{matrix}\text{债券的}\\\text{比重}\end{matrix}\right)_2=\frac{4\,000}{20\,000}\times100\%=20\%$$

$$\left(\begin{matrix}\text{普通股票的}\\\text{比重}\end{matrix}\right)=\frac{8\,000}{20\,000}\times100\%=40\%$$

$$\left(\begin{matrix}\text{债券的资金}\\\text{成本}\end{matrix}\right)_1=10\%\times(1-33\%)=6.7\%$$

$$\left(\begin{matrix}\text{债券的资金}\\\text{成本}\end{matrix}\right)_2=12\%\times(1-33\%)=8.04\%$$

$$\left(\begin{matrix}\text{股票的资金}\\\text{成本}\end{matrix}\right)=\frac{1}{8}\times100\%+5\%=17.5\%$$

甲方案的加权平均资金成本为：

甲方案的加权平均资金成本=40%×6.7%+20%×8.04%+40%×17.5%

=11.29%

同理可计算出乙方案和丙方案的加权资金成本分别为10.85%和11.68%。

从计算的结果可以看出，乙方案的加权平均资金成本最低，所以，应该选用乙方案。

比较资金成本法，通俗易懂，计算过程也不太复杂，是确定资本结构的一种常用方法。因所拟订的方案数量有限，故有可能漏掉最优方案。同时，资金成本比较法仅以资金成本率最低为决策标准，没有具体测算财务风险因素，其决策目标实质上是利润最大化而不是公司价值最大化，一般适用于资本规模小、资本结构较为简单的非股份制企业。

3. 公司价值分析法

公司价值分析法是在充分反映公司财务风险的前提下，以公司价值的大小为标准，经过测算确定公司最佳资本结构的方法。该方法一般通过下列步骤进行。

（1）公司价值的测算

关于公司价值内容和测算基础与方法，目前主要有以下3种。

①公司价值等于其未来净收益（或现金流量，下同）按照一定的折现率折现的价值，即公司未来净收益的折现值。这种测算方法的原理有其合理性，但因其中所含的不易确定的因素很多，难以在实践中加以应用。

②公司价值是其股票的现行市场价值。公司股票的现行市场价值可按其现行市场价格来计算，有其客观合理性，但一方面，股票的价格经常处于波动之中，很难确定按哪个交易日市场价格计算；另一方面，只考虑票面的价值而忽略长期债务的价值不符合实际情况。

③公司价值等于其长期债务和股票的折现价值之和。这种测算方法相对比较合理，也比较现实，用公式表示如下：

公司价值＝公司长期债务的价值＋公司股票的现值

这里长期债务的现值等于其面值（或本金），股票的现值按公司未来净收益的折现值计算，计算公式如下：

$$\left(\begin{matrix}\text{公司股}\\\text{票现值}\end{matrix}\right)=\frac{(\text{息税前利润}-I)\times(1-\text{所得税})}{\text{普通股资金成本率}} \tag{4-27}$$

其中，普通股资金成本率可用资本资产定价模型计算，计算公式如下：

$$\left(\begin{matrix}\text{普通股资}\\\text{金成本率}\end{matrix}\right)=\left(\begin{matrix}\text{无风险}\\\text{报酬率}\end{matrix}\right)+\left(\begin{matrix}\text{公司的}\\\beta\text{系数}\end{matrix}\right)\times\left[\left(\begin{matrix}\text{平均风险股票}\\\text{的必要收益率}\end{matrix}\right)-\left(\begin{matrix}\text{无风险}\\\text{报酬率}\end{matrix}\right)\right] \tag{4-28}$$

（2）公司最佳资本结构的确定

运用以上所述公式计算公司的总价值和综合资金成本率，求出公司价值最大化为标准比较确定公司的最佳资本结构。

【例 4-11】 横远房地产企业息税前利润为 600 万元，公司适用的所得税率为 33%，公司目前总资金为 2 000 万元，其中 80%由普通股资金构成，股票账面价值为 1 600 万元，20%由债券资金构成，股票账面价值为 1 600 万元，假设债券市场价值与其账面价值基本一致。该公司认为目前的资金结构不够合理，准备用发行债券购回股票的办法予以调整。经咨询调查，目前债券利息和权益资金的成本情况如表 4-10 所示。

横远房地产企业的债券利息和权益资金成本调查情况 表 4-10

债券市场价值（万元）	债券利息率	股票的 β 系数	无风险收益率	平均风险股票必要收益率	权益资金成本
400（A）	8%	1.3	6%	16%	19%
600（B）	10%	1.42	6%	16%	20.2%
800（C）	12%	1.5	6%	16%	21%

要求：计算公司市场价值与企业综合资金成本，并确定该公司最优资金结构。

(1) 计算 A、B、C 3 种情况下公司的市场价值

$$\left(\begin{matrix}\text{A 情况下普通}\\ \text{股票现值}\end{matrix}\right)=\frac{(600-32)\times(1-33\%)}{19\%}=2\,002.95\text{（万元）}$$

A 情况下公司的市场价值＝400＋2 002.95＝2 402.95（万元）

$$\left(\begin{matrix}\text{B 情况下普通}\\ \text{股票现值}\end{matrix}\right)=\frac{(600-60)\times(1-33\%)}{20.2\%}=1791.09\text{（万元）}$$

B 情况下公司的市场价值＝600＋1 791.09＝2 391.09（万元）

$$\left(\begin{matrix}\text{C 情况下普通}\\ \text{股票现值}\end{matrix}\right)=\frac{(600-96)\times(1-33\%)}{21\%}=1608\text{（万元）}$$

C 情况下公司的市场价值＝800＋1 608＝2 408（万元）

(2) 计算 A、B、C 3 种情况下公司的加权资金成本

A 情况下债券的资金成本＝8%×（1－33%）＝5.36%

$$\text{A 情况下债券的比重}=\frac{400}{2\,402.95}\times100\%=16.65\%$$

$$\text{A 情况下股票的比重}=\frac{2\,002.95}{2\,402.95}\times100\%=83.35\%$$

$$\begin{aligned}\text{A 情况下公司的加权平均资金成本}&=16.65\%\times5.36\%+83.35\%\times19\%\\&=16.73\%\end{aligned}$$

$$\text{B 情况下债券的比重}=\frac{600}{2\,391.09}\times100\%=25.09\%$$

B情况下股票的比重$=\frac{1\,791.09}{2391.09}\times100\%=74.01\%$

B情况下债券的资金成本=10%×（1−33%）=6.7%

B情况下该公司的加权平均资金成本=6.7%×25.09%+20.2%×74.01%
=16.81%

C情况下债券的比重$=\frac{800}{2\,408}\times100\%=33.22\%$

C情况下股票的比重$=\frac{1\,608}{2\,408}\times100\%=66.78\%$

C情况下债券的资金成本=12%×（1−33%）=8.04%

C情况下公司加权资金成本=8.04%×33.22%+66.78%×21%=16.69%

由以上计算可知，C情况下公司价值最大，加权资金成本最低，所以C情况下的资金结构最优。

和比较资金成本法和每股收益无差别点法相比，公司价值最大法，充分考虑了公司的财务风险和资金成本等因素的影响，进行资本结构决策以公司价值最大为标准，更符合公司价值最大化的财务目标；但其测算原理及测算过程较为复杂，通常用于资本规模较大的上市公司。

本章小结

本章主要讲述了房地产企业资金成本的计算、杠杆效应问题、最佳资金结构的确定。

1. 资金成本是指企业为筹资和使用资金而发生的代价。资金成本包括筹资费用和用资费用。资金成本可用绝对数表示，也可用相对数表示，实务一般以相对数来表示。学习房地产企业的资金成本要从个别资金成本和综合资金成本两方面着手。

（1）个别资金成本是指各种筹资方式的成本。其中包括债券成本、银行借款成本、优先股成本、普通股成本和留存收益成本，前两者可统称负债资金成本，后三者统称为权益资金成本。

（2）加权资金成本是企业筹集资金的加权平均资金成本，它反映企业资金成本总体水平的高低。加权资金成本又可分为已筹集资金的加权平均资金成本和新增资金的边际资金成本。企业应选择加权资金成本最低的资本结构，而边际资金成本主要用于追加筹资的决策。

2. 杠杆效用及计算。当企业存在固定成本时，就存在经营杠杆效应；在固定成本不变的情况下，经营杠杆系数说明了在销售额增加（或减少）所引起息税前利润增加（或减少）的幅度；其他因素不变的情况下，固定成本越大，经营杠杆系数就越大，经营风险就越大，反之就越小。财务杠杆系数是企业息税前利润增长对每股收益的影响程度；在资本总额、息税前利润相同的情况下，负债比率越高，财务杠杆系数越高，财务风险越大，但预期每股收益也越大。当企业同时存在固定的生产经营成本和利息等财务费用支出时，就存在复合杠杆效应；在其他因素不变的情况下，复合杠杆系数越大，复合风险就越大，反之就越小。

3. 最佳资本结构的确定

确定最佳资本结构的方法有：每股收益无差别点法（息税前利润－每股收益分析法）、比较资金成本法和公司价值分析法。每股收益无差别点法认为，当预期的息税前利润大于每股收益无差别点的息税前利润时，运用负债筹资可获得较高的每股收益；反之，运用权益筹资可获得较高的每股收益。比较资金成本法认为，通过计算各方案的加权平均资金成本，选择加权平均资金成本最低的方案为最优方案。公司价值分析法认为，在充分反映公司财务风险的前提下，以公司价值的大小为标准，经过测算确定公司最佳资本结构。

复习思考题

1. 简述资金成本的作用。
2. 简述个别资金成本的内容及计算公式。
3. 简述加权资金成本的含义与作用。
4. 简述边际资金成本的含义与作用。
5. 简述经营杠杆系数的含义、经营杠杆系数与经营风险关系。
6. 简述财务杠杆系数的含义、财务杠杆系数与财务风险的关系。
7. 简述复合杠杆系数的含义。
8. 简述资本结构的含义。
9. 简述最优资本结构确定的方法。

练习题

1. 上海某房地产公司开发一栋高层商品房，售价为10 000元/m^2，变动造价为5 000元/m^2，本项目的固定总造价为2 000万元，如果本年度销售该商品房5 000m^2，要求：

（1）计算公司的经营杠杆系数；

（2）如果财务杠杆系数为1.6，计算复合杠杆系数是多少；

（3）本年每股收益为8元，预计明年息税前利润较本年增长20%，计算明年的每股收益。

2. 某房地产企业2006年12月份负债与普通股的比例为40∶60。该企业计划在2007年筹集新资金开发一广场，可供选择的筹资方式有：向银行贷款和增发普通股。相关资料如下。

(1) 如果增长的长期贷款不超过50 000万元，借款的年利率为8%；如果在50 000～100 000万元范围内，年利率为10%；贷款限额为100 000万元。

(2) 如果该公司增发股票不超过120 000万元，预计每股发行价格为20元；如果超过120 000万元，预计每股发行价为16元。普通股筹资费用率为5%，2007年预计普通股利为每股1元。以后每年增长5%。该企业的所得税率为33%。

要求：

(1) 计算下列不同条件下的资金成本：

①新增加长期借款不超过40 000万元时的长期借款资金成本；

②新增长期借款超过40 000万元时的长期借款资金成本；

③增发普通股不超过120 000万元时的普通股资金成本；

④增发普通股超过120 000万元时的普通股资金成本。

(2) 计算所有的筹资资金的分界点。

(3) 根据筹资分界点确定各个筹资范围，并计算每个筹资范围内的资金边际成本。

(4) 假设开发广场需要筹资额为185 000万元，预计内部收益率为12%，根据上述计算结果，确定该项筹资的边际成本，并作出是否应当投资的决策。

3. 某房地产企业息税前的利润为800万元，资金全部由普通股资本组成，股票账面价值2 000万元，所得税税率为33%。该房地产企业认为目前的资本结构不合理，准备采取平价发行债券、购回部分股票的办法予以调整（债券的市场价值等于账面价值)。经过咨询调查目前的债务资金成本和普通股票资金成本情况如表4-11所示。

目前债务资金成本和普通股票资金成本情况　　表4-11

债券的市场价值(万元)	债务资金成本	股票β值	无风险报酬	平均风险股票的必要报酬率
0		1.2	10%	12%
200	6%	1.25	10%	12%
400	6%	1.3	10%	12%
600	7%	1.35	10%	12%

要求：

(1) 计算各种资本结构时公司的市场价值；

(2) 计算各种资本结构时公司的加权资金成本；

(3) 确定最佳资本结构。

第5章 房地产企业证券投资管理

本章概要

1. 对外证券投资内容，包括债券投资、股票投资和基金投资；
2. 证券投资风险和证券投资收益的计算方法；
3. 证券投资组合风险和收益的计算方法；
4. 证券投资估价方法。

5.1 投资的概述

投资是投资者为了获得未来货币的增值，在现在预先垫付一定量的货币与实物（包括知识产权等无形资产），以经营某项事业的行为。从单纯的投资者即资金供给者的观点看，投资就是投资者在现在投入资金，以便利用利息、股息、租金等形式取得将来的收入，或者说是使本金增值。

房地产企业筹集资金的目的是为了把资金用于生产经营活动以便取得盈利，不断增加企业价值。投资按照不同的标准可分为如下种类。

1. 直接投资与间接投资

按投资与企业生产经营的关系，投资可分为直接投资和间接投资两类。直接投资是指把资金投放于生产经营性资产，以便获取利润的投资。间接投资又称证券投资，是指把资金投放于证券等金融资产，以便取得股利或利息收入的投资。随着我国金融市场的完善和多渠道筹资的形成，企业间接投资将越来越广泛。

2. 长期投资与短期投资

按照投资的变现能力及投资目的，通常可分为短期投资和长期投资两类。短期投资又称流动资产投资，是指能够并且也准备在1年以内收回的投资。主要指对货币资金、应收账项、存货、短期有价证券等的投资，长期证券如能随时变现亦可作为短期投资。长期投资则是指1年以上才能收回的投资，主要指对厂房、机器设备等固定资产的投资，也包括对无形资产和长期有价证券的投资。由于长期投资中固定资产占的比重最大，所以，长期投资有时专指固定资产投资。

3. 对内投资和对外投资

根据投资的方向，投资可分为对内投资和对外投资两类。对内投资又称内部投资，是指把资金投在企业内部，购置各种生产经营用资产的投资。对外投资是指企业以现金、实物、无形资产等方式，或者以购买股票、债券等有价证券方式向其他单位的投资。对内投资都是直接投资，对外投资主要是间接投资，也可能是直接投资。随着企业横向经济联合的开展，对外投资越来越重要。本章主要阐述对外投资中的证券投资。

5.2 投资风险与投资收益

5.2.1 投资的风险、投资收益与收益率

房地产企业的投资风险是指使企业的实际收益与预计收益发生背离，从而蒙受经济损失的可能性。衡量风险的主要指标有收益率的方差、标准差和标准离差率，其计算方法在第二章中已述及，这里不再重述。本节重点介绍投资收益与收益率。

1. 投资收益的含义与计算

投资收益是指投资资产的价值在一定时期的增值。一般情况下，有两种表述方式。一种是以金额表示的，称为投资资产的收益额，通常以资产价值在一定期限内的增值量来表示，它来自两部分：一是期限内资产的现金净收入；二是期末资产的价值相对于期初的升值。前者通常表现为利息、股息、红利等，后者表现为资本利得。另一种是以百分数来表示的，称为投资的收益率或报酬率。该收益率也包括两部分：一是利（股）息的收益率，二是资本利得的收益率。通常情况下财务管理中是以收益率方式来表示投资收益的。

在计算投资收益率时，一般是将不同期限的收益率转化为年收益率，也称为年收益率。单项投资的投资年收益率计算公式如下：

单项投资收益率＝利（股）息收益率＋资本利得收益率　　(5-1)

【例 5-1】 某房地产企业购买某股票，价格为 10 元，预计 1 年后的股息为 0.25 元，以后的市价为 12 元。那么，在不考虑交易费用的情况下，该股票预计的收益率是多少？

该股票预计的收益率＝0.25/10＋（12－10）/10＝2.5％＋20％＝22.5％

2.投资收益率的类型

在财务管理实务工作中，由于工作角度和出发点的不同，收益率可以有以下一些类型。

(1) 实际收益率

实际收益率表示已经实现的，或者确定可以实现的资产收益率，表述为已实现的或确定可以实现的利（股）息率与资本利得收益率之和。

(2) 名义收益率

名义收益率仅指资产合约上标明的收益率。如债券票面利率、借款协议上的借款利率。

(3) 预期收益率

预期收益率也称为期望收益率，是指在不确定的条件下，预测的某资产未来可能实现的收益率。

(4) 必要收益率

必要收益率也称最低必要报酬率或最低要求的收益率，表示投资者对某项投资合理要求的最低收益率。

(5) 无风险收益率

无风险收益率也称无风险利率，它是指可以确定可知的无风险投资的收益率，它的大小由纯粹利率（资金时间价值）和通货膨胀补贴两部分组成。无风险投资一般满足两个条件：一是不存在违约风险；二是不存在再投资收益率的不确定性。一般情况下，通常用短期国债的利率近似地代替无风险收益率。

(6) 风险收益率

风险收益率是指某投资者因承担该资产的风险而要求的超过无风险利率的额外收益，它等于必要收益率与无风险收益率之差。风险收益率衡量了投资者将资金从无风险资产转移到风险资产而要求得到的“额外补偿”，它的大小取决于以下两个因素：一是风险的大小；二是投资者对风险的偏好。

5.2.2 投资组合风险与收益分析

投资组合风险包括非系统风险和系统风险两种。非系统风险是指可通过增加组合中的资产的数目而最终消除的风险；系统风险是指反映资产之间的相互关系，共同运动，无法最终消除的风险。

鉴于高收益伴随着高风险，为了分散风险，企业一般“不会把所有的鸡蛋放入同一个篮子里”，而要把资金投在几种证券上，建立一个证券组合。企业进行证券组合投资与进行单项投资一样，都要求对承担的风险进行补偿，股票的风险越大，要求的报酬就越高。但是，与单项投资不同，证券组合投资要求补偿的风险只是不可分散风险，而不要求对可分散风险进行补偿。如果可分散风险的补偿存在，善于科学地进行投资组合的投资者将购买这部分股票，并抬高其价格，其最后的期望报酬率只反映不可分散的风险。因此，证券组合的风险报酬是投资者因承担不可分散风险而要求的、超过时间价值的那部分额外报酬。

证券投资组合的不可分散风险即β系数是个别证券（股票）的β系数的加权平均数。投资组合风险度量公式为：

$$\beta_p=\sum_{i=1}^{n}x_i\beta_i \tag{5-2}$$

式中：β_p——证券组合的β系数；

x_i——证券组合中第i种证券（股票）所占的比重；

β_i——第i种证券（股票）的β系数；

n——证券组合中证券（股票）的数量。

投资组合的风险报酬率可用下列公式计算：

$$R_p=\beta_p\ (R_m-R_f) \tag{5-3}$$

式中：R_p——证券组合的风险报酬率；

β_p——证券组合的β系数；

R_m——所有证券的平均报酬率，也就是由市场上所有证券组成的证券组合的报酬率，简称市场报酬率；

R_f——无风险报酬率，一般用国库券的利息率来衡量。

【例 5-2】 特林房地产公司持有由甲、乙、丙 3 种股票构成的证券组合，它们的β系数分别是 2.0、1.0 和 0.5，它们在证券组合中所占的比重分别为 60%、30%和 10%，股票的市场报酬率为 14%，无风险报酬率为 10%，试确定这种证券组合的风险报酬率。

①确定证券组合的β系数：

$$\begin{aligned}\beta_p&=\sum_{i=1}^{n}x_i\beta_i\\&=60\%\times2.0+30\%\times1.0+10\%\times0.5\\&=1.55\end{aligned}$$

②计算该证券组合的风险报酬率：

$$\begin{aligned}R_p&=\beta_p\ (R_m-R_f)\\&=1.55\times(14\%-10\%)\\&=6.2\%\end{aligned}$$

证券投资组合的预期报酬率是个别证券的加权平均的报酬率：

$$R=\sum_{i=1}^{n}x_iR_i \tag{5-4}$$

式中：R——证券投资组合的预期报酬率；

R_i——个别证券的预期报酬率；

x_i——个别证券在组合中所占比重；

n——组合中证券的种类。

【例 5-3】 某投资组合有 A、B、C 3 种证券，报酬率依次为 18%、15%、20%，所占比重依次为 30%、30%、40%，则投资组合的报酬率为：

$$R=30\%\times18\%+30\%\times15\%+40\%\times20\%=17.9\%$$

从以上计算可以看出，调整各种证券在证券组合中的比重可改变证券组合的风险、风险报酬率和预期报酬率。

5.3 资本资产定价模型

5.3.1 β 系数

β 系数是反映某种证券的投资风险与整个市场投资风险关系的指标，或者说，是某种证券价格对整个证券市场价格变化的反映程度，用公式表示如下：

$$\beta=\frac{\text{某种证券价格变化的百分比}}{\text{证券市场价格变化的百分比}} \tag{5-5}$$

或：

$$\beta=\frac{\text{某种证券的预期收益}-\text{该证券的无风险收益}}{\text{整个证券市场组合的预期收益}-\text{证券市场的无风险收益}} \tag{5-6}$$

所谓无风险收益是指固定的利息、股息等。如果 $\beta=1$，表示这种证券的风险程度与整个市场的风险程度相一致，或者说这种证券价格的变动同整个股市价格指数的变化是一致的；若 $\beta<1$，表明这种证券的风险小于市场风险；若 $\beta>1$，表明这种证券的风险大于市场风险。β 越大，风险也越大，说明该证券价格比整个证券行市上升或下跌得快。对于股票而言，在股市上升的情况下，能获得额外利润；在股市下跌的情况下，损失重大，这类股票被称为进攻性股票。而那些具有较小 β 系数的股票，在股市上升时，其上升幅度较之股市要小；而在股市下跌时，其下跌幅度也小于股市，这类股票被称为防守性股票。

5.3.2 资本资产定价模型

资本资产定价模型最初在 1964 年由斯坦福大学教授威廉·夏普（William Sharpe）建立，随着约翰·林特纳（John Lintner）和琼·莫辛（Jan Mossin）分别从不同的角度独立阐述了证券组合的预期收益和预期风险的关系，对证券均衡价格的确定作出了系统性的解释。资本资产定价模型表达式为：

$$R_i = R_f + \beta_i (R_m - R_f) \tag{5-7}$$

式中：R_i——第 i 种股票的必要报酬率；

R_f——无风险报酬率；

β_i——第 i 种股票的 β 系数；

R_m——全市场投资组合报酬率。

【例 5-4】 林纳房地产公司股票的 β 系数为 2.0，无风险利率为 6%，市场上所有股票的平均报酬率为 10%，那么，林纳公司股票的报酬率应为：

$$\begin{aligned} R_i &= R_f + \beta_i (R_m - R_f) \\ &= 6\% + 2.0 \times (10\% - 6\%) \\ &= 14\% \end{aligned}$$

也就是说，林纳公司股票的报酬率达到或超过 14%时，投资者方肯进行投资。如果低于 14%，则投资者不会购买林纳公司的股票。

5.4 债券投资

5.4.1 债券投资的目的和特点

房地产企业进行短期债券投资的目的，主要是为了合理利用暂时闲置资金，调节现金余额，获得收益。当企业现金余额太多时，便投资于债券，使现金余额降低；反之，当现金余额太少时，则出售原来投资的债券，收回现金，使现金余额提高。房地产企业进行长期债券投资的目的，主要是为了获得稳定的收益。

债券投资具有以下特点：

(1) 投资期限方面

不论长期债券投资，还是短期债券投资，都有到期日，债券到期应当收回本金，投资应考虑期限的影响。

(2) 权利义务方面

从投资权利来说，在各种投资方式中，债券投资的权利最小，无权参与被投资企业经营管理，只有按约定取得利息、到期收回本金的权利。

(3) 收益与风险方面

债券投资收益通常是事前预定的，收益率通常不及股票高，但具有较强的稳定性，投资风险较小。

5.4.2 债券的收益率

1. 票面收益率

票面收益率又称名义收益率或息票率，是印制在债券票面上的固定利率，通常是年利息收入与债券面额的比率。票面收益率反映了债券按面值购入、持有到期满所获得的收益水平。

2. 本期收益率

本期收益率又称直接收益率、当前收益率，指债券的年实际利息收入与买入债券的实际价格之比率，其计算公式为：

$$本期收益率=\frac{债券年利息}{债券买入价}\times 100\% \tag{5-8}$$

本期收益率反映了购买债券的实际成本所带来的收益情况，但与票面收益率一样，不能反映债券的资本损益情况。

3. 持有期收益率

债券的持有期收益率指债券持有人在持有期间得到的收益率，能综合反映债券持有期间的利息收入情况和资本损益水平。其中债券的持有期是指从购入债券至售出债券或者债券到期清偿之间的期间，通常以“年”为单位表示（持有期的实际天数除以 360）。根据债券持有期长短和计息方式不同，债券持有收益率的计算公式存在差异。由于利息率、收益率等指标多数以年利率的形式出现，债券持有期收益率可以根据具体情况换算为年均收益率。

(1) 持有时间在 1 年内，按单利计算持有期年收益率。

$$\begin{pmatrix}持有期\\收益率\end{pmatrix}=\frac{\begin{pmatrix}债券持有期间的\\利息收入\end{pmatrix}+（卖出价-买入价）}{债券买入价}\times 100\% \tag{5-9}$$

$$持有期年均收益率=\frac{持有期收益率}{持有年限} \tag{5-10}$$

$$持有年限=\frac{实际持有天数}{360} \tag{5-11}$$

【例 5-5】 LD 房地产企业 2007 年 1 月 1 日以 980 元价格购买上市债券 10 张，该债券面值 1 000 元，票面利率 8%，半年付息一次，期限 3 年，当年 7 月 1 日收到上半年利息 400 元，9 月 30 日以 995 元卖出。要求计算该债券的收益率。

【解】

$$持有期收益率=\frac{1\,000\times 8\%/2+（995-980）}{980}\times 100\%=5.61\%$$

$$持有期年均收益率=5.61\%\times 12/9=7.48\%$$

（2）持有时间较长（超过 1 年）的，应按每年复利 1 次计算持有期年收益率（即计算使债券带来的现金流入量净现值为零的折现率，也称为内部收益率 IRR），具体包括两种情形。

①到期一次付息债券：

$$持有期年均收益率=\sqrt[t]{\frac{M}{P}}-1 \tag{5-12}$$

式中：P——债券买入价；

M——债券到期兑付的金额或者提前出售时卖出价；

t——债券实际持有期限（年），等于债券买入交割日至卖出交割日之间的实际天数除以 360。

【例 5-6】 某房地产企业于 2000 年 1 月 1 日购入 B 公司同日发行的 3 年期，到期 1 次还本付息的债券，面值 100 000 元，票面利率为 6%，买入价为 90 000 元。则债券持有期年均收益率为（债券利息采用单利计息方式）：

$$持有期年均收益率=\sqrt[3]{\frac{100\,000+100\,000\times 6\%\times 3}{90\,000}}-1$$

$$=\sqrt[3]{\frac{118\,000}{90\,000}}-1=1.09-1=9\%$$

②每年末支付利息的债券：

$$P=\sum_{t=1}^{n}\frac{I}{(1+k)^t}+\frac{M}{(1+k)^n} \tag{5-13}$$

式中：k——债券持有期年均收益率；

P——债券买入价；

I——持有期间每期收到的利息额；

M——债券兑付的金额或者提前出售的卖出价；

n——债券实际持有期限（年）。

5.4.3 债券的估价

企业进行债券投资，必须掌握合适的投资时期以及在合理的价位上进行投资，才能取得预期的收益。下面介绍几种最常用的债券估价模型。

1. 一般情况下的债券估价模型

一般情况下的债券估价模型是指按复利方式计算的债券的估价公式。其计算公式为：

$$P=\sum_{t=1}^{n}\frac{i\cdot M}{(1+K)^t}+\frac{M}{(1+K)^n}$$
$$=\sum_{t=1}^{n}\frac{I}{(1+K)^t}+\frac{M}{(1+K)^n} \tag{5-14}$$

或：

$$P=I\times(P/A,k,n)+M\times(P/F,k,n) \tag{5-15}$$

式中：P——债券价格；

i——债券票面利率；

M——债券面值；

I——每年利息；

K——市场利率或投资人要求的必要报酬率；

n——付息总期数；

【例 5-7】 某债券面值为 1 000 元，票面利率为 10%，期限为 5 年，某房地产企业要对这种债券进行投资，要求必须获得 12%的报酬率，问债券价格为多少时才能进行投资？

根据上述公式（5-15）得：

$P=1\,000\times10\%\times(P/A,12\%,5)+1\,000\times(P/F,12\%,5)$

$=100\times3.605+1\,000\times0.567$

$=927.5$（元）

即这种债券的价格必须低于 927.5 元时，该企业才能购买；否则，得不到 12%的报酬率。

2. 一次还本付息且不计复利的债券估价模型

我国很多债券属于此种，其计算公式为：

$$P=\frac{M+M\times i\times n}{(1+K)^n} \tag{5-16}$$

或：

$$P=(M+M\times i\times n)\times(P/F,k,n) \tag{5-17}$$

公式中符号含义同前。

【例 5-8】 某房地产企业拟购买另一家企业发行的利随本清的企业债券，该债券面值为 1 000 元，期限 5 年，票面利率为 10%，不计复利，当前市场利率为 8%。该债券发行价格为多少时，企业才能购买？

由上述公式（5-16）可知：

$$P=\frac{1\,000+1\,000\times 10\%\times 5}{(1+8\%)^5}=1\,020\ (元)$$

即债券价格必须低于1 020元时，企业才能购买。

3. 贴现发行时债券的估价模型

有些债券以贴现方式发行，即没有票面利率，到期按面值偿还。这些债券的估价模型为：

$$P=\frac{M}{(1+K)^n}=M\times (P/F,\ k,\ n) \tag{5-18}$$

公式中符号含义同前。

【例5-9】 某债券面值为1 000元，期限为5年，以贴现方式发行，期内不计利息，到期按面值偿还，当时市场利率为8%。其价格为多少时，企业才能购买？

由上述公式（5-18）得：

$$P=1\,000\times (P/F,\ k,\ n)$$
$$=1\,000\times 0.681=681\ (元)$$

即该债券的价格只有低于681元时，企业才能购买。

5.4.4 债券投资的优缺点

债券作为一种有价证券，一般有以下优点：

(1) 盈利性。债券与其他投资方式相比具有较高的收益性。债券与存款、储蓄、委托贷款相比，其利息收入都保证到期支付，但相对而言债券的利率要高。

(2) 安全性。债券的安全性主要表现在以下两个方面：一是债券利息事先确定，即使是浮动利率债券，一般也有一个预定的最低利率界限，以保证投资者在市场利率波动时免受损失；二是投资的本金在债券到期后可以收回。

(3) 流动性。债券的流动性是指债券在偿还期限到来之前，可以在证券市场上自由流通和转让。由于债券具有这一性质，保证了投资者持有债券与持有现款或将钱存入银行几乎没有什么区别。

需要指出的是，债券的上述3个特性在一般情况下很难同时兼顾。例如，安全性高的债券收益率可能较低，而收益率高的债券可能其投资风险又较大。所以，投资者要根据投资目标、投资期限和资金的性质决定其所要求的债券特点的排列顺序。如果投资者打算长期持有债券，那么债券的安全性和收益性对投资者来说就要超过债券的流动性；而将短期资金投资于债券，则投资者应首先考虑债券的流动性，其次才是收益性，以便在需要资金时可随时将债券卖出。

债券投资的缺点是，与股票投资相比，债券投资收益一般要低于股票投资的收益水平。

5.5 股票投资

5.5.1 股票投资的特点和目的

股票投资主要有普通股投资和优先股投资两种。企业投资于优先股，可以获得固定的股利收入，优先股价格的波动相对也较小，因而，投资优先股的风险较低。企业投资于普通股，股利收入忽高忽低，股票价格波动较大，因而，投资于普通股的风险较大，但投资于普通股，一般能获得较高收益。

企业进行股票投资的目的主要有两种：一是作为一般的证券投资，获取股利收入及股票买卖差价；二是利用购买某一企业的大量股票达到控制该企业的目的。在第一种情况下，企业仅将某种股票作为它证券组合的一个组成部分，不应冒险将大量资金投资于某一企业的股票上。而在第二种情况下，企业应集中资金投资于被控企业的股票上，这时考虑更多的不应是目前利益——股票投资收益的高低，而应是长远利益——占有多少股权才能达到控制的目的。

5.5.2 股票投资的收益率

股票收益率主要有本期收益率、持有期收益率等。

1.本期收益率

本期收益率的计算公式为：

$$本期收益率=\frac{年现金股利}{本期股票价格}\times 100\% \tag{5-19}$$

式中：年现金股利是发放的上年每股股利，本期股票价格是指该股票当日证券市场收盘价。

2.持有期收益率

持有期收益率是指投资者买入股票持有一定时期后又卖出该股票，在投资者持有该股票期间的收益率，反映了股东持有股票期间的实际收益情况。

如投资者持有股票时间不超过1年，不考虑复利计息问题，其持有期收益率可按如下公式计算：

$$持有期收益率=\frac{(股票出售价-买入价)+\left(\begin{array}{c}持有期间分得\\的现金股利\end{array}\right)}{股票买入价}\times 100\% \tag{5-20}$$

$$持有期年均收益率=\frac{持有期收益率}{持有年限} \tag{5-21}$$

式中：持有年限等于实际持有天数除以 360，也可以用持有月数除以 12 表示。如果股票持有时间超过 1 年，需要按每年复利 1 次考虑资金时间价值，其持有期年均收益率可按如下公式计算：

$$P=\sum_{t=1}^{n}\frac{D_t}{(1+i)^t}+\frac{F}{(1+i)^n} \tag{5-22}$$

式中：i——股票的持有期年均收益率；

P——股票的购买价格；

F——股票的售出价格；

D_t——各年分得的股利；

n——持有期限。

5.5.3 股票估价

同进行债券投资一样，企业进行股票投资，也必须知道股票价格的计算方法。优先股的估价比较简单，其计算方法与债券的计算方法基本一样，在此，不再赘述。现介绍几个最常见的普通股估价模型。

1.短期持有股票、未来准备出售的股票估价模型

在一般情况下，投资者投资于股票，不仅希望得到股利收入，还希望在未来出售股票时从股票价格的上涨中获得好处，此时的股票估价模型为：

$$V=\sum_{t=1}^{n}\frac{d_t}{(1+K)^t}+\frac{V_n}{(1+K)^n} \tag{5-23}$$

式中：V——股票现在价格；

V_n——未来出售时预计的股票价格；

K——投资人要求的必要报酬率；

d_t——第 t 期的预期股利；

n——预计持有股票的期数。

2.长期持有股票，股利稳定不变的股票估价模型

在每年股利稳定不变，投资人持有期间很长的情况下，股票的估价模型可简化为：

$$V=\frac{d}{K} \tag{5-24}$$

式中：V——股票现在价格；

d——每年固定股利；

K——投资人要求的必要报酬率。

3. 长期持有股票，股利固定增长的股票估价模型

如果一家公司的股利不断增长，投资人的投资期限又非常长，则股票的估价就更困难了，只能计算近似数。设上年股利为 D_0，每年股利比上年增长率为 g，则：

$$V=\sum_{t=1}^{\infty}\frac{D_0\ (1+g)^t}{(1+K)^t} \tag{5-25}$$

式中：D_0——评价时的股利；

g——股利每年增长率；

其他符号含义与基本公式相同。

如果 $g<K$，用 D_1 表示第 1 年股利，则上式可简化为：

$$V=\frac{D_0\times\ (1+g)}{K-g}=\frac{D_1}{K-g} \tag{5-26}$$

当预期报酬率与必要报酬率相等时，有：$K=\frac{D_1}{V}+g$。这个公式通常用于普通股的资本成本的计算。

【例 5-10】 DL 房地产公司准备投资购买帮得信托投资股份有限公司的股票，该股票去年每股股利为 4 元，预计以后每年以 6% 的增长率增长，宏达房地产公司经分析后，认为必须得到 12% 的报酬率，才能购买帮得信托投资股份有限公司的股票，则该种股票的价格应为：

$$V=\frac{4\times\ (1+6\%)}{12\%-6\%}=70.67\ (\text{元})$$

即帮得信托投资股份有限公司的股票价格在 70.67 元以下时，宏达房地产公司才能购买。

4. 三阶段股票估价模型

在现实生活中，很多公司的股利可能既不是一成不变，也不一定按照固定比率持续增长，而是出现不规则变化。比如预计未来一段时间内股利高速增长，接下来的时间正常固定增长或者固定不变，则可以分别计算高速增长、正常固定增长、固定不变等各阶段未来收益的现值，各阶段现值之和就是非固定增长股利的股票价值。

$$V=\text{股利高速增长阶段现值}+\text{固定增长阶段现值}+\text{固定不变阶段现值} \tag{5-27}$$

5.5.4 股票投资的优缺点

股票投资相对于债券投资而言，它的性质不同，股票投资属于股权性投资，企业可以通过股权投资，参与被投资企业的经营决策，达到控制被投资企业的目的。作为短期投资行为，股票投资的收益要比债券投资大，同时，股票投资也具有流动性高的优点，企业将暂时闲置的资金进行适当的股票投资，可以提高资金的经济效

益。但是，股票投资的风险大于债券投资，且股票投资的收益不稳定，股票价格的波动性大，因此，企业不宜冒险的资金最好不要用于股票投资，而应选择风险较小的债券投资。

5.6 基金投资

5.6.1 投资基金的含义与特征

投资基金是集中不确定的众多投资者的零散资金，交由专门的投资机构进行投资（主要投资于各种有价证券），而投资收益由原有出资者按出资比例分享的一种投资工具。其中作为基金管理者的投资机构，收取一定的服务费用。

世界各国对投资基金的称谓各不相同，美国称之为共同基金或互惠基金，也称为投资公司；英国及我国香港地区称为单位信托基金；日本及我国台湾省则称之为证券投资信托基金。虽然称谓不同，其法律地位及具体操作也不尽相同，但它们具有一些共同特征。

首先，投资基金的资金来源于不确定的多数投资者，也就是说投资基金的设立必须有除发起人外的投资者参加，而参加的方式则是购买基金股份或受益凭证。

其次，投资基金所聚集的资金并不能直接由投资者支配，而是由具有投资（特别是证券投资）专门知识及经验的公司或机构进行管理、运用。

第三，基金投资者的目的一般是追求较高且稳定的收益，所以基金的管理者必须考虑使投资的收益最大而投资风险最小，他们往往采用分散投资对象的方法来达到这一目的。由于各国具体情况不同，这些投资对象可以是资本市场上的上市股票和债券，货币市场上的短期票据与银行同业拆借，也可以是金融期货，黄金，期权交易，不动产，甚至也可以是各种产业。

第四，若投资基金取得收益，则必须将投资收益按出资额分配给投资者。

根据这些特征可以看出投资基金实际上是一种集零为整，集腋成裘的组合投资方式，但它不同于我国传统意义上的基金。传统意义上的基金是通过国民收入的分配与再分配形成的具有专门用途的基金、如生产发展基金、养老保险基金等。这类基金筹集目的很明确，一般不再投资，即使投资也更注重资金的安全，而不以赚取投资利润为主要目的；而投资基金的主要任务就是投资，通过投资赚取利润。

5.6.2 投资基金的种类

1. 按法律地位分类

投资基金依据其法律地位的不同，可分为公司型基金和契约型基金。

(1) 公司型投资基金

公司型投资基金是指依据公司法，以基金股份公司的形式组建的以盈利为目的的股份有限公司。对公司型基金而言，基金本身即为股份公司型的投资公司，投资者购买了该公司的股票，就成为该公司的股东，公司章程明确规定了公司与股东的权利与义务。

(2) 契约型投资基金

契约型投资基金是指由基金经理公司（委托人）、基金保管机构（受托人）和投资者（受益人）三方订立“信托契约”，基金经理公司作为契约的委托人设立基金，负责基金的管理操作；基金保管公司作为契约的受托人负责基金资产的保管和处置；投资成果由投资人享受的一种基金形态。

2. 按受益凭证是否可赎回分类

投资基金按受益凭证可否赎回，可分为封闭型基金和开放型基金。

(1) 开放型基金

开放型基金指基金在设立时，基金发行的受益凭证股份份数不固定，可继续发行新的受益凭证（股份），投资者可随时认购或赎回基金单位，而购买或赎回的价格，则依基金的净资产值计算。

(2) 封闭型基金

封闭型基金指基金发行总额是固定的，发行期满后，基金就封闭起来了，总份额不再增减。基金受益凭证（股份）的流通采取在证券交易所上市的办法。投资者在封闭型基金发行后要买卖基金受益凭证（股份），均须经过证券经纪商，在二级市场进行竞价交易，与普通股票的交易类似。

3. 按投资目标分类

依据投资目标的不同，投资基金可划分为成长型基金和收入型（收益型）基金。

(1) 成长期基金

成长期基金也叫长期成长基金，以追求长期资本利得为主，重视基金的长期成长，股利收入仅占投资收益的一小部分。

(2) 收入型基金

收入型基金的主要目的是获取最大的当期收入，其投资更看重能获得固定的股息收入。

4. 按投资地区分类

根据投资地区的不同，投资基金可分为国内基金、国外基金和混合型基金。

(1) 国内基金即其投资仅限于国内证券市场的基金。

（2）混合型基金指既投资于国内证券，也投资于国外证券的基金。

（3）国外基金的情况比较复杂，它可分为3类。

①以特定国家为投资对象的国家基金，如1990年11月法国东方汇理银行设立的上海基金，即是以我国证券市场为投资对象的中国基金；

②以特定区域为投资对象的基金，如基金市场上常见的欧洲基金、太平洋基金、远东基金等；

③以不限定国家和地区为投资对象的环球基金，也称国际基金。

和国外基金相近的另一种基金是海外基金，也称离岸基金，它是指向国外投资者销售并投资于国外市场的基金，它一般不接受母国人投资，而国外基金则是向各国或地区（包括母国）销售而以国外市场为投资对象。区分两者的标准是看基金的注册地，若在母国注册，则为海外基金，若在外国注册，则为国外基金。

5.按投资标的分类

投资基金根据其标的不同，可划分为以下几类。

（1）股票基金

股票基金可以说是基金中最原始、最基本的品种之一，它是基金市场上规模最大的品种，其大部分资金投放于普通股票上，但也将小部分资金投放到短期政府债券或商业票据上，以方便资金周转。

（2）债券基金

债券基金是规模仅次于股票基金的品种，它的种类虽比不上股票基金，但由于其风险较低，回报率较稳定，所以也深受稳健保守派投资者的欢迎。

（3）货币市场基金

货币市场基金是美国首先推出的一种基金，它一般将资金专门投向货币市场上的短期金融工具，如国库券、银行存款单、商业票据等，从而使小额投资者也可进入利率不受管制的短期资金市场，获取较高收益。货币市场基金一般为开放式的，所需求的最低投资额也较低，很适合中小投资者。

（4）杠杆基金

杠杆基金指投资于期货、期权、认股权等具有杠杆作用的金融工具。它可能获得的收益很高，但风险也极大，所以各国管理当局对这些基金的上市申请十分谨慎，对基金经理公司提出的可行性分析报告及降低投资风险和保护投资者利益的措施严加审核。

（5）创业基金

创业基金的投资目标主要是那些不具备上市资格的小型企业及新兴企业，目的是追求高风险下的高回报。被创业基金选中的往往是具有增长潜力，但暂时缺乏发展资金的创业公司，其会对该公司进行资金援助，取得部分股权促进受资公司的发展。一旦受资公司发展起来，股票可以上市后，基金会在股票市场上出售自己持有的股票，在取得现金后寻找新的投资对象。

5.6.3　投资基金的估价与收益

1. 投资基金的价值

投资基金的价值取决于目前能给投资者带来的现金流量，这种目前的现金流量用基金的净资产值来表示。

$$\left(\begin{matrix}\text{基金单位}\\\text{净值}\end{matrix}\right)=\frac{\text{基金净资产价值总额}}{\text{基金单位总份额}} \tag{5-28}$$

$$\left(\begin{matrix}\text{基金净资产}\\\text{价值总额}\end{matrix}\right)=\left(\begin{matrix}\text{基金资产}\\\text{总额}\end{matrix}\right)-\left(\begin{matrix}\text{基金负债}\\\text{总额}\end{matrix}\right) \tag{5-29}$$

2. 基金的报价

$$\text{基金认购价}=\text{基金单位净值}+\text{基金认购费} \tag{5-30}$$

$$\text{基金赎回价}=\text{基金单位净值}-\text{基金赎回费} \tag{5-31}$$

3. 基金收益率

$$\left(\begin{matrix}\text{基金}\\\text{收益率}\end{matrix}\right)=\frac{\left(\begin{matrix}\text{年末持有}\\\text{份数}\end{matrix}\right)\times\left(\begin{matrix}\text{年末基金}\\\text{单位净值}\end{matrix}\right)-\left(\begin{matrix}\text{年初持有}\\\text{份数}\end{matrix}\right)\times\left(\begin{matrix}\text{年初基金}\\\text{单位净值}\end{matrix}\right)}{\left(\begin{matrix}\text{年初持有}\\\text{份数}\end{matrix}\right)\times\left(\begin{matrix}\text{年初基金}\\\text{单位净值}\end{matrix}\right)} \tag{5-32}$$

基金净资产值是基金价值的计量基础。基金净资产值加上申购费就是投资者申购基金的价格，被叫做基金发行价格（或购买价格、申请价格）。当基金不收取申购费用时，基金发行价格等于基金净资产值。

投资人赎回基金的单位价格叫做卖出价格，卖出价格是基金净资产值减去赎回费用或卖出费用，当基金赎回时不加收赎回费时，基金卖出价格就等于基金净资产值。

5.6.4　投资基金的优缺点

1. 投资基金的优点

(1) 资金优势

投资基金的实质就是集小钱成大钱。这种巨额资金的优势主要表现为：

①有利于规模经营，提高投资效益。

②有利于组合投资，分散风险。

(2) 专业优势

首先，投资基金的操作运用是由具有基金投资的专门知识，且拥有丰富实践经验的专业人士进行的，这就使得基金的运作效率很高，可高效率地进行投资选择和组合投资。其次，投资基金一般都聘请投资方面的资深人士或经济学家、管理专家担任顾问，为基金运作提供咨询，这些专家一般都是专门从事研究和分析国内外的经济形势和国际动态，能够随时掌握各种产业、上市公司的经营情况及瞬息万变的市场信息，这就减少了基金投资失误的可能性，为购买基金券的普遍投资者在风云变幻的证券市场中获得较为稳定和丰厚的投资收益提供了可靠的保证。

（3）安全优势

投资基金组成与运作的一个最基本的原则就是实行基金财产经营与保管的公开。一般投资基金在设立时就在信托契约中明确规定，基金财产不能由基金经理公司掌管，而必须由另外一家独立的信托机构持有和保管，并且基金财产的保管机构也必须对基金财产的运用进行监督。这种控制制度就使得经理人很难牟取私利，从而保障了投资者资金的安全。

（4）收益优势

由于投资基金在实际操作中很好地实现了收益和风险的最佳组合，所以普遍给投资者带来了稳定及可观的投资回报，这也是投资基金的一大优势。

（5）变现性好，流动性高

投资者可以随时按照基金单位资产净值申购、赎回。

2. 投资基金的缺点

（1）无法获得很高的收益，一般情况下要低于股票投资的收益。

（2）在大盘整体大幅度下跌的情况下，进行基金投资也可能损失较多，基金投资的风险要高于债券投资的风险。

本章小结

房地产企业除了要进行开发项目的投资以外，也可以进行证券投资，其对房地产企业进行证券投资的财务管理也很必要。本章就房地产企业证券投资的下列内容进行了讲解。

1. 证券投资的概述：包括投资的含义及分类、证券投资的目的、证券投资和投资的风险、投资收益与收益率、投资组合的风险与收益分析、资本定价模型等。

2. 股票投资：包括股票投资的目的、股票投资收益率的分析与计算、股票投资的风险与收益的关系、股票投资的优缺点等。

3. 债券投资：包括债券投资的目的、债券投资的收益率计算分析、债券投资的优缺点等。

4. 基金投资：房地产投资基金是一种利益共享、风险共担的集合投资方式。本章针对基金投资的财务管理主要介绍了：基金投资的分类、基金投资的收益率分析与计算、基金单位净值的概念、基金投资的优缺点等。

复习思考题

1. 投资按不同的标准分为哪几类?
2. 股票投资的缺点有哪些?
3. 债券投资的缺点有哪些?
4. 基金投资的缺点有哪些?
5. 股票投资的目的有哪些?
6. 债券投资的目的有哪些?

练习题

1. 某种股票当前的市场价格为40元，上年每股股利是2元，预期的股利增长率是5%，则股票的预期收益率为多少?

2. 某房地产企业准备投资购买某股份有限公司的股票，该股上年每股股利为4元，预计以后每年以2%的增长率增长，公司经市场分析后，认为必须得到10%的报酬率，才能购买该股票，试计算该股票的内在价值。

3. 某房地产企业打算投资于四方公司的普通股，预计第1年股利为3元，以后每年以5%的增长率增长，此公司的必要报酬率为7%，此股票的价格为多少时投资才合算（股票估价）。

4. 某房地产企业准备投资某普通股股票，该股票上年每股股利3元，估计未来两年的年股利分别为4元、5元，若两年后出售，预计价格为20元。预计回报率10%，试计算该股票的内在价值。

5. 某债券面值为1 000元，期限为5年，以折现方式发行，期内不计利息，到期按面值偿还，当时市场利率为8%，其价格为多少时，企业才能购买。

6. LD房地产公司2003年7月1日发行面值为1 000元，票面利率为8%，期限为5年的债券，债券每年7月1日付息，5年后还本。

要求：

(1) 如果发行时市场利率为5%，债券发行价格为1 100元，确定是否应投资购买该债券。

(2) 若该债券发行价格为1 080元，计算债券的到期收益率。

7. 某房地产企业的证券组合中包括3种证券，债券占40%，A股票占30%，B股票占30%，其β系数分别为1、1.5和2，市场全部股票的平均收益率为12%，无风险收益率为5%。

要求：

(1) 计算投资组合的β系数；

(2) 计算投资组合的预期收益率。

第6章 房地产企业开发项目决策评价

本章概要

1. 房地产开发项目可行性研究；
2. 开发项目投资方案选择；
3. 开发项目投资与支出的估算；
4. 商品房开发项目投资的财务可行性分析；
5. 出租房屋开发项目的财务可行性分析；
6. 房地产开发项目投资决策评价指标的运用。

6.1 开发项目投资可行性研究

6.1.1 可行性研究的概述

可行性研究是指在投资决策前，对项目有关的市场、资源、工程技术、经济、社会等各方面问题进行全面的分析、论证和评价，从而判断项目在技术上是否可行，在经济上是否合理，并对多个方案进行优选的科学方法。可行性研究的目的是使决策程序化，保证决策的可靠性，为项目的实施和控制提供依据或参考。

1. 可行性研究的作用

房地产项目的特点和我国房地产开发实践表明，开发项目的关键是决策，开发商应该高度重视可行性研究工作的开展。可行性研究在项目投资实践中的作用主要体现在以下几方面。

(1) 可行性研究是投资决策的重要依据

项目投资决策，尤其是大型项目的投资决策的科学合理，是建立在根据详细可靠的市场预测、成本分析和效益估算所进行的对项目的评价和分析基础上的。可行性研究完成的经济评价和分析是投资决策的重要依据。

(2) 可行性研究是编制设计任务书的依据

可行性研究对开发项目的建设规模、建设项目的内容及建设标准等都做出了安排，这些正是项目设计任务书的内容。

(3) 可行性研究是项目资金筹措的依据

房地产开发项目可行性研究对房地产项目的经济、财务指标进行了分析，从中可以了解项目的筹资能力、还本能力和经营效益获取能力。银行等金融机构提供贷款是根据流动性、收益性和安全性三原则，可行性研究可以为金融机构提供项目获利信息。因此，可行性研究也是企业筹集资金和金融机构提供信贷的依据。

(4) 可行性研究是开发商与各方签订合同的依据

开发商在可行性研究确定的项目实施方案框架内，按部就班地落实项目的前期工作，与设计、供应、资金融通等部门签有协议。因此，可行性研究也是开发商与各方签订合同的依据。

(5) 可行性研究是项目审批的依据

在我国，投资项目必须列入国家投资计划，尤其是房地产项目要经过政府职能部门立项、审批，而立项审批的依据之一就是可行性研究。

2.可行性研究的步骤和内容

(1) 可行性研究的步骤

①组织准备。进行可行性研究首先要求组建研究班子，具体负责可行性研究的构思、经费的筹资、制订研究计划等。由于可行性研究是一个相当复杂的智力活动，研究班子的成员包括了解房地产市场的专家、熟悉房地产开发的工程技术人员、熟悉城市规划及管理的专家及领导班子应由熟悉房地产市场、工程技术、经济管理和经营、善于进行协调工作的专业人员来主持。

②资料收集及市场的调查。收集的资料主要有政府的方针、政策，城市规划资料，各类资源资料，有关社会经济发展、交通、地质、气象等方面的技术资料以及房地产市场分析的资料等。现场实际调查主要包括投资现场的自然、经济、社会、技术现状的调查，如居民人数、户数及结构现状的调查，市政基础设施状况调查，地上地下障碍物调查，非居民户生产经营状况调查等。

③开发方案的设计和评价、选择。对于开发项目而言，可以有不同的开发方案加以实施。每一种开发方案都有各自的特点，根据不同的开发方案会得到不同的经济效益和社会效益。

④详细研究。采用先进的技术经济分析方法，对优选出的项目开发方案进行财务评价、国民经济评价，分析项目的可行性。

⑤编制研究报告书。可行性研究报告书是对可行研究全过程的描述，其内容要与研究内容相同，内容全面、翔实。

(2) 房地产可行性研究的内容

房地产可行性研究的内容因项目的复杂程度、环境状况和具体情况而有所不同，但一般包括3个方面的必要内容，即项目的必要性分析、项目实施的可能性分析及项目的技术和经济评价。可行性研究根据研究所处的阶段和研究的详细程度包括投资机会研究、初步可行性研究和详细可行性研究3个阶段。房地产开发项目可行性研究的具体内容有以下几方面。

①项目概况。主要包括项目的名称及其背景，开发项目所具备的自然、经济、水文地质等基本条件，开发对象的社会经济发展前景以及项目开发的宗旨、规模、功能和主要技术指标等。

②市场分析和需要预测。在深入调查和充分掌握各类资料的基础上，对拟开发项目的市场需求及市场供给状况进行科学的分析并作出客观的预测，包括开发成本、市场售价、销售对象及开发周期、销售期等的预测。

③规划方案的优选。在对可供选择的规划方案进行分析、比较的基础上，优选出最为合理、可行的方案作为最后方案，并对其进行详细描述，包括选定方案的建筑物布局、功能分区、市政基础设施分布、建筑物及项目的主要技术参数、技术经济指标和控制性规划技术指标等。

④开发进度安排。对开发进度进行合理的时间安排，可以按照前期工程、主体工程、附属工程、交工验收等阶段安排好开发项目的进度。作为大型开发项目，由于建设期长、投资额大，一般需要进行分期开发，这就需要对各期开发的内容同时作出统筹的安排。

⑤项目投资估算。对开发项目所涉及的成本费用进行分析估计。房地产开发项目涉及的成本费用主要有土地费用、前期工程费、建筑安装工程费、市政基础设施费用、公共配套设施费用、期间费用及各种税费。要说明费用估算依据和估算范围。就估算的精度而言，没有必要像预算那样精确，但应充分注意各项费用在不同建设期的变化情况，力争和未来事实相符，提高评价的准确性。

⑥资金的筹集方案和筹资成本估算。根据项目的投资估算和投资进度安排，合理估算资金需求量，拟定筹资方案，并对筹资成本进行计算和分析。房地产项目投资额巨大，开发商务必在投资前做好对资金的安排，通过不同方式筹措资金，保证项目的正常运行。

⑦财务评价。财务评价是依据国家现行财税制度、现行价格和有关法规，从项目角度对项目的盈利能力、偿债能力和外汇平衡等项目财务状况进行分析，并借以考察项目财务可行性的一种方法。具体包括在项目的销售预测、成本预测基础上进行预计损益表、预计资产负债表、预计财务现金流量表的编制，债务偿还表、资金来源与运用表的编制，以及进行财务评价指标和偿债指标的计算，如财务净现值、财务内部收益率、投资回收期、债务偿还期、资产负债率等，据以分析投资的效果。

⑧风险分析的可行性研究的一项重要内容，包括盈亏平衡分析、敏感性分析和概率分析等内容。风险分析通过对影响投资效果的社会、经济、环境、政策、市场等因素的分析，了解各因素对项目的影响性质和程度，为项目运作过程中对于关键因素进行控制提供可靠依据。同时根据风险的可能性为投资者了解项目的风险大小及风险来源提供参考。

⑨国民经济评价。国民经济评价是按照资金合理配置的原则，从国民经济的角度出发，用一套国民参数（包括影子价格、影子公司、影子汇率和社会折现率等）计算、分析项目对国民经济的净贡献，以评价项目经济合理性的经济评价方法。国民经济评价是项目评价的重要组成部分，也是投资决策的重要依据。国民经济评价包括社会效益评价和环境评价。社会效益指项目投资为了满足社会需求所作贡献的大小，如对社会经济增长、对提高居住水平、对城市经济发展及其他关联企业的发展，对国家财政税收所作贡献等。环境效益是指项目开发给城市环境改善带来的效益，如项目对于美化居住环境、改善居住条件和投资环境、美化城市及消除污染等所作的贡献。

6.1.2 项目开发方案选择

房地产项目开发方案是指在城市总体规划和控制性详细规划的指导下，开发尚未满足居民或厂商入住需要所作的开发地块的详细布置和规划及建设总体安排。

1. 开发方案选择程序

进行开发方案选择，要遵循一定程序。

（1）开发方案的设计

有专业人员设计构思开发方案，包括开发规划、开发步骤、项目投资融资方案、开发进度安排等。

（2）技术经济指标的计算

根据专业人员设计的不同开发方案，计算其对应的技术经济指标，包括建筑密度、建筑面积密度、容积率、工程造价指标，若是住宅区开发，还应包括住宅建筑密度、平均层数、住宅建筑面积净密度以及人口密度指标。

（3）技术经济指标的比较、评价

根据计算得到的技术经济指标，采用适宜的科学方法，对项目方案进行评价比较，分析不同方案的优缺点，并针对方案的问题提出改进意见。

在对方案的技术经济指标进行评价的基础上，针对存在的问题进行改进，形成最终实施的开发方案。

2. 居住区开发方案技术经济指标的选择与确定

城市居民点的规划一般分为居住区、居住小区和住宅组团三级。对居住区规划方案进行技术经济分析的目的，是在保证居住区的交通、消防、日照、绿化、通风等必备功能条件下能满足居民的需要，提高土地的利用效率，提高投资的经济效果。

(1) 用地平衡表

用地平衡表是用地面积指标分析表，它既可以用于对土地利用现状进行分析，作为调整用地的制定规划的依据，也可以进行方案比较，分析方案的经济性和合理性，还可以作为居住区规划方案的审批依据。用地平衡表的形式如表 6-1 所示。

(2) 技术经济指标

技术经济指标主要包括建筑密度、建筑面积密度、容积率、平均层数等。

(3) 工程造价指标

工程造价指标主要包括开发总投资、单方造价、每平方米居住用地造价等。

用地平衡表　　表 6-1

项　目	现状面积 (m^2)	人均面积 (m^2/人)	比重 (%)	规划面积 (m^2)	人均面积 (m^2/人)	比重 (%)
居住区总用地						
住宅用地						
公建用地						
居住房地						
道路用地						
公共绿化地						
其他用地						

3. 开发方案的综合评价

房地产开发项目内容繁杂，涉及因素多，仅依靠个别指标来衡量其优劣是非常困难的事。评价一个项目的优劣，还要综合考虑社会、技术、环境、生态等诸多方面。例如，一个投资于造纸厂的项目可行，但该项目实施后对改善该地区的环境、满足城市规划要求等方面不可取，因此需要开发项目进行综合评价。综合评价的方法很多，包括评分综合评价法、层次分析法、灰色综合评价法、模糊数学综合评价法等。这里简单介绍评分综合评价法。

评分综合评价法就是对方案的各项指标规定一个满足程度，根据指标的重要性赋予指标一个权重，根据计算模型计算各个方案的综合单指标评分值，由此得出综合分值，以此选择最优方案的方法，计算模型主要有以下几种。

（1）加法模型

加法模型的计算公式为：

$$F_1 = \sum W_i P_i \tag{6-1}$$

式中：F_1——综合单位指标评分值；

W_i——第 i 项指标的权重；

P_i——第 i 项指标的得分。

加法模型适用于各项目指标的权重之和得分相差不大，或者权重值差异大而得分的差异不大的情况。

（2）乘法模型

乘法模型的计算公式为：

$$F_2 = \sum W_i P_i \tag{6-2}$$

式中：F_2——乘法综合单项指标评分值。

如果各项指标权重值和得分值相差不大，或虽然得分差异较大但权重差异不大，可以考虑选用乘法综合单项指标评分值。采用乘法模型，使得综合单项指标分值受到各项指标影响的敏感性强。如果某个方案的某项指标为零，则综合单项指标值也为零，方案将被否定。

（3）加乘混合模型

加乘混合模型吸收了加法和乘法模型的优点，使用范围增大，当各项指标的权重值和得分值都很大时，可以充分发挥其作用。

计算公式为：

$$F_3 = F_2 + F_1 \tag{6-3}$$

式中：F_3——加乘混合综合单指标评分值。

（4）除法模型

在用于综合评价的指标中，有的越大越好，如反映经济效益的指标；有的则是越小越好，如反映造价的指标，这时可以采用除法模型。

计算公式为：

$$F_4 = \frac{\sum W_i P_i}{\sum W_j P_j} \tag{6-4}$$

式中：F_4——除法综合单指标评分值；

W_i、P_i——希望越大越好的指标的权重和得分；

W_j、P_j——希望越小越好的指标的权重和得分。

表 6-2 是我国评价 AAA 级、AA 级、A 级住宅的评定项目和分值。

住宅评定项目和分值情况　　表 6-2

等级	AAA			AA			A		
评定项目名称	分项目数	指标数目	评定分值	分项目数	指标数目	评定分值	分项数目	指标数目	评定分值
合理用地	3	13	15	3	11	15	3	10	15
用水和节水	6	15	15	6	15	15	5	13	15
绿地和环境景观	4	20	28	4	18	28	4	15	28
室外噪声与空气	2	6	10	2	5	10	2	3	10
环境卫生	2	6	10	2	5	10	2	5	10
公共设施服务	2	18	22	2	17	22	2	14	22
合计	19	78	100	19	71	100	18	60	100

4.敏感性分析

(1) 敏感性分析的概念

敏感性分析又叫敏感度分析，是通过测定一个或多个不确定性因素的变化所引起的项目经济效果评价的变化幅度，计算项目预期目标受各个不确定性因素变化的影响程度。

分析不确定性因素对项目预期目标的变化，并根据因素的敏感程度的大小制订相应的对策，使项目达到预期的目标。

(2) 敏感性分析的步骤

进行房地产项目敏感性分析，可按照如下步骤进行。

①选择不确定性因素。对于房地产开发项目而言，存在的不确定性因素很多，包括售价和租金、开发成本、空置率、开发周期、贷款利率、贷款额度、建筑面积等。

②选定分析评价指标。衡量房地产项目经济效果的指标有很多，敏感性分析的工作比较大，对于每个指标都进行敏感性分析是不可能的，也没有必要。因此，在确定性分析的基础上，选择一个或几个指标进行敏感性分析。净现值指标是常用的指标。

③计算不确定性因素变动引起的评价指标的变动情况。将不确定性因素的变动划分为如干变动幅度，以变动率表示，然后计算对应变动幅度下的评价指标，进而计算相应的净现值指标，并比较净现值的情况。

④判断敏感性因素。所谓敏感性因素就是变动幅度小而引起的评价指标的较大变动的因素。根据相同的变动引起的评价指标变动的大小将这些因素进行敏感性排序，从而判定不确定性因素的敏感性。通常采用判定敏感性因素的方法有相对判定

法和绝对判定法。

⑤提出控制敏感性因素的方案，根据敏感性因素的特点、敏感度和发生的阶段，提出控制措施，以便提高项目的经济效益。

5. 风险分析

风险分析，又称概率分析，是运用概率理论研究不确定性因素的变动对项目经济效果指标的影响的一种定量的分析方法。通过敏感性分析可以判断不确定性因素的敏感性，但这是在认为所有因素具有同等出现概率的前提下作出的，不能完全反映不确定性因素的风险性，通过概率分析则可以了解项目的风险性大小。某个不确定性因素如果是敏感性因素，但若发生的概率非常小，则实际给项目带来的风险就非常小了，甚至可以忽略不计。

在进行项目评价过程中，概率分析一般仅对项目的财务净现值的期望值和出现财务净现值大于和等于零时的累积概率进行计算。前者是概率为权数计算出来的各种不同情况下的财务净现值的加权平均数；后者则反映了在各种可能情况下财务净现值大于和等于零时的累积概率，一般步骤如下：

①列出各种重点考虑的不确定性因素；

②预计各种不确定性因素可能发生的情况，即其可能出现的几种数据值或变动幅度；

③分别确定每种情况出现的可能性，即概率，各种可能情况出现的概率之和等于1；

④分别求出各种可能情况下的财务净现值、加权平均值和期望值；

⑤计算净现值大于和等于零的累计概率。

6. 盈亏平衡分析

盈亏平衡分析，又叫本量利分析，是通过分析项目的产销量和成本、收入之间的函数关系，从而找出产销量、价格的项目盈亏平衡点的一种分析方法。其内容主要包括销售收入函数、成本函数、利润函数、盈亏平衡点和项目安全率等。

6.2 开发项目投资收入与支出的估算

房地产开发项目要进行投资效益的分析，首先要估算开发项目所需要的投资。开发项目的投资支出，即是销售、转让房地产的经营成本，又是出租房地产价值，对销售、转让的房地产来说，它的投资支出就是房地产的经营成本，与房地产销售、转让的经营收入对比，据以计算利润。对出租房地产来说，它的投资支出就是出租房地产的价值，据以计算出租房屋的折旧和出租土地的摊销。因此，开发项目的投资支出，应按房地产开发的完全成本估算。除了包括土地征用及拆迁补偿费或批租地价、前期工程费、基础设施费，建筑安装工程费、配套设施费、其他直接开发成本和开发间接费等开发成本外，还包括开发期间发生的管理费用和财务费用。

其次要估算开发项目的收入。开发项目的收入包括：销售收入、转让房地产的收入、出租房的收入等。

1. 商品房经营收入和成本的估算

商品房的开发应该估算销售收入和开发成本。

(1) 商品房屋经营收入和估算

商品房屋经营收入即房屋销售收入。房屋销售与其他商品销售不同：第一，房屋属于不动产，它的购买者一般局限于所在地区的企业单位和居民，不易在开发后立即全部销售出去。除了待开发房屋外，大都要分层、分单元出售，销售时间较长。第二，房屋开发周期较长，它的价格要受开发后销售年份房地产市价有效需求和供应量的影响，必须预测今后房地产的景气度，充分考虑它的价格变动趋势。第三，房屋开发所需的投资较大，占用资金多，为了解决开发企业周转资金，国家允许在完成房屋基础工程并具备一定条件后，即可进行预售，如果预售房屋时购房者一次付清房款，往往要打一个折扣，以补偿预付期的资金占用费。

计算公式为：

$$\text{商品房屋经营收入} = \text{房屋销售面积} \times \text{每平方米建筑面积房屋价格} \tag{6-5}$$

(2) 商品房屋经营成本的估算

商品房屋的经营成本，主要是房屋开发期间的投资支出（在会计中也叫开发成本）。由于商品房屋的销售一般是分年完成的，因此对销售房屋的经营成本，也要根据销售面积分年估算。先计算每平方米建筑面积房屋投资支出（包括开发期间借款利息），然后乘以销售面积。在房屋开发完成后如果借款没有偿还，应将其后借款利息作为各年财务费用。商品房屋的经营成本可按照下列公式估算：

$$\text{商品房屋经营成本} = \text{房屋销售面积} \times \text{每平方米房建筑面积投资支出} \tag{6-6}$$

2. 出租房屋经营收入和经营成本的估算

房地产开发项目开发的房屋，如果不是用来销售，而是用于出租，则要估算出租房屋的年经营收入和年经营成本。

(1) 出租房屋年经营收入和年经营成本

出租房屋年经营收入即出租房屋年租金收入。出租房屋年租金收入，决定于房屋的租金，而房屋租金的高低，主要决定于房屋的价格。因房屋的租金与房屋的价格，是相互比较依存的。房屋租金主要是按房屋价格计算出来的，而在出租的情况下，房屋价格必须通过房屋租金才能真正实现。如果出租房屋各年租金收入之和的现值，小于房屋销售价格，房地产开发企业一般是不愿意出租的，因为在这种情况下，他从房屋租金中收回不了房屋的投资，是一种赔本的买卖。况且出租的房屋，不可能常年全部出租，在漫长的几十年中，总会遇到房产市场不景气的年份，会有部分房屋空置。

(2) 出租房屋年经营支出的估算

出租房屋的经营成本，是指出租经营业务有关的各项支出，一般包括下列各项费用：

①业务人员工资。指直接从事房屋出租经营人员的工资。

②职工福利费。指按上述业务人员的工资总额和国家规定提取标准计提的福利费。

③办公费。指房屋出租经营管理办公用的文具、纸张、账表、印刷、邮电、书报、会议、水电等费用。

④出租房屋折旧费。

⑤差旅交通费。指业务人员出差的差旅费、市内的交通费和误餐补助费、上下班交通补助费，以及经营管理部门使用交通工具所耗费的油料，上缴的养路费、牌照税等。

⑥修理费。指保证出租房屋及其他附属设施的正常使用而进行的定期大修理和日常修养护的费用。

⑦低值易耗品摊销费。指经营管理用器具、家具等低值易耗品的摊销费。

⑧保险费。指为了使用出租房屋免遭意外损失而向保险公司投保支付的费用。

⑨土地使用税及房产税等。

在估算出租房屋年经营成本时，应根据出租房屋经营业务人员定编、工资奖金标准、出租房屋折旧费、修理费率、保险费率、有关税率及各项费用开支标准逐项计算加总。

为了便于对出租房屋投资经营活动全过程的投资经营效益进行分析，在估算出租房屋年经营成本时，要将年经营成本中的出租房屋年折旧费单独列出。因为出租房屋经营过程中，不发生资金支出，因而也不再将它算作资金的流出量。

这样，出租房屋经营成本就要估算包括出租房屋折旧费的经营成本和不包括出租房屋折旧费的经营成本。为了便于区分，可将前者叫做“经营支出”，前者用以计算出租房屋的经营利润，后者用以计算流出量。

3. 商品土地经营收入和经营成本的估算

商品土地的经营收入即土地转让收入。它一般是指已进行七通一平、达到具备房屋建造条件的土地使用权的转让收入。

按每平方米土地价格计算商品土地经营收入时，其计算公式为：

$$\text{商品土地经营收入}=\text{每平方米土地价格}\times\text{转让土地面积} \tag{6-7}$$

按每平方米楼面地价计算商品土地经营收入，应先根据转让土地面积和城市规划中允许容积率（即每平方土地可以建造的房屋建筑面积）计算可以建造的房屋建筑面积，然后乘以每平方楼面地价计算，其计算公式为：

$$\text{商品土地经营收入}=\text{转让土地面积}\times\text{容积率}\times\text{每平方米楼面地价} \tag{6-8}$$

如果开发好的土地要在不同年度分块转让，要分年计算商品土地经营收入。

商品土地的经营成本，主要是土地开发期间的投资支出，或开发成本。假如土地分年转让出去，要先计算每平方米土地经营成本，然后乘以转让土地面积，其计算公式为：

$$\left(\begin{matrix}\text{每平方米土}\\\text{地经营成本}\end{matrix}\right)=\frac{\text{项目土地投资支出或开发总额}}{\text{开发土地总面积}} \tag{6-9}$$

$$\text{商品土地经营成本}=\text{每平方米土地经营成本}\times\text{转让土地面积} \tag{6-10}$$

4.开发项目费用的估算

(1) 销售费用的估算

开发项目的营业费用是指开发企业在销售、出租、转让房屋及土地时所发生的各项费用，主要包括：

①开发房屋、土地销售、出租、转让过程中发生的广告宣传费，出租、转让过程中发生的广告宣传费、展览费、代销手续费，以及空房看护费。

②为销售、出租、转让开发房屋及土地而专设的销售机构的各项经费，包括销售机构人员工资、职工福利费，销售机构房屋设备折旧费、修理费、办公费、差旅费。

③将出租房、周转房转为商品房销售以前发生的改装修复费等。

(2) 管理费用的估算

开发项目的管理费用，是指开发企业行政管理部门（公司总部）为组织管理房地产开发经营活动而发生的各项费用。包括行政管理人员工资、职工福利费、办公费、行政管理部门使用房屋设备折旧费、修理费、低值易耗品摊销、工会经费、职工教育经费、劳动保护费、开办费摊销、业务招待费等。这些费用与开发项目没有直接关系，但是这些管理费用，也间接与土地、房屋开发营销有关，在估算开发项目利润时，应将它列作一项费用支出。考虑到一个开发企业，往往同时开发营销若干个开发项目，而且各个项目只有在开发完成以后，才有经营收入，可以分摊管理费用，计算管理费用与经营收入的费率，即每100元经营收入发生的管理费用，然后根据这个管理费用率乘各个开发项目的经营收入，来估算各开发项目应分摊的管理费用。管理费用率和开发项目应分摊管理费用的计算公式为：

$$\text{管理费用率}=\frac{\text{企业前 3 年或 5 年管理费用合计}}{\text{企业前 3 年或 5 年经营收入合计}}\times100\% \tag{6-11}$$

开发项目应分摊管理费用＝该开发项目经营收入×管理费用率　　(6-12)

（3）财务费用的估算

开发项目的财务费用，主要是指房屋、土地开发完成以后发生的投资借款利息。在开发过程中发生的投资借款利息，应计入投资支出或开发成本。如果开发企业是采用发行企业债券筹集开发资金的，应将开发完成以后发生的企业债券利息计作开发项目的财务费用。

5.开发项目税金的估算

与房地产开发项目直接有关的税种，主要有营业税、城市维护建设税、土地使用税、房产税、土地增值税、企业所得税等。

（1）营业税

营业税是按提供应税劳务、转让无形资产、销售不动产的营业额征收的一种商品与劳务税。开发项目应缴纳的营业税以经营收入为计税依据，按照经营收入和规定的税率计算。其计算公式为：

开发项目应交营业税＝该开发项目经营收入×税率　　(6-13)

按照经营现行税收制度的规定，销售房屋项目营业税以商品房屋销售收入为计税依据，税率为5%；出租房屋项目营业税以出租房屋租金收入为计税依据，税率为5%；转让土地项目的营业税以土地转让收入为计税依据，税率为5%。

（2）房产税

房产税是以城镇和工矿区的住房为课税征收对象，由房产所有人缴纳的一种税。对自用房的房产税，其计税依据是依照房产原值，一次减除10%～30%后的余值；没有房产原值作依据的，由房产所在地税务机关参照同类房产税核定，自用房产的房产税税率为1.2%。其税额的计算公式为：

应交房产税税额＝房产原值×（1－一次减除率）×1.2%　　(6-14)

对出租房屋的房产税，以房产租金收入即出租房屋经营收入为计税依据，出租房屋房产税税率为12%。其税额计算公式为：

应纳房屋税税额＝房屋全年租金收入×12%　　(6-15)

（3）土地使用税

土地使用税也叫城镇土地使用税，用以调节土地级差收入，提高土地使用效益。

开发项目土地使用税以项目实际占用的土地面积为计税依据。由于各地的具体情况不同，土地等级不同，土地使用税实行有幅度交叉的定额年税率。

①大城市每平方米0.5～10元；

②中等城市每平方米0.4～8元；

③小城市每平方米0.3～6元；

④县城、建制镇、工矿每平方米0.2～4元。

(4) 土地增值税

土地增值税是向转让土地使用权、土地建筑物及附着物即房地产并取得增值收入的单位征收的一种税。它是按转让房地产所取得的增值额和超率累进税率计算征收的。开发项目计算应交土地增值税时的增值额，是指转让房地产时所取得的经营收入减除扣除项目金额后的余额。计算增值额的扣除项目包括：

①取得土地使用权所支付的地价款和按国家规定缴纳的有关费用；

②开发土地和新建房及配套设施的开发成本；

③开发土地和新建房及配套设施有关的销售费用、财务费用和管理费用；

④旧房及建筑物的评估价格；

⑤房地产开发企业还可按①、②项规定的金额加计 20%的扣除。

土地增值税实行四级超率累进税率：

增值税未超过扣除项目金额 50%的部分，税率为 30%；

增值税额超过扣除项目金额 50%、未超过扣除项目金额 100%的部分，税率为 40%；增值税额超过扣除项目金额 200%的部分，税率为 60%。

开发企业建造的普通标准住宅出售、增值额未超过上述①、②、③、④、⑤项扣除金额 20%的，可以免交土地增值税。

(5) 城市维护建设税

城市维护建设税以缴纳的营业税为计税依据，并与营业税同时缴纳。城市维护建设税税率依开发企业所在地的不同规定而不同。

开发企业所在地市区的，税率为 7%；

开发企业所在地不在市区，而在县城、镇的，税率为 5%。

开发企业除按营业税税额和规定税率缴纳城市维护建设税外，还要按营业税税额的 3%缴纳教育附加费。营业税和按营业税税额的规定税率缴纳的城市维护建设税和教育附加，叫做经营税金及附加。

根据上述营业税税率和按营业税税额计算的城市维护建设税税率和教育附加费率，可知开发项目应缴纳的营业税金及附加的税费率是：

开发企业所在市区的为：

$$5\% \times (1+7\%+3\%) = 5.5\%$$

开发企业所在地在县城、镇的为：

$$5\% \times (1+5\%+3\%) = 5.4\%$$

如地区还规定要按营业税缴纳其他附加税费的，应另加计算。

(6) 企业所得税

企业所得税是对我国境内企业，除外商投资企业和外国企业外，就其在中国境内、境外从事生产、经营所得和其他所得征收的一种税。国内企业应纳所得税额，按应纳税所得额乘以所得税税率计算，应纳税所得额为企业每一纳税年度的收入总额减去准予扣除项目后的余额。

6.3 房地产投资财务决策方法

在房地产投资支出和收入的估算基础上进行房地产投资财务决策分析，由于在房地产投资财务决策中，投资对象内容的不同，相应地要用不同的经营决策方法，概括起来可分为定性，定量两种方法：

定性方法的主要内容是直接利用专家或智囊团的创造力进行决策，如创造工程法、经验判断法。

定量的方法就是用数学的方法计算、判定并选择投资项目的方法。主要包括：静态分析法和动态分析法。静态分析法包括：静态投资回收期和投资回收率。动态的分析法包括：动态回收期法、净现值法、内部收益率法。

6.3.1 静态投资指标的分析

1. 静态回收期

所谓静态投资回收期法是指在不考虑时间价值的基础上，用项目各年的净收益将全部投资收回所需要的期限。年净收益包括净利润和折旧。投资回收期一般根据需要而定，对于房地产企业来说，回收期包括：开发期和销售期。静态投资回收期的计算公式为：

$$\sum_{t=1}^{P_t} (CI-CO)_t = 0 \qquad (6\text{-}16)$$

或者：

$$P_t = T + 1 + \frac{\text{第}(T-1)\text{年的累计净现金流量的绝对值}}{\text{第}\ T\ \text{年的净现金流量}} \qquad (6\text{-}17)$$

式中：T——项目各年累计净现金流量首次为正值的年份；

CI——现金流入量；

CO——现金流出量；

P_t——静态回收期。

本指标一般是越小越好。该指标一般不单独作为决策方案的标准，它往往和其他指标结合来判断投资方案的优劣。

静态投资回收期的优点是：计算简单，易于理解，能一定程度地反映项目的风险性。其缺点是没有考虑资金时间价值，没有考虑回收期以后的收入与支出数据，故不能全面反映项目在寿命期内的真实效益。

2. 投资收益率

投资收益率就是项目在正常生产年份的净收益与投资总额的比值，其表达式为：

$$R=\frac{\mathrm{NB}}{K} \tag{6-18}$$

式中：R——投资收益率，根据 NB 的具体含义，R 可具体分为投资利润率、投资利税率；

K——投资总额，计算方法与 P_t 所回收的全部投资相同；

NB——正常年份的净收益，按分析目的的不同，NB 可以是年利润总额，也可以是年利税总额。

年利润总额＝年营业收入－年营业税金及附加－年总成本费用　(6-19)

年利税总额＝年销售收入－年总成本费用　(6-20)

或：

年利税总额＝年利润总额＋年销售税金及附加　(6-21)

本指标也不单独用来判断项目的财务可行性，一般要和其他的动态指标结合来判断方案的财务可行性。本指标一般要求越大越好。

本项目的优点是：计算简单，易于理解。缺点是：没有考虑资金的时间价值。

6.3.2 动态投资指标分析

动态分析法不仅考虑了资金的时间价值，而且考虑了项目在整个寿命期内收入与支出的全部经济数据，因此，是比静态方法更全面、更科学的评价指标。用动态分析法的评价指标离不开对项目现金流量的分析计算。

1. 现金流量的含义与作用

(1) 现金流量的含义

现金流量也称现金流动量。在房地产项目投资决策中，现金流量是指投资项目在其计算期内因资本循环而可能或应该发生的各项现金流入量与现金流出量的统称，它是计算项目投资决策评价指标的主要根据和重要信息之一。但财务管理中所说的现金流量和财务会计中的现金流量不同，不应把二者混为一谈。

(2) 现金流量的作用

现金流量作为房地产投资决策的重要指标，其作用主要为：

首先，现金流量信息所揭示的未来期间现实货币资金收支运动，可以序时动态地反映项目投资的流向与回收之间的投入产出关系，使决策者处于投资主体的立场上，便于更完整、准确、全面地评价具体投资项目的经济效益。

其次，利用现金流量指标代替利润指标作为反映项目效益的信息，可以摆脱在贯彻财务会计的权责发生制时必须面临的困境，即：由于不同的投资项目可能采取不同的固定资产折旧方法、存货估价方法或费用摊配方法，从而导致不同方案的利润信息相关性差、透明度不高和可比性差。

再次，利用现金流量信息，排除了非现金收付内部周转的资本运动形式，从而简化了有关投资决策评价指标的计算过程。

最后，由于现金流量信息与项目计算期的各个时点密切结合，有助于在计算投资决策评价指标时，应用资金时间价值的形式进行动态投资效果的综合评价。

2. 确定现金流量的困难

在现实生活中，要说明一个具体投资项目的现金流量究竟应当包括哪些内容，或要回答应该怎样确定其现金流量的问题，并不是简单的事情，必须视特定的决策角度和显示条件而定。对于房地产项目投资来说就存在如下问题：

（1）不同角度的差异。即使就同一个投资项目而言，也可能有不同角度的现金流量。如从不同决策者的立场出发，就有国民经济现金流量和财务现金流量之分；从不同的投资主体的角度看，又有全部投资现金流量和自有资金现金流量的区别。

（2）不同时间的差异。由于投资计算期的阶段不同，各阶段上的现金流量内容也可能不同；不同的现金流入量或现金流出量项目在其发生时间上也存在不同特征，如有些发生在项目的年初，而有的则发生在年末，还有些发生在年内不同时点上；有的属于时点指标，有的则属于时期指标。

（3）相关因素的不确定性。由于投资项目的投入物和产出物的价格、数量等受到未来市场环境等诸多不确定因素的影响，我们不能预测出它们的未来变动趋势和发展水平，这就必然影响现金流量估算的准确性。

3. 房地产开发企业现金流量的假设

（1）开发项目投资类型的假设

我们本节估算和分析的只是房地产开发项目的投资。

（2）财务可行性分析的假设

假设投资决策是从企业投资者的立场出发，投资决策者确定现金流量就是为了进行项目财务可行性研究，该项目已经具备技术可行性和国民经济可行性。

（3）全投资假设

假设全部投资是自用资金，而没有借入资金。

（4）时点指标的假设

假设所有的收入、成本、折旧、摊销、利润税金等项目的确认都在年末发生。

（5）确定性假设

假设与项目现金流量相关的价格、销售量、成本水平、所得税等因素均为已知数。

6.3.3 房地产开发项目投资方案的财务分析

1.现金流量的估算

房地产开发项目在开发和销售期间资金流入和流出的数量，叫做现金流量或资金流量。开发项目的经营成本，是由投资支出即开发成本转入，只是项目内部转账，不是货币资金支出，所以在分析计算项目现金流量时，只将投资支出列作现金流出量。因为是全投资假设，所以也不再将投资支出中的借款利息和财务费用中的借款利息作为现金流出量。

商品房屋开发项目的现金流量是经营收入；现金流出量是投资支出、经营税金及附加、销售费用、管理费用（不包括折旧费等没有现金流出部分）和应纳所得税。

$$\begin{pmatrix}\text{净现金}\\\text{流量}\end{pmatrix}=\begin{pmatrix}\text{经营}\\\text{收入}\end{pmatrix}-\begin{pmatrix}\text{投资}\\\text{支出}\end{pmatrix}-\begin{pmatrix}\text{营业税金}\\\text{及附加}\end{pmatrix}-\begin{pmatrix}\text{营业}\\\text{费用}\end{pmatrix}$$

$$-\begin{pmatrix}\text{管理}\\\text{费用}\end{pmatrix}-\begin{pmatrix}\text{应交所}\\\text{得税}\end{pmatrix}\qquad(6\text{-}22)$$

【例 6-1】广厦房地产开发公司，2003 年的开始开发的沁园小区，其现金流量如表 6-3 所示：

沁园小区现金流量（单位：万元）　　表 6-3

项　目	2003 年	2004 年	2005 年	合　计
现金流入量：				
经营收入	5 000	5 000	12 000	22 000
现金流出量：				
投资支出	8 000	5 500	1 000	14 500
主营业务税金及附加	275	275	660	1 210
营业费用	100	150	300	550
管理费用	200	250	500	950
应纳所得税金			3 148.2	3 148.2
合计	−3 575	−1 175	6 391.8	1 641.8

2.净现值法

净现值法也叫财务净现值法。它是把项目开发期和销售期发生的现金流入量和现金流出量，都按折现系数换算成现值收入和现值支出，然后对比现值收入和现值支出，来评价项目的投资效益的动态分析法。

其计算公式为：

$$NPV=\sum_{t=1}^{n}NCF_t\ (P/F,\ i_c,\ t)\qquad(6\text{-}23)$$

式中：　NPV——净现值；

i_c——行业基准收益率；

$(P/F, i_c, t)$——第 t 年、折现率为 i_c 的复利现值系数；

n——计算期数；

NCF_t——第 t 年的净现金流量。

应当指出的是，在房地产开发项目评价中，正确选择折现率至关重要，它直接影响着项目评价的结论，不能太高也不能太低。房地产开发项目一般采用社会平均基准收益率或行业平均资金收益率作为计算净现值的折现系数。

净现值是折现的绝对值正指标，采用净现值法的决策标准是：如果投资项目的净现值大于或等于零，该项目具有财务可行性，如果净现值小于零，该投资项目不具有财务可行性；如果几个方案的投资额相同，且净现值均大于零，那么净现值最大的方案为最优方案。

净现值法的优点有三：一是考虑了资金的时间价值，增强了投资经济性的评价；二是考虑了项目计算期的全部净现金流量，体现了流动性和收益性的统一；三是考虑了投资的风险性，因为折现率的大小与风险大小有关，风险越大，折现率就越高。

净现值法的缺点也是明显的，其一，是不能从动态的角度直接反映投资项目的实际收益率水平，当各项目投资额不等时，仅用净现值无法确定投资方案的优劣；其二，净现金流量的测量和折现率的确定比较困难，而他们的正确性对计算净现值有着重要影响；其三，净现值法计算比较麻烦，且较难理解和掌握。

【例 6-2】仍以【例 6-1】的资料为例，假设行业基准收益率为 10%，计算沁园小区开发项目的净现值。

$$NPV=-3\,575\times0.909\,1-1\,175\times0.826\,4+6\,391.8\times0.751\,3=581.11$$

由计算可知，该项目的净现值为 581.11 万元，大于零，所以该投资方案可行。

3. 净现值率

净现值一般用来比较投资相同的房地产开发项目，如果房地产开发项目的投资不同，可用投资项目的净现值率来比较选择。所谓净现值率是指某开发项目的净现值和其投资支出现值之和的比率。净现值率是个相对指标，它反映单位现值投资支出产生的净现值。该指标越大，说明开发方案的投资财务效益越好，其计算公式为：

$$净现值率=\frac{净现值}{投资支出现值}\times100\% \tag{6-24}$$

【例 6-3】仍以【例 6-1】资料为例，计算沁园小区的净现值率。

$$净现值率=\frac{581.11}{8\,000\times0.909\,1+5\,500\times0.826\,4+1\,000\times0.751\,3}$$

$$=\frac{581.11}{12\,569.3}\times100\%=4.62\%$$

由计算可知，沁园小区的净现值率为 4.62>0，所以该开发项目可行。

4.内部收益率法

内部收益率法又叫内含报酬率，即指项目投资实际可望达到的报酬率，亦即投资项目的净现值等于零时的折现率。显然内部收益率满足下列公式：

$$\sum_{t=0}^{n}\mathrm{NCF}_t\ (P/F,\ \mathrm{IRR},\ t)\ =0 \tag{6-25}$$

式中：IRR——内部收益率。

因为房地产开发项目投资支出往往是分次完成的，每年的净现金流量往往不相等，所以计算内部收益率往往采用逐次测试法，计算步骤如下。

先设定一个折现率代入计算净现值的公式。

(1) 计算出的值是正数，说明设定的折现率太小，在此基础上再设定折现率测试。直到净现值为零，或出现接近零的负数。如果净现值为零，则内部收益率就是该折现率。如果净现值是接近零的负数，则用内插法计算内部收益率。用内插法计算内部收益率的计算公式为：

$$\mathrm{IRR}=i_1+\ (i_2-i_1)\ \times\frac{\mathrm{NPV}_1}{\mathrm{NPV}_1-\mathrm{NPV}_2} \tag{6-26}$$

式中：i_1——使净现值接近于零的正值的折现率；

i_2——净现值接近于零的负值的折现率；

NPV_1——按折现率 i_1 计算出的净现值；

NPV_2——按折现率 i_2 计算出的净现值。

【例 6-4】 仍沿用【例 6-1】资料，求沁源小区开发项目的内部收益率。

由【例 6-3】的计算可知，沁源小区开发项目如果选折现率为 10%，其净现值为 581.11，大于零，说明其内部收益率大于 10%。在此基础上选 16%、18%、20%测试如下：

$\mathrm{NPV}_1=-3\,575\times0.862\,1-1\,175\times0.743\,2+6\,391.8\times0.640\,7=139.958\,76$

$\mathrm{NPV}_2=-3\,575\times0.847\,5-1\,175\times0.718\,2+6\,391.8\times0.608\,6=16.351\,98$

$\mathrm{NPV}_3=-3\,575\times0.833\,3-1\,175\times0.694\,4+6\,391.8\times0.578\,7=-96.032\,84$

设：$r_1=18\%\quad r_2=20\%$

则：

$$\mathrm{IRR}=18\%+\ (20\%-18\%)\ \frac{16.351\,98}{16.351\,98+96.032\,84}=18.29\%$$

(2) 计算出的值是负数，说明所选的折现率太大，在此基础上再设定折现率测试。直到净现值为零，或接近零的正数出现。同样的道理，如果净现值为零，则内部收益率就是该折现率。如果净现值是接近零的正数则用内插法计算。

6.3.4 出租房屋投资项目财务可行性分析

对出租房屋开发项目的投资进行财务可行性分析时，应考虑资金的时间价值，主要有净现值法和内部收益率法。

1. 出租房屋开发项目现金流量的估算

出租房屋开发项目进行投资的财务评价要考虑资金的时间价值。出租房屋开发项目在开发出租期间的现金流入量，主要是指出租房屋的经营收入，现金流出量主要是指开发出租房的投资支出（会计上的开发成本）、经营支出（在出租房的租赁期间的修缮费、房屋的折旧费）、营业税金及附加、销售费用、管理费用和所得税。因为假设投资全是自有资金，所以利息不算现金流出量。又因为出租房屋的折旧费没有现金流出，所以计算现金流出量不应包含这部分。出租开发房屋的净现金流量计算公式为：

$$\begin{pmatrix}\text{净现金}\\\text{流量}\end{pmatrix}=\begin{pmatrix}\text{经营}\\\text{收入}\end{pmatrix}-\begin{pmatrix}\text{投资}\\\text{支出}\end{pmatrix}-\begin{pmatrix}\text{经营}\\\text{支出}\end{pmatrix}-\begin{pmatrix}\text{主营业务}\\\text{税金及附加}\end{pmatrix}-\begin{pmatrix}\text{营业}\\\text{费用}\end{pmatrix}-\begin{pmatrix}\text{管理}\\\text{费用}\end{pmatrix}-(\text{所得税}) \tag{6-27}$$

2. 净现值法

【例 6-5】 广厦房地产开发公司，拟开发出租房屋，根据项目支出和利润预算等有关资料编制广厦房地产开发公司出租房现金流量表如表 6-4 所示。

广厦房地产开发公司出租房现金流量表（单位：万元） 表 6-4

项目＼年份	2003 年	2004 年	2005～2014 年	2015～2024 年	2025～2029 年	2030～2034 年	合计
现金流入量							
经营收入			1 600	1 800	1 900	1 500	51 000
流入量合计			1 600	1 800	1 900	1 500	51 000
现金流出量							
投资支出	7 500	7 500					15 000
经营支出			400	500	600	500	14 500
税金及附加			88	99	104.5	82.5	2 805
销售费用			50	50	50	50	1 500
管理费用			80	80	80	80	2 400
所得税			109.56	138.93	137.12	45.375	3 397.375
现金流出量合计	7 500	7 500	727.56	867.93	971.62	757.875	39 602.375
净现金流量	−7 500	−7 500	872.44	932.07	928.38	742.125	11 397.625

注：假设本房屋 30 年报废，残值为零。每年的折旧费 500，利息费用 100，摊销费用 50。

根据表 6-4 中的现金流量的资料，计算广厦房地产出租房项目的净现值如表 6-5 所示（假定房地产行业的基准收益率为 10%）。

广厦房地产出租房开发项目净现值（单位：万元） 表 6-5

年　份	净现金流量	折现系数	净现值
2003 年	−7 500	0.909 1	−6 818.25
2004 年	−7 500	0.826 4	−6 198
2005～2014 年	872.44	6.144 6×0.826 4	1 707.95
2015～2024 年	932.07	6.144 6×0.318 6	1 824.69
2025～2029 年	928.38	3.790 8×0.122 8	432.17
2030～2034 年	742.125	3.790 8×0.047 4	133.35
合计	11 397.625		−8 918.09

根据上表的计算可知，该出租房的开发项目净现值为负数，根据净现值指标判断该方案不具备财务可行性，所以企业应放弃该开发项目。

3. 内部收益率法

仍以【例 6-5】为例，计算广厦房地产企业出租房屋开发项目的内部收益率。假设，出租房的行业平均收益率为 10%。

因为本题的净现值为−8 918.09，因为净现值为负数，所以可以判定本项目的内部收益率比 10%要小，也就是说本项目的内部收益率小于行业平均收益率 8%，所以不具备财务可行性。

6.4 房地产开发项目投资决策评价指标的运用

计算评价指标的目的，是为了提供项目投资决策的定量依据，进行项目的评价与优选。由于评价指标的运用范围不同，评价指标的自身特征不同，评价指标之间的关系比较复杂，因此，必须根据具体运用范围确定如何运用评价指标。

6.4.1 单一的独立投资项目的财务可行性评价

在只有一个投资项目可供选择的条件下，需要利用评价指标考察该独立项目是否具有财务可行性，从而作出接受或拒绝该项目的决策。当有关正指标大于或等于某些特定数值，反指标小于特定数值，则该项目具有财务可行性；反之，则不具备财务可行性，具体判断如下。

(1) 如果某一投资项目的评价指标同时满足以下条件，则可以判定该投资项目无论从哪个方面看都具备财务可行性，应当接受此投资方案。这些条件是：

净现值大于或等于零；净现值率大于或等于零；内部收益率大于或等于行业基准收益率；静态回收期小于或等于计划投资回收期；投资利润率大于或等于基准投资利润率。

(2) 如果某一投资项目的指标同时不满足上述条件，则项目无论从哪个方面看都不具备财务可行性，应当放弃该投资方案。

(3) 当静态投资回收期（次要指标）或投资利润率（辅助指标）的评价结论与净现值等主要指标的评价结论发生矛盾时，应当以主要指标的结论为准。即当净现值大于或等于零、净现值率大于或等于零、内部收益率大于或等于行业基准收益率、静态回收期大于计划的投资回收期、投资利润率小于基准投资利润率时，可判断此方案基本具有财务可行性；反之，当净现值、净现值率、内部报酬率等主要指标与评价结论发生矛盾，而静态投资回收期小于计划的投资回收期，投资利润率大于基准利润率，则该方案基本不具有财务可行性。

6.4.2 多个互斥方案的比较与优选

项目投资决策中的互斥方案是指在决策时涉及到的多个相互排斥、不能同时并存的投资方案。互斥方案决策过程就是在每一个入选方案已具备财务可行性的前提下，利用具体决策方法比较各个方案的优劣，利用评价指标从各个备选方案中最终选出一个最优方案的过程。在互斥方案的选择中可以利用某一指标，如净现值、净现值率、差额投资内部报酬率法、年等额净回收额法等。

1. 差额投资内部报酬率法

所谓差额内部收益率法，是指在投资额不同的两个方案的净现金流量差额ΔNVF的基础上，计算出差额内部收益率ΔIRR，并据以判断方案优劣的方法。在此法下，当差额内部收益率指标大于或等于基准收益率或设定折现率时，原投资额大的方案较为优；反之，则投资少的方案为优。

【例 6-6】 假设广厦房地产开发公司，要在两个开发项目方案A和B中优选其一，其中A方案和B方案的预计投资支出的现金流量差额为10 000 000元，预计每年取得经营收入的现金流量之差为2 500 000元，两个方案的开发经营期限都为5年，假设房地产企业的行业基准收益率为12%，用差额投资内部报酬率法优选方案。

$(P/A, \Delta IRR, 5) = 10\,000\,000/2\,500\,000 = 4$

$(P/A, 8\%, 5) = 3.992\,7$

$(P/A, 7\%, 5) = 4.1002$

用内插法计算 ΔIRR：

$$\Delta IRR = 7\% + (8\% - 7\%) \times (4.1002 - 4) \div (4.1002 - 3.9927) = 7.93\%$$

由计算可知，差额内部收益率为 7.93%，小于行业基准收益率 12%，所以投资少的 B 方案可行，广厦房地产开发公司应该选择 B 方案。

另外，差额内部收益率法一般使用于投资经营期相同的两个方案之间的优选方案。投资经营期不同的多个互斥方案的优选一般用年等额净回收额法。

2. 年等额净回收额法

所谓年等额净回收额法是指根据所有投资方案的年等额净回收额指标的大小来选择最优方案的决策方法。该方案适合于原始投资不相同、特别是项目计算期不同的多方案比较决策。在此法下，年等额净回收额最大的方案为优。某一方案年等额净回收额等于该方案净现值与相关的资本回收系数的乘积。若某方案净现值为 NPV，设定折现率或基准收益率为 i_c，项目计算期为 n，则年等额净回收额可按下式计算：

$$A = NPV\ (A/P, i_c, n) = NPV \frac{1}{(P/A, i_c, n)} \tag{6-28}$$

式中：　A——方案的年等额净回收额；

$(A/P, i_c, n)$——n 年、折现率为 i_c 的资本回收系数；

$(P/A, i_c, n)$——n 年、折现率为 i_c 的年金现值系数。

【例 6-7】 广厦房地产开发公司，现有 3 个投资开发方案：A 方案的投资额为 1 250万元，项目计算期为 5 年，净现值为 955.9 万元；B 方案的原始投资为 1 000 万元，净现金流量为 900 万元，项目计算期为 4 年；C 方案投资额为 900 万元，净现金流量为 750 万元，项目计算期为 3 年，试用年等额净回收额法比较选择最优方案。

因为这 3 个方案的净现值都大于零，所以都具有财务可行性。

A 方案的年等额净回收额为：

$$\begin{pmatrix}\text{A 方案的年等}\\\text{额净回收额}\end{pmatrix} = \begin{pmatrix}\text{A 方案的}\\\text{净现值}\end{pmatrix} \times [1/(P/A, 12\%, 5)]$$

$$= 955.9 \times \frac{1}{3.6048} = 265.174$$

B 方案的年等额净回收额为：

$$\begin{pmatrix}\text{B 方案的年等额}\\\text{净回收额}\end{pmatrix}=\begin{pmatrix}\text{B 方案的}\\\text{净现值}\end{pmatrix}\times[1/(P/A,12\%,4)]=900\times\frac{1}{3.0373}$$

$$=296.316$$

C 方案的年等额净回收额为：

$$\begin{pmatrix}\text{C 方案的年等额}\\\text{净回收额}\end{pmatrix}=\begin{pmatrix}\text{C 方案的}\\\text{净现值}\end{pmatrix}\times[1/(P/A,12\%,3)]$$

$$=750\times\frac{1}{2.4018}=312.266$$

因为 C 方案的年等额净回收额最大，开发经营期又短，所以广厦房地产开发公司应优选 C 方案。

6.4.3 多个投资方案组合的决策

这类决策涉及的多个项目之间不是相互排斥的关系，他们之间可以实现任意组合，又分两种情况：

(1) 在资金总量不受限制的情况下，可按每一项目的净现值 NPV 大小排队，确定优先考虑的项目顺序。

(2) 在资金总量受到限制时，则需要按净现值率 NPVR 的大小，结合净现值 NPV 进行组合排队，从中选出能使 $\sum$NPV 最大的优化组合。

具体程序如下：

首先，以各方案的净现金值率的高低为序，逐项计算累计投资额，并与限定投资总额进行比较。

其次，当截止到某项投资项目（假设为第 h 项）的累计投资额恰好达到限定的投资总额时，则第 1 项至第 h 项的项目组合为最优的投资组合。

最后，若在排序过程中未能直接找到最优组合，必须按下列方法进行必要的修正。

①当排序中发现第 h 项的累计投资额首次超过限定投资额，而删除该项后，按顺延的项目计算的累计投资额却小于或等于限定投资额时，可将第 h 与第 $(h+1)$ 项交换位置，继续计算累计投资额，这种交换可连续进行。

②当排序中发现第 h 项的累计投资额首次超过限定投资额，又无法与下一项进行交换，与第 $(h\text{-}1)$ 项交换位置，继续计算累计投资额，这种交换亦可连续进行。

③若经过反复交换，已不能再进行交换，仍未找到能使累计投资额恰好等于限定投资额的项目组合时，可按最后一次交换后的项目组合作为最优组合。

总之，在主要考虑投资效益的条件下，多方案比较决策的主要依据，就是能否保证在充分利用资金的前提下，获得尽可能多的净现值总量。

本章小结

房地产开发企业的投资决策管理也就是开发项目的投资决策管理。它包括开发方案的决策方法、开发方案的可行性研究以及开发项目的投资财务可行性评价。

开发方案的决策方法在房地产企业的投资过程中至关重要，有时候使用不同的方法就可能得出不同的结论。这就要求我们在一定条件下利用多种方法对某种开发方案进行分析，考虑多种因素，最终对方案的投资与否进行判断。决策方法可分为确定性决策和不确定性决策。确定性决策是指在假定行为后果是完全正确的、不存在风险问题和不确定情况下所进行的决策，它又可分为绝对法和相对法。

所谓绝对法，就是指以房地产投资的效益和费用的绝对值大小来评价投资决策方案的优劣或是否可取，主要包括净现值法、投资回收期法等。

所谓相对法，就是指以效益和费用的比率来评价、比较房地产投资项目、决策方案的优劣及是否可取的经济分析方法，具体有内部收益率法、净收益利润率法、净现值率法等。

不确定性决策是指对房地产投资决策方案的各种结果发生的可能性难以预知或估计，而在于各种可能结果有关的经济数据可以获取的情况下所作的决策。这种决策由于有关的因素难以计算，所以决策者的经验和估算起较大的作用。

房地产企业在开发房地产时，要取得预期的投资经济效益，确保企业价值最大化，必须对拟开发项目进行可行性研究，对一些与开发项目有关的主要问题，进行调查研究，开展技术经济论证，并在多种投资开发方案的比较中，优选最佳方案，作出决策。可行性研究已经是开发项目决策中必不可少的一个工作程序。进行可行性研究，就要对可行性研究的特点、步骤和内容及开发方案的选择有一定的了解。

房地产开发项目投资财务可行性评价，是在财务技术可行性研究的基础上，对拟开发项目的不同方案的投资财务评价指标进行计算、分析和判断，并在多种方案中比较，优选出最佳方案。

房地产投资决策评价指标的运用。独立方案财务可行性评价与投资决策可以同时完成，互斥方案的决策必须以方案具备财务可行性为前提。房地产开发项目多方案比较决策的方法是指利用特定评价指标作为决策标准或依据的各种方法统称。主要包括净现值法、净现值率法、差额内部收益率法、年等额净回收法等。不同的方法有不同的适用条件。

复习思考题

1. 房地产开发可行性研究的步骤是什么？内容组成有哪些？

2. 商品房开发项目的经营收入、经营成本的估算与出租房屋开发项目经营收入、经营成本的估算在内容上有什么不同？

3. 在财务管理中，什么叫现金流量？商品房开发和出租房开发的现金流量在计算方法上相同吗？

练习题

1. 某房地产开发企业准备在2002年1月开发3栋共6万m^2建筑面积的商品房屋，估算投资支出1 500万元，开发期为2年，2 002年支出8 000万元，2 003年支出7 000万元。其他资料如下：

(1) 年初从银行借入6 000万元资金，借款利息率为5%，本息于2004年底偿还。

(2) 2003年销售2万m^2，2004年销售其余部分，估计售价在每平方米3 000元。营业税率5%，城市建设维护税和教育附加费分别为营业税7%和3%。销售费用按销售收入的2%，管理费用按销售收入的5%计算。所得税率为33%，项目行业基准收益率为10%，折现率为10%。

根据以上资料计算：

(1) 各年的财务费用及到期偿还银行的本息总额。

(2) 各年的经营收入和经营税金和附加。

(3) 本项目的净现值。

(4) 本项目的内部收益率。

(5) 分析项目的财务可行性。

2. 某房地产开发企业准备开发一栋出租房，出租年限为40年，开发使用面积48 000m^2，包括批租地价在内共投资15 000万元，开发期为2年，于2002年动工，2002年支出8 000万元，2003年支出7 000万元，其他材料如下：

(1) 年初向银行取得贷款6 000万元，利息5%，计划2004年开始30年还清。

(2) 假设办公楼完工后，全部能租出去。平均租金为每平方米300元，出租办公楼收入的营业税税率为5%，城市建设维护和教育费附加分别为营业税的7%和3%。

(3) 出租办公楼不包括折旧费用的年经营支出为350万元，出租后每10年大修理一次，每次花费1 000万元。年销售费用为28.8万元，年管理费用为72万元，开发企业所得税率为33%。出租房屋折旧年限为40年，无残值。

(4) 项目的行业基准投资收益率为10%，折现率为10%。

根据以上资料计算：

(1) 2002年、2003年各年利息以及以后年度的偿还本息额。

(2) 各年经营收入和经营税金及附加。

(3) 该项目的投资利润率。

(4) 该项目的净现金流量。

(5) 该项目的净现值。

(6) 该项目的内部收益率。

3. 设某房地产开发公司有一笔5 200万元的资金。市场研究人员提出了A、B、C 3种投资方案。A方案为投资住宅，B方案为投资写字楼，C方案为一半资金投资住宅、一半资金投资写字楼。每种方案的投资收益状况如表6-6所示。试比较各方案的投资收益水平及风险程度。

投资方案收益状况表 表6-6

方案 / 状态	A（住宅）		B（写字楼）		C（住宅＋写字楼）	
投资（万元）		5 200		5 200	2 600	2 600
好（万元）	0.6	1 040	0.5	1 500	580	750
中（万元）	0.4	600	0.3	1 050	300	525
差（万元）	0.1	−400	0.2	−820	−200	−410

根据表6-6所提供数据计算：

(1) 各方案的投资收益率。

(2) 各方案投资收益率平均值。

(3) 各方案期望值及其标准差。

(4) 试比较3个方案的优劣，选择最佳方案。

第7章 房地产企业流动资产管理

本章概要

1. 房地产开发企业流动资产的含义及其内容；
2. 现金管理目的、要求以及最佳现金持有量的计算方法；
3. 应收账款的管理目的、要求，应收账款信用政策决策以及相关概念；
4. 存货的管理目的、要求及确定存货最佳订货量的方法；
5. 对客户的信用进行评估的方法；
6. 房地产开发企业开发产品的管理要求。

房地产企业的流动资产是指可以在1年内或者超过1年的一个营业周期内变现或者耗用的资产，包括现金及各种存款、短期投资、应收及预付账款、存货（包括开发企业临时出租房、周转房、待出售的商品房、开发的广场等）、其他货币资金等。

所谓“一个营业周期”，对开发企业来说是指某项开发产品从征地拆迁开始到其完工销售取得经营收入为止的时间。房地产企业的营业周期一般长于1年，如果仅以1年为标准来确定流动资产，对于大部分开发企业来说，就会使企业本来用于开发经营周转的流动资产都归于长期资产，这不利于正确地反映房地产企业的财务状况。

企业的流动资产在全部资产中占有相当大的比重，如何有效地利用这部分资产，是企业财务管理工作的一项重要内容。流动资产的性质决定了企业的各职能部门都能影响流动资金的占用数量，而且这些职能部门通常只考虑自身的需要，因此，财务部门必须对流动资产进行全面控制才能达到企业总目标的最优化。

7.1 现金管理

现金是指企业拥有的现款和流通票据，包括库存现金、银行存款、银行本票和银行汇票等。现金是企业中流动性最强的资产，拥有足够的现金，对降低企业财务风险、增强企业资金的流动性具有十分重要的意义。

7.1.1 现金的持有动机与成本

1. 企业持有现金的动机

一般来说，企业持有现金主要有以下 3 个动机。

(1) 支付动机

支付动机是指企业为了应付包括购买原材料、支付工资、交纳税金等日常经营活动的需要，应该保持的现金。企业每天现金收入和支出很少同时等额发生，保持一定量现金余额是完全必要的。它可保证企业在现金出现收支暂时不平衡的情况下，不至于中断经营。

(2) 预防的动机

预防的动机是指持有现金，以应付意外事件对现金的需求。企业预计的现金需要量一般是指正常情况下的需要量，但有许多意外事件会影响企业的收入与支出。例如：地震、水灾、火灾等自然灾害，生产事故，主要顾客未能及时付款等，都会打破企业的现金收支计划，使现金收支出现不平衡。持有较多的现金，可使企业更好地应付这些意外事件的发生。

预防动机所需要现金的多少取决于以下 3 个因素：

①现金收支的可靠程度；

②短期融资能力；

③对现金短缺风险的态度。

(3) 投机动机

投机动机是指企业持有现金以备用于不寻常的购买机会，如购买股票及其他有价证券，或购买一次性降价的商品等，从而获得意外利润。当预期利率上升，有价证券的价格将要下跌时，投机的动机就会鼓励企业暂时持有现金，直到利率停止上升为止。反之，当预期利率将要下降，有价证券的价格将要上升时，企业可能会将现金投资于有价证券，以便从有价证券价格的上升中得到收益。

2. 企业持有现金的成本

企业持有现金的总成本包括以下 3 个方面。

(1) 现金持有成本

即持有现金所放弃的报酬，是持有现金的机会成本。这种成本通常为有价证券的利息率，它与现金持有量有显著相关的关系。

(2) 现金转换成本

即现金与有价证券转移的固定成本，如经纪人费用、捐税及其他管理成本，这种成本只与交易的次数有关，而与持有现金的金额无关。

(3) 短缺成本

现金短缺成本，是指在现金持有量不足而又无法及时通过有价证券变现加以补充而给企业造成的损失，包括直接损失与间接损失。现金的短缺成本与现金持有量呈反方向变动关系。

7.1.2 最佳现金持有量

企业为了应付日常经营的开支，必须保持一定的现金持有量。但作为一种流动性最强而盈利性又最差的资产，现金并不能给企业带来利润，持有过多的现金会使企业的盈利水平下降。而现金太少又有可能出现现金短缺，影响企业正常的生产经营。因此，企业有必要控制好现金持有规模，即确定适当的现金持有量。确定最佳现金持有量的模式有很多，但最主要的是存货模式。

存货模式的基本原理是将企业现金持有量和有价证券联系起来衡量，即将现金的持有成本同转换有价证券的成本进行权衡，以求得二者相加总成本最低时的现金余额，从而得出最佳现金持有量。存货模式假定企业在一定时期内现金的流出与流入量均匀而且可预测。企业期初持有一定量的现金，若每天平均流出量大于流入量，到一定时间后现金的余额降至零时，企业就得出售有价证券进行补充，使下一周期的期初现金余额恢复到最高点，而后这笔资金再供生产逐渐支用，待其余额降至零后又进行补充，……如此反复，其过程如图 7-1 所示。

如前所述，当企业持有的现金趋于零时，就需要将有价证券转换为现金，用于日常开支。但转换有价证券需要支付诸如经纪费用等固定成本。一定时期内变换有价证券的次数越多，其固定成本就越高。当然，企业置存现金也要付出一定代价，因为保留现金意味着放弃了投资于有价证券而产生的利息收益机会。一般而言，在有价证券收益率不变的条件下，保持现金的余额越多，形成的机会成本愈大。持有现金机会成本与转换有价证券成本二者之间的关系如图 7-2 所示。

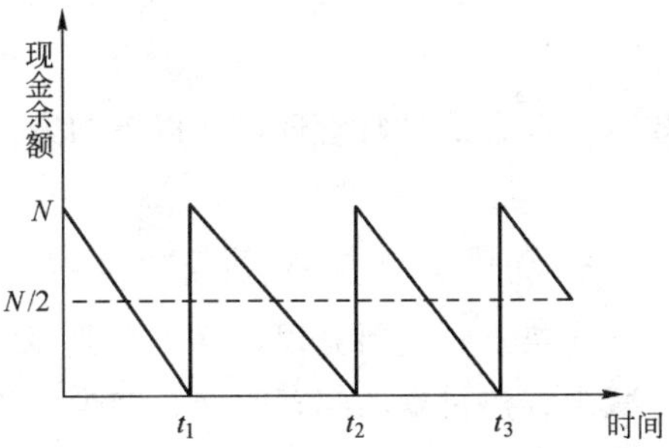

图 7-1　确定现金余额的存货模式

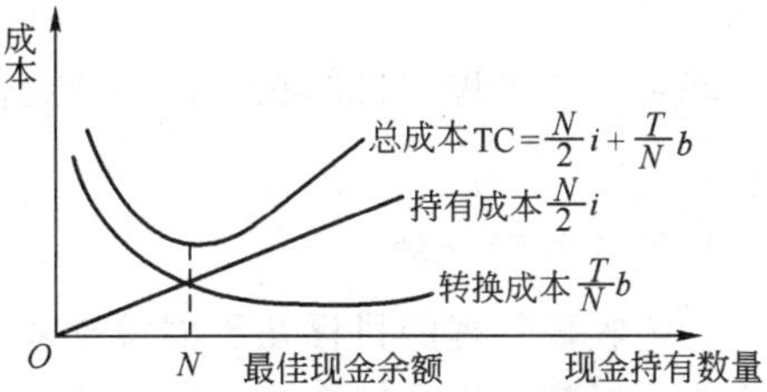

图 7-2　现金最佳余额图

由图7-2可见，持有成本与现金持有量成正比，企业持有现金愈多，持有现金的机会成本愈高；持有现金愈多，需要把有价证券转换成现金的次数愈少，其转换成本愈低，两项成本相加，即为现金持有总成本。当总成本最低时，即为最佳的现金持有量（图中N点），用公式表示如下式：

$$\mathrm{TC}=\frac{N}{2}i+\frac{T}{N}b \tag{7-1}$$

式中：TC——总成本；

b——现金与有价证券的转换成本；

T——特定时间内的现金需求总额；

N——理想的现金转换数量（最佳现金持有量）；

i——短期有价证券利息率。

为了使总成本最小，对式（7-1）求导并使之等于零，可得到：

最佳现金持有量：

$$\hat{N}=\sqrt{\frac{2Tb}{i}} \tag{7-2}$$

【例7-1】 某房地产企业预计在一个月内需要现金量为90 000元，每天支出量不变，每次转换成本为80元，有价证券年利率为10%，那么，该企业月内最佳现金持有量为：

$$最佳现金持有量\ \hat{N}=\sqrt{\frac{2\times 90\,000\times 80}{10\%/12}}\approx 41\,569（元）$$

$$月内有价证券转换次数=90\,000/41\,569=2.17（次）$$

存货模式建立了一系列抽象的假设，其中最重要的假设是认为公司现金流入和流出是稳定的、可预见的，这就忽视了企业现金流量的季节变化。故在使用这种方法制订最佳现金持有量时，还需依赖财务人员的经验和主观判断。

7.1.3 现金日常管理

现金日常管理的目的在于提高现金使用效率。现金的日常管理可从以下两方面进行。

1. 现金收账管理

现金收账管理的目标在于缩短自客户付款（支票）到支票兑现，存入企业存款户为止的时间。设计现金收账方法的要求是：减少客户付款的邮寄时间；减少付款到达后取回资金的时间；使资金能迅速转入企业开户银行的往来账户备用。现金收账方法有：设立收账中心、由银行集中收账、设立专用邮政信箱、委托当地银行代收款项等。由于房地产企业的商品绝大部分销售给产品的开发地，所以比较适合用设立收账中心的收款方法和委托银行代收款项法。

所谓设立收账中心，由银行集中收账法，是指企业以客户的地理分布和各销售区的账单量为依据设立多个收款中心，收款中心是企业在该中心所服务的区域内向客户开出发票和账单的中心，客户将付款送到该中心而无须送到公司总办事处。收款中心收到付款后立即存入当地银行，并由当地银行划转该企业开立主要存款账户的商业银行。

2. 现金支出管理

加速现金回收固然是现金管理的一个重要方面，但仅仅做好这一工作还不够，还必须加强对现金流出的控制，因此，只有包含有效的现金流入和流出的管理，才构成完整的现金管理。现金流出的控制方法有下列几种：

(1) 延缓支付应付账款。为了最大限度地利用现金，安排好付款时间是很重要的。企业在不影响自身信誉的前提下，可尽量推迟应付账款周期。如企业采购物资，其支付条件是开出发票日期后 10 天内付款，现金折扣 2%，45 天内则按发票额付款。企业应安排在开票后第 10 天付款，使企业能在最大限度的时间内利用现金而又不丧失现金折扣，倘若企业急需现金而放弃折扣的优惠，当然应安排在信用条件规定的最后一天支付款项。另外，企业还可以利用汇票这一结算方式来延缓现金支出的时间，因为汇票和支票不同，不能见票即付，还需由银行经购货单位承兑后方能付现，所以企业的银行存款实际支款的时间迟于开出汇票的时间。

(2) 运用现金的“浮游量”。现金的浮游量是指企业账户上存款余额与银行账户上所示的存款余额之间的差额，出现这种情况的主要原因是以企业开出支票、收款人收到支票并将其送交银行，直到银行办理完款项的划转，通常需要一定的时间。因此，“浮游量”实际上就是企业与银行双方出账与入账的时间差造成的。也就是在这段时间里，虽然企业已开出支票却仍可动用银行存款账上的这笔资金，以达到充分利用现金的目的，但是，企业使用现金浮游量应谨慎行事，要预先估计好这一差额并控制使用的时间，否则会发生银行存款的透支。

7.2 应收账款管理

应收账款是指房地产开发企业在开发经营过程中，由于销售、转让开发产品，提供出租房屋和提供劳务等业务，而向购买、接受或租用的单位和个人收取的账款，包括应收销售款、其他应收款、应收票据等，它是企业在销售活动中产生的债权，在正常情况下，可以在短期内（1 年或超过 1 年的一个营业周期内）收回。

7.2.1 应收账款机会成本的计算

应收账款的机会成本是指因为资金投放在应收账款上而丧失的其他收入，如投资于有价证券便会有利息收入。这一成本的大小通常与企业维持赊销业务所需要的资金数量（即应收账款投资额）、资金成本率有关。其计算公式为：

$$\begin{pmatrix}\text{应收账款}\\\text{机会成本}\end{pmatrix}=\begin{pmatrix}\text{维持赊销业务}\\\text{所需要的资金}\end{pmatrix}\times\begin{pmatrix}\text{资金}\\\text{成本率}\end{pmatrix} \tag{7-3}$$

式中资金成本率一般可按有价证券利息率计算；维持赊销业务所需要的资金数量可按下列步骤计算。

1. 计算应收账款平均余额

$$\begin{pmatrix}\text{应收账款}\\\text{平均余额}\end{pmatrix}=\frac{\text{年赊销额}}{360}\times\begin{pmatrix}\text{平均收账}\\\text{天数}\end{pmatrix}=\begin{pmatrix}\text{平均每日}\\\text{赊销额}\end{pmatrix}\times\begin{pmatrix}\text{平均收账}\\\text{天数}\end{pmatrix} \tag{7-4}$$

式中平均收账天数一般按客户各自赊销额占总赊销额比重为权数的所有客户收账天数的加权平均数计算。

2. 计算维持赊销业务所需要的资金

$$\begin{pmatrix}\text{维持赊销业务}\\\text{所需的资金}\end{pmatrix}=\begin{pmatrix}\text{应收账款}\\\text{平均余额}\end{pmatrix}\times\left(\frac{\text{变动成本}}{\text{销售收入}}\right)=\begin{pmatrix}\text{应收账款}\\\text{平均余额}\end{pmatrix}\times\begin{pmatrix}\text{变动}\\\text{成本率}\end{pmatrix} \tag{7-5}$$

上式假设企业的成本水平保持不变（即单位变动成本不变，固定成本总额不变），因此随着赊销业务的扩大，只有变动成本随之上升。

【例 7-2】 某房地产企业预测的年度赊销额为 3 000 000 元，应收账款平均收账天数为 60 天，变动成本率为 60%，资金成本率为 10%，则应收账款机会成本可计算如下：

$$\text{应收账款平均余额}=\frac{3\,000\,000}{360}\times 60=500\,000$$

$$\text{维持赊销业务所需要的资金}=500\,000\times 60\%=300\,000\text{（元）}$$

7.2.2 信用政策

信用政策又称应收账款政策，是企业财务政策的一个重要组成部分。企业要管好用好应收账款，必须事先制订合理的信用政策。信用政策主要包括信用标准、信用条件和收账政策 3 部分。

1. 信用标准

信用标准是企业同意向顾客提供商业信用的最低条件，通常以预期的坏账损失率作为判别标准。如果企业的信用标准过高，只对信誉很好、坏账损失率很低的顾客给予赊销，则会减少坏账损失和收账费用，但这可能不利于扩大销售量，甚至会使销售量减少；反之，如果信用标准过低，虽然会增加销售量，但会相应增加坏账损失和收账费用。向企业提供怎样的信用标准，主要是通过信用评估来确定的。确定信用标准的方法有“5C”系统法、对信用标准分析法等。

(1)“5C”系统法

信用评估就是对顾客的信用状况进行评估，估计顾客赖账的可能性，这可以通过“5C”系统来进行。所谓“5C”系统，是评估顾客信用品质的5个方面，即：品质（Character）、能力（Capacity）、资本（Capital）、抵押品（Collateral）和经济状况（Conditions）。

①品质（Character）。品质指顾客的信誉，即履行偿债义务的可能性。

②能力（Capacity）。能力指顾客的偿债能力。

③资本（Capital）。资本指顾客的财务实力和财务状况，表明顾客可能偿还债务的背景。

④抵押品（Collateral）。抵押品指顾客拒付款项或无力支付款项时能被用做抵押的资产。

⑤经济情况（Conditions）。经济情况指可能影响顾客付款能力的经济环境。比如，万一出现经济不景气，会对顾客的付款产生什么影响，顾客会如何做等。这需要了解顾客在过去困难时期的付款历史。

通过以上5个方面的分析，便基本上可以判断顾客的信用状况，从而为向不同的顾客制订不同的信用标准做好准备。

(2) 对信用标准分析法

对信用标准进行分析，主要通过以下3个步骤来完成。

①设定信用等级的评价标准。

根据对客户信用资料的调查分析，确定评价信用优劣的数量标准，以一组具有代表性、能够说明付款能力和财务状况的若干比率（如流动比率、速动比率、应收账款平均收账天数、存货周转率、产权比率或资产负债率、赊购付款履约情况等）作为信用风险指标，根据数年内最坏年景情况，分别找出信用好和信用差顾客的上述比率的平均值，以此作为比较其他顾客的信用标准。

②利用既有数或潜在客户的财务报表数据，计算各自的指标值，并与上述标准比较。

比较方法是：若某客户的某项指标值等于或低于差的信用标准，则该客户的拒付风险系数（即坏账损失率）增加10个百分点；若客户的某项指标值介于好与坏之间，则该客户的拒付风险系数（坏账损失率）增加5个百分点；当客户的某项指标值等于或高于好的信用标准时，则视该客户的这一指标无拒付风险。最后，将客户的各项指标的拒付风险系数累加，即作为该客户发生坏账损失的总比率。

【例 7-3】某房地产企业 2006 年各项指标、各项指标累计及风险系数情况如表 7-1 所示。

客户信用状况评价表　　表 7-1

指　标	信用标准		2006 年企业指标值	拒付风险系数（%）
	信用好	信用差		
流动比率	2.5∶1	1.6∶1	2.6∶1	0
速动比率	1.1∶1	0.8∶1	1.3∶1	0
现金比率	0.4∶1	0.2∶1	0.3∶1	5
产权比率	1.8∶1	4∶1	1.7∶1	0
已获利息倍数	3.2∶1	1.6∶1	3.2∶1	0
有形资产负债率	1.5∶1	2.9∶1	2.3∶1	5
应收账款平均收账天数（d）	26	40	36	5
存货周转率	6	4	7	0
总资产报酬率（%）	35	20	35	0
赊购付款履约情况	及时	拖欠	及时	0
累计拒付风险系数				15

③进行风险排队，并确定各有关客户的信用等级。

依据上述风险系数的分析数据，按照客户累计风险系数由小到大进行排序。然后，结合企业承受违约风险的能力及市场竞争的需要，具体划分客户的信用等级。对于不同信用等级的客户，分别采用不同的信用政策，包括拒绝或接受客户信用订单，以及给予不同的信用优惠条件或附加某些限制条款等。

2. 信用条件

信用条件是指企业向客户提供商业信用的付款要求。所谓商业信用，是指企业之间在买卖商品时，以商品形式提供的信用。其典型形式是由商品销售企业对商品购买企业以赊销的方式提供的信用。商业信用的基础是企业之间已形成的相互信赖关系。信用条件包括信用期限、折扣期限和现金折扣。信用条件常用下面这种形式表示："2/10，n/30"，意思是：如果购货方能在开票后10天内付款，可享受2%的现金折扣；如果未能在10天内付款，则全部货款必须在30天内付清。其中10天为折扣期限，30天为信用期限，2%为现金折扣。

信用期限。信用期限是指企业为顾客规定的最长付款时间。信用期限过短，不足以吸引顾客，在竞争中会使销售额下降；信用期限过长，又会增加企业的费用，从而抵减部分收益。因此，企业必须慎重研究，确定出恰当的信用期限。通常，延长信用期限，可以在一定程度上扩大销售量，从而增加毛利。但不适当地延长信用期，会给企业带来不良后果：一是使平均收账期延长，占用在应收账款上的资金相应增加，引起机会成本增加；二是引起坏账损失和收账费用的增加。因此，企业是否给客户延长信用期限，应视延长信用期限增加的边际收入是否大于增加的边际成本而定。

3. 现金折扣

延长信用期限，增大了企业的应收账款，为了尽快收回账款，减少坏账损失，企业可以在延长信用期限的同时，规定客户提前偿还货款的折扣率和折扣期限，如："2/10，n/30"表示如果客户在10天内还款，可享受2%的现金折扣，如果超过10天，并在30天内付款，则不再享受任何折扣。企业给予客户现金折扣虽然可获得迅速收款的好处，但它付出的资金成本的代价也是较大的。所以，企业在决定是否给予折扣以及折扣率大小时，应从所带来的收益与成本进行比较，权衡利弊，择优决断。

4. 信用条件备选方案的评价

虽然企业在信用管理政策中，已对可接受的信用风险水平作了规定，当企业的生产经营环境发生变化时，就需要对信用管理政策中的某些规定进行修改和调整，并对改变条件的各种备选方案进行认真地评价。

【例7-4】某房地产企业预测的2007年度赊销额为3 600万元，其信用条件是：n/30，变动成本率为60%，资金成本率（或有价证券利息率）为10%，假设企业收账政策不变，固定成本总额不变。该企业准备了两个信用条件的备选方案：

A：维持n/30的信用条件；

B：将信用条件放宽到n/60。

为各种备选方案估计的赊销水平、坏账百分比和收账费用等有关数据，见表7-2。

信用条件备选方案 表 7-2

方案 / 信用条件 / 项目	A n/30	B n/60
年赊销额	3 600	3 960
应收账款平均收账天数（d）	30	60
应收账款平均余额	3 600÷360×30=300	3 960÷360×60=660
维持赊销业务所需资金	300×60%=180	660×60%=396
坏账损失/年赊销额	2%	3%
坏账损失	3 600×2%=72	3 960×3%=118.8
收账费用	36	80

根据以上资料，计算结果如表 7-3 所示。

信用条件分析评价表 表 7-3

方案 / 信用条件 / 项目	A n/30	B n/60
年赊销额	3 600	3 960
变动成本	2 160	2 376
信用成本前收益	1440	1584
信用成本：		
应收账款机会成本	180×10%=18	396×10%=39.6
坏账损失	72	118.8
坏账费用	36	60
小计	126	218.4
信用成本后收益	1 314	1 365.6

根据表 7-3 中的资料可知，在这两种方案中，B 方案（*n*/60）获利最大，它比 A 方案（*n*/30）增加收益 51.6 万元。因此在其他条件不变的情况下，因选择 B 方案。

5.收账政策的确定

收账政策是指信用条件被违反时，企业采取的收账策略。企业如果采用较积极的收账政策，可能会减少应收账款投资，减少坏账损失，但要增加收账成本。如果采用较消极的收账政策，则可能会增加应收账款投资，增加坏账损失，但会减少收账费用。在实际工作中，可参照测算信用标准、信用条件的方法来制订信用政策。

一般而言，企业加强收账管理，及早收回货款，可以减少坏账损失，减少应收账款上的资金占用，但会增加收账费用。因此，制订收账政策就是要在增加收账费用与减少坏账损失、减少应收账款机会成本之间进行权衡，若前者小于后者，则说明制订的收账政策是可取的。

【例7-5】已知某房地产开发企业应收账款原有的收账政策和拟改变的收账政策如表7-4所示。假设资金利润率为10%，根据表7-4中的资料，计算两种方案的收账总成本如表7-5所示。

收账政策备选方案资料 表7-4

项目	现行收账政策	拟改变的收账政策
年收账费用	90	150
应收账款平均收账天数（d）	60	30
坏账损失占赊销额百分比（%）	3	2
赊销额（万元）	7 200	7 200
变动成本率（%）	60	60

收账政策分析评价表 表7-5

赊销额	7 200	7 200
应收账款平均收账天数（d）	60	30
应收账款平均余额	7 200÷360×60=1 200	7 200÷360×30=600
应收账款占用的资金	1 200×60%=720	600×60%=360
收账成本：		
应收账款机会成本	720×10%=72	360×10%=36
坏账损失	7 200×3%=216	7 200×2%=144
年收账费用	90	150
收账总成本	378	330

计算结果表明，拟改变的收账政策较现行收账政策减少的坏账损失和减少的应收账款机会成本之和108万元［（216－144）＋（72－36）］，大于增加的收账费用60万元（150－90），因此，改变收账政策的方案是可以接受的。

7.2.3 应收账款的日常管理

信用政策建立起来以后，企业要做好应收账款的控制工作，进行信用调查和信用评价，以确定是否同意顾客赊欠货款，当顾客违反信用条件时，还要做好账款催收工作。

1. 信用调查

对顾客进行信用评价是应收账款日常管理的重要内容。只有正确地评价顾客的信用状况，才能合理地执行企业的信用政策。要想合理地评价顾客的信用，必须对顾客信用进行调查，搜集有关的信息资料。信用调查有以下两种方式。

（1）直接调查

直接调查是指调查人员直接与被调查单位接触，通过当面采访、询问、观看、记录等方式获得信用资料的一种方法。直接调查能保证搜集资料的准确性和及时性，但若不能得到被调查单位的合作，则会使调查资料不完整。

（2）间接调查

间接调查是以被调查单位以及其他单位保存的有关原始记录和核算资料为基础，通过加工整理获得被调查单位信用资料的一种方法。这些资料主要来自如下几个方面：

①财务报表。有关单位的财务报表，是信用资料的重要来源。通过财务报表分析，基本上能掌握一个企业的财务状况和盈利状况。

②信用评估机构。许多国家都有信用评估的专门机构，定期发布有关企业的信用等级报告。例如，杜恩和布瑞德思特公司（Dun & Bradstreet）就是美国一家著名的信用评估机构。我国的信用评估机构有3种形式：第一种是独立的社会评估机构，它们只根据自身的业务吸收有关专家参加，不受行政干预和集团利益的牵制，独立自主地开办信用评估业务；第二种是政策银行负责组织的评估机构，一般由银行有关人员和各部门专家进行评估；第三种是由商业银行组织的评估机构，由商业银行组织专家对其客户进行评估。在评估等级方面，目前主要有两种：第一种采用三类九级制，即把企业的信用情况分为AAA、AA、A、BBB、BB、B、CCC、CC、C九等，AAA为最优等级，C为最差等级。第二种采用三级制，即分为AAA、AA、A。专门的信用评估机构通常评估方法先进，评估调查细致，评估程序合理，可信度较高。

③银行。银行是信用资料的一个重要来源，因为许多银行都设有信用部，为顾客提供相关服务。但银行的资料一般仅愿在同业之间交流，而不愿向其他单位提供。因此，如外地有一笔较大的买卖，需要了解顾客的信用状况，最好通过当地的开户银行，向其征询有关信用资料。

④其他。如财税部门、消费者协会、工商管理部门、企业的上级主管部门、证券交易部门等。

另外，书籍、报刊、杂志等也可提供有关顾客的信用情况。

2. 收账程序

催收账款的程序一般是：信函通知，电话催收，派员面谈，法律行动。当顾客拖欠账款时，要先给顾客一封有礼貌的通知信函；接着，可寄出一封措辞较直率的信函；进一步则可通过电话催收；如再无效，企业的收账人员可直接与顾客面谈，协商解决；如果谈判不成，就只好采取法律行动。

3. 收账策略

收账策略即讨债的方法，企业在确定收账策略之前，要先弄清楚客户拖欠货款的原因。客户拖欠货款的原因可能比较多，但可概括为两类：无力偿付和故意拖欠。因而在收账时应采取不同的策略。

（1）对无力偿付客户的收账策略

无力偿付是指客户因经营不善，财务出现困难，没有资金偿付到期债务。对这种情况要进行具体分析，如果客户确实遇到暂时困难，经过努力可以东山再起，企业应帮助客户渡过难关，以便收回较多的账款。如果客户遇到严重困难，已达破产界限，无法恢复活力，则应及时向法院起诉，以期在破产清算时得到债权的部分清偿。

（2）对故意拖欠客户的收账策略

故意拖欠是指客户虽有偿付能力，但为了本身利益，想方设法不付款。遇到这种情况，则需要确定合理的讨债方法，以达到收回账款的目的。常见的几种方法如下：

①讲理法。讨债人要有礼貌，说明理由。坚持说理，以理服人。无故拖欠货款是不应该的，已对债权人产生消极影响，造成经济损失。若不及时付款，引起法律纠纷，对双方都不利。

②恻隐术法。讨债人应讲清自己的困难，说明本身的危险处境，以打动债务人的恻隐之心，使债务人的良心发现，按时付款。

③疲劳战法。抓住欠债企业的一两个领导人（如厂长、总会计师、财务科长）长期软磨硬泡，坚持打持久战，不达目的绝不罢休，总有一天，该领导人意志瓦解，终于同意付款。

④激将法。用语言刺激债务人，使其懂得若不及时付款将会损害他的形象和尊严，对方为了面子，不得不及时付款。

⑤软硬术法。软硬兼施，由两个人讨债，一人态度强硬，寸步不让；另一人态度和蔼，以理服人，如果 2 人配合得好，会收到较好的效果。

7.3 存货的管理

存货是指房地产开发企业在开发经营过程中，为销售或耗用而储存的各种资产，包括库存材料、库存设备、低值易耗品、委托加工材料、在建开发产品、已完开发产品、出租开发产品和周转房等。存货是房地产开发企业的一项重要资产，通常其价值占企业资产的比重较大，且流动性较强。存货利用程度的好坏，对企业财务状况的影响极大。因此，加强存货的规划与控制，使存货保持在最优水平上，便成为财务管理的一项重要内容。

7.3.1 存货管理的概述

1.存货的分类

房地产开发企业为了建造和销售房地产而储备的存货品种繁多，按照它们的经济用途可以分为以下几个类别。

(1) 各种原材料

开发企业用于房地产开发经营的各种材料，如钢材、木材、水泥等。

(2) 设备

开发企业用于开发工程的各种设备，如暖卫设备、通风设备、照明设备等。

(3) 低值易耗品

未达到固定资产标准的各种用具物品等劳务资料，如工具、管理用具等。

(4) 开发产品

是指开发企业已经完成全部房地产开发过程，并已验收合格达到设计标准，可以按照合同规定的条件交付购货客户单位或者可以作为房地产商品公开对外销售的产品。

(5) 出租开发产品

是指开发企业开发完成，用于出租经营的土地和房屋。

(6) 周转房

是指开发企业开发完成，用于安置拆迁居民周转使用的房屋。

(7) 在建开发产品

是指开发企业正在开发建设工程中的土地和房屋。

对存货的管理和控制，针对不同性质的存货应采用不同的方法。

2.存货的功能

存货的功能是指存货在生产经营过程中的作用，其功能如下。

(1) 保证开发活动的正常进行

房地产开发过程所需要的建筑材料及机械设备，是生产中必需的物资。为了保证开发建设的顺利进行，必须适当地储备一些材料。企业很少能做到满足生产所需的各种物资，因为一方面可能会出现某种材料的市场断档；另一方面企业所在地如果距供货点较远，途中运输是需要时间的，并且还可能出现运输故障。一旦生产所需物资短缺，开发经营将被迫停顿，造成损失。为了避免出现停工待料的事故，企业需要储存物资。

(2) 出自价格的考虑

用于生产的存货如原材料、燃料等，这一类零售物资的价格往往较高，而整批购买在价格上常有优惠。用于销售或出租的存货，如已开发建成处于空置状态的商品房和可转入销售的周转房，当市场处于萧条期时，房地产价格处于一个较低的水平，企业可根据自身的实力及对未来市场的预测，决定是现在就低价处理还是等待市场恢复繁荣和景气之后再高价售出或租出。房地产商品不同于一般的商品，它是一种具有保值增值功能的特殊商品。因而，房地产企业的存货不仅仅是为了满足生产或销售的经营需要，有时还有投资方面的考虑。

3. 存货的成本

存货本身要占用企业资金，并且会增加包括仓储费、保险费、维修费、管理人员工资在内的各项开支。存货如果占用的资金过多，会使利息支出增加并导致利润的损失，各项开支的增加更直接使成本上升。

存货成本可分为以下几项。

(1) 取得成本

取得成本是指为了取得某种存货而支出的成本，通常用 TC_a 来表示，可分为订货成本和购置成本。

①购置成本

购置成本指存货本身的价值，通常用数量与单价的乘积来确定。设年需要量用 D 表示，单价用 U 表示，于是购置成本为 DU。

②订货成本

订货成本是指为订购材料、商品而发生的成本，如办公费、差旅费、邮资、电报电话费等支出。订货成本一般与订货次数有关，而与订货的数量无关。设每次订货的固定成本用 K 表示，每次进货量用 Q 表示，订货成本的计算公式为：

$$\text{订货成本}=\frac{D}{Q}\times K \tag{7-6}$$

订货成本加上购置成本，就等于存货的取得成本，其公式可表达为：

$$\text{取得成本}=\text{订货成本}+\text{购置成本} \tag{7-7}$$

$$TC_a=\frac{D}{Q}\times K+DU \tag{7-8}$$

(2) 储存成本

储存成本是指为保存存货而发生的成本，包括存货占用资金所应计的利息（若企业用现有现金购买存货，便失去了现金存放银行或投资于证券本应取得的利息，是为“放弃利息”；若企业借款购买存货，便要支付利息费用，是为“付出利息”）、仓库费用、保险费用、存货破损和变质损失等，通常用 TC_c 来表示。设单位储存成本为 K_c，则：

$$TC_c = \frac{Q}{2} \times K_c \tag{7-9}$$

(3) 缺货成本

缺货成本指由于存货供应中断而造成的损失，包括材料供应中断造成的停工损失、产成品库存缺货造成的拖欠发货损失和丧失销售机会的损失；如果生产企业以紧急采购代用材料解决库存材料中断之急，那么缺货成本表现为紧急额外购入成本（紧急额外购入的开支会大于正常采购的开支），通常用 TC_s 来表示。

如果以 TC 来表示储备成货的总成本，它的计算公式为：

$$\begin{aligned} TC &= TC_a + TC_c + TC_s \\ &= \frac{D}{Q} \times K + DU + \frac{Q}{2} \times K_c + TC_s \end{aligned} \tag{7-10}$$

7.3.2 材料的日常控制

开发企业要从事房地产开发、生产、经营活动，必须储备一定数量的原材料和设备，占用一定数额的资金。特别是对那些自行组建建筑安装工程施工的房地产开发企业来说，如何节约使用各种原材料、物质储备，及时保证开发、生产、经营活动所需的物资供应，是房地产开发企业财务管理中的一项重要工作。开发企业应该科学地确定每次的采购批量，从而达到经济合理采购储存材料，降低存货的成本。在实际工作中，对于品种繁杂、价值不大的材料采购批量，可以根据以往的经验直接确定；对于价值大、种类少、批量大的材料，可以采用经济批量法计算确定每批采购的数量。

1. 经济批量法的分析与计算

所谓经济批量是指能够使一定时期存货的相关总成本达到最低点的进货数量。但是，经济进货批量的基本模型必须以下列假设为前提：

①企业一定时期的进货总量可以较为准确地予以预测；

②存货的耗用或者销售比较均衡；

③存货的价格稳定，且不存在数量折扣，进货日期完全由企业自行决定，并且当上批材料为零时，下批材料能马上一次到位；

④仓储条件及所需现金不受限制；

⑤不允许出现缺货情形；

⑥所需材料市场供应充足。

由于这些前提的限制，房地产企业用不用经济批量订货视其具体情况而定。确定经济批量主要可采用图示法或公式法来进行计算。

（1）图示法

【例 7-6】 某房地产企业自行开发工程全年需要耗用钢材 3 600kg，该材料单位成本为 10 元，单位存储成本为 2 元，一次订货成本 25 元。

为了确定经济批量，分别采用不同的订货量逐批测试如表 7-6 所示。

订货量逐批测试表 表 7-6

订货批量（kg）	100	200	300	400	500	600
平均存量（kg）	50	100	150	200	250	300
储存成本（元）	100	200	300	400	500	600
订货次数（次）	36	18	12	9	7.2	6
订货成本（元）	900	450	300	225	180	150
总成本（元）	1 000	650	600	625	680	750

从表 7-6 中可见，每批订货为 300 件，一年订货 12 次时，全年总成本最低为 600 元，故 300 件为最优订货批量，即经济批量。

将表 7-6 中数据描绘在直角坐标系中，便形成图 7-3。

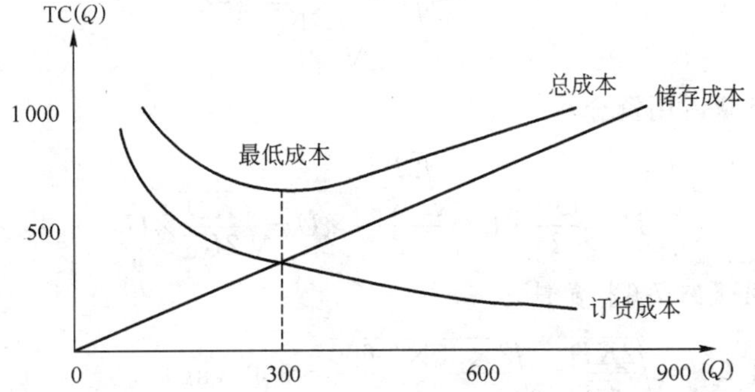

图 7-3 经济批量图解法

从图 7-3 中可以看出，经济批量也就是总成本曲线的最低点时的订货量，总成本最低点正好是订货成本线和储存成本线相交处，即经济批量应为 300 件，此时总成本最低为 600 元。

（2）公式法

存货的经济批量计算如下：

$$TC=\frac{D}{Q}\times K+DU+\frac{Q}{2}\times K_C \tag{7-11}$$

当 D、K、U、K_c 为常数量时，TC 的大小取决于 Q。为了求出 TC 的极小值，对公式（7-11）进行求导，可得出下列公式：

$$Q^*=\sqrt{\frac{2KD}{K_C}} \tag{7-12}$$

这一公式称为经济订货量基本模型，求出的每次订货批量 Q^*，可使 TC 达到最小值，即为经济订货量。

由式（7-12）这个基本模型，还可演变出下列其他形式。

①每年最佳订货次数：

$$N^*=\frac{D}{Q^*}=\frac{D}{\sqrt{\frac{2KD}{K_C}}}=\sqrt{\frac{DK_C}{2K}} \tag{7-13}$$

②存货总成本公式：

$$\text{TC}（Q^*）=\frac{KD}{\sqrt{\frac{2KD}{K_C}}}+\frac{\sqrt{\frac{2KD}{K_C}}}{2}\times K_C=\sqrt{2KDK_C} \tag{7-14}$$

③最佳订货周期公式：

$$t^*=\frac{360}{N^*}=\frac{360}{\sqrt{\frac{DK_C}{2K}}}\ (\text{d}) \tag{7-15}$$

④经济订货量占用资金：

$$I^*=\frac{Q^*}{2}\times U=\frac{\sqrt{\frac{2KD}{K_C}}}{2}\times U=\sqrt{\frac{KD}{2K_C}}\times U \tag{7-16}$$

【例 7-7】 同【例 7-6】资料。

经济订货量 $Q^*=\sqrt{\frac{2KD}{K_C}}=\sqrt{\frac{2\times25\times3\ 600}{2}}=300$（kg）

每年最佳订货次数 $N^*=\frac{D}{Q^*}=\frac{3\ 600}{300}=12$（次）

存货总成本公式 $\text{TC}（Q^*）=\sqrt{2KDK_C}=\sqrt{2\times25\times3\ 600\times2}=600$（元）

最佳订货周期 $t^*=\frac{360}{N^*}=\frac{360}{12}=30$（d）

经济订货量占用资金 $I^*=\frac{Q^*}{2}\times U=\frac{300}{2}\times10=1\ 500$（元）

2. ABC 控制法

ABC 控制法是一种从种类繁多、错综复杂的多项目或多因素中找出主要矛盾、抓住重点、照顾一般的管理方法。采用ABC控制法进行存货管理，是根据存货占用资金的大小和比重，将存货分为A、B、C 3类。A类存货价值金额最大，约占存货资金总量的60%～80%，但品种数量相对较少，约占全部存货品种5%～10%，是管理的重点项目；B类存货金额一般，约占存货资金总量的20%，但品种数量相对较多，约占全部存货品种10%～30%，只需要进行一般管理；C类存货金额只占5%～10%，但品种数量繁多，约占全部存货品种60%～80%，管理时只要把握一个总的金额即可，如图7-4所示。

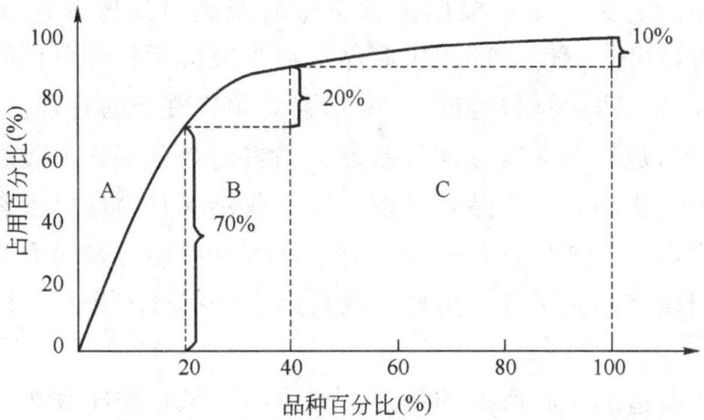

图7-4　存货模式示意图

ABC控制法可以提高企业存货管理的效率，使企业在没有足够的精力对全部存货都一一管理到位的情况下，将主要精力集中在少数几种重点存货的管理上，这也体现了科学管理的原则。

7.4　开发产品的管理

7.4.1　在建开发产品的管理

在建开发产品是指未完工且正在开发建设的房地产商品，如正在建设的住宅楼、写字楼、基础设施或其他物业等。在自营开发产品的情况下，关键在于对在建开发产品的成本控制。其主要措施就是要建立和健全责任成本管理制度，开发企业各部门应严格履行各自的职责，以有效控制在建开发产品的造价。

7.4.2　已完开发产品的管理

完工开发产品是房地产开发企业开发经营的物质成果，是企业以销售为主要目的而开发的资产。其财务管理的重点是对已开发土地、房屋的销售、转让、出租等进行动态管理，保证账实相符。即可建立产品明细卡对各开发产品的具体情况，如坐落地址、结构、建筑面积、间数、售价、预收金额等进行详细记录，为开发产品的出租、出售做好必要的基础工作。

7.4.3 预售开发产品和分期收款开发产品的管理

预售开发产品是指房地产开发企业将正在建设中的开发产品预先出售给预售承购人，由承购人支付定金和房价款的行为。预售开发产品的管理，首先是要遵循国家关于预售开发产品的有关规定，根据国家发布的城镇商品房预售管理办法的规定，商品房预售实行许可证制度，即预售商品房应当取得预售许可证明。其次，售房和购房人双方应签订《房屋预售合同》，并加强对预售资金的管理。

分期收款开发产品是指企业以分期收款方式销售的在全部款项收回之前其全部或部分产权仍归属于企业的开发产品，所以开发企业仍视其为存货管理。分期收款销售是一种赊销方式，采用这种方式销售，对于一部分有能力购房而又暂时缺少资金的客户，只需他们在首期支付部分房价款就可马上获得开发产品，因此可以扩大销售量。

分期收款销售还会造成应收账款的增加，增大财务风险和应收账款成本。对这部分开发产品的管理重点则是在分期收款售房时要在房屋合同中写明分次收款的时间、金额；应收账款应按合同规定的收款时间分次转为收入，它的销售成本也应于收入实现时分次进行结转。

7.4.4 出租开发产品的管理

出租开发产品是指房地产开发企业利用开发完成的土地和房屋，进行商业性出租的一种经营活动。房地产企业以租赁方式向社会提供的主要产品和服务形式有公寓楼、写字楼和店面（门面）租赁。房屋、土地的租金是出租开发产品应收的收益和承租人取得一定期限房屋、土地使用权所支付的代价。其财务管理重点应是加强租赁合同的管理，在合同中明确租金的计租标准和定期交付的租金以及其他相关规定，如对租金的调整等。

开发企业定期对出租产品进行维修和养护所发生的修理费用，可于费用发生当期，作为出租房屋的当期经营支出，直接记入出租房屋经营成本；出租的开发产品如改变用途，将其对外销售或转让，则视同销售或土地转让处理。在改变用途前发生的改装修复费，如果数额不大可作为销售费用；如果数额较大，能增加房屋价值和使用价值，也可先考虑将它记入出租开发产品，然后在销售时将它转作经营成本。

7.4.5 周转房的管理

周转房是指房地产开发企业用于安置拆迁居民周转使用，产权归本企业所有的各种房屋，包括：在开发建设过程中即已明确其为安置拆迁居民周转使用的房屋；企业开发完成的商品房，在尚未销售以前用于安置拆迁居民周转使用的房屋；企业搭建的用于安置拆迁居民周转使用的临时性简易房屋。

周转房随着使用及自然力的侵蚀而损耗的价值，应作为开发期间的费用计入有关开发成本。周转房的损耗价值的摊销，应根据周转房的结构和使用情况分别采用平均年限摊销法和周转作用次数摊销法。

周转房在供拆迁居民使用过程中发生的修理费用，可于费用发生当期计入有关开发成本。

周转房如改变用途将其作为商品房对外销售时，在出售前进行改装修复所发生的费用，可列作销售费用。周转房在出售前根据购房人要求进行改建或扩建时所发生的费用，应转作周转房的价值。

本章小结

房地产企业的流动资产是开发、生产、经营活动最基本的物资要素，其拥有的规模和利用的情况直接影响开发企业的经营效益。所以房地产企业应加强对流动资产的管理，提高企业的整体效益。

本章围绕房地产企业的财务管理问题主要介绍以下内容：

1. 现金、应收账款、存货等流动资产的性质和管理要求。

2. 现金管理。主要介绍现金管理的意义、现金的成本、现金持有量的确定、现金收回及支出的管理。

3. 应收账款管理。主要介绍应收账款的作用与成本、信用政策和应收账款的管理措施。

4. 库存材料的管理。主要介绍材料采购经济批量的分析与计算、ABC分类控制方法。

5. 开发产品的管理。主要介绍开发商品房、出租房、周转房等的管理。

复习思考题

1. 房地产企业的流动资产包括哪些内容？与其他行业的流动资产相比有哪些特征？对开发企业流动资产的管理有什么要求？

2. 在房地产开发企业现金的使用和管理上，有哪些规定和要求？

3. 如何做好房地产企业应收账款的日常管理？

4. 如何做好材料的日常控制？

5. 经济批量模型的使用有哪些限定条件？

6. 如何做好开发商品的管理？

练习题

1. 某公司全年需要现金40万元，该公司的现金收支状况比较稳定，因此当公司现金短缺时，公司就准备用短期有价证券变现取得，现金与有价证券每次的转换成本为50元，有价证券的年利率为10%。请利用存货模式计算该公司的最佳现金持有量，最低现金持有成本和有价证券最佳交易次数。

2. 某房地产公司下属的建筑企业每年耗用某种建筑材料36 000件，单位买价20元，每次订购成本3 000元，每年单位储存成本为3元。假定每次订货都能一次性集中到货，则该企业的每次订货量应该确定为多少？

3. 某企业年赊销额为540万元，应收账款平均收款期为30天，变动成本率为60%，资金成本率为8%。要求：计算应收账款的机会成本。

4. 某房地产企业销售商品房，每年赊销额为500万元，该房地产企业商品房的变动成本率为80%，资金成本率为8%。企业现有A、B两种收账政策可供选用。有关资料如表7-7所示。

某房地产企业有关资料 表7-7

项　目	A政策	B政策
平均收账期（d）	60	45
坏账损失率（%）	3	2
年收账费用（万元）	1.8	3.2

要求：试对A、B两种收账政策进行决策。

5. 某房地产企业，每年需用A种材料8 000t，每次订货成本为400元，每吨材料的年储存成本为40元，该种材料买价为1 500元/t。

要求：

(1) 计算经济订货批量；

(2) 计算最低相关总成本；

(3) 计算经济订货次数；

(4) 计算经济订货批量资金占用额；

(5) 计算最佳订货周期。

第8章 房地产企业固定资产和其他资产的管理

本章概要

1. 房地产开发企业固定资产的概念；
2. 房地产开发企业的特点；
3. 房地产开发企业的分类；
4. 房地产开发企业固定资产的管理方法；
5. 房地产开发企业固定资产的折旧范围；
6. 房地产开发企业固定资产的折旧方法；
7. 无形资产的内容与管理要求；
8. 房地产开发企业的待摊费用及其他资产的管理。

房地产企业在开发经营过程中，必须具备一定数量的劳动资料，如直接用于工程开发建设的机器设备，为开发经营创造必要物资条件的房屋、建筑物，对开发经营起辅助作用的运输设备等。这些价值较高，可以在较长时间内参加开发经营活动，并保持其原有实物形态的资产，形成房地产企业的固定资产。固定资产是企业开发经营的主要物资条件，是企业重要的劳动资料，加强其核算和管理，对于保护企业资产的完整，正确进行经营损益的计算具有重要的意义。

8.1 固定资产的概述

8.1.1 固定资产的概念

房地产企业的固定资产是指具有下列特征的资产：

第一，固定资产的使用期限超过1年，或长于1年的1个经营周期。

第二，固定资产是用于生产经营活动或用于出租及企业行政管理，而不是为了出售。

判断固定资产的标准，主要有两个方面，一是时间标准。根据《施工、房地产企业财务制度》规定，企业使用期限超过1年的房屋、建筑物、机器、机械、运输工具以及其他与生产经营有关的设备、器具、工具等资产均应作为固定资产。二是持有该项资产的目的。如房地产企业为销售而开发的房屋、建筑物产品不属于固定资产。因为这些产品是为了销售而开发的，而不是用于开发生产经营过程的劳动资料。由此可见，是否属于开发企业的固定资产主要取决于它在开发生产过程中所起的作用。所以，房地产企业开发的商品房、出租房（开发房屋出租属于分次销售方式）均属于开发企业的流动资产。

企业制订的固定资产目录、分类方法、每类或每项固定资产的使用年限、预计残值率、折旧方法等，应当编制成册，并按照管理权限，经股东大会或董事会，或经理（厂长）会议或类似机构批准，按照法律、行政法规的规定报送有关各方备案，同时备置于企业所在地，以供投资者等有关各方查阅。企业已经确定并对外报送，或备置于企业所在地的有关固定资产目录、分类方法、估计残值率、预计使用年限、折旧方法等，一经确定不得随意变更。如需变更，仍然应当按照上述程序，经批准后报送有关各方备案，并在会计报表附注中予以说明。

8.1.2 固定资产的分类

房地产企业的固定资产种类繁多，规格不一，为加强管理，便于组织会计核算，企业有必要对固定资产进行合理的分类。根据不同的管理需要和核算要求以及不同的分类标准，可以对固定资产进行不同的分类。

1. 按固定资产的经济用途分类

按固定资产的经济用途分类，可分为开发经营用固定资产和非开发经营用固定资产。

（1）开发经营用固定资产，是指直接服务于企业开发过程的各种固定资产，如开发过程中用的机器、器具、运输设备等。

（2）非开发经营用固定资产，是指不直接服务于开发过程的各种固定资产，如职工宿舍、食堂、浴室、理发室、医院、疗养院等使用的房屋、设备和其他固定资产等。

按照固定资产的经济用途分类，可以归类反映和监督企业开发经营用固定资产和非开发经营用固定资产之间，以及经营用各类固定资产之间的组成和变化情况，借以考核和分析企业固定资产的利用情况，促使企业合理地配备固定资产，充分发挥其效用。

2. 按固定资产使用情况分类

按固定资产使用情况分类，可分为使用中固定资产、未使用固定资产和不需用固定资产。

(1) 使用中固定资产，是指正在使用中的开发经营用和非开发经营用固定资产。由于季节性经营或大修理等原因，暂时停止使用的固定资产仍属于企业使用中的固定资产；企业出租（指经营性租赁）给其他单位使用的固定资产和内部替换使用的固定资产也属于使用中的固定资产。

(2) 未使用固定资产，是指已完工或已购建的尚未交付使用的新增固定资产以及因进行改建、扩建等原因暂停使用的固定资产。

(3) 不需用固定资产，是指本企业多余或不适用，需要调配处理的固定资产。

按照固定资产使用情况分类，有利于反映企业固定资产的使用情况及其比例关系，便于分析固定资产的利用效率，挖掘固定资产的使用潜力，促使企业合理地使用固定资产。

3. 按固定资产的所有权分类

按固定资产的所有权分类，可分为自有固定资产和租入固定资产。

(1) 自有固定资产。是指企业拥有的可供企业自由支配使用的固定资产。

(2) 租入固定资产。是指企业采用租赁方式从其他单位租入的固定资产。房地产企业对租入的固定资产依照租赁合同拥有使用权，同时负有支付租金的义务，但资产的所有权属于出租单位。租入固定资产可分为经营性租入固定资产和融资租入固定资产。

4. 综合分类

按固定资产的经济用途和使用情况等综合分类，可把企业的固定资产分为7大类：

(1) 开发经营用固定资产。

(2) 非开发生产经营用固定资产。

(3) 租出固定资产。指在经营租赁方式下出租给外单位使用的固定资产。

(4) 不需用固定资产。

(5) 未使用固定资产。

(6) 土地（开发企业占用而不是开发产品用）。指过去已经估价单独入账的土地。因征地而支付的补偿费，应计入与土地有关的房屋、建筑物的价值内，不单独作为土地价值入账。企业取得的土地使用权，不作为固定资产管理，而是作为企业的无形资产管理。

注：为了转让、出租而开发的商品土地与开发商品房、出租房而开发的土地应分别计入“商品性土地开发成本”和“房屋开发成本”，不作为开发企业的固定资产。

(7) 融资租入固定资产。指企业以融资租赁方式租入的固定资产，在租赁期内，应视同自有固定资产进行管理。

8.2 固定资产的日常管理

1.实行固定资产归口分级管理，建立使用保管责任制

为了管理好房地产开发企业的固定资产，必须建立和健全固定资产管理制度，正确处理好企业与企业所属单位之间在固定资产保管和使用方面的关系，确定责任制，杜绝无人负责的现象。

房地产开发企业的固定资产，由于房地产开发的流动性，因而它大多分散在各个开发现场。企业要加强固定资产的管理，不能依靠个别部门和少数人员，而必须规定各方面的权责关系，充分调动各部门、各级单位（或各分公司）及广大职工的积极性和主动性，实行归口分级管理。即在企业主管领导下，由各职能部门分工负责固定资产的管理工作，并按各类固定资产的使用地点，分别交由各所属单位负责管理。对于机械设备，还要根据谁用、谁管、谁负责维护保养的原则，把机械设备管理责任落实到人，使台台机械设备有人管理。

2.对固定资产的使用、保管、出售和清理进行经常性的核算和检查

为了保证固定资产的完整无缺，不断提高固定资产的利用效果，财务部门必须对固定资产的存在情况进行全面的核算和考核。为此，各部门要会同财务部门建立和健全固定资产管理制度和各项财产管理办法，对各项财产的增减变动、内部转移和修理、清理等规定统一而严密的手续，根据固定资产核算资料，掌握固定资产的增减变动和分布，检查有关单位执行财产管理办法的情况，经常分析固定资产的利用效果，促使各单位管好用好固定资产。

财务部门对于构建完成交付使用的固定资产，要协同财产管理人员深入现场，根据固定资产的交接凭证，认真做好固定资产的验收和交接工作。对于增加的各项固定资产，都要按类分项、按顺序进行编号，开设“固定资产卡片”进行登记。对开发经营管理中不需用的机械设备，要按规定手续，加以处理。对于已经磨损、陈旧不能继续使用的固定资产，应由保管该项固定资产的部门填制“固定资产报废申请单”，按照规定手续报经批准后进行清理。

3.做好固定资产的清查盘点工作，保证固定资产的完整无缺

为了保证固定资产的完美无缺，必须定期对固定资产进行清查盘点。建立固定资产定期清查盘点制度，除了弄清固定资产实有数量、保证账实相符外，还可以了解固定资产的使用和维护情况，进一步挖掘机械设备的生产潜力；可以查明账外固

定资产，促进企业改善固定资产管理；可以发现丢失，堵塞漏洞，揭发破坏盗窃行为。

在清查过程中，财务人员要协同财产管理人员到现场逐项清点。对于账外固定资产，要及时补办入账手续，对盘亏和毁损的固定资产，要查明原因，填制“固定资产盘亏报告单”，报有关部门审批后按规定加以处理。对于长期闲置的不使用或多余不需用机械设备，要设法调出或出售，做到物尽其用，减少企业占用资金。对于毁损的机械设备，要建议及时修复，保证机械设备的完好。对机械设备维护保养不力和管理制度不完善的问题，要提出有效措施，及时加以改进。

4. 合理安排固定资产修理

固定资产在使用过程中，由于受机械磨损、化学腐蚀等而发生损耗，但各个部件的磨损程度并不相同。为了保证固定资产的正常使用，并发挥其应有的功能和维持良好的状态，必须经常对其进行维修和保养。在进行固定资产修理时所发生的修理费，可直接计入有关费用，但若企业的维修费用发生不均衡且数额较大时，为了均衡企业的成本、费用负担，可采用代摊或预提的方法。采用预提办法的，实际发生的修理支出冲减预提费用。实际支出大于预提费用的差额，计入有关费用；小于预提费用的差额，冲减有关费用。

5. 科学地进行固定资产更新

固定资产更新是指对固定资产的整体补偿，也就是以新的固定资产更换需要报废的固定资产。固定资产更新有两种方式：一种是完全按原样进行更新，即按原来的技术基础、原来的规模、原来的结构和原来的用途进行更新，以实现固定资产的实物再生产。另一种是在先进技术基础上的更新，也就是以先进的、效率和性能更好的、能产生更大经济效益的设备，更换陈旧落后的设备，不断提高企业的技术水平。科学地进行固定资产的更新，具有投资少、见效快、效益好的优点。房地产企业应结合具体情况，全面规划，有重点、有步骤地进行固定资产的更新。

8.3 固定资产的折旧计算

8.3.1 固定资产折旧的意义

房地产企业的固定资产在使用过程中不断发生有形损耗和无形损耗，其价值逐渐地转移到产品成本中去，对这部分损耗价值的补偿称为折旧。固定资产的有形损耗称为物质损耗，是指由于不断使用而发生的物理磨损和由于自然因素造成的实物损耗，如房屋、机器设备等随着使用年限的增加而逐渐陈旧，它与固定资产使用年限成正比。无形损耗是由于科学技术进步和劳动生产率水平的提高所引起的原有固定资产价值贬值，从而使企业使用原有固定资产不再经济，不得不提前淘汰，如新构件、新材料代替旧构件、旧材料而引起机械设备提前报废等。企业必须在固定资产使用年限内计提一定数额的折旧费，以正确反映期间损益和保证有能力重置固定资产。

8.3.2 房地产企业折旧政策及对企业财务的影响

固定资产折旧政策是指开发企业根据自身的财务状况及其变动情况趋势，对固定资产折旧的方法和折旧年限所作出的选择。我国一般选择平均折旧和加速折旧两种政策。折旧政策决定着每期固定资产的折旧额，折旧额实际上是固定资产随生产经营而转移的价值额，这部分被转移的价值一部分计入产品成本，一部分作为费用计入当期损益。所以对于房地产企业而言，折旧政策直接影响企业的开发产品成本、企业利润和利润分配、企业更新改造固定资产的资金、企业的现金流量等，从而也直接影响到企业的财务状况。折旧政策对企业财务状况的影响归纳起来主要有以下几种。

1. 对筹资的影响

对于开发企业的某一个会计年度而言，固定资产提取折旧越多，意味着开发企业可用于以后年度的固定资产更新资金越多。就可以减少企业未来筹集资金的负担。

2. 对投资的影响

固定资产折旧政策对投资的影响，主要表现在以下两个方面。

（1）折旧政策的选择，会影响固定资产的投资规模。因为折旧政策影响提取折旧额，从而影响更新固定资产资金的多少。采用加速折旧的，开发企业留用的资金较多，有利于扩大开发企业固定资产投资规模。

（2）固定资产折旧政策还能对固定资产的投资风险产生影响。固定资产投资风险主要是指固定资产投资有收不回来的可能性，它与固定资产的折旧年限和采取的折旧政策等因素都有关系。

3. 对资金分配的影响

固定资产折旧政策的选择，直接影响计入开发产品成本和当期损益中的折旧费。如采用快速折旧计入当期成本和损益的折旧费用就多，企业的利润总额就相对较少，可交纳的所得税费用就会少，影响国家税收水平。同时企业净利润也会较少，所以可供分配的利润就较少。

8.3.3 影响固定资产折旧额的因素

房地产企业计算各期折旧额的依据或者说影响折旧的因素除了折旧政策以外，还有下列3个方面。

1. 折旧的基数

计算固定资产折旧的基数一般为取得固定资产的原始成本，即固定资产的原价。企业已经入账的固定资产，除发生下列情况外，不得任意变动。

①根据国家规定对固定资产进行重新估价；

②增加补充设备或改良设备；

③将固定资产的一部分拆除；

④根据实际价值调整原来的暂估价值；

⑤发现原记固定资产价值有错误。

2. 固定资产的预计净残值

固定资产的净残值，是指预计的固定资产报废时可以收回的残余价值，扣除预计清理费用后的数额。由于在计算折旧时，对固定资产的残余价值和清理费用只能人为估计，就不可避免存在主观性。为了避免人为调整净残值的数额从而人为地调整计提折旧额，国家有关所得税暂行条例及其细则规定作了相关的规定，由于情况特殊，需调整残值的比例的，应报主管税务机关备案。

3. 固定资产使用寿命

固定资产的使用寿命，是指企业使用固定资产的预期期间，或者该固定资产所能产生产品或提供劳务的时间。固定资产使用寿命的长短直接影响各期应提的折旧额。房地产企业在确定固定资产使用年限时，应结合本企业的具体情况，合理地确定固定资产的使用寿命。通常在确定固定资产的使用寿命时，应考虑下列因素：

（1）该项资产预计生产能力或实物产量；

（2）该项资产预计有形损耗，如设备使用中发生磨损、房屋建筑物受到自然侵蚀等；

（3）该项资产预计无形损耗，如因新技术的出现而使现有的资产技术水平相对陈旧、市场需求变化使产品过时等；

（4）法律或者类似规定对该项资产使用的限制。

总之，企业应当根据固定资产的性质和使用方式，合理确定固定资产的使用寿命和预计净残值，并根据科技发展、环境及其他因素，选择合理的固定资产折旧方法，按照管理权限，经股东大会或董事会，或经理（厂长）会议或类似机构批准，作为计提折旧的依据。同时，按照法律、行政法规的规定报送有关各方备案，同时备置于企业所在地，以供股东等有关各方查阅。企业已经确定并对外报送，或备置于企业所在地的有关固定资产预计使用寿命和预计净残值、折旧方法等，一经确定不得随意变更，如需变更，仍然应当按照上述程序，经批准后报送有关各方备案，并在会计报表附注中予以说明。

8.3.4 固定资产折旧的范围

确定固定资产折旧的范围，一是要从空间范围上确定哪些固定资产应当提取折旧，哪些固定资产不应当提取折旧；二是要从时间范围上确定应提折旧的固定资产在什么时间开始提取折旧，在什么时间停止提取折旧。

1.空间范围

从空间范围上讲，企业所有的固定资产一般均应计提折旧。企业固定资产包括经营用固定资产、非经营用固定资产、租出固定资产、不需用和未使用的固定资产等，具体是指：

(1) 房屋和建筑物；

(2) 在用、不需用和未使用的机器设备、仪器仪表、运输工具、工具器具；

(3) 季节性停用、大修理停用的固定资产；

(4) 融资租入和以经营租赁方式租出的固定资产。

在确定固定资产折旧计提范围上应注意以下情况：

(1) 已达到预定可使用状态的固定资产，在年度内办理竣工决算手续的，按照实际成本调整原来的暂估价值，并调整已计提的折旧额，作为调整当月的成本、费用处理。如果在年度内尚未办理竣工决算的，应当按照估计价值暂估入账，并计提折旧；待办理了竣工决算手续后，再按照实际成本调整原来的暂估价值，调整原已计提的折旧。

(2) 企业对固定资产进行更新改造时，应将更新改造的固定资产的账面价值转入在建工程，并在此基础上确定经更新改造后的固定资产原价。处于更新改造过程而停止使用的固定资产，因已转入在建工程，因此不计提折旧，待更新改造项目达到预定可使用状态转为固定资产后，再按重新确定的折旧方法和该项固定资产尚可使用年限计提折旧。

(3) 企业因进行大修理而停用的固定资产，应当照提折旧，计提的折旧应计入相关成本费用。

(4) 融资租入的固定资产，应当采用与自有应计提折旧资产相一致的折旧政策。能够合理确定租赁期届满时将会取得租赁资产所有权的，应当在租赁资产尚可使用年限内计提折旧；无法合理确定租赁期届满时能够取得租赁资产所有权的，应当在租赁期与租赁资产尚可使用年限两者中较短的期间内计提折旧。

2.时间范围

从时间上讲，企业在具体计提折旧时，一般应按月提取折旧，当月增加的固定资产，当月不提折旧，从下月起计提折旧；当月减少的固定资产，当月照提折旧，从下月起不提折旧。

（1）已提足折旧继续使用的固定资产。固定资产提足折旧后，不论能否继续使用，均不再提取折旧。所谓提足折旧，是指已经提足该项固定资产应提的折旧总额。应提的折旧总额为固定资产原价减去预计残值。

（2）提前报废的固定资产。固定资产提前报废，即使该项固定资产没有提足折旧，也不再补提折旧。

（3）按规定单独估价作为固定资产入账的土地。

（4）以经营租赁方式租入的固定资产。

（5）已全额计提固定资产减值准备的固定资产

8.3.5 固定资产折旧的计算

房地产企业计提固定资产折旧，一般采用年限平均法和工作量法。对技术进步较快或使用寿命受工作环境影响较大的施工机械和运输设备，可以采用双倍余额递减法或年限总和法计提折旧。

固定资产折旧的计提方法如下。

1.年限平均法

年限平均法又称直线法，是将固定资产的折旧均衡地分摊到各期的方法。采用这种方法计算的每期折旧额均是等额的。年限平均法又分为单项折旧法和分类折旧法。

（1）单项折旧法

计算公式如下：

$$\text{年折旧率}=\frac{1-\text{预计净产值率}}{\text{折旧年限}}\times 100\% \tag{8-1}$$

$$\text{预计净残值率}=\frac{\text{预计残值}-\text{预计清理费}}{\text{固定资产原值}}\times 100\% \tag{8-2}$$

$$\text{月折旧率}=\text{年折旧率}\div 12 \tag{8-3}$$

$$\text{月折旧额}=\text{固定资产原价}\times\text{月折旧率} \tag{8-4}$$

【例 8-1】某企业新购一台设备，原价为 200 000 元，预计可使用 10 年，按照有关规定该设备报废时的净残值率为 2%。该厂房的折旧率和折旧额的计算如下。

$$\text{年折旧率}=\frac{1-2\%}{10}\times 100\%=9.8\%$$

$$\text{月折旧率}=9.8\%\div 12=4.9\%$$

$$月折旧额=200\,000\times4.9\%=9\,800\text{（元）}$$

(2) 分类折旧法

上述计算的折旧率是按个别固定资产单独计算的，称为个别折旧率，即某项固定资产在一定期间的折旧额与该项固定资产原价的比率。此外，还有分类折旧率和综合折旧率。

分类折旧率是指固定资产分类折旧额与该类固定资产原价的比率，采用这种方法，应先把性质、结构和使用年限接近的固定资产归为一类，再按类计算平均折旧率，用该类折旧率对该类固定资产计提折旧。如将房屋建筑物划分为一类，将机械设备划分为一类等。分类折旧率的计算公式如下：

$$某类固定资产年分类折旧率=\frac{该类固定资产年折旧额之和}{该类固定资产原价之和}\times100\% \tag{8-5}$$

采用分类折旧率计算固定资产折旧，其优点是计算方法简单，但准确性不如个别折旧率。

综合折旧率是指某一期间企业全部固定资产折旧额与全部固定资产原价的比率，计算公式如下：

$$固定资产综合折旧率=\frac{各项固定资产年折旧额之和}{各项固定资产原价之和}\times100\% \tag{8-6}$$

与采用个别折旧率和分类折旧率计算固定资产折旧相比，采用综合折旧率计算固定资产折旧，其计算结果的准确性较差，一般不宜用来计算固定资产的实际折旧费用。

采用年限平均法计算固定资产折旧虽然比较简便，但它也存在着一些明显的局限性。首先，固定资产在不同使用年限提供的经济效益是不同的。一般来讲，固定资产在其使用前期工作效率相对较高，所带来的经济利益也就多；而在其使用后期，工作效率一般呈下降趋势，因而，所带来的经济利益也就逐渐减少。平均年限法不考虑这一事实，明显是不合理的。其次，固定资产在不同的使用年限发生的维修费用也不一样。固定资产的维修费用将随着其使用时间的延长而不断增大，而年限平均法也没有考虑这一因素。

当固定资产各期的负荷程度相同，各期应分摊相同的折旧费，这时采用年限平均法计算折旧是合理的。但是，若固定资产各期负荷程度不同，采用年限平均法计算折旧时，则不能反映固定资产的实际使用情况，提取的折旧数与固定资产的损耗程度也不相符。

2. 工作量法

工作量法是根据实际工作量计提折旧额的一种方法。这种方法弥补平均年限法只重视使用时间，不考虑使用强度的缺点，其基本计算公式为：

$$每一工作量折旧额=\frac{固定资产原价\times（1-预计残值率）}{预计总工作量} \tag{8-7}$$

$$某项固定资产月折旧额=该项固定资产当月工作量\times每一工作量折旧额 \tag{8-8}$$

【例 8-2】 某企业的一台机器的原价为 250 000 元，预计该机器使用 10 年，运转 8 万 h，其报废时的残值率为 3%。本月满负荷运转，共运转 720h。该机器的月折旧额计算如下：

$$每小时折旧额=\frac{250\,000\times（1-3\%）}{80\,000}=3.03（元）$$

$$本月折旧额=720\times3.03=2\,181.6（元）$$

由于各种专业设备有不同的工作量指标，因而工作量折旧法又可分为台班（时）折旧法、行驶里程折旧法等。

(1) 台班（时）折旧法

台班（时）折旧法是按照各计算期机械设备工作台班的折旧额计提固定资产的一种折旧方法。主要适用于某些价值较大而又不经常使用的大型机械设备，在采用时有两种方法。

第一种是根据机械设备原值、预计净残值和预计折旧年限内工作台班数，计算每一工作台班折旧定额，然后根据工作台班折旧定额和实际工作台班计提折旧。机械设备折旧年限内工作台班折旧定额和折旧额的计算公式为：

$$台班（时）折旧定额=机器设备净值/预计折旧年限内工作台班 \tag{8-9}$$

$$月折旧额=台班（时）折旧定额\times月工作台班（时） \tag{8-10}$$

【例 8-3】 有 120t·m 塔吊一台，原值为 600 000 元，预计净产率 5%，估计折旧年限内工作 2 000 台班，某月实际工作 10 台班。折旧定额计算如下：

$$台班折旧定额=600\,000\times（1-5\%）/2\,000=285 元$$

$$该月折旧额=285\times10=2\,850 元$$

第二种方法是在确定机械设备折旧年限和年折旧额的前提下，按年度工程任务确定当年机械设备的工作台班的计划数，算出该年度内每一工作台班折旧定额，年中按折旧定额计提折旧，年末按年度实际折旧额加以调整。年度台班折旧定额的计算公式为：

$$年度台班折旧定额=\frac{机器设备原值\times（1-预计净残值率）/预计折旧年限}{年度计划工作台班（时）} \tag{8-11}$$

【例 8-4】 如上例 120t·m 塔吊，预计折旧年限为 15 年，2006 年计划安排工作 100 台班，折旧额的计算如下：

$$\begin{pmatrix}2006 年度台\\班折旧定额\end{pmatrix}=\frac{600\,000\times（1-5\%）/15}{100}=\frac{38\,000}{100}=380 元$$

采用第二种方法计提台班（时）折旧，能使产品成本负担的折旧额与各个年度机器设备的利用情况联系起来，即年度内机器设备利用台班（时）越多，每个台班

(时）的折旧费越少，有利于促使企业充分利用机器设备。

(2) 行驶里程折旧法

主要适用于开发企业的交通运输设备的折旧定额的计算，在采用这种折旧方法时，要先计算单位里程折旧定额，然后根据单位里程折旧定额和实际行驶里程计提折旧。

$$\text{单位里程折旧定额}=\frac{(\text{运输设备原值}-\text{预计净残值})}{\text{预计折旧年限内总行驶里程}} \tag{8-12}$$

$$\text{月折旧额}=\text{单位里程折旧定额}\times\text{月实际行驶里程} \tag{8-13}$$

3. 曲线法（加速折旧法）

曲线法，是既考虑固定资产有形损耗，又考虑其无形损耗，尽可能地避免固定资产损失的一种折旧方法。在固定资产折旧年限内，各年的折旧额呈现出逐年曲线减少趋势，所以叫曲线法。同时，它也是一种加速折旧方法。其特点是在固定资产有效使用年限的前期多提折旧，后期则少提折旧，从而相对加快折旧的速度，以使固定资产成本在有效使用年限中加快得到补偿。

加速折旧的计提方法有多种，常用的有以下两种。

(1) 双倍余额递减法

双倍余额递减法是在不考虑固定资产残值的情况下，根据每期期初固定资产账面余额和双倍的直线法折旧率计算固定资产折旧的一种方法，计算公式为：

$$\text{年折旧率}=\frac{2}{\text{预计的折旧年限}}\times 100\% \tag{8-14}$$

$$\text{月折旧率}=\text{年折旧率}\div 12 \tag{8-15}$$

$$\text{月折旧额}=\text{固定资产账面净值}\times\text{月折旧率} \tag{8-16}$$

由于双倍余额递减法不考虑固定资产的残值收入，因此，在应用这种方法时必须注意不能使固定资产的账面折余价值降低到它的预计残值收入以下，即实行双倍余额递减法计提折旧的固定资产，应当在其固定资产折旧年限到期以前两年内，将固定资产净值扣除预计净残值后的余额平均摊销。

【例 8-5】 某企业一台设备的原价为 20 000 元，预计使用年限为 6 年，预计净残值 400 元。按双倍余额递减法计算折旧，每年的折旧额计算如下：

双倍直线年折旧率 $=\frac{2}{6}\times 100\%=33.33\%$

第 1 年应提的折旧额＝20 000×33.33%＝6 666（元）

第 2 年应提的折旧额＝（20 000－6 666）×33.33%＝4 444.22（元）

第 3 年应提的折旧额＝（13 334－4 444.22）×33.33%＝2 962.96（元）

第 4 年应提的折旧额＝（8 889.78－2 962.96）×33.33%＝1 975.41（元）

从第 5 年起改按平均年限法（直线法）计提折旧。

第 5、6 年的折旧额＝（3 951.41－400）÷2＝1 775.71（元）

20 000 元减去各年已提的折旧额即得 3 951.41 元

（2）年数总和法

年数总和法又称合计年限法，是将固定资产的原值减去净残值后的净额乘以一个逐年递减的分数计算每年的折旧额，这个分数的分子代表固定资产尚可使用的年数，分母代表使用年数的逐年数字总和，计算公式如下：

$$年折旧率=\frac{尚可使用年限}{预计使用年限的年数总和}\times 100\% \tag{8-17}$$

或者：

$$年折旧率=\frac{预计使用年限-已使用年限}{预计使用年限\times（预计使用年限+1）\div 2}\times 100\% \tag{8-18}$$

$$月折旧率=年折旧率\div 12 \tag{8-19}$$

$$月折旧额=（固定资产原值-预计净残值）\times 月折旧率 \tag{8-20}$$

【例 8-6】沿用“双倍余额递减法”中列举的资料为例，采用年数总和法计算各年折旧额，计算结果如表 8-1 所示。

折旧计算结果表　　表 8-1

年　份	尚可使用年限（年）	原值—净残值（元）	变动折旧率	每年折旧额（元）	累计折旧（元）
1	6	19 600	6/21	5 600	5 600
2	5	19 600	5/21	4 666.67	10 266.67
3	4	19 600	4/21	3 733.33	14 000
4	3	19 600	3/21	2 800	16 800
5	2	19 600	2/21	1 866.67	18 666.67
6	1	19 600	1/21	933.33	19 600

采用加速折旧法后，在固定资产使用的早期多提折旧，后期少提折旧，其递减的速度逐年加快。加快折旧速度，目的是使固定资产成本在估计耐用年限内加快得到补偿。

8.3.6　固定资产的更新方案财务决策

房地产企业在机械设备更新时，不单要考虑技术上的先进性，还要考虑经济上的合理性，即用新机器设备替代旧机器设备能给开发企业带来的经济效益。一般来说，新机器设备的一次性投资支出大，年使用费较低；旧机械设备不需要一次投入大量的资金，但是，旧机械设备的年使用费较高。所以是否更新旧机械设备要权衡利弊。固定资产更新改造，常用差额内部收益率法。

当该更新改造项目的差额内部收益率指标大于或等于基准折现率或设定折现率时，应当进行更新改造；反之，就不应当进行此项更新改造。

差额内部收益率法的计算过程和计算技巧同内部收益率法完全一样，只是所依据的是差额净现金流量。更新改造固定资产财务决策需要经过如下步骤。

1. 建设期的年净现金流量

$$\begin{pmatrix}\text{建设期某年}\\\text{净现金流量}\end{pmatrix}=-\left[\begin{pmatrix}\text{该年发生的}\\\text{新固定资产投资}\end{pmatrix}-\begin{pmatrix}\text{旧固定资产}\\\text{变价净收入}\end{pmatrix}\right] \quad (8\text{-}21)$$

$$\begin{pmatrix}\text{建设期末的}\\\text{净现金流量}\end{pmatrix}=\begin{pmatrix}\text{因旧固定资产提前报废发生}\\\text{净损失而抵减的所得税税额}\end{pmatrix} \quad (8\text{-}22)$$

2. 投入运营的第一年的净现金流量

$$\begin{pmatrix}\text{运营期第一年}\\\text{所得税后}\\\text{净现金流量}\end{pmatrix}=\begin{pmatrix}\text{该年因更新}\\\text{改造而增加的}\\\text{息税前利润}\end{pmatrix}\times\left[1-\begin{pmatrix}\text{所得税}\\\text{税率}\end{pmatrix}\right]+\begin{pmatrix}\text{该年因更新}\\\text{改造而增加的}\\\text{折旧}\end{pmatrix}+\begin{pmatrix}\text{因旧固定资产提前}\\\text{报废发生净损失而}\\\text{递减的所得税税额}\end{pmatrix} \quad (8\text{-}23)$$

3. 投入运营的其他年的净现金流量

$$\begin{pmatrix}\text{运营期第一}\\\text{年所得税后}\\\text{净现金流量}\end{pmatrix}=\begin{pmatrix}\text{该年因更新改造}\\\text{而增加的}\\\text{息税前利润}\end{pmatrix}\times\left[1-\begin{pmatrix}\text{所得税}\\\text{税率}\end{pmatrix}\right]+\begin{pmatrix}\text{该年因更新}\\\text{改造而增加的}\\\text{折旧}\end{pmatrix}+\begin{pmatrix}\text{该年收回新固定资产}\\\text{净残值超过继续使用的}\\\text{旧固定资产净残值之差额}\end{pmatrix} \quad (8\text{-}24)$$

因旧固定资产提前报废发生净损失而抵减的所得税税额的计算公式为：

$$\begin{pmatrix}\text{因旧固定资产提前报废发生}\\\text{净损失而抵减的所得税税额}\end{pmatrix}=\begin{pmatrix}\text{旧固定资产}\\\text{清理净损失}\end{pmatrix}\times\begin{pmatrix}\text{适用的企业}\\\text{所得税税率}\end{pmatrix} \quad (8\text{-}25)$$

【例 8-7】 某房地产企业打算变卖一套尚可使用 5 年的旧机械设备，另购置一台新机械设备来替换它。取得新机械设备的投资额为 180 000 元，旧机械设备的折余价值为 90 151 元，其变价净收入为 80 000 元，到第 5 年末新机械设备与继续使用旧机械设备届时的预计净残值相等。新旧设备的替代将在当年内完成（即更新设备的建设期为零）。使用新设备可使企业在第 1 年增加营业收入 50 000 元，增加经营成本 25 000 元；从第 2～5 年内每年增加营业收入 60 000 元，增加经营成本 30 000 元。设备采用直接法计提折旧。适用的企业所得税税率为 33%。试对该机械设备的更新改造进行财务评价，并作出是否更新的决策。假设本行业的平均收益率为 10%。

解：（1）计算新旧机械设备的差额净现金流量

$$\begin{pmatrix}\text{更新设备比继续使用}\\\text{旧设备增加的投资额}\end{pmatrix}=\left[\begin{pmatrix}\text{该年发生的新}\\\text{固定资产投资}\end{pmatrix}-\begin{pmatrix}\text{旧固定资产}\\\text{变价净收入}\end{pmatrix}\right]=180\,000-80\,000=100\,000$$

经营期 1～5 年每年因更新改造而增加的折旧＝100 000/5＝20 000

$$\begin{pmatrix}\text{运营期第 1 年不包括}\\\text{财务费用的总成本}\\\text{费用的变动额}\end{pmatrix}=\begin{pmatrix}\text{该年增加的}\\\text{经营成本}\end{pmatrix}+\begin{pmatrix}\text{该年增加的}\\\text{折旧}\end{pmatrix}=25\,000+20\,000=45\,000$$

$$\left(\begin{array}{l}\text{运营期第 2～5 年每年} \\ \text{不包括财务费用的总成本} \\ \text{费用的变动额}\end{array}\right)=30\,000+20\,000=50\,000$$

因旧设备提前报废发生的处理固定资产净损失为：

旧固定资产折余价值＝90 151－80 000＝10 151

因旧固定资产提前报废发生净损失而抵减的所得税税额＝10 151×33%＝3 350

经营期第 1 年息税前利润的变动额＝50 000－45 000＝5 000

经营期第 2～5 年每年的息税前利润的变动额＝60 000－50 000＝10 000

$$\Delta NCF=-(180\,000-80\,000)=-100\,000$$

$$\Delta NCF_1=5\,000\times(1-33\%)+20\,000+3\,350=26\,700$$

$$\Delta NCF_{2\sim5}=10\,000\times(1-33\%)+20\,000=26\,700$$

(2) 用差额内部收益率法计算，更新方案的差额内部收益率

$$\Delta NPV=26\,700\times(P/A,\Delta IRR,5)-10\,000=0$$

$$(P/A,\Delta IRR,5)=\frac{100\,000}{26\,700}=3.745\,3$$

$$(P/A,10\%,5)=3.790\,8$$

$$(P/A,12\%,5)=3.604\,8$$

用内插法计算可得：

$$\Delta IRR=10\%+\frac{3.790\,8-3.745\,3}{3.790\,8-3.604\,8}\times(12\%-10\%)=10.49\%$$

(3) 评价并作出判断

因为 10.49%大于该行业的基准收益率 10%，具有财务可行性，所以更新改造方案可行。

8.4 其他资产的管理

8.4.1 无形资产的管理

无形资产是指企业拥有或者控制的没有实物形态的可辨认的非货币性资产。

1. 无形资产的构成

无形资产主要包括：专利权、非专利技术、商标权、著作权、土地使用权、特许权等。

(1) 专利权，是专利权人依法享有的各项权利。包括发明专利、实用新型专利和外观设计专利。专利权人，是其所申请的专利被国家专利主管机关批准的专利申

请人。

专利申请人，分为单位申请人和个人申请人。执行本单位的任务或者主要是利用本单位的物质技术条件所完成的发明创造为职务发明创造。职务发明创造，除了单位与发明人或者设计人事先另有约定的，以单位为专利申请人；申请被批准后，该单位为专利权人。非职务发明创造，以发明人或者设计人为专利申请人；申请被批准后，该个人为专利权人。

专利权人依法享有专利保护权和专利转让权。

专利保护权，是指除了法律规定的情况以外，任何单位或者个人未经专利权人许可，都不得为了生产经营的目的，制造、使用、销售、许诺销售和进口其专利产品；不得使用其专利方法；不得使用、销售、许诺销售和进口依照该专利方法直接获得的产品。

专利转让权，是指专利权人依照法律规定的程序和手续许可他人（包括单位和个人）使用其专利的权利。

（2）非专利技术。非专利技术及专有技术，或技术秘密、技术诀窍，是指先进的、未公开的、未申请专利、可以带来经济效益的技术及诀窍。主要包括：一是工业专有技术，即在生产上已经采用，仅限于少数人知道的；二是商业（贸易）专有技术，即具有保密性质的市场情报、原材料价格情报以及用户、竞争对象的情况和有关知识；三是管理专有技术，即生产组织的经营方式、管理方式、培训职工的方法等保密知识。非专有技术权并不是专利法的保护对象，专有技术所有人依靠自我保密的方式来维持其独占权，可以用于转让和投资。

（3）商标权，是商标所有人对商标依法注册而取得的专用权。商标，是指用各种文字或图案标注在商品或商品包装上的标记。它是用来代表商品质量、特点和生产经营者的标志，是联系企业和消费者的纽带。

商标所有人的专用权，是指商标一经注册，在法律规定的有效期限内，商标所有人以外的任何单位和个人，未经商标所有人许可，不得再在同类商品上使用与注册商标相同或类似的商标。

（4）著作权。著作权又称为版权，制作者对其创作的文学、文学和艺术作品依法享有的某特殊权利。著作权包括两方面的权利，即精神权利（人身权利）和经济权利（财产权利）。前者指作品署名、发表作品、确认作者身份、保护作品的完整性、修改已经发表的作品等各项权利，包括发表权、署名权、修改权和保护作品完整权；后者指以出版、表演、广播、展览、录制唱片、摄制影片等方式使用作品以及因授权他人使用作品而获得经济利益的权利。

（5）土地使用权。土地使用权也是一种租赁权，因为我国城市土地归国家所有，企业单位占用土地只有土地使用权，没有所有权。自从土地有偿使用以后，企业要取得土地的使用权，必须支付土地使用费，并向土地管理部门登记获得使用土地的权利。土地使用权指开发企业批租或转租土地，一次支付租赁费后向土地管理机关登记而享受使用和取得收益的权利。企业获得土地使用权后，可依法转让或投资。土地使用权的作价，应与取得同类土地使用权应缴纳的土地使用费相同。在一次支付租赁费时，应将租赁期内的土地使用费加以资本化，作为无形资产价值入账。土地使用费由土地租用费和土地开发费构成。土地使用费的标准可根据场地的位置、周围的开发程度、公共设施的完善情况等因素确定；也可参照当地相同土地批租单价和开发费加以估算。与专利权等无形资产不同，土地使用权价格不但不会发生递减情况，而且还会随着地区经济的发展、基础设施的日益完善而呈不断上升趋势。因而，土地使用权不会发生无形损耗。

(6) 特许权。特许权又称经营特许权、专营权，指企业在某一地区经营或销售某种特定商品的权利或是一家企业接受另一家企业使用其商标、商号、技术秘密等的权利。前者一般是指政府机关授权、准许企业使用或在一定地区享有经营某种业务的特许权，如水、电、邮电通信等专营权、烟草专卖权等；后者指企业间依照签订的合同，有限期或无限期使用另一家企业的某些权利，如连锁店分店使用总店的名称等。

2. 无形资产的特点

(1) 没有实物形态。无形资产是不具有实物形态的非货币性资产，它不像固定资产、存货等具有事物形态。

(2) 具有可辨认性。资产满足下列条件之一的，符合无形资产定义中的可辨认性标准。

①能够从企业中分离或者划分出来，并能单独或者与相关合同、资产或负债一起，用于出售、转移、授予许可、租赁或者交换。

②源自合同性权利或其他法定权利，无论这些权利是否可以从企业或其他权利和义务中转移或者分离。

商誉的存在无法与企业自身分离，不具有可辨认性，不是无形资产。

(3) 属于非货币性长期资产。无形资产属于非货币性资产，且能够长期使用，为企业带来经济效益。无形资产的使用年限在1年以上，其价值将在各个受益期间逐渐摊销。

3. 无形资产的运用

房地产企业对于无形资产大体上包括自用、出售、出租和对外投资。

(1) 自用，是企业将无形资产用于生产经营。

(2) 出售，是企业将无形资产的所有权转让给他人（包括单位和个人）。

(3) 出租，是企业通过签署合同，许可他人（包括单位和个人）使用无形资产。租出之后，除了合同另有约定的以外，企业仍然可以继续使用该项无形资产，继续向其他人出租该项无形资产。这是无形资产出租与其他类型的资产出租的一个区别。

(4) 对外投资，是企业以无形资产作为对其他单位的投资。投出之后，除了合同另有约定的以外，企业仍然可以继续使用该项无形资产，继续以该项无形资产向其他人投资。这是以无形资产对外投资与以其他类型的资产对外投资的一个区别。

4. 无形资产的计价

(1) 无形资产的计价原则

无形资产的计价原则是，按照取得无形资产的实际成本作为入账价值。

(2) 无形资产的计价方法

①自行研究开发无形资产。企业内部研究开发项目所发生的支出应区分研究阶段支出和开发阶段支出。研究阶段是探索性的，为进一步开发活动进行资料及相关方面的准备，以进行的研究活动将来是否会转入开发、开发后是否会形成无形资产等均具有较大的不确定性，所以，研究阶段发生的支出作为当期费用计入当期损益。相对于研究阶段而言，开发阶段应当是已经完成研究阶段的工作，在很大程度上具备了形成一项新产品或新技术的基本条件，所以，企业自行开发无形资产发生的开发支出，不满足资本化条件的，作为当前的费用；满足资本化条件的作为无形资产的成本入账。

企业对研究开发阶段的支出应当单独核算管理。比如，直接发生的研发人员的工资、材料费以及相关设备的折旧费等。同时从事多项研究开发活动的，所发生的支出应当按照合理的标准在各项研究开发活动之间进行分配；无法合理分配的，应当记入当期损益。

企业的非专利技术，有些是自己开发研制的，有些是根据合同规定从外部购入的。如果是企业自己开发研制的，应将符合规定的开发支出资本化条件的支出确认为无形资产。对于从外部购入的非专利技术，应将实际发生的支出予以资本化，作为无形资产入账。

②购入的无形资产，按照实际支付的价款计价。其中包括：购买价格、相关税费以及直接归属于使该项资产达到预定用途所发生的其他支出。

③投资人投入的无形资产，以合同或协议决定的价格作为实际成本。但是，股份制企业首次发行股票，为了发行股票而接受投资人投入的无形资产，应当按照该无形资产在投资方的账面价值计价。合同和协议确定的价格不公允的除外。

亦非货币性交易、债务重组和政府补助等方式取得的无形资产的成本按照财会制度的规定确定。这里不再赘述。

5. 无形资产的使用寿命

房地产企业根据财务制度的规定，合理确定各项无形资产的有效使用年限，有利于正确地确定收益与费用的配比，也有利于房地产开发企业正确地测算纳税所得，但应注意纳税所得的税法口径与企业会计口径之间的时间性差异处理。

房地产企业应当准确判断所使用无形资产使用期限是否确定。对使用期限确定的无形资产合理进行摊销，对于使用期限不确定的无形资产不予摊销。

某些无形资产的取得源自于合同性权利或其他法定的权利，其使用寿命不应超过合同性权利或其他法定权利规定的期限。但如果企业的预期该无形资产的使用寿命短于合同或法律规定的，按企业的预期来确定无形资产的使用寿命。

如果合同性权利或其他法定权利能够在到期时因需要等延续，则仅当有证据表明企业续约不需要付出大额成本时，续约期才能够包括在使用寿命的估计当中。

没有明确的合同规定或法律规定无形资产的使用寿命的，企业应当综合各方面的情况，来确定无形资产为企业带来未来经济利益的期限。如果经过努力仍无法确定无形资产为企业带来经济效益的期限的，将其确定为使用寿命不确定的无形资产。

另外，每年终了还要对无形资产的使用寿命进行复核，如果发现无形资产的使用寿命不同于以前的估计，则应根据实际情况更改无形资产的使用寿命的确认。

6. 无形资产计划

无形资产计划，是企业控制无形资产的取得、使用和管理的计划。它根据计划期期初无形资产结存状况、取得无形资产方案决策结果、运用无形资产方案决策结果，由财务管理机构会同相关管理机构编制。编制和实施无形资产计划，是提高无形资产使用效果的重要保证。

无形资产计划的主要内容包括计划年度，计划取得无形资产的名称，取得方式，取得渠道，计划投资金额及其构成，计划取得时间和寿命期限，自用无形资产的摊余价值、摊销期限及剩余摊销期限、摊销率和摊销额，出售无形资产的名称、计划回收金额、计划出售时间，对外投资无形资产的名称、账面价值、投资对象、计划投资期限、计划投出时间、计划投资收益和备注事项等。无形资产计划运行中的对外投资无形资产的部分，应当与对外投资决策中相应部分的内容指标衔接一致。

无形资产计划由财务管理机构会同相关管理机构组织实施。对于长期投资计划的执行情况，应当按照企业制度的规定，由审定或者批准计划的机构进行考核。

总之，房地产开发企业一旦获得某种无形资产，除了利用法律手段保障其在本企业的经济利益外，还要通过本期开发、生产、经营各环节的高质量管理，使其在日常的开发、生产、经营各环节中充分体现其真实的价值，使无形资产在实际使用年限内，为企业带来的经济利益达到一种最大限度的可能性。这就需要房地产开发企业生产人员和管理人员的共同努力，如对产品质量和服务质量的提高，对专利技术的保密及对专利技术进一步改造等。

8.4.2 长期待摊费用的管理

长期待摊费用，是指企业已经支出，但摊销期限在1年以上（不含1年）的各项费用，包括固定资产大修理支出、租入固定资产的改良支出等。应当由本期负担的借款利息、租金等，不得作为长期待摊费用处理。

1.长期待摊费用的种类

房地产企业的长期待摊费用，主要包括固定资产大修理支出、租入固定资产的改良支出等其他长期待摊费用。

(1) 固定资产大修理支出，是指修理周期超过1年的大修理工程支出。

(2) 租入固定资产的改良支出，是指对以经营租赁方式租入的固定资产进行的改装、改造发生的各项支出。

(3) 其他长期待摊费用，是指上述各类长期待摊费用以外的长期待摊费用。

2.长期待摊费用的摊销

(1) 长期待摊费用的摊销原则

对于长期待摊费用，应当在费用项目的受益期限内分期平均摊销。

(2) 长期待摊费用的摊销期限

①对于固定资产大修理支出，应当在下一次大修理前平均摊销；

②对于租入固定资产改良支出，应当在租赁期限与租赁资产尚可使用年限两者孰短的期限内平均摊销；

③对于其他长期待摊费用应当在受益期内平均摊销；

④对于已经不能使以后会计期间受益的长期待摊费用项目，应当将该项目的尚未摊销的摊余价值全部转入当期损益。

3.长期待摊费用计划

长期待摊费用计划，是企业控制长期待摊费用的发生、摊销和结转的计划。它根据计划期期初长期待摊费用结存状况、固定资产调整计划、筹资计划，由财务管理机构会同相关管理机构编制。编制和实施长期待摊费用计划，是有效控制成本费用的重要保证。

长期待摊费用计划的主要内容包括计划年度、长期待摊费用项目名称、摊余价值或计划发生额、剩余摊销期限或摊销期限、计划年度内的摊销起止月份、摊销计划摊销额和备注事项等。长期待摊费用计划中的计划期内新发生的长期待摊费用项目名称、计划发生额、摊销期限等指标，应当分别与固定资产调整计划、筹资计划的相关指标钩稽相符。

长期待摊费用计划由财务管理机构会同相关管理机构组织实施。对于长期投资计划的执行情况，应当按照企业制度的规定，由审定或者批准计划的机构进行考核。

本章小结

固定资产是企业进行生产经营活动必不可缺少的物质基础，通常是企业最具盈利性的核心资产，固定资产的利用效率，直接影响到企业的营运能力。房地产企业除了对固定资产加强财务管理外，还应该对无形资产和其他资产进行财务管理，因为这部分资产也能为企业带来经济效益，特别是在当前的市场经济形势下，无形资产等能发挥更大的作为，所以，房地产开发企业应加强固定资产、无形资产和其他资产的管理。本章分别讲解以下内容。

1. 为了便于管理，要对房地产开发企业的固定资产进行合理的分类。固定资产按经济用途分类、按使用情况分类、按所有权分类和综合分类。

2. 固定资产折旧涉及到固定资产使用期间损耗价值的转移及补偿，是保证固定资产简单再生产的基本条件；同时，也对企业成本、费用及利润构成重要影响。因此，企业必须加强对固定资产折旧的控制与管理。首先，正确确定固定资产的原值、净值、折旧基数、净残值和折旧年限，严格执行国家规定的固定资产折旧的计提范围，制订合理的企业折旧政策；其次，正确列支固定资产折旧费用。

3. 固定资产折旧的计算方法有：平均年限法、工作量法和曲线法。曲线法为加速折旧方法。目前，我国允许采用的曲线法有双倍余额递减法和年数总和法。

4. 无形资产是房地产开发企业的其他长期资产，它包括专利权、非专利技术、商标权、租赁权、土地使用权等。

要重视无形资产的计价、无形资产的价值结转，要有无形资产计划，对取得的无形资产要在一定期限内进行摊销，对发生、减值的无形资产，要计提减值准备。

5. 房地产开发企业的其他资产主要包括长期待摊费用和临时设施。加强企业其他资产的管理，要对长期待摊费用合理摊销，要有长期待摊费用计划。

复习思考题

1. 固定资产有哪些基本特征？确认固定资产的具体标准是什么？
2. 固定资产计提折旧有哪些方法？各种方法各有什么特点？
3. 固定资产计提折旧的范围有哪些？

4. 根据固定资产的特点，房地产企业固定资产日常管理工作主要包括哪些？

5. 无形资产的特征有哪些？

6. 无形资产的摊销年限应当如何确定？

7. 如何做好无形资产的管理？

8. 长期待摊费用有哪些内容？如何进行管理？

练习题

1. 计算固定资产折旧。某房地产企业新增设备一台，原始价值为 25 万元，估计净残值为 1 000 元，预计使用年限为 8 年。试分别按平均年限法、双倍余额递减法和年数总和法计算各年的折旧额。

2. 某项目固定资产原价 20 000 元，预计净残值为 500 元，预计使用年限为 5 年。采用年数总和法得到的第 3 年的折旧额为多少？

3. 某一个固定资产原值为 10 万元，预计净残值为 4 000 元，使用年限为 5 年。若采用双倍余额递减法计提折旧，则第 4 年的应提折旧额为多少？

4. 某固定资产原值为 100 万元，预计净残值为 5 万元，使用年限为 10 年，若采用年数总和法计提折旧，则第 5 年、第 6 年计提的折旧额为多少？

第9章 房地产企业成本费用控制管理

本章概要

1. 房地产企业成本费用的构成及其成本费用管理的内容和要求；
2. 房地产企业成本费用的预算、计划和控制；
3. 房地产企业目标成本法的基础知识；
4. 房地产企业作业成本管理的基础知识。

9.1 房地产企业成本费用概述

9.1.1 成本费用及构成

1.成本费用的含义

成本费用就是指房地产开发企业在开发经营过程中所发生的各项耗费。成本和费用均有广义和狭义两种解释。广义的成本泛指取得资金的代价，狭义的成本仅指开发产品成本。广义的费用包括企业各种耗费和损失，狭义的费用只包括为获取营业收入提供商品和劳务而发生的耗费。

成本和费用的区别具体表现如下。

(1) 计算范围不同

从企业经济活动过程来看，一般是费用发生在先，成本计算在后；费用是按整个企业计算的，而成本是企业为生产一定种类、一定数量的产品所发生的耗费，即成本是对象化的耗费，根据不同情况和管理需要，可以分别计算所含内容不同的成本。

(2) 计算期间不同

费用是按会计期间计算的，一般是指企业一定时期内在生产经营活动中所发生的耗费；而成本是按一定对象的生产经营活动是否完成划分的。

2. 成本费用的开支范围

成本费用的开支范围，是指国家对企业发生的支出允许其在成本费用中列支的范围。房地产开发企业与开发经营有关的各项支出，都应当按照规定计入企业的成本费用，具体包括开发产品成本和期间费用两大类。

（1）开发产品成本

开发产品成本包括土地征用及拆迁补偿费、前期工程费、建筑安装工程费、基础设施建设费、公共配套设施费以及开发间接费用。

①土地征用及拆迁补偿费。土地征用及拆迁补偿费是企业按照城市建设总体规划进行土地开发而发生的各项费用，包括土地征用费、耕地占用税、劳动力安置费及有关地上、地下附着物拆迁补偿的净支出、安置动迁用房支出等。

②前期工程费。前期工程费是开发建设项目前期工程所发生的各项费用，包括规划、设计、项目可行性研究、水文、地质、勘测、测绘、“三通一平”等支出。

③建筑安装工程费。建筑安装工程费是开发建设项目在生产过程中发生的各种建筑安装工程费用。包括企业以出包方式支付给承包单位的建筑安装工程费和以自营方式发生的建筑安装工程费。

④基础设施建设费。基础设施建设费是开发建设项目在生产过程中发生的各项基础设施支出，包括开发小区道路、供水、供电、供气、排污、排洪、通信、照明、环卫、绿化等工程发生的支出。

⑤公共配套设施费。公共配套设施费是开发建设项目内发生的不能有偿转让的公共配套设施支出，包括不能有偿转让的开发小区内公共配套设施发生的支出。

⑥开发间接费用。开发间接费用是房地产企业所属直接组织、管理开发建设项目发生的费用。是指企业所属直接组织管理开发项目发生的支出，包括工资、职工福利费、折旧费、修理费、办公费、水电费、劳动保护费、周转房摊销等。

以上①～⑤费用为直接费用，直接计入产品成本。⑥为间接费用，应按一定标准分配计入产品成本。

（2）期间费用

房地产开发企业的期间费用包括管理费用、财务费用和销售费用。期间费用不计入开发产品成本，而是在发生时直接计入当期损益。

按照企业财务制度规定，房地产开发企业的下列支出，不得列入成本费用：

①为购置和建造固定资产、无形资产和其他资产发生的支出；

②对外投资支出；

③没收的财物、支付的滞纳金、罚款、违约金、赔偿金以及企业赞助、捐赠支出；

④国家法律、法规规定以外的各种付费；

⑤国家规定不得列入成本费用的其他支出。

3. 成本费用的分类

(1) 按经济内容分类

成本费用按经济内容分类，可以分为外购材料、外购燃料、外购动力、工资、提取的职工福利费、折旧费、利息支出、税金、其他支出等。

(2) 按经济用途分类

房地产开发企业的成本费用按经济用途分类，分为开发产品成本和期间费用。

(3) 按照成本费用是否可控分类

按照成本费用是否可控，分为可控耗费和不可控耗费。可控耗费是指在某一单位的权责范围以内，能够直接控制并影响其发生数额的耗费。不可控耗费是指企业的管理者和经营者对成本费用的发生是无法控制的，如材料价格差异。

(4) 按照成本费用与开发产品之间的关系分类

按照成本费用与开发产品之间的关系，分为变动耗费和固定耗费。变动耗费是指发生总额随着工程量的增减变动而按比例变动的耗费，如原材料，燃料等；固定耗费是指在一定期间和一定工程量范围内，其发生总额不随工程量的增减变动而变动的、相对固定的各种耗费，如管理人员的工资、办公费等。

9.1.2 成本费用管理的主要内容

成本费用管理是指对房地产企业在开发经营过程中各项费用的发生和开发产品成本的形成所进行的预算、计划、控制、分析评价等一系列的科学管理工作，其目的在于挖掘企业内部潜力，厉行节约，不断降低开发产品成本和其他耗费，提高企业竞争力。成本费用管理的主要内容包括以下几方面。

1. 成本费用预算

成本费用预算，就是根据房地产企业成本费用的特性及有关数据和情况，结合发展的前景和趋势，采用科学的方法，对一定时期、一定产品或某个项目、方案的成本费用水平、目标进行预计和测算。成本费用预算既是成本费用管理工作的起点，也是成本费用事前控制成败的关键。搞好成本费用预算，对于加强房地产企业成本费用管理，促使房地产开发企业有计划地降低开发产品成本和其他耗费，提高经济效益以及正确进行经营决策，具有十分重要的意义。

2. 成本费用计划

成本费用计划是对房地产企业成本费用实行计划管理的重要环节。成本费用计划是在成本费用预算的基础上，根据计划期的开发经营任务、降低成本费用的要求以及有关资料，通过一定的程序，运用一定的方法，以货币形式规定计划期的开发产品成本和其他耗费，并用书面文件的形式规定下来，作为计划执行和考验检查的依据。

3. 成本费用控制

成本费用控制是指房地产企业在开发经营过程中，按照既定的成本费用目标，对构成成本费用的一切耗费进行严格的计算、调节和监督，及时揭示偏差，并采取有效措施纠正不利差异，发展有利差异，使房地产企业实际的成本费用被限制在预定的目标范围之内。

4. 成本费用分析

成本费用分析是对企业成本费用水平和成本费用管理工作的总结和鉴定。成本费用分析是在成本费用计划及其他有关资料的基础上，运用一定的方法，揭示企业成本费用的变动情况，进一步查明影响企业成本费用变动的各种因素、产生的原因，以及应负责任的单位和个人，并提出积极建议，采取有效措施，进一步降低企业的成本费用。正确进行成本费用分析，可以促进企业改善经营管理，加强经济核算，提高企业经济效益。

成本费用预算和计划是成本费用管理的设计阶段，成本费用控制是成本费用管理的执行阶段，成本费用分析是成本费用管理的总结阶段。这几个环节依次循环、紧密相连，共同推进成本费用管理工作不断前进。

9.1.3 成本费用管理的要求

根据成本费用的经济性质和房地产开发企业自身发展的需要，成本费用管理的基本要求如下。

1. 确定成本计算对象和成本计算方法

成本计算对象是指房地产开发企业在进行成本计算时所确定的、归集和分配开发产品成本的承担者。在确定成本计算对象和成本计算方法时，应根据房地产开发经营的特点和管理要求，结合开发工程的地点、用途、结构、装修、层高、施工队伍等因素合理加以确定。其原则为：

①一般的开发项目，应以每一独立编制的设计预算或每一独立施工图预算所列的单项开发工程作为成本计算对象；

②同一开发地点、结构类型相同的群体开发项目，如果开工、竣工时间接近，又由同一施工队伍施工，可以合并为一个成本计算对象；

③对个别规模较大、工期较长的开发项目，可以按开发项目的一定区域划分成本计算对象。

2. 确定成本项目

成本项目是指房地产开发企业在组织成本核算时，将开发产品成本按经济用途进行分类所确定的费用项目。具体包括6个方面：土地征用及拆迁补偿费、前期工程费、建筑安装工程费、基础设施建设费、公共配套设施费以及开发间接费用。企业在计算开发产品成本时，应当按照成本项目来归集企业在开发产品过程中所发生的应计入开发产品成本的各项费用，加强开发产品成本的管理。

3. 正确计算开发项目成本

房地产开发企业的经济活动是多方面的，所发生的费用支出也是多种多样的。房地产企业要正确区分各种支出的性质，严格遵守成本费用的开支范围，正确计算开发项目成本。其主要要求为：

①划清计入成本费用和不计入成本费用的界限；

②划清各月成本费用的界限；

③划清各种开发项目成本的界限；

④划清已完工开发产品成本与未完工开发产品成本的界限；

⑤划清开发成本和期间费用的界限。

4. 加强成本费用管理的基础工作

成本费用管理的基础工作主要包括：

①建立和健全成本核算体系；

②建立和健全原始记录，包括材料物资方面、劳动方面、设备使用方面、费用开支等方面的原始记录；

③建立和健全各种财产物资的计量、收发、领用、清查、盘点和报废等制度。

9.2 成本费用预算和计划

9.2.1 成本费用预算

1. 投资决策阶段的成本费用预算

在房地产企业的开发经营过程中，在选择投资开发项目时，首先要对其成本费用进行预算，确定目标成本费用，作为选择投资方案的依据。投资决策阶段的成本费用预算方法一般有两种。

（1）倒扣计算法。以市场能接受的价格为基础，减去目标利润和销售税金即是开发产品的目标成本。对销售价格的预算，要根据开发项目自身的特点，同类房地产项目的比价资料及未来市场的变动趋势，合理地加以确定。对目标利润的确定，要符合实际和企业整体的目标要求。

(2) 选择某一先进成本作为目标成本，即比照同行业国内外先进水平预算本企业的目标成本。

2. 编制计划时的成本费用预算

编制计划时的成本费用预算主要是确定企业计划期的目标成本和达到目标成本的措施。编制计划时的成本费用预算方法一般以上一年度的实际成本费用资料作为预算的主要依据。按客观存在的成本费用与工程量之间的依存关系，把房地产开发企业开发经营过程中发生的各项耗费分为固定耗费和变动耗费两大类，再分析研究上年度固定耗费和变动耗费水平，并预测计划期在一定工程量下的最优目标成本费用。

(1) 固定耗费和变动耗费的划分

正确划分固定耗费和变动耗费是进行成本费用预算的前提条件。固定耗费和变动耗费的划分可采用高低点法和回归分析法等统计分析方法。

①高低点法，即以所取历史资料中工程数量最高和最低时期的两组成本费用数据为样点，来推算固定耗费和变动耗费，计算方法如下：

$$\text{变动耗费率}=\frac{\text{高点成本费用}-\text{低点成本费用}}{\text{高点工程量}-\text{低点工程量}}\times 100\% \tag{9-1}$$

$$\text{变动耗费总额}=\text{变动耗费率}\times\text{工程数量} \tag{9-2}$$

$$\text{固定耗费总额}=\text{成本费用总额}-\text{变动耗费总额} \tag{9-3}$$

【例 9-1】 某房地产开发企业历史完成的工程量与成本费用的统计资料如表 9-1 所示。要求：确定 2006 年的固定耗费或变动耗费。

工程量与成本费用的统计表（单位：万元） 表 9-1

年 份	工 程 量	成 本 费 用
2003 年	12 358.5	11 280.0
2004 年	14 653.2	12 367.8
2005 年	17 254.6	15 794.3
2006 年	20 563.8	18 164.5

解：

$$\begin{aligned}\text{变动耗费率}&=\frac{\text{高点成本费用}-\text{低点成本费用}}{\text{高点工程量}-\text{低点工程量}}\times 100\%\\&=\frac{18\,164.5-11\,280.0}{20\,563.8-12\,358.5}\times 100\%\\&=83.9\%\end{aligned}$$

2006 年变动耗费＝20 563.8×83.9％＝17 253.03（万元）

2006 年固定耗费＝18 164.5－17 253.03＝911.47（万元）

②回归分析方法，即利用相关分析，研究经济事物变量间的相关关系，并用相关系数来描述其相关关系的密切程度，对具有相关关系的变量，依据其相关图选择一个适宜的数学模型，利用回归分析建立起数学模型。在成本费用分析中应用的主要是一元线性回归分析。

设数学模型为：

$$Y = a + bX \tag{9-4}$$

式中：Y——年成本费用总额；

X——年工程量；

a——固定耗费额：

b——变动耗费率。

（2）目标成本费用的预算

目标成本费用即房地产开发企业的成本费用在计划期内应达到的预计水平。目标成本费用是衡量实际成本费用节约（或超支）的标准，它是企业开发经营管理中必须做的一项工作，具体计算步骤为：

①将上年度实际成本费用划分为固定耗费和变动耗费，计算出上年度的变动耗费率、边际利润和边际利润率。

$$\text{变动耗费率} = \frac{\text{变动耗费}}{\text{开发工程量}} \times 100\% \tag{9-5}$$

②计算边际利润。边际利润是指开发工程量减去变动耗费后的余额，是用来补偿固定耗费和为企业提供利润的。如果边际利润与固定耗费相等，则企业不盈不亏，如大于固定耗费，则为盈利，如小于固定耗费，则为亏损。

$$\text{边际利润} = \text{开发工程量} - \text{变动耗费} \tag{9-6}$$

$$\text{边际利润率} = \frac{\text{边际利润}}{\text{开发工程量}} \times 100\% \tag{9-7}$$

③假定计划年度内的固定耗费不变，就可以预算出计划年度内保本点及目标成本费用。

$$\text{保本点} = \frac{\text{固定成本}}{\text{边际利润率}} \tag{9-8}$$

$$\text{目标费用} = \text{固定耗费} + \text{开发工程量} \times \text{变动耗费率} \tag{9-9}$$

【例 9-2】某房地产开发企业上年度开发工程量为 37 000 万元，实际耗费为 34 800万元，其中，固定耗费为 9 550 万元，变动耗费为 25 250 万元。本年度已确定的开发工程量为 38 000 万元，而且固定耗费和上年度相同，要求计算：

（1）变动耗费率；

（2）边际利润和边际利润率；

(3) 本年度的保本点和目标费用。

解：

$$变动耗费率=\frac{变动耗费}{开发工程量}\times 100\%$$
$$=\frac{25\ 250}{37\ 000}\times 100\%=68.24\%$$

$$边际利润=开发工程量-变动耗费$$
$$=37\ 000-25\ 250=11\ 750\ (万元)$$

$$边际利润率=\frac{边际利润}{开发工程量}\times 100\%$$
$$=\frac{11\ 750}{37\ 000}\times 100\%$$
$$=31.76\%$$

$$本年度保本点=\frac{固定成本}{边际利润率}$$
$$=\frac{9\ 550}{0.317\ 6}$$
$$=30\ 070\ (万元)$$

这就是说该房地产开发企业本年度必须完成开发工程量 30 070 万元才能不亏损，如果超过 30 070 万元，就能盈利。

该房地产开发企业本年度的目标成本费用为

$$目标费用=固定耗费+开发工程量\times 变动耗费率$$
$$=9\ 550+38\ 000\times 68.24\%$$
$$=35\ 481\ (万元)$$

(3) 成本费用降低额和成本费用降低率的预算

成本费用降低指标的试算平衡，是编制成本费用计划的一个重要步骤。所谓试算平衡，就是根据计划期影响成本费用降低的各项主要因素，预算成本费用可能降低的数额和降低率。

①由于劳动生产率提高幅度超过平均工资增长幅度而使成本费用降低。

$$成本费用降低率=\left(1-\frac{1+平均工资增长率}{1+劳动生产增长率}\right)\times 生产工人工资占总成本的比重 \tag{9-10}$$

$$成本费用降低额=计划期总成本费用\times 成本费用降低率 \tag{9-11}$$

②由于材料、燃料消耗降低而使成本费用降低。

$$成本费用降低率=\left(\begin{matrix}预计材料等\\消耗降低率\end{matrix}\right)\times\left(\begin{matrix}材料占基期总成本\\费用的比重\end{matrix}\right) \tag{9-12}$$

$$成本费用降低额=计划期总成本费用\times 成本费用降低率 \tag{9-13}$$

③由于房地产开发工程量增加，使固定耗费相对节约而使成本费用降低。

$$\text{成本费用降低率}=\left(1-\frac{1}{\text{生产增长率}}\right)\times\text{固定费用占总成本的比重} \quad (9\text{-}14)$$

$$\text{成本费用降低额}=\text{计划期总成本费用}\times\text{成本费用降低率} \quad (9\text{-}15)$$

④由于节约管理费用而使成本费用降低。

$$\text{成本费用降低率}=\text{预计管理费用节约率}\times\text{基期管理费用占总成本费用的比重}$$

$$\text{成本费用降低额}=\text{计划期总成本费用}\times\text{成本费用降低率} \quad (9\text{-}16)$$

⑤由于减少返工损失而使成本费用降低。

$$\text{成本费用降低率}=\text{预计返工损失降低率}\times\text{返工损失占总成本费用的比重} \quad (9\text{-}17)$$

$$\text{成本费用降低额}=\text{计划期总成本费用}\times\text{成本费用降低率} \quad (9\text{-}18)$$

其中，计划期总成本费用是按基期平均单位成本计算的。

计划期总成本费用的降低是上述各项降低额之和。将所求出的成本费用计划总额与目标成本费用相比较，如符合目标成本费用水平，则试算结果达到预定的目标任务；否则，应重新制订降低成本费用的措施，重新试算，直至达到目标成本费用水平。

9.2.2 成本费用计划

成本费用计划是房地产开发企业经营计划的重要组成部分，它以货币形式预先规定企业计划期内的成本费用水平和成本费用降低幅度，是加强房地产开发企业成本费用管理的重要工具，是挖掘降低成本费用潜力的有效手段，是建立企业内部成本费用管理责任制的基础。企业应当在成本费用预算的基础上，制订相应的成本费用计划。

1. 编制成本费用计划的准备工作

房地产开发企业在制订成本费用计划过程中，要根据开发项目的不同情况和本企业的特点，分别确定开发经营过程中各种成本费用的消耗标准，并具体规划保证完成这些指标所需的主要措施。为使成本费用计划建立在积极可靠和科学的基础上，必须做好一系列的准备工作，以保证成本费用计划尽可能地反映客观实际。

2. 编制成本费用计划的原则

（1）各项技术指标和工艺指标都要对照本企业的历史最高水平、同行业先进水平和基期实际水平合理加以确定。

（2）搞好综合平衡。全面分析和处理各方面活动及各环节的内在联系，突出做好开发经营能力与市场需求的衔接和平衡。

（3）全面计划管理。各职能部门均要依据企业大纲总的要求，结合本部门的实际，制订自己的具体计划，并将指标层层分解落实。

3. 成本费用计划的内容

房地产开发企业的成本费用计划一般包括单个项目开发成本计划、总开发成本计划和期间费用预算等。

（1）单个项目开发成本计划

单个项目开发成本计划是以各种单个开发项目为对象，并按成本项目编制的开发成本计划，是在降低成本计划、前期开发工程成本计划和建筑安装工程成本计划等的基础上编制的。降低成本计划，是反映企业通过各种节约降低开发经营成本的计划。前期开发工程成本计划，是反映项目开发过程中的土地征用、拆迁补偿、项目总体规划、可行性研究、水文地质勘探、“三通一平”等费用支出的计划。建筑安装工程成本计划，是反映开发项目内所有建筑安装工程成本的计划，该计划一般以建筑安装工程的施工图预算为编制依据。

房地产开发企业的项目开发成本计划表如表 9-2 所示。

房地产开发企业开发成本计划表 表 9-2

编制单位名称： 年度： 单位：万元

开发项目名称：

开发项目所在地： 开发面积：

成本项目	计划成本	说明
土地征用及拆迁补偿费		
前期工程费		
建筑安装工程费		
基础设施费		
公共配套设施费		
开发间接费用		
合计		

企业主管： 财务主管：

（2）总开发成本计划

总开发成本计划是根据单个项目开发成本计划汇总编制的，它又分为按开发项目类别汇编的总开发成本计划和按成本项目汇编的总开发成本计划。

（3）期间费用预算

期间费用预算是以房地产开发企业计划期内的管理费用、营业费用和财务费用为对象编制的费用预算。房地产开发企业的期间费用不计入开发产品成本，在发生时直接计入当期损益。但期间费用也是房地产开发企业成本费用的重要组成部分，对企业开发经营活动具有十分重要的作用，企业应当按期编制期间费用预算，以加强企业期间费用的管理和控制。

9.3 房地产企业的成本费用控制

9.3.1 成本费用控制的含义及内容

1. 成本控制的含义

成本控制，是指运用以成本会计为主的各种方法，预定成本限额，按限额开支成本和费用，以实际成本和成本限额比较，衡量经营活动的成绩和效果，并以例外管理原则纠正不利差异，以提高工作效率，实现以至超过预期的成本限额。

成本费用控制有狭义和广义之分。狭义的成本费用控制是指企业在日常的开发经营过程中，按照成本费用管理制度和成本费用计划等的要求，对发生耗费的各项活动进行组织、调节和监督，使成本费用控制在预定的目标范围之内。广义的成本费用控制除日常成本控制外，还包括事前控制和事后控制。

房地产开发企业的成本费用控制方法主要有目标成本控制法和项目经理责任制等。目标成本是衡量实际成本节约或超支的标准，通过成本费用预算加以确定。

项目经理责任制，是房地产开发项目管理的重要内容。由于房地产开发项目的复杂性和系统性，房地产开发的决策权必须集中，防止职责不清、效率低下。项目经理负责开发项目的总体管理，项目开发过程中，由项目经理定期总结项目的总体财务状况，检查成本费用计划的执行情况。促使参与项目开发的每一个成员加强成本费用控制，力求所有工作的完成均未超过事先确定的成本费用预算。

成本费用控制对企业的经营管理有着重要作用，实施成本费用控制，可以保证费用预算和成本计划的完成，同时也是加强经济核算、降低损耗、增加盈利的有效途径。

2. 成本控制的内容

(1) 事前控制

事前控制是指在开发活动开始之前，对影响房地产企业成本费用的各项经济活动进行事前规划、审核、确定成本费用控制的目标，包括成本费用预算、成本费用计划和制订成本费用管理责任制。

成本费用管理责任制的建立和健全是有效进行成本费用管理的保证。房地产企业应当按照分级分口管理、权责结合、责任到人的原则，把成本费用指标层层分解，把小指标分别落实到各有关职能部门，把成本费用管理纳入岗位责任制，并做到责、权、利相结合。

（2）成本费用计划执行过程中的成本费用控制

为了保证成本费用计划的执行，有效地进行成本费用的控制，房地产企业要建立成本费用控制组织体系，实行成本费用分级分口管理责任制，建立健全成本费用开支审批制，对超定额消耗、超标准开支等进行全面监督和控制，主要包括：

①材料费用的控制。节约材料费用，必须严格控制材料的消耗数量，降低材料的采购成本。

②工资费用的控制。

③期间费用的控制。企业应当实行费用指标分口分级管理，明确责任单位，并制订费用定额，按月确定费用指标，严格控制期间费用。

3.事后控制

事后控制是指在成本费用形成以后，把日常发生的差异及原因汇总起来进行分析考核，探索成本费用升降的原因，明确经济责任，为确定下一个成本费用循环的目标提出改进意见，以不断降低成本费用，提高经济效益。

房地产开发企业的事后控制的主要内容包括：企业总成本费用分析、单位成本费用分析和同行业成本费用分析。

房地产开发企业总成本费用分析是分析和考核企业在计划期末成本费用计划的执行情况。通过实际成本费用与计划成本费用相比较，分析总成本费用差异，找出主要影响因素，总结经验和教训，以便今后提高企业整体的成本费用管理水平。

房地产开发企业单位成本费用分析是对单位工程量的开发成本进行分析。通过单位成本费用的计划值、实际值和预算值进行对比分析，查明成本降低额和成本降低率计划的完成情况，研究引起节约或超支的原因，进一步寻找降低成本费用的途径。

房地产开发企业与同行业先进水平比较，可以学习先进经验，改进企业自身的缺点，促进企业进一步降低成本费用，提高本企业的竞争力。

9.3.2 房地产企业成本控制系统的组成

房地产企业的成本控制系统包括组织系统、信息系统、考核制度和奖励制度等内容。

1.组织系统

组织是指人们为了一个共同目标而从事活动的一种方式。在企业组织中，通常将目标划分为几个子目标，并分别指定一个下级单位负责完成。

成本控制系统必须与房地产企业组织机构相适应，即房地产企业预算是由若干分级的小预算组成的。每个小预算代表一个分部、车间、科室或其他单位的财务计划。与此有关的成本控制，如记录实际数据、提出控制报告等，也都是分小单位进行的。这些小单位作为责任中心，必须有十分明确的、由其控制的行动范围。按其所负责任和控制范围不同，分为成本中心、利润中心和投资中心。成本中心是以达到最低成本为经营目标的一个组织单位；利润中心是以获得最大净利为目标的一个组织单位；投资中心是以获得最大的投资收益率为经营目标的一个组织单位。按房地产企业的组织结构合理划分责任中心，是进行成本控制的必要前提。

2. 信息系统

信息系统，也就是责任会计系统，是房地产企业会计系统的一部分，负责计量、传送和报告成本控制使用的信息。

责任会计系统主要包括编制责任预算、核算预算的执行情况、分析评价和报告业绩 3 个部分。

3. 考核制度

考核制度是控制系统发挥作用的重要因素。考核制度的主要内容有：

（1）规定代表责任中心目标的一般尺度。它因责任中心的类别而异，可能是销售额、可控成本、净利润或投资收益率。必要时还要确定若干次级目标的尺度，如市场份额、次品率、占用资金的限额等。

（2）规定责任中心目标尺度的唯一解释方法。例如，什么是销售额，是总销售额还是扣除折让和折扣后的销售净额。作为考核标准，对它们必须事先规定正式的解释。

（3）规定业绩考核标准的计量方法。例如，成本如何分摊，相互提供劳务和产品使用的内部转移价格，使用历史成本还是使用重置成本计量等，都应作出明确规定。

（4）规定采用的预算标准。例如，使用固定预算还是弹性预算，是宽松的预算还是严格的预算，编制预算时使用的各种常数是多少等。

（5）规定业绩报告的内容、时间、详细程度等。

4. 奖励制度

奖励制度是维持控制系统长期有效运行的重要因素。人的工作努力程度受业绩评价和奖励办法的影响。经理人员往往把注意力集中到与业绩评价有关的工作上面，尤其是业绩中能够影响奖励的部分。

9.3.3 成本控制的原则

成本控制的原则可以概括为以下几点。

1. 经济原则

经济原则，是指因推行成本控制而发生的成本，不应超过因缺少控制而丧失的收益。

通常，增加控制环节发生的成本比较容易计量，而控制的收益比较难于确定，但不能因此否定这条原则。在一般情况下，控制的收益会明显大于其成本，人们可以作出定性的判断。经济原则在很大程度上决定了我们只在重要领域中选择关键因素加以控制，而不对所有成本都进行同样周密的控制。经济原则要求成本控制要能起到降低成本、纠正偏差的作用，具有实用性。经济原则要求在成本控制中贯彻"例外管理"原则、重要性原则，要求成本控制系统应具有灵活性。

2. 责权利结合原则

在成本费用控制的一定层次上，控制主体必须拥有在其责任范围内采取管理措施、对该范围内发生的资金耗费及有关开发经营活动实施控制的权利。同时，成本费用控制主体也必须承担因管理失误或不力导致成本费用失控而造成损失的经济责任。贯彻责权结合原则，应明确划分不同层次的成本费用控制范围，理顺各层次之间的责权关系。同时要充分发挥利益机制的激励作用，对于在成本费用控制中取得成效的单位或个人予以肯定和奖励，以调动有关人员的积极性。

3. 全面性原则

成本费用是一项综合性价值指标，它既受到房地产企业开发经营活动中众多复杂、相互制约的经济技术因素的影响，同时也涉及房地产企业管理工作的方方面面，因而，必须树立统筹兼顾的全面观点，才能使成本费用得到有效控制，达到整体经济效益最优。全面性原则要求：

(1) 要处理好成本费用与工程量、工程质量、利润等指标之间的关系，在瞬息万变、竞争激烈的市场经济中，切不可因注重经营规模而忽视成本费用管理，也不可为降低成本费用而粗制滥造；

(2) 要重视全过程的成本费用控制，凡是与资金耗费有关的经营活动，都必须实行严格的成本费用控制；

(3) 要动员全体员工增强意识，参与成本费用控制，将成本费用控制工作渗透到全体员工的日常经营活动中；

(4) 要对影响成本费用变动的所有经济技术因素实施综合管理、全面控制，防止一切可能发生的经济损失。

4. 及时性原则

成本控制的及时性原则是指在成本控制系统中，能及时揭示成本控制过程中产生的实际与控制标准之间的偏差，使之能在较短的时间里恢复正常，及时消除偏差。当成本控制系统出现偏差而尚未被及时揭示出来，因而没有采取有效措施予以纠正时，这个期间间隔越长，房地产企业受到的经济损失就越大。

成本控制的及时性体现在应及时提供成本控制中所产生的各种信息资源，当成本控制的某一个阶段需要提供成本控制信息时，系统的各个方面都能及时计算出来并以确定的形式报出。要尽量缩短成本控制偏差滞留的间隔周期，使生产经营活动中出现的实际指标与控制标准之间的偏差能及时得到纠正，以减少失控期间的损失。

5. 因地制宜原则

因地制宜原则是指成本控制系统必须个别设计，适合特定企业、部门、岗位和成本项目的实际情况，不可照搬别人的做法。

适合特定房地产企业的特点，是指大型房地产企业和小型房地产企业，老房地产企业和新房地产企业，发展快和相对稳定的房地产企业，同一房地产企业的不同发展阶段，其管理重点、组织结构、管理风格、成本控制方法和奖金形式都应当有区别。例如，新建房地产企业的管理重点是销售和制造，而不是成本；正常营业后管理重点是经营效率，要开始控制费用并建立成本标准；扩大规模后管理重点转为扩充市场，要建立收入中心和正式的业绩报告系统；规模庞大的老房地产企业，管理的重点是组织的巩固，需要周密地计划和建立投资中心。不存在适用所有房地产企业的成本控制模式。

6. 领导推动原则

由于成本控制涉及全体员工，并且不是一件令人欢迎的事情，因此必须由最高当局来推动。成本控制对房地产企业领导层的要求是：

（1）重视并全力支持成本控制。各级人员对于成本控制是否认真办理，往往视最高当局是否全力支持而定。

（2）具有完成成本目标的决心和信心。管理当局必须认定，成本控制的目标或限额必须而且可以完成。成本控制的成败，也就是他们自己的成败。

（3）具有实事求是的精神。实施成本控制，不可好高骛远，更不宜急功近利，操之过急。唯有脚踏实地，按部就班，才能逐渐取得成效。

（4）以身作则，严格控制自身的责任成本。

9.3.4 成本控制的程序

成本费用控制一般包括以下基本程序：

1. 制订成本费用控制标准，并据以确定各项节约措施

成本费用控制标准是对各项费用开支和资源消耗规定的数量界限，是成本费用控制和考核的依据。成本费用控制标准可以根据成本费用形成的不同阶段和成本费用控制的不同对象确定，主要有以下几种。

（1）目标成本

在产品的设计阶段，通常以目标成本为控制标准。目标成本是在预测价格的基础上，以实现目标利润为前提而确定的。把设计成本控制在目标成本范围以内，从而保证房地产企业在正式开发经营后能够取得预期的经济效益。

（2）计划指标

在编制成本费用计划后，可以将成本费用计划指标作为成本费用控制标准。同时还应根据需要将计划指标进行必要的分解，然后下达到房地产企业内部各成本费用管理单位。以分解后的更加具体的小指标进行控制，可使成本费用控制工作落实到每个责任单位和各有关具体人员，并把成本费用控制与成本费用计划、核算紧密结合起来。

（3）消耗定额

消耗定额是在一定的生产技术条件下，为生产某种产品或零部件而需要耗费人力、物力、财力的数量标准。它包括材料物资消耗定额、工时定额和费用定额等。用这些定额或标准控制房地产企业开发经营过程中的物质消耗和人力消耗，是保证降低成本费用的必要手段。

（4）费用预算

对房地产企业经营管理费用的开支，一般采用费用预算作为控制标准。通过预算控制支出，是促进各部门精打细算、节省开支的有效办法。

2. 执行标准

即对成本费用的形成过程进行具体的监督，根据成本费用指标，审核各项费用开支和各种资源的消耗，实施增产节约措施，保证成本费用计划的实现。

3. 确定差异

核算实际消耗脱离成本费用指标的差异，分析差异的程度和性质，确定造成差异的原因和责任归属。

4. 消除差异

组织群众挖掘潜力，提出降低成本费用的新措施或修订成本费用标准的建议。

5. 考核奖惩

考核成本费用指标执行结果，把成本费用指标纳入经济责任制，实行物质奖励。

9.3.5 房地产企业成本控制标准

成本控制中控制标准的制订是实施成本控制的重要内容，它对于完成被控指标，调动各责任单位的积极性，减少经济活动偏差的发生从而最终达到成本控制的目的都是至关重要的。

1. 制订成本控制标准的原则

在制订成本控制标准时应遵循的基本原则归纳起来主要有如下几个方面。

（1）标准的先进合理性

标准的先进性是指其在全国同行业内处于上等水平，同本企业历年的资料相对比也是最好的。标准的合理性是指标准经过努力后是能够达到的。

（2）要同房地产企业计划期内应当完成的指标相结合

房地产企业实施成本控制主要是为了完成房地产企业各项成本指标从而保证利润指标的完成。因此，在制订各项成本控制目标时，应考虑其能否完成各项计划指标，若完不成，就应进行测算，并对控制标准进行修订，使其最终能够完成各项指标。

房地产企业在一定时期内需要完成的各项指标较多，其中，主要的是利润指标。在进行成本控制时，应根据房地产企业计划期内应完成的利润指标为依据，以此倒推算出成本费用指标，作为成本控制的标准。当然，在进行成本控制时，还需要完成其他一些控制指标，如材料消耗指标、工时消耗指标等，这些也需要通过成本控制活动来进行控制。

（3）控制标准的可考核性

控制标准的可考核性是指制订的控制标准经过实施成本控制后，能够计算出其结果，并能够用控制标准与实际结果进行比较。如果控制标准不具备可考核性，标准制订得再详细也是毫无用处的。

（4）控制标准应简便易行

成本控制是一项较复杂的工作，控制标准制订的繁简程度，决定了成本控制的质量。因此，为了简化房地产企业的成本控制工作，使会计人员有足够的时间和精力进行调查研究，在保证成本控制质量的前提下，应使成本控制标准尽量简化，能用一项标准的就不要分为多项，使控制标准既能满足成本控制的需要，又能简化成本控制的工作量。

2. 制订成本控制标准的程序

成本控制标准制订的程序在不同类型的房地产企业及管理水平不同的房地产企业是不一样的。根据一些房地产企业的实践，可采用如下的程序。

(1) 确定成本控制标准的种类

在成本控制中，究竟应设置哪些成本控制标准，应结合房地产企业的具体情况来定，成本控制标准可按产品、部件、零件分别确定，也可按生产工序或生产单位（车间、工段、工序、班组）等制订。标准的种类确定后，可编制成本控制标准种类目录，使之清晰明了，并同时标明该由哪个部门负责。

(2) 制订成本控制标准

控制标准的种类确定后，就应着手制订每一个控制标准的具体指标，这些指标既应有总量指标，又应有单项指标，既应有产量、单耗等数量指标，又应有单位成本等质量指标。成本控制标准制订出来后，一般是通过编制成本控制“标准成本卡”的形式进行的。在成本控制标准成本卡中，应将成本控制标准的各个项目列明，便于查阅和修改。

(3) 标准的修订

成本控制标准同实际执行的结果必然会产生偏差，对于成本控制系统所计量出来的偏差应进行具体的分析。若是由于执行者工作不当等原因所造成的，则应采取相应的措施予以解决；若是由于成本控制标准制订得不尽合理，则应考虑对标准进行修订。值得注意的是，控制标准在一般情况下应保持相对稳定，只有在标准与实际相差较大时，才进行修改。

3.制订成本控制标准的方法

制订成本控制标准是实施成本控制的前提，采用什么方法来确定成本控制的标准，没有统一固定的模式，一般可采用下列方法。

(1) 以房地产企业历史最高水平成本作为成本控制的标准

这种方式一般可用于房地产企业已生产多年，各项指标已经基本定型的产品标准成本的制订。在采用历史最高水平作为成本控制标准时，应根据当前的生产条件等进行必要的调整，将一些不可比的因素剔除，用调整后的历史最高水平成本作为成本控制的标准。

(2) 以本行业其他房地产企业的先进指标作为标准

在生产条件、产品等其他外部条件基本相同的情况下，可以将其他房地产企业已达到的先进水平作为本房地产企业的考核指标，从而起到推动本房地产企业工作的作用。但不能完全照搬其他房地产企业的资料，可根据本房地产企业的具体情况作一些修改。

(3) 目标确定法

根据房地产企业生产等方面的实际情况，结合房地产企业在本期所应完成的各项计划指标来确定成本控制的标准。例如，房地产企业的总成本指标就可以采用这种方法来确定。采用目标确定法来制订成本控制标准的优点是通过实施控制，能确保既定的计划指标顺利完成。当所确定的标准经测算不能完成计划指标时，就应对控制标准进行修订。

(4) 技术测定法

通过对实际生产情况的调查，运用某些技术方法来确定成本控制的标准。例如，对产品单位成本控制标准的制订，可根据产品的特点将其划分为若干组成部分，按零件计算其成本作为控制标准，也可以根据产品的重量、体积等特征来测定其消耗量、单位成本标准。

4. 标准成本系统的构成

标准成本系统包括制订标准成本、差异分析和差异处理 3 个组成部分，标准成本系统的业务流程如图 9-1 所示。

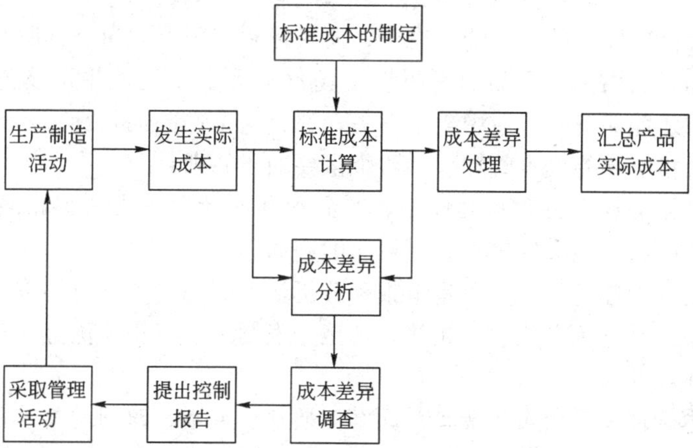

图 9-1 标准成本系统流程图

9.4 房地产企业目标成本管理

9.4.1 目标成本管理的相关概念及其原则

1. 目标成本管理的相关概念

(1) 目标成本的概念

目标成本是指在保证一项产品获得要求利润的条件下允许该产品所发生的最高成本数，即产品市场价格与公司所要求的利润之间的差额。

(2) 目标成本管理的概念

目标成本管理是关于利润规划与成本管理的战略体系，要求由价格引导、关注顾客、以产品和流程设计为中心，并依赖跨职能团队。目标成本管理从产品开发的最初阶段开始，贯穿产品生命周期始终，并将整个价值链纳入其中。

2. 目标成本管理的原则

6 条关键原则构成了目标成本管理的概念框架，以下将对这些原则作具体说明。

(1) 价格引导的成本管理

目标成本管理体系通过竞争性的市场价格减去期望利润来确定成本目标，可以概括为如下等式：

目标成本＝竞争性市场价格－目标利润　　(9-19)

价格通常由市场上的竞争情况决定，而目标利润则由公司及其所在行业财务状况决定。例如，如果一个产品的竞争性市场价格为 100 元，并且该公司需要达到 15％的利润率才能保证在行业中生存下去，那么这个产品的目标成本即为 85 (100－15) 元。价格引导的成本管理包括两个重要的子原则：

①市场价格决定产品和利润计划。产品和利润计划需要根据市场状况进行调整，以确保产品组合能够提供持续、可靠的利润。

②目标成本管理过程有竞争者情报和分析活动驱动。了解市场价格背后的竞争状况可以用来应对竞争者威胁及挑战，甚至先发制人取得竞争优势。

(2) 关注顾客

目标成本管理体系由市场驱动。顾客对质量、成本、时间的要求在产品及流程设计决策中应同时考虑，并一次引导成本分析。通过省略顾客要求的产品特性，降低产品的性能及可靠性，或者推迟产品的上市时间来实现目标成本都不可行。产品的设计开发过程应该由对顾客的关注来驱动。

(3) 关注产品和流程设计

在目标成本管理体系下，产品与流程设计是进行成本管理的关键。在设计阶段投入更多的是时间，消除那些昂贵而不费时的暂时不必要的改动，可以缩短产品投放市场的时间。关注设计原则包含以下 4 个子原则：

①目标成本管理体系在成本发生前而不是成本发生后进行控制。图 9-2 展示了已承诺产品成本和实际发生的产品成本之间的典型关系。由图示可以看出，大部分已承诺成本发生在设计阶段，而大部分实际成本发生在生产阶段，这就解释了为什么目标成本管理将焦点放在设计上。目标成本管理体系关注设计对从研发到处置阶段全部成本产生的影响，从而保证在产品的整个生命周期内有效地进行成本消减。

②目标成本管理体系要求工程人员考虑到产品、技术以及流程设计对成本的影

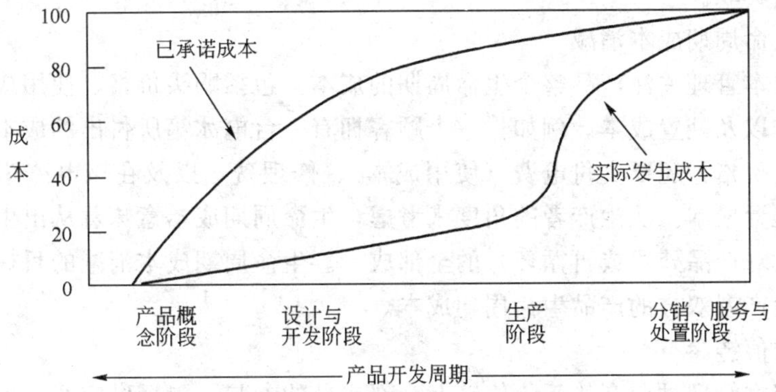

图 9-2　已承诺成本与实际发生成本比较

响。一切设计决策在正式成为产品设计的一部分之前，都必须经过顾客价值影响测评。

③目标成本管理体系鼓励公司所有参与部门共同评价产品设计，以保证产品设计改动在正式投入生产前做出。在传统成本管理体系下，许多设计改动经常发生在生产过程开始之后。图 9-3 比较了两种成本管理体系下设计改动时间上的差异。

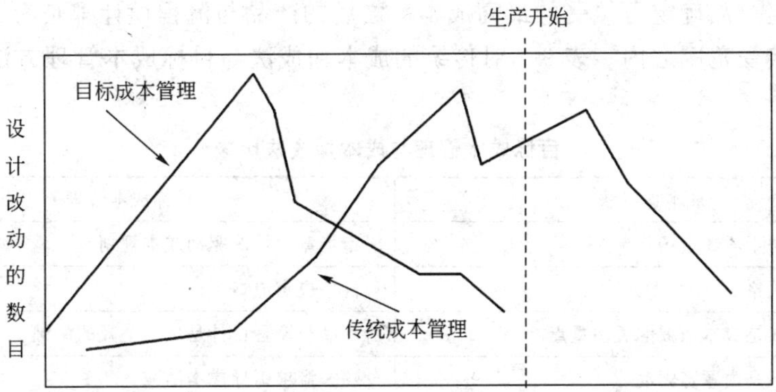

图 9-3　目标成本管理与传统成本管理在设计改动时间上的比较

④目标成本管理体系鼓励产品设计与流程设计同时进行而非先后进行。这样可以通过尽早发现并解决问题，以缩短开发时间并降低开发成本。

（4）跨职能合作

目标成本管理体系下，产品与流程团队由来自各个职能部门的成员组成，包括设计与制造部门、生产部门、销售部门、原材料采购部门、成本会计部门，以及客户服务与支持部门。这个跨职能的团队还包括公司外部的参与者，如供应商、顾客、批发商、零售商和服务提供商等。跨职能团队要对整个产品负责，而不是各职能专家各司其职。

（5）生命周期成本消减

目标成本管理关注产品整个生命周期的成本，包括购买价格、使用成本、维护与修理成本以及处置成本。例如，一个顾客拥有一台电冰箱所付出的成本不仅仅是最初的购买价格，还要支付电费（使用成本）、修理费，以及在该电冰箱使用寿命结束后的处置成本。从生产者的角度来考虑，生命周期成本意味着从出生（研发阶段）到死亡（产品处置或再循环）的全部成本。生命周期成本消减的目标是最小化顾客以及生产者双方的产品生命周期成本。

（6）价值链参与

目标成本管理过程有赖于价值链上全部成员的参与，包括供应商、批发商、零售商以及服务提供商。所有成员之间建立合作关系，构成“扩展的企业”，共同为成本消减作出努力。目标成本管理体系建立在价值链各成员长期的互惠关系之上。

3.目标成本管理与传统成本管理的区别

许多公司采用的传统利润规划方法是成本加成法。成本加成法通常先估计成本，之后在成本上加上一定的利润率来得到产品价格。如果市场不能接受这一价格，公司便会试图进行成本消减。而目标成本管理则从市场价格出发，结合目标利润率为特定产品确定可接受的最高成本，之后的产品与流程设计都是为了保证成本控制在可接受范围之内。表9-3对传统的成本加成法与目标成本管理方法进行了具体的比较。

目标成本管理与成本加成法比较 表9-3

成本加成法	目标成本管理
成本规划时不考虑市场状况	市场竞争情况驱动成本规划
成本决定价格	价格决定成本
浪费与低效是成本消减的关注重点	产品与流程设计是成本消减的关键
成本消减不是由顾客驱动	顾客需求引导成本消减
成本会计人员对成本消减负责	跨职能团队对产品成本负责
供应商不参与产品设计	供应商参与产品设计阶段
最小化顾客的购买价格	最小化顾客拥有产品的全部成本
价值链成员极少或不参与成本规划	价值链成员参与成本规划

9.4.2 房地产企业目标成本规划的基本环节

目标成本管理分为目标成本的确立阶段与达成阶段。目标成本管理与新产品开发紧密联系。典型的产品开发循环包括产品规划与利润规划阶段、产品概念与可行性阶段、产品设计与开发阶段、生产与物流阶段。确立阶段发生在产品开发循环的产品规划以及产品概念阶段，主要在于设立目标成本。达成阶段发生在产品开发循环的产品设计以及生产阶段，主要为了实现目标成本。生产阶段开始后，目标成本管理便退到幕后，而由持续改进（也称为改善成本法）承担起成本管理的任务。目标成本管理的这两个阶段与产品开发循环的关系如图 9-4 所示。

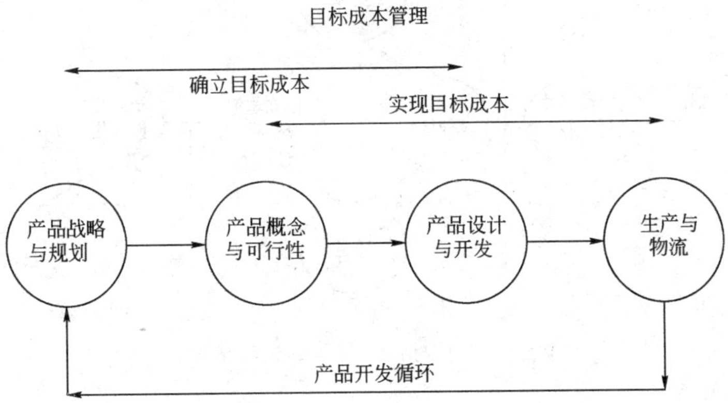

图 9-4　目标成本管理与产品开发循环

1. 确立目标成本

目标成本是根据公司产品战略以及长期利润规划等参数确定的。这些计划明确了公司的目标市场、目标顾客以及相应的产品或产品系列。确立目标成本经过 7 项主要活动，如图 9-5 所示。

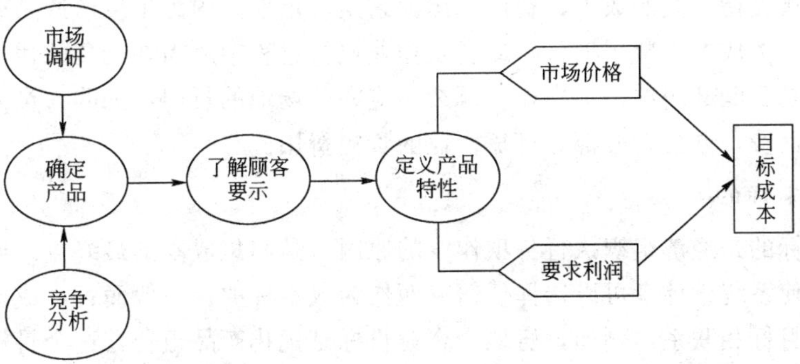

图 9-5　目标成本管理的确立阶段

2. 实现目标成本

确立阶段关注的是宏观规划过程，而达成阶段则处理成本计划与产品设计方面的具体问题，以保证实现目标成本。实现目标成本的过程包括计算成本差距、基于产品成本的设计、产品设计投入生产并实行持续改进 3 个步骤，如图 9-6 所示。

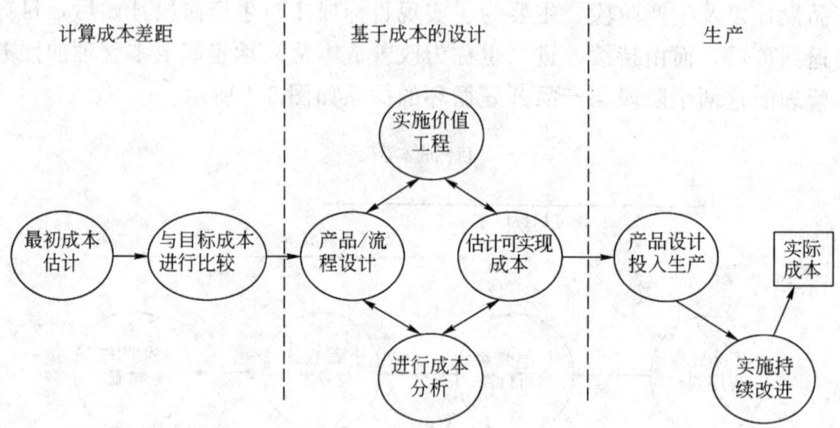

图 9-6　目标成本管理的达成阶段

9.5　作业成本管理

9.5.1　作业成本管理的相关概念

1. 资源

资源指支持作业的成本、费用来源。它是一定期间内为了生产产品或提供服务而发生的各类成本、费用项目，或者是作业执行过程中所需要花费的代价。例如发出定货单是采购部门的一项作业，那么相应办公场地的折旧，采购人员的工资和附加费，电话费，办公费等都是订货作业的资源费用。

2. 成本标的

成本标的是经济组织执行各项作业的原因，是归集成本的最终点。成本标的的普遍性，使系统设计者可以选择任何东西作为成本标的。一般而言，成本标的与房地产企业目标相联系，例如，房地产企业目标是优化产品组合，这个目标需要可靠的产品获利信息，那么产品就可定义为成本标的。典型的成本标的有：产品、顾客、服务、销售区域和分销渠道等。

3. 作业

作业指相关的一系列任务的总称，或指组织内为了某种目的而进行的消耗资源的活动。它代表组织实施的工作，是连接资源与成本标的的桥梁。作业有3个基本特征：

①作业是投入产出因果连动的实体。

②作业贯穿于公司经营的全过程，构成包容房地产企业内部和连接房地产企业外部的作业链。

③作业是可量化的基准。作业是计算成本过程中的一个元素，必须具有可量化性，同时又是计算成本的客观依据。

4. 作业链

作业链是与成本标的密切相关的一系列有序作业的集合。例如，某组织有甲、乙、丙、丁、戊5个部门和A、D、C、D 4个成本标的，每个成本标的实现需要经过不同部门的不同作业，各成本标的所经过各部门的作业构成作业链a、b、c、d如图9-7所示。

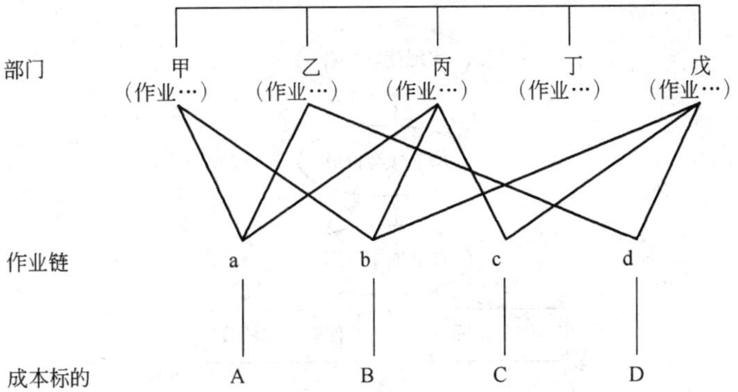

图9-7 作业、作业链与成本标的图

5. 价值链

价值链是和作业、作业链相关的一个重要概念。价值链指开发、生产、营销和向顾客交付产品和劳务所必需的一系列作业价值的集合，或者指伴随着作业转移过程中全部价值的集合。

6. 作业中心及作业成本库

作业中心是一系列相互联系、能够实现某种特定功能的作业集合。例如，原材料采购作业中，材料采购、材料检验、材料入库、材料仓储保管等都是相互联系的，并且都可以归类于材料处理作业中心。把相关的一系列作业（或任务）消耗的资源费用归集到作业中心（或作业），构成各该作业中心（或作业）的作业成本库，作业成本库是作业中心（或作业）的货币表现形式。

7. 成本动因

从作业范畴看，成本动因指诱导成本发生的原因，是成本标的与其直接关联的作业和最终关联的资源之间的中介因素。作业和成本标的是其起因，资源的消耗是其结果。成本动因是成本形成的起因，是确定成本的决定性因素。成本发生的基础因子是资源，没有人、财、物等资源无从讲成本，因此，资源可称为成本基础因子。

8. 作业成本管理的概念

作业成本管理（Activity-Based Costing Management，ABCM）是以 ABC 信息为基础的成本管理，是指为了实现组织竞争战略，增加顾客价值，在对作业及作业链全面分析的基础上，利用作业成本核算或作业成本法（ABC）提供的信息，面向全过程（市场需求分析、研究开发、产品设计、材料采购、生产、质量检验、销售、售后服务等所有环节）的系统化、动态化和前瞻性的成本控制方法，如图 9-8 所示。作业成本管理以作业为核心分析成本和价值。

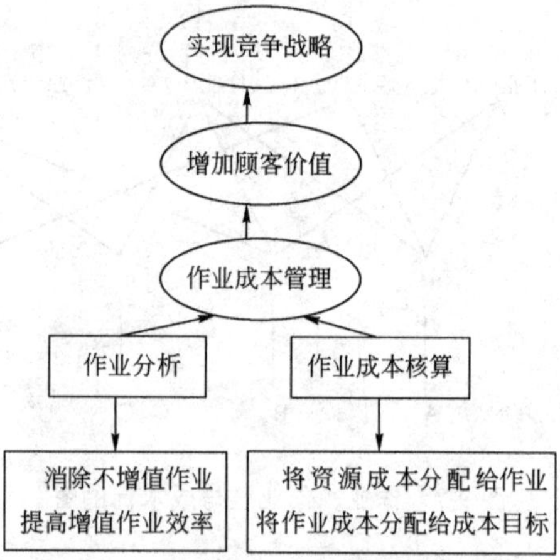

图 9-8　ABC 概念全景图

9.5.2　作业成本法的计算

1. 作业成本法的概念

作业成本法（Activity-Based Costing，简称 ABC），是指以作业为计算产品成本的中间桥梁，通过作业动因来确认和计量各作业中心的成本，并以作业动因为基础来分配间接费用的一种成本计算方法。作业成本法包括作业成本计算和作业管理两个方面的内容。作业成本计算的核心是在计算产品成本时，先将耗用的资源成本准确地计入作业，然后选择成本动因，将所有作业成本分配给产品成本。

作业成本法的基本原理：生产导致作业的产生，作业导致成本的产生，成本与费用是通过作业联系在一起的。

ABC 的目标是把所有为不同顾客和产品提供作业（包括上述辅助作业）所耗费的资源价值测量和计算出来，并恰当地把它们分配给各位顾客和产品。

2. 作业成本法核算要素

作业成本法核算包括 4 大要素：资源、作业、成本对象和成本动因。如图 9-9 所示，资源、作业和成本对象是成本的承担者，是可分配对象。在房地产企业中，资源、作业和成本对象都具有比较复杂的关系，成本动因就是导致生产中成本发生变化的因素，只要能导致成本发生变化，就是成本动因。

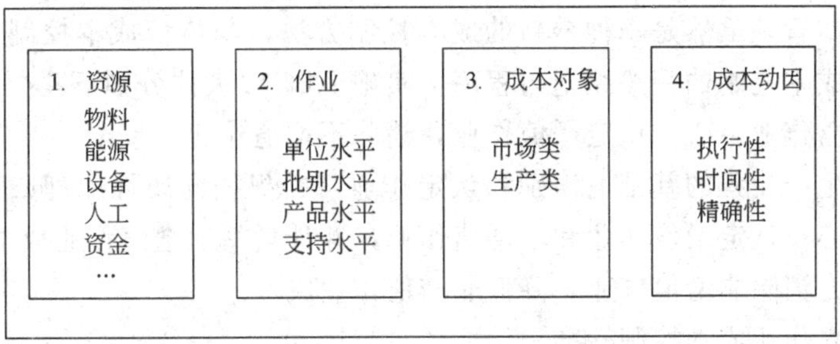

图 9-9　作业成本法核算要素

3. ABC 核算步骤

ABC 核算可以分为两个阶段，第一阶段首先鉴别出消耗资源的作业，然后确认资源动因，计算归集资源费用到作业。第二阶段包括明确成本计算对象，确认作业动因，并把各作业汇集的成本分配给相关的成本对象，如图 9-10 所示。

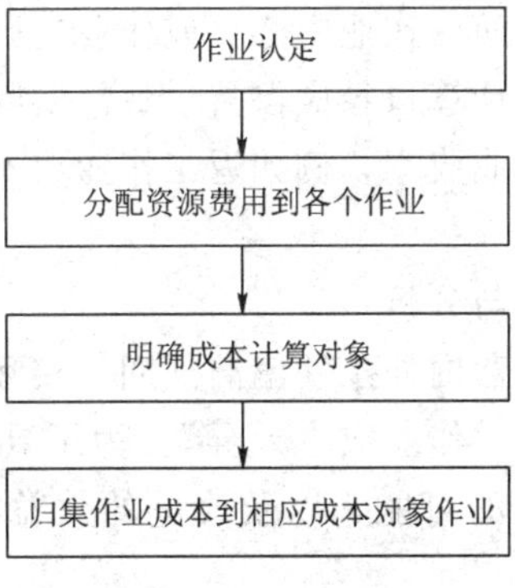

图 9-10　ABC 应用流程

9.5.3 作业成本管理

1. 作业成本管理的原理

作业成本法的原理是：视房地产企业的工作流程为一系列作业的集合，根据市场需求，以顾客订单为起点，采取“倒挤法”，从后向前确定相关作业，核定作业消耗量、作业成本，揭示资源动因、作业动因，并进而进行成本动因管理、作业管理，以消除不增值作业，提高增值作业运作效率，减少供产销各环节的存货积压、资金占用，提高公司经营效益。

2. 实施 ABCM 的程序和内容

作业成本管理虽然是一种全新的成本控制方法，与传统成本控制有诸多不同，但也应遵循成本控制的一般原则与程序。实施 ABCM 大体分如下几个环节。

(1) 建立作业中心，认定增值作业，消除不增值作业

在熟悉生产流程的基础上识别和认定作业，并根据同质性原理归并相关作业，建立作业中心；认定增值作业和不增值作业，并计量每项增值作业成本、不增值作业成本；努力消除非增值作业，降低非增值作业成本。

(2) 建立作业成本控制标准

需要指出，这里的作业指增值作业，标准的讨论是针对低效、高效而言。作业成本控制标准的确定，实质是寻找增值高效作业的资源耗费水平。例如，生产电路板的厂商在 x 位置执行一项特殊作业（生产中的人工插入作业）需花费 0.35 元，而在 y 位置执行该作业只需花费 0.3 元，y 位置的 0.3 元可以确定为该特殊作业的标准作业成本。

(3) 计算实际作业成本

实际作业成本指一定期间内作业中心（或作业）归集的实际资源费用之和，它与标准作业成本的计算期、计算口径应保持一致。实际作业成本不全是增值作业成本，它可能包含着不增值作业成本，例如返工作业成本、废品作业成本、库存作业成本、运输作业成本等。

(4) 作业成本差异计算与分析

一般来讲，由于生产经营内外条件偏离预期，实际作业成本往往与标准作业成本发生偏离，这种偏离称为“作业成本差异”。为了寻找差异的原因，判断哪里浪费、哪里低效、哪里有改进的可能，以及改进的效益额大小等，需要进行差异分析。差异分析的一般步骤是：

①计算差异数额并分析其种类；

②差异调查，寻找原因；

③判明责任，采取措施，改进工作。

(5) 业绩评价、持续改善

建立的作业成本控制标准可以用于业绩评价，但是这种静态的基准并不是一个充分有利的激励措施，下一步应建立动态目标。例如，前述电路板厂商可以把作业成本降低为 0.30 元作为短期目标，降低为 0.27 元作为中期目标，降低到 0.2 元作为长期目标，以建立持续改善的业绩评价系统。当然，应辅以相应配套的激励机制，来保证公司持续的过程进步。

3.作业成本管理的基本方法

以作业为成本控制点，对作业进行价值分析是作业基础成本控制的基本方法。作业价值分析是通过对作业的识别与计量，资源费用的归集与确认，产出消耗作业的确认与计量，产出成本费用的归集等步骤方法，分析评价作业的有效性和增值性，以提高作业效率、减少资源消耗、增加产出价值的一种分析方法。

作业价值分析的一般程序是：

①按产品类别进行全过程调查；

②识别、计量作业，建立作业中心；

③归集资源费用到相应的作业；

④分析作业消耗资源的有效性；

⑤归集作业成本为作业成本库，选择代表作业，计量成本动因率；

⑥确认、计量产出消耗的作业；

⑦计算、归集产出的作业成本；

⑧分析作业对产出的贡献，区别增值作业与不增值作业。

作业价值分析从分析层次上可以分为资源动因价值分析、作业动因价值分析和作业综合分析 3 部分。

(1) 资源动因价值分析

资源动因（Resource Driver）是资源被消耗的方式和原因，它是把资源费用分配到作业的基本依据。资源动因价值分析是通过对作业的识别、计量，作业消耗资源费用的确认与归集，分析评价各项作业有效性的方法。资源动因价值分析的程序是：

①调查产品从设计、试制、生产、储备、销售、运输到用户使用的全过程；

②在熟悉产品流程的基础上识别、计量作业，并将作业适当合并，建立作业中心；

③归集资源费用到各相应的作业；

④分析作业消耗资源的情况，确定作业的有效性。

(2) 作业动因价值分析

作业动因指耗用作业的原因，根本原因是产出。这里的产出概念可以是零件、部件或最终售予顾客的产品等实物形态，也可以是劳务。产出是进一步分配作业成本库中费用的标的，其分配依据是该项产出消耗各作业成本库中的代表作业的数量。表 9-4 列举了一个房地产企业不同作业成本库费用，分配到产出的代表作业量纲。

作业成本库代表作业量纲表 表 9-4

作业成本库	代表作业量纲
产品设计	产品种类数、产品零部件数量、设计工时、设计批次
生产	生产的产量、生产的步骤数、直接工时、生产批次数
销售	广告次数、销售员工人数、销售合同数
产品发送	发运产品的数目、顾客的数目、产品发送的时间
顾客服务	服务电话次数、服务产品数目、产品服务的时间
管理协调	管理者人数、工作时间、发布的指令数

作业动因价值分析是通过产出对作业消耗的确认、计量，作业成本库费用的分配与产出成本的归集，分析评价各项作业增值性的方法。作业动因价值分析的程序是：

①从构成作业成本库的各项作业中，选择代表作业，计量成本动因率；

②确认并计量各产出消耗的代表作业；

③计算、归集各产出的作业成本；

④分析各作业对产出的贡献，确认作业的增值性。

资源动因价值分析和作业动因价值分析是一种分层次分析的方法，其目的是揭示产出消耗作业、作业消耗资源的因果关系，以判断作业的有效性和增值性。因此，提高产出、控制成本必须从作业价值分析开始。资源动因价值分析和作业动因价值分析的关系可用图 9-11 表示。

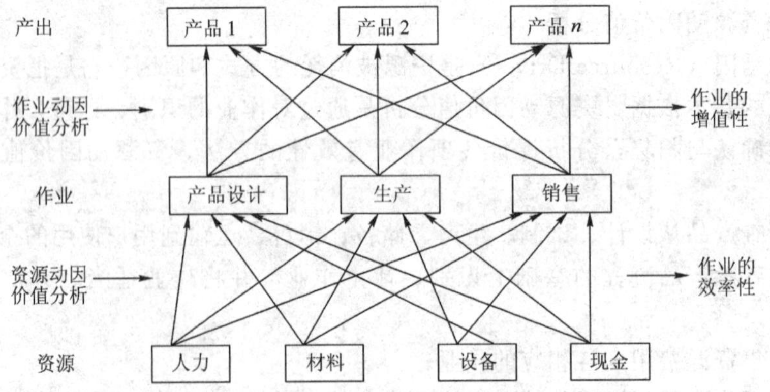

图 9-11 资源动因价值分析与作业动因价值分析

（3）作业的综合分析

在进行了资源动因价值分析和作业动因价值分析后，还应分析各项作业之间的联系，这就是作业的综合分析。房地产企业的各种作业相互联系，形成作业链。不但要分析链上的各个作业，还要分析各作业之间的联系。理想的作业链应是作业与作业之间环环相连，无开断和重叠，作业之间的等待、延误应最小，如图 9-12 所示。现实房地产企业的生产经营活动中，作业与作业之间一般都存在重叠，如图 9-13 所示。

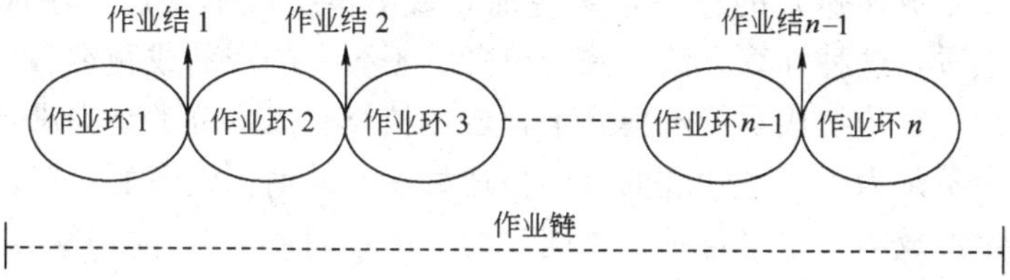

图 9-12　理想作业链和作业结图

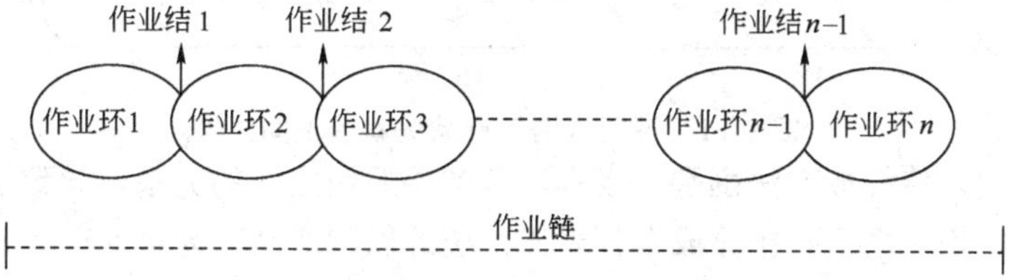

图 9-13　现实作业链和作业结图

通过作业价值分析可以用以下几种方式降低成本：

①减少作业所需要的时间和资源，改善增值作业的效率或者在短期内改进不增值作业，直至消除；

②消除不增值作业（包括不增值高效作业和不增值低效作业）；

③当其他条件相同时，选择成本最低的作业；

④利用资源集成原理，尽量实现资源共享与作业共享；

⑤利用作业成本计算提供的信息，编制资源使用计划，重新配置未使用资源。

分析作业发生的原因，评价作业价值，将有效性的方法贯穿于作业成本管理的整个过程，所以作业价值分析是作业成本管理的基本方法，是确认并最终消除浪费，达到降低成本的有效手段。

4. 作业成本管理与传统成本管理的区别

（1）传统成本计算法以“产品”为核心，对于直接费用，一般直接归属到相关产品的成本。而对于制造费用，则以部门作为成本库，然后再将它分摊到产品中去。在传统成本计算中，通常隐含一个假设：随着产量的增加，投入到生产过程中的资源也随之增加。基于这种无意识的假设，成本计算中普遍采用与产量相关联的分摊基础——如直接人工小时、机器小时、材料耗用额等。这就是所谓的“数量基础成本计算”的由来。但由于产品差异的存在，即各产品在消耗制造费用时有着不同的比例。各产品不同比例消耗制造费用的原因很多，诸如产品规模、产品复杂程度、生产准备时间和批量的规模等方面的差异。另外由于非单位基准制造费用（制造费用与产量不成比例）的存在，这些都导致了传统成本管理方法成本信息的扭曲，从本质上看，这种计算方法隐藏着浪费、不盈利的产品或顾客。

(2) 其次，在传统成本管理模式下，成本核算和成本分类是为满足财务报告服务的需要，而不是为了成本管理的目的描述每一产品消耗资源的情况，主要核算产成品存货的生产成本，忽略各种“不同目的下的不同成本”，如图 9-14 所示。

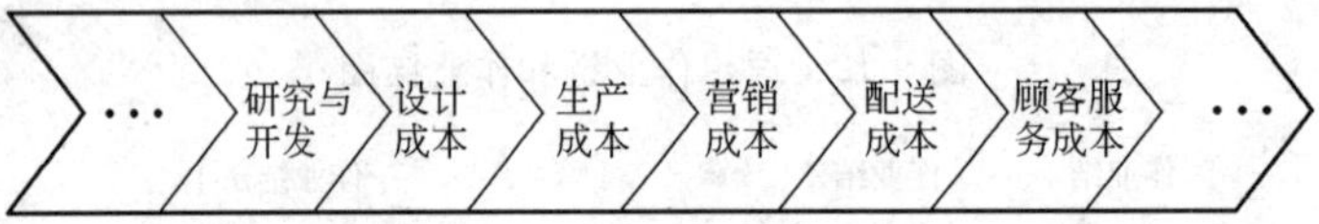

图 9-14　不同目的下产品成本的不同内容

(3) 再次，传统成本法割裂了成本与其产生原因之间的关系，导致了成本分析和控制的失效。相比之下，作业成本管理比传统的以“产品”为房地产企业管理的起点和核心，在层次上大大深化了。作业成本管理是一种为了提高顾客价值，并从中获取利益而进行的一种全面成本管理体系，与传统管理方法的本质区别如表 9-5 所示。

作业成本管理与传统成本管理的本质区别　　表 9-5

项　目	传统成本管理方法	作业成本管理方法
中心环节	产品	作业
间接费用分配标准	“数量基础成本计算”	“动因基础成本计算”
成本外延	生产成本	全面成本管理
各成本间内在联系	忽略	基于作业链和价值链

本章小结

成本费用管理的主要内容包括成本费用预算、成本费用计划、成本费用控制、成本费用分析。成本费用管理的要求为按房地产开发企业开发经营的特点和管理要求，确定成本计算对象和成本计算方法；将开发建设费用按经济用途分类，确定成本项目；正确区分各种支出的性质，严格遵守成本费用的开支范围，正确计算开发项目成本；加强成本费用管理的基础工作。

成本费用预算和成本费用计划都是房地产企业在开发经营活动之前，对开发经营过程中可能要发生的各项费用与消耗进行测算和规划的过程，是成本费用管理的重要环节。

成本控制，是指运用以成本会计为主的各种方法，预定成本限额，按限额开支成本和费用，以实际成本和成本限额比较，衡量经营活动的成绩和效果，并以例外管理原则纠正不利差异，以提高工作效率，实现以至超过预期的成本限额。成本控制要遵循经济原则、责权利结合原则、全面性原则、及时性原则、因地制宜原则、领导推动原则等原则。成本费用控制的基本程序是制订成本费用控制标准，并据以确定各项节约措施；执行标准；确定差异；消除差异；考核奖惩。

目标成本管理是关于利润规划与成本管理的战略体系，要求由价格引导、关注顾客、以产品和流程设计为中心，并依赖跨职能团队。目标成本管理从产品开发的最初阶段开始，贯穿产品生命周期始终，并将整个价值链纳入其中。

作业成本管理是以 ABC 信息为基础的成本管理，是指为了实现组织竞争战略，增加顾客价值，在对作业及作业链全面分析的基础上，利用作业成本核算或作业成本法（ABC）提供的信息，面向全过程的系统化、动态化和前瞻性的成本控制方法。

复习思考题

1. 房地产企业成本费用按经济内容可分为几种？
2. 成本费用管理的主要内容是什么？
3. 成本费用控制的原则有哪些？
4. 成本费用控制的内容有哪些？
5. 什么是目标成本管理？
6. 什么是作业成本管理？

练习题

资料：某房地产企业历史完成的工作量与成本费用的统计资料如表 9-6 所示。

工作量与成本费用的统计表　　表 9-6

年　份	工　程　量	成　本　费　用	年　份	工　程　量	成　本　费　用
2003 年	12 000	14 200	2005 年	18 500	19 600
2004 年	15 000	16 500	2006 年	24 000	23 200

如果该开发公司 2007 年度确定的开发工程量为 26 000 万元，假定固定耗费与上年度相同，要求计算该企业 2007 年的目标成本。

第10章 利润分配管理

本章概要

1. 收益分配的原则和确定利润分配政策时应考虑的因素；
2. 房地产企业股利政策；
3. 房地产企业股利分配程序；
4. 房地产企业股票分割和股票回购。

10.1 利润分配概述

利润分配是财务管理的重要内容，有广义的利润分配和狭义的利润分配两种。广义的利润分配是指对房地产企业的收入和利润进行分配的过程；狭义的利润分配则是指对房地产企业净利润的分配。本书所讨论的利润分配是指净利润的分配，即狭义的利润分配概念。

10.1.1 利润分配的基本原则

一个房地产企业的利润分配不仅会影响房地产企业的筹资和投资决策，而且还涉及国家、房地产企业、投资者、职工等多方面的利益关系，涉及房地产企业长远利益和近期利益、整体利益与局部利益等关系的处理与协调。为合理组织房地产企业财务活动和正确处理财务关系，房地产企业在进行利润分配时应遵循以下原则。

1. 依法分配原则

房地产企业的利润分配必须依法进行，这是正确处理各方面利益关系的关键。房地产企业应认真执行国家制定的关于利润分配的基本要求、一般程序和重大比例等法规，不得违反。

2. 资本保全原则

房地产企业的收益分配必须以资本的保全为前提。房地产企业的收益分配是对投资者投入资本的增值部分所进行的分配，不是投资者资本金的返还。以房地产企业的资本金进行分配，属于一种清算行为，而不是收益的分配。房地产企业必须在有可供分配留存收益的情况下进行收益分配，只有这样才能充分保护投资者的利益。

3. 兼顾各方面利益原则

收益分配是利用价值形式对社会产品的分配，直接关系到有关各方的切身利益。除依法纳税以外，投资者作为资本投入者、企业所有者，依法享有收益分配权。职工作为利润的直接创造者，除了获得工资及奖金等劳动报酬外，还要以适当方式参与净利润的分配，如提取公益金，用于职工集体福利设施的购建开支。房地产企业进行收益分配时，应统筹兼顾，合理安排，维护投资者、房地产企业与职工的合法权益。

4. 分配与积累并重原则

房地产企业进行收益分配，应正确处理长远利益和近期利益的辩证关系，将二者有机结合起来，坚持分配与积累并重。考虑未来发展需要，增强房地产企业后劲，房地产企业除按规定提取法定盈余公积金以外，可适当留存一部分利润作为积累。这部分积累不仅为房地产企业扩大再生产筹措了资金，同时也增强了房地产企业抵抗风险的能力，提高了房地产企业经营的安全系数和稳定性，这也有利于增加所有者的回报。还可以达到以丰补欠，平抑收益分配数额波动幅度，稳定投资报酬率的效果。因而房地产企业在进行收益分配过程时应当正确处理分配与积累的关系。

5. 投资与收益对等原则

房地产企业分配收益应当体现“谁投资谁受益”、受益大小与投资比例相适应，即投资与受益对等原则，这是正确处理投资者利益关系的关键。投资者因其投资行为而享有收益权，并且其投资收益应同其投资比例相等。这就要求房地产企业在向投资者分配利益时，应本着平等一致的原则，按照各方投入资本的多少来进行。

10.1.2 确定利润分配政策时应考虑的因素

收益分配政策的确定受到各方面因素的影响，一般说来，应考虑的主要因素有以下几方面。

1. 法律因素

为了保护债权人和股东的利益，国家有关法规如《公司法》对企业收益分配予以一定的硬性限制，这些限制主要体现为以下几个方面。

（1）资本保全约束

资本保全是房地产企业财务管理应遵循的一项重要原则。它要求房地产企业发放的股利或投资分红不得来源于原始投资（或股本），而只能来源于房地产企业当期利润或留存收益。资本保全的目的是为了防止房地产企业任意减少资本结构中所有者权益（股东权益）的比例，以维护债权人利益。

(2) 资本积累约束

资本积累约束要求房地产企业在分配收益时，必须按一定的比例和基数提取各种公积金。另外，它要求在具体的分配政策上，贯彻“无利不分”原则，即当房地产企业出现年度亏损时，一般不得分配利润。

(3) 偿债能力约束

偿债能力是指房地产企业按时足额偿付各种到期债务的能力。现金股利需用房地产企业现金支付，而大量的现金支出必然影响公司的偿债能力。因此，公司在确定股利分配数量时，一定要考虑现金股利分配对公司偿债能力的影响，保证在支付现金股利后仍能保持较强的偿债能力，以维护公司的信誉和借贷能力，从而保证公司的正常资金周转。

(4) 超额累积利润约束

因为资本利得与股利收入的税率不一致，投资者接受股利交纳的所得税要高于进行股票交易的资本利得所缴纳的税金，公司通过保留利润来提高其股票价格，则可使股东避税。有些国家的法律禁止公司过度积累盈余，如果一个公司的盈余积累大大超过公司目前及未来投资的需要，则可看作是过度保留，将被加征额外的税款。我国法律目前对此尚未作出规定。

2.公司因素

公司出于长期发展和短期经营的考虑，需要考虑以下因素，来确定收益分配政策。

(1) 现金流量

公司资金的正常周转，是公司生产经营得以有序进行的必要条件。因此，保证房地产企业正常的经营活动对现金的需求是确定收益分配政策的最重要的限制因素。房地产企业在进行收益分配时，必须充分考虑房地产企业的现金流量，而不仅仅是房地产企业的净收益。

(2) 投资需求

房地产企业的收益分配政策应当考虑未来投资需求的影响。如果一个公司有较多的投资机会，那么，它更适合采用低股利支付水平的分配政策。相反，如果一个公司的投资机会较少，那么就有可能倾向于采用较高的股利支付水平。

(3) 筹资能力

房地产企业收益分配政策受其筹资能力的限制。如果公司具有较强的筹资能力，随时能筹集到所需资金，那么公司具有较强的股利支付能力；而对于一个筹资能力较弱的公司而言，则其股利支付能力较弱，宜保留较多的盈余。

（4）资产的流动性

房地产企业现金股利的支付能力，在很大程度上受其资产变现能力的限制。较多地支付现金股利，会减少房地产企业的现金持有量，使资产的流动性降低，而保持一定的资产流动性是房地产企业正常运转的基础和必备条件。如果一个公司的资产有较强的变现能力，现金的来源较充裕，则他的股利支付能力也比较强。

（5）盈利的稳定性

房地产企业的收益分配政策在很大程度上会受其盈利稳定性的影响。一般来讲，一个公司的盈利越稳定，则其股利支付水平也就越高。

（6）筹资成本

留存收益是房地产企业内部筹资的一种重要方式，它同发行新股或举债相比，具有成本低的优点。因此，很多房地产企业在确定收益分配政策时，往往将房地产企业的净收益作为首选的筹资渠道，特别是在负债资金较多、资本结构欠佳的时期。

（7）股利政策惯性

一般情况下，房地产企业不宜经常改变其收益分配政策。房地产企业在确定收益分配政策时，成当充分考虑股利政策调整有可能带来的负面影响。如果房地产企业历年采取的股利政策具有一定的连续性和稳定性，那么重大的股利政策调整有可能对房地产企业的声誉、股票价格、负债能力、信用等多方面产生影响。另外，靠股利来生活和消费的股东不愿意投资于股利波动频繁的股票。

（8）其他因素

房地产企业收益分配政策的确定还会受其他公司因素的影响，如上市公司所处行业也会影响到它的股利政策；房地产企业可能有意地多发股利使股价上升，使已发行的可转换债券尽快地实现转换，从而达到调整资本结构的目的或达到兼并、反收购的目的等。

3. 股东因素

股东在收入、控制权、税赋、风险及投资机会等方面的考虑也会对房地产企业的收益分配政策产生影响。

（1）稳定的收入

有的股东依赖公司发放的现金股利维持生活，他们往往要求公司能够支付稳定的股利，反对公司留存过多的收益。另外，有些股东认为留存利润使公司股票价格上升而获得资本利得具有较大的不确定性，取得现实的股利比较可靠，因此，这些股东也会倾向于多分配股利。

（2）控制权

收益分配政策也会受到现有股东对控制权要求的影响。以现有股东为基础组成的董事会，在长期的经营中可能形成了一定的有效控制格局，他们往往会将股利政策作为维持其控制地位的工具。当公司为有利可图的投资机会筹集所需资金，而外部又无适当的筹资渠道可以利用时，为避免由于增发新股，可能会有新的股东加入公司中来，而打破目前已经形成的控制格局，股东就会倾向于较低的股利支付水平，以便从内部的留存收益中取得所需资金。

（3）税赋

公司的股利政策会受股东对税赋因素考虑的影响。一般来讲，股利收入的税率要高于资本利得的税率，很多股东会由于对税赋因素的考虑而偏好于低股利支付水平。因此，低股利政策会使他们获得更多纳税上的好处。

（4）投资机会

股东的外部投资机会也是公司制订分配政策必须考虑的一个因素。如果公司将留存收益用于再投资的所得报酬低于股东个人单独将股利收入投资于其他投资机会所得的报酬，则股东倾向于公司不应多留存收益，而应多发放股利给股东，因为这样做，将对股东更为有利。

4.债务契约与通货膨胀

（1）债务契约

一般来说，股利支付水平越高，留存收益越少，公司的破产风险加大，就越有可能损害到债权人的利益。因此，为了保证自己的利益不受损害，债权人通常都会在公司借款合同、债券契约，以及租赁合约中加入关于借款公司股利政策的条款，以限制公司股利的发放。这些限制条款经常包括以下几个方面：

①未来的股利只能以签订合同之后的收益来发放，即不能以过去的留存收益来发放股利；

②营运资金低于某一特定金额时不得发放股利；

③将利润的一部分以偿债基金的形式留存下来；

④利息保障倍数低于一定水平时不得发放股利。

（2）通货膨胀

通货膨胀会带来货币购买力水平下降、固定资产重置资金来源不足，此时，房地产企业往往不得不考虑留用一定的利润，以便弥补由于货币购买力水平下降而造成的固定资产重置资金缺口。因此，在通货膨胀时期，房地产企业一般会采取偏紧的收益分配政策。

10.1.3 股利理论

股利政策理论存在 3 大流派：股利重要论、股利无关论和股利分配的税收效应理论。

1.股利重要论

股利重要论认为，股利对于投资者非常重要，投资者一般期望公司多分配股利。支持股利重要的学术派别及其观点有以下 3 种。

（1）“在手之鸟”理论

“在手之鸟”理论认为，用留存收益再投资带给投资者的收益具有很大的不确定性，并且投资风险随着时间的推移将进一步增大。因此，投资者更喜欢现金股利，而不大喜欢将利润留给公司。这是因为：对投资者来说，现金股利是“抓在手中的鸟”，而公司留利则是“躲在林中的鸟”，随时都可能飞走。在投资者的眼里，股利收入要比由留存收益带来的资本收益更可靠。所以投资者宁愿现在收到较少的股利，也不愿意待未来再收回风险较大的较多的股利。公司分配的股利越多，公司的市场价值也就越大。

（2）股利分配的信号传递理论

信号传递理论认为，在信息不对称的情况下，公司可以通过股利政策向市场传递有关公司未来盈利能力的信息。一般说来，预期未来盈利能力强的公司往往愿意通过相对较高的股利支付率，把自己同预期盈利能力差的公司区别开来，以吸引更多的投资者。对市场上的投资者来说，股利政策的差异或许是反映公司预期盈利能力差异的极有价值的信号。如果公司连续保持较为稳定的股利支付率，投资者就可能对公司未来的盈利能力与现金流量抱有较为乐观的预期。不过，公司以支付现金股利的方式向市场传递信息，通常也要付出较为高昂的代价。

（3）股利分配的代理理论

代理理论认为，股利政策有助于减缓管理者与股东之间，以及股东与债权人之间的代理冲突，也就是说，股利政策相当于是协调股东与管理者之间代理关系的一种约束机制。股利政策对管理者的这种约束体现在两个方面：

①从投资角度看，当房地产企业存在大量自由现金时，管理者通过股利发放不仅减少了因过度投资而浪费资源，而且有助于减少管理者潜在的代理成本，从而增加房地产企业价值（这样可解释股利增加宣告与股价变动正相关的现象）。

②从融资角度看，房地产企业发放股利减少了内部融资，导致进入资本市场寻求外部融资，从而可以经常接受资本市场的有效监督，这样通过加强资本市场的监督而减少代理成本（这一分析有助于解释公司保持稳定股利政策的现象）。

因此，高水平股利支付政策将有助于降低房地产企业的代理成本，但同时也增加了房地产企业的外部融资成本，最优的股利政策应使两种成本之和最小化。

2.股利无关论

股利无关论是由美国财务专家米勒（Miller）和莫迪格莱尼（Modigllani）首先提出的，因此被称为MM理论。股利无关论认为，在一定假设条件限定下，股利政策不会对公司的价值或股票的价格产生影响。“股利无关论”是建立在“完美且完全的资本市场”这一严格假设前提基础上的，这一假设包括：

①完善的竞争假设，任何一位证券交易者都没有足够的力量通过其交易活动对股票的现行价格产生明显的影响。

②信息完备假设，所有的投资者都可以平等地免费获取影响股票价格的任何信息。

③交易成本为零假设，证券的发行和买卖等交易活动不存在经纪人费用、交易税和其他交易成本，在利润分配与不分配，或资本利得与股利之间均不存在税负差异。

④理性投资者假设，每个投资者都是财富最大化的追求者。

3.股利分配的税收效应理论

在考虑税赋因素，并且是在对股利和资本收益征收不同税率的假设下，布伦南创立了股份与股利关系的静态模型。由该模型得出，股利支付水平高的股票要比支付水平低的股票有更高的税前效益。在存在差别税赋的前提下，公司选择不同的股利支付方式，不仅会对公司的市场价值产生不同的影响，而且也会使公司（及个人）的税收负担出现差异。此外，继续持有股票可延缓资本收益的获得而推迟资本收益的纳税时间。考虑到纳税的影响，投资者对具有较高收益的股票要求的税前收益要高于低股利收益的股票。即股利政策不仅与股价相关，而且由于税赋的影响，房地产企业应采用低股利政策。

奥尔巴克经过严密的数学推导，进一步提出了“税赋资本化假设”。这种观点的主要前提是，公司将现金分配给股东的唯一途径是支付应税股利，公司的市场价值等于公司预期支付的税后股利的现值，因此，未来股利所承担的税赋被资本化入股票价值，股东对于公司留存收益或支付股利是不加区分的。按这种观点，提高股利税负将导致公司权益的市场价值的直接下降。为此，公司采用低股利政策，以实现其资本成本最小化和价值最大化。

【例10-1】不同税收对投资者的投资决策影响。

假定处于28%纳税级的某一投资者考虑购买以下两种股票：股票X，资本收益率为10%，股利收益率为5%；股票Y资本收益率为5%，股利收益率为10%。两种股票售价皆为10元，风险相同，且都是固定增长型股票。因而税前收益率＝股利收益率＋资本收益率＝15%。表10-1概括了两只股票的收益特性。

股票 X 与股票 Y 的收益特性　　表 10-1

股　票	类　型	资本收益率	股利收益率
X	增长型股票	10%	5%
Y	收益型股票	5%	10%

如果一投资者所适用的资本税率为 28%，而股利收益税为 40%，则两只股票的税后收益如表 10-2 所示。

股票 X 与股票 Y 的税后收益　　表 10-2

股　票	项　目	资本收益率	+股利收益率=	总收益率
X	税前收益	10.0%	5.0%	15.0%
	税（28%和 40%）	−2.8%	−2.0%	−4.8%
	税后收益	7.2%	3.0%	10.2%
Y	税前收益	5.0%	10.0%	15.0%
	税（28%和 40%）	−1.4%	−4.0%	−5.4%
	税后收益	3.6%	6.0%	9.6%

由此可见，增长型股票 X 的税后收益高于收益型股票 Y，另外值得注意的是，随着股票持有期的增加，这两种股票的税后收益的差额将增加。一个极端的状况是，当永远持有股票，那么资本收益税不用支付，二者的税收差可达 2 个百分点，具体情况如表 10-3 所示。

期限永远的税后收益　　表 10-3

股　票	税后股利收益	+税后资本收益=	税后总收益
X	3.0%	10.0%	13.0%
Y	6.0%	5.0%	11.0%
			差异：2.0%

所以，股票 X 的税后收益高于股票 Y 的税后收益，这样对这两只股票的价格的影响将会使得股票 X 的价格上升，股票 Y 的价格下降，从而使边际投资者的税后收益相等。

10.2　股利政策

10.2.1　股利政策的意义

1. 股利政策的含义

股利政策是指在法律允许的范围内，房地产企业是否发放股利、发放多少股利以及何时发放股利的方针政策。

2. 股利政策的意义

(1) 分配政策在一定程度上决定房地产企业对外再筹资能力。如果房地产企业分配政策得当，除了能直接增加房地产企业积累能力外，还能够吸引投资者（包括潜在投资者）对房地产企业的投资，增强其投资信心，从而为筹资提供基础。从这一角度看，分配政策也是再筹资政策。

(2) 分配政策在一定程度上决定房地产企业市场价值的大小。如何确定较好的分配政策，并保持一定程度的连续性，有利于提高房地产企业的财务形象，从而提高房地产企业发行在外股票的价格和房地产企业的市场价值。

10.2.2 股利政策的类型

在理财实践中，房地产企业经常采用的收益分配政策主要有剩余股利政策、固定或稳定增长的股利政策、固定股利支付率政策、低正常股利加额外股利政策4种。

1. 剩余股利政策

(1) 剩余股利政策的概念

剩余股利政策，是指房地产企业生产经营所获得的净收益首先应满足公司的资金需求，如果还有剩余，则派发股利；如果没有剩余，则不派发股利。剩余股利政策的理论依据是MM股利无关理论。剩余股利一般适用于公司初创阶段。

(2) 剩余股利政策的基本步骤

剩余股利政策的基本步骤为：

①根据公司的投资计划确定公司的最佳资本预算；

②根据公司的目标资本结构及最佳资本预算预计公司资金需求中所需要的权益资本数额；

③尽可能用留存收益来满足资金需求中所需增加的股东权益数额；

④留存收益在满足公司股东权益增加需求后，如果有剩余再用来发放股利。

在这种分配政策下，投资分红额（股利）成为房地产企业新的投资机会的函数，随着投资资金的需求变化而变化。只要存在有利的投资机会，就应当首先考虑其资金需要，然后再考虑房地产企业剩余收益的分配需要。

(3) 剩余股利政策的优点

剩余股利政策的优点是：留存收益优先保证再投资的需要，从而有助于降低再投资的资金成本，保持最佳的资本结构，实现房地产企业价值的长期最大化。

(4) 剩余股利政策的缺陷

剩余股利政策的缺陷表现在：如果完全遵照执行剩余股利政策，股利发放额就会每年随投资机会和盈利水平的波动而波动。即使在盈利水平不变的情况下，股利也将与投资机会的多寡呈反方向变动：投资机会越多，股利越少；反之，投资机会越少，股利发放越多。而在投资机会维持不变的情况下，股利发放额将因公司每年盈利的波动而同方向波动。剩余股利政策不利于投资者安排收入与支出，也不利于公司树立良好的形象。

【例 10-2】 某房地产企业 2006 年度提取了公积金、公益金后的净利润为 800 万元，2007 年度投资计划所需资金 700 万元，该企业的目标资金结构为自有资金占 60%，借入资金 40%。按照目标资金结构的要求，该企业投资方案所需的自有资金数额为：

$$700\times60\%=420\text{（万元）}$$

按照剩余政策的要求，该企业 2006 年度可向投资者分红数额为：

$$800-420=380\text{（万元）}$$

假设该企业当年流通在外的普通股为 1 000 万股，每股股利为：

$$380\div1\,000=0.38\text{（元/股）}$$

2. 固定或稳定增长的股利政策

（1）固定或稳定增长的股利政策的概念

固定或稳定增长的股利政策是指公司将每年派发的股利额固定在某一特定水平或是在此基础上维持某一固定比率逐年稳定增长。只有在确信公司未来的盈利增长不会发生逆转时，才会宣布实施固定或稳定增长的股利政策。在固定或稳定增长的股利政策下，首先应确定的是股利分配额，而且该分配额一般不随资金需求的波动而波动。

近年来，为了避免通货膨胀对股东收益的影响，最终达到吸引投资的目的，很多公司开始实行稳定增长的股利政策。即为了避免股利的实际波动，公司在支付某一固定股利的基础上，还制订了一个目标股利增长率，依据公司的盈利水平按目标股利增长率逐步提高公司的股利支付水平。

采用该政策的依据是股利重要理论。这种股利政策的基本特征如图 10-1 所示。

（2）固定股利政策的优点

①由于股利政策本身的信息含量，它能将公司未来的获利能力、财务状况以及管理层对公司经营的信心等信息传递出去。固定或稳定增长的股利政策可以传递给股票市场和投资者一个公司经营状况稳定、管理层对未来充满信心的信号，这有利于公司在资本市场上树立良好的形象、增强投资者信心，进而有利于稳定公司股价。

②固定或稳定增长股利政策，有利于吸引那些打算作长期投资的股东，这部分股东希望其投资的获利能够成为其稳定的收入来源，以便安排各种经常性的消费和

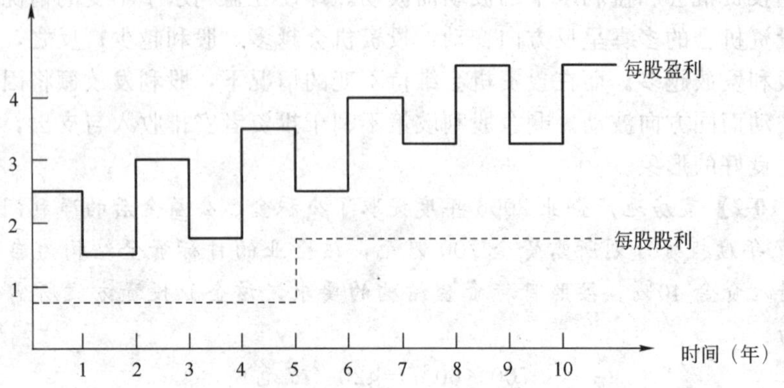

图 10-1　固定或稳定增长的股利政策

其他支出。

(3) 固定或稳定增长股利政策的缺点

①固定或稳定增长股利政策下的股利分配只升不降，股利支付与公司盈利相脱离，即不论公司盈利多少，均要按固定的乃至固定增长的比率派发股利。

②在公司的发展过程中，难免会出现经营状况不好或短暂的困难时期，如果这时仍执行固定或稳定增长的股利政策，那么，派发的股利金额大于公司实现的盈利，必将侵蚀公司的留存收益，影响公司的后续发展，甚至侵蚀公司现有的资本，给公司的财务运作带来很大压力，最终影响公司正常的生产经营活动。

因此，采用固定或稳定增长的股利政策，要求公司对未来的盈利和支付能力能作出较准确的判断。一般来说，公司确定的固定股利额不应太高，要留有余地，以免陷入公司无力支付的被动局面。

固定或稳定增长的股利政策一般适用于经营比较稳定或正处于成长期的房地产企业，且很难被长期采用。

3. 固定股利支付率政策

(1) 固定股利支付率政策的概念

固定股利支付率政策是指公司将每年净收益的某一固定百分比作为股利分派给股东。这一百分比通常称为股利支付率，股利支付率一经确定，一般不得随意变更。固定股利支付率越高，公司留存的净收益越少。在这一股利政策下，只要公司的税后利润一经计算确定，所派发的股利也就相应确定了。固定股利支付率政策的理论依据是股利重要理论，其基本特征如图 10-2 所示。

(2) 固定股利支付率政策的优点

①采用固定股利支付率政策，股利与公司盈余紧密地配合，体现了多盈多分、

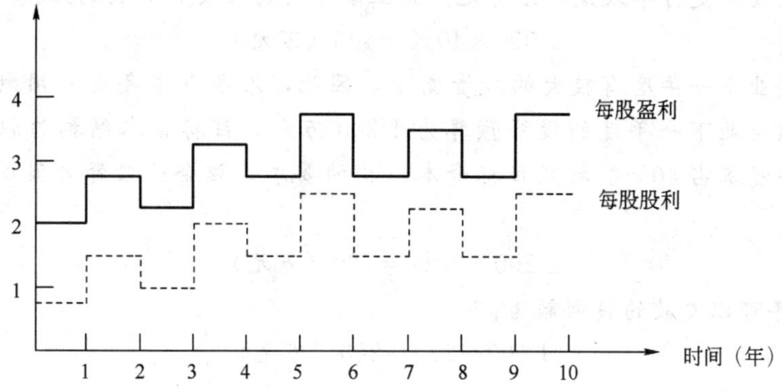

图 10-2　固定股利支付率政策

少盈少分、无盈不分的股利分配原则。

②由于公司的获利能力在年度间是经常变动的，因此，每年的股利也应当随着公司收益的变动而变动，并保持分配与留存收益间的一定比例关系。采用固定股利支付率政策，公司每年按固定的比例从税后利润中支付现金股利，从房地产企业支付能力的角度看，这是一种稳定的股利政策。

（3）固定股利支付率政策的缺点

①传递的信息容易成为公司的不利因素。大多数公司每年的收益很难保持稳定不变，如果公司每年收益状况不同，固定支付率的股利政策将导致公司每年股利分配额的频繁变化。而波动的股利向市场传递的信息就是公司未来收益前景不明确、不可靠等，很容易给投资者带来公司经营状况不稳定、投资风险较大的不良印象。

②容易使公司面临较大的财务压力。因为公司实现的盈利越多，一定支付比率下派发的股利就越多，但公司实现的盈利多，并不代表公司有充足的现金派发股利，只能表明公司盈利状况较好而已。如果公司的现金流量状况并不好，却还要按固定比率派发股利的话，就很容易给公司造成较大的财务压力。

③缺乏财务弹性。股利支付率是公司股利政策的主要内容，模式的选择、政策的制订是公司的财务手段和方法。在不同阶段，根据财务状况制订不同的股利政策，会更有效地实现公司的财务目标。但在固定股利支付率政策下，公司丧失了利用股利政策的财务方法，缺乏财务弹性。

④合适的固定股利支付率的确定难度大。

固定股利支付率政策只是比较适用于那些处于稳定发展，且财务状况也较稳定的公司。

【例 10-3】某房地产企业长期以来采用固定股利支付率政策进行股利分配，确定的股利支付率为 40%。2006 年可供分配的税后利润为 1 000 万元，如果仍然继续执行固定股利支付率政策，该房地产企业本年度将要支付的股利为：

$$1\,000\times40\%=400\text{（万元）}$$

但该企业下一年度有较大的投资需求，因此，准备在本年度采用剩余股利政策。如果该企业下一年度的投资预算为1 200万元，目标资本结构为权益资本占60%，债务资本占40%。按照目标资本结构的要求，该企业投资方案所需的权益资本额为：

$$1\,200\times60\%=720\text{（万元）}$$

2006年可以发放的股利额为：

$$1\,000-720=280\text{（万元）}$$

4.低正常股利加额外股利政策

（1）低正常股利加额外股利政策的概念

低正常股利加额外股利政策是指房地产企业事先设定一个较低的正常股利额，每年除了按正常股利额向股东发放现金股利外，还在房地产企业盈利情况较好、资金较为充裕的年度向股东发放高于每年度正常股利的额外股利。低正常股利加额外股利政策的依据是股利重要理论。这种股利政策的基本特征如图10-3所示。

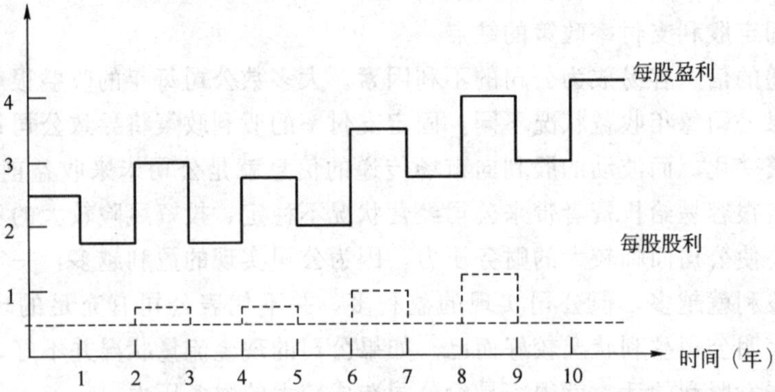

图10-3　低常规股利加额外红利政策

（2）低正常股利加额外股利政策的优点

①低正常股利加额外股利政策赋予公司一定的灵活性，使公司在股利发放上留有余地和具有较大的财务弹性，同时，每年可以根据公司的具体情况，选择不同的股利发放水平，以完善公司的资本结构，进而实现公司的财务目标。

②低正常股利加额外股利政策有助于稳定股价，增强投资者信息。

低正常股利加额外股利政策既吸收了固定股利政策对股东投资收益的保障优点，同时又摒弃其对公司所造成的财务压力方面的不足，所以在资本市场上颇受投资者和公司的欢迎。

(3) 低正常股利加额外股利政策的缺点

①由于年份之间公司的盈利波动使得额外股利不断变化，或时有时无，造成分派的股利不同，容易给投资者以公司收益不稳定的感觉。

②当公司在较长时期持续发放额外股利后，可能会被股东误认为是“正常股利”，而一旦取消了这部分额外股利，传递出去的信号可能会使股东认为这是公司财务状况恶化的表现，进而可能会引起公司股价下跌的不良后果。所以相对来说，对那些盈利水平随着经济周期而波动较大的公司或行业，这种股利政策也许是一种不错的选择。

10.3 利润分配程序与方案

10.3.1 股份有限公司的利润分配程序

按照《公司法》等法律、法规的规定，股份有限公司当年实现的利润总额，应按照国家有关规定作相应调整后，依法交纳所得税，然后按下列顺序分配。

1. 弥补以前年度亏损

以前年度亏损是指超过用所得税前的利润抵补亏损的法定期限后，仍未补足的亏损。公司的法定公积金不足以弥补以前年度亏损的，在提取法定公积金之前，应当先用当年利润弥补亏损。

2. 提取法定公积金

根据公司法的规定，法定公积金的提取比例为当年税后利润（弥补以前年度亏损后）的10%，法定公积金达到注册资本的50%时，可不再提取。

3. 提取法定公益金

法定公益金按当年净利润的5%～10%提取，主要用于职工宿舍等集体福利设施支出。

4. 提取任意公积金

根据公司法的规定，公司从税后利润中提取法定公积金后，经股东会或者股东大会决议，还可以从税后利润中提取任意公积金。

5. 向投资者分配利润或股利

净利润扣除上述项目后，再加上以前年度的未分配利润，即为可供普通股分配的利润，公司应按同股同权、同股同利的原则，向普通股股东支付股利。

10.3.2 股利分配方案的确定

股利分配方案的确定，主要是考虑确定以下 4 个方面的内容。

1.选择股利政策类型

股利政策不仅会影响股东的利益，也会影响公司的正常运营以及未来的发展。房地产企业选择股利政策类型通常需要考虑以下几个因素：

①房地产企业所处的成长与发展阶段；

②房地产企业支付能力的稳定情况；

③房地产企业获利能力的稳定情况；

④目前的投资机会；

⑤投资者的态度；

⑥房地产企业的信誉状况。

公司在不同成长与发展阶段所采用的股利政策一般可用表 10-4 来描述。

公司股利分配政策的选择　　表 10-4

公司发展阶段	特　点	适应的股利政策
公司初创阶段	公司经营风险高，有投资需求且融资能力差	剩余股利政策
公司快速发展阶段	公司快速发展，投资需求大	低正常加额外股利政策
公司稳定增长阶段	公司业务稳定增长，投资需求减少，净现金流入量稳步增长，每股净收益呈上升态势	稳定增长型股利政策
公司成熟阶段	公司盈利水平稳定，公司通常已积累了一定的留存收益和资金。	固定型股利政策
公司衰退阶段	公司业务锐减，获利能力和现金获得能力下降	剩余股利政策

2.确定股利支付水平

股利支付水平通常用股利支付率来衡量。股利支付率是当年发放股利与当年净利润之比，或每股股利除以每股收益。股利支付率的制订往往使公司处于两难境地。低股利支付率政策虽然有利于公司对收益的留存，有利于扩大投资规模和未来持续发展，但显然在资本市场上对投资者的吸引力大大降低，进而影响公司未来的增资扩股。而高股利支付率有利于增强公司股票的吸引力，有助于公司在公开市场上筹措资金，但过高的股利分配率政策也会产生不利效果，使公司的留存收益减少，给房地产企业资金周转带来影响，加重公司财务负担。

是否对股东派发股利以及比率高低，取决于房地产企业对下列因素的权衡：

①房地产企业所处的成长周期；

②房地产企业的投资机会；

③房地产企业的筹资能力及筹资成本；

④房地产企业的资本结构；

⑤股利信号传递功能；

⑥贷款协议以及法律限制；

⑦股东偏好；

⑧通货膨胀等因素。

3. 确定股利支付形式

股份有限公司支付股利的基本形式主要有现金股利和股票股利。

(1) 现金股利形式

现金股利是股份公司以现金的形式发放给股东的股利。发放现金股利的多少主要取决于公司的股利政策和经营业绩。上市公司发放现金股利主要出于3个原因：投资者偏好、减少代理成本和传递公司的未来信息。

公司采用现金股利形式时，必须具备两个基本条件：

①公司要有足够的未指明用途的留存收益（未分配利润）；

②公司要有足够的现金。

(2) 财产股利

财产股利是以现金以外的其他资产支付的股利，主要是以公司所拥有的其他公司的有价证券，如公司债券、公司股票等，作为股利发放给股东。

(3) 负债股利

负债股利，是以负债方式支付的股利，通常以公司的应付票据支付给股东，有时也以发行公司债券的方式支付股利。

(4) 股票股利形式

股票股利，是公司以增发股票的方式所支付的股利，我国实务中通常也称其为"红股"。股票股利对公司来说，并没有现金流出房地产企业，也不会导致公司的财产减少，而只是将公司的留存收益转化为股本。但股票股利会增加流通在外的股票数量，同时降低股票的每股价值。它不会改变公司股东权益总额，但会改变股东权益的构成。

【例 10-4】某上市房地产企业在2006年发放股票股利前，其资产负债表上的股东权益账户情况如下（单位：万元）。

股东权益：	
普通股（面值1元，流通在外2 000万股）	2 000
资本公积	4 000
盈余公积	2 000
未分配利润	3 000

股东权益合计	11 000

假设该企业宣布发放30%的股票股利，现有股东每持有10股，即可获得赠送的3股普通股。该企业发放的股票股利为600万股，随着股票股利的发放。未分配利润中有600万元的资金要转移到普通股的股本账户上去，因而普通股股本由原来的2 000万元增加到2 600万元，而未分配利润的余额由3 000万元减少至2 400万元，但该企业的股东权益总额并未发生改变，仍是11 000万元，股票股利发放之后的资产负债表上股东权益部分如下。

股东权益：	
普通股（面额1元，流通在外2 600万股）	2 600
资本公积	4 000
盈余公积	2 000
未分配利润	2 400
股东权益合计	11 000

假设一位股东派发股票股利之前持有企业的普通股3 000股，那么，他拥有的股权比例为：

$$3\,000\text{股}\div 2\,000\text{万股}=0.015\%$$

派发股利之后，他拥有的股票数量和股份比例为：

$$3\,000\text{股}+900\text{股}=3\,900\text{股}$$

$$3\,900\text{股}\div 2\,600\text{万股}=0.015\%$$

通过上例可以说明，由于该企业的净资产不变，而股票股利派发前后每一位股东的持股比例也不发生变化，那么他们各自持股所代表的净资产也不会改变。

表面上看来，除了所持股数同比例增加之外，股票股利好像并没有给股东带来直接收益，事实上并非如此。理论上，派发股票股利之后的每股价格会成比例降低，保持股东的持有价值不变，但实务中这并非是必然的结果。因为市场和投资者普遍认为，公司发放股票股利往往预示着公司会有较大的发展和成长，这样的信息传递不仅会稳定股票价格甚至可能使股价不降反升。另外，如果股东把股票股利出售，变成现金收入，还会给他带来资本利得的纳税上的好处。所以股票股利对股东来说并非像表面上看到的那样毫无意义。

对公司来讲，股票股利的优点主要有：

①发放股票股利既不需要向股东支付现金，又可以在心理上给股东以从公司取得投资回报的感觉。

②发放股票股利可以降低公司股票的市场价格，一些公司在其股票价格较高，不利于股票交易和流通时，通过发放股票股利来适当降低股价水平，促进公司股票的交易和流通。

③发放股票股利，可以降低股价水平，如果日后公司将要以发行股票方式筹资，则可以降低发行价格，有利于吸引投资者。

④发放股票可以传递公司未来发展前景良好的信息，增强投资者的信息。

⑤股票股利降低每股市价的时候，会吸引更多的投资者成为公司的股东，从而可以使股权更为分散，有效地防止公司被恶意控制。

4. 确定股利发放日期

公司在选择了股利政策、确定了股利支付水平和方式后，应当进行股利的发放。公司股利的发放必须遵循相关的要求，按照日程安排来进行。一般情况下，股利的支付需要按照下列日程来进行。

（1）预案公布日

上市公司分派股利时，首先要由公司董事会制订分红预案，包括本次分红的数量、分红的方式，股东大会召开的时间、地点及表决方式等，以上内容由公司董事会向社会公开发布。

（2）宣布日

股票宣布日即公司董事会将股利支付情况予以公告的日期。董事会制订的分红预案必须经过股东大会讨论。只有讨论通过之后，才能公布每股股利、股权登记日、除息日和股利支付日等正式分红方案及实施的时间。我国的股份公司通常一年派发一次股利，也有在年中派发中期股利的。

（3）股权登记日

股权登记日即有权领取股利的股东资格登记截止日期。凡是在此指定日期收盘之前取得了公司股票，成为公司在册股东的投资者都可以作为股东享受公司分派的股利。在此日之后取得股票的股东则无权享受已宣布的股利。

（4）除息日

除息日即指领取股利的权利与股票相互分离的日期。在除息日前，股利权从属于股票，持有股票者即享有领取股利的权利；从除息日开始，股利权与股票相分离，新购入股票的人不能分享股利。通常在除息日之前进行交易的股票，其价格高于在除息日之后进行交易的股票价格，其原因就主要在于前种股票的价格包含应得的股利收入在内。

（5）股利支付日

股利支付日即向股东发放股利的日期。在这一天，公司按公布的分红方案向股权登记日在册的股东实际支付股利。

【例 10-5】实例分析：海化房地产企业股利支付程序。

一般来说，分配股息首先要由公司董事会向公众发布分红预案，在分红预案的公告中称：“2006 年 4 月 5 日，海化房地产企业召开董事会会议，通过每股普通股分派股息0.82元的2005年分红预案，此分红方案须经公司股东大会通过后实施，特此公告。”如果分红预案经股东大会后，再次正式公告分红方案，确认每股股息、股权登记日、除息除权日以及股息支付日。例如2006年4月15日，海化房地产企业公布最后分红方案的公告称：“在2006年4月14日在上海召开的股东大会上，通过了董事会关于每股普通股分派股息0.82元的2005年股息分配方案。股权登记日是4月26日，除息日是2006年4月27日，股东可在2006年5月10日至5月25日间通过上海证券交易所按交易方式领取股息。特此公告。”股利支付程序如图10-4所示。

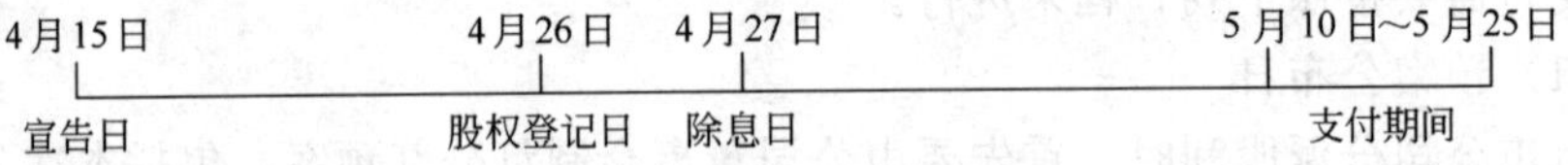

图10-4　股利支付程序

10.4　股票分割与股票回购

10.4.1　股票分割

1.股票分割的含义

股票分割又称拆股，即将一张较大面值的股票拆成几张较小面值的股票。如果上市公司认为自己公司的股票市场价格太高，不利于其良好的流动，有必要将其降低，就可能进行股票分割。如将其一分为二，即在外流通的股数翻番，每股收益和每股净资产减半，以推动股价下调。

股票分割对公司的资本结构和股东权益不会产生任何影响，一般只会使发行在外的股票总数增加，资产负债表中股东权益各账户的余额都保持不变，股东权益的总额也维持不变。因此，股票分割与股票股利非常相似，都是在不增加股东权益的情况下增加股票数量，所不同的是，股票股利虽不会引起股东权益总额的改变，但股东权益构成项目之间的比例会发生变化，而股票分割之后，股东权益总额及其构成项目的金额都不会发生任何变化，变化的只是股票面值。

【例10-6】股票股利与股票分割实例。

某房地产企业现有股本1 000万股（每股面值为10元），资本公积20 000万元，留存收益70 000万元，股票市价为每股30元。现按100%发放股票股利及按1∶2进行股票分割对企业股东权益的影响如表10-5所示。

股票权利与股票分割 表 10-5

原来普通股股东权益	
股本（1 000 万股，面值为 10 元）	10 000 万元
资本公积	20 000 万元
留存收益	70 000 万元
股东权益	100 000 万元
分配 100%股票股利	
股本（2 000 万股，面值为 10 元）	20 000 万元
资本公积	40 000 万元
留存收益	40 000 万元
股东权益	100 000 万元
1∶2 股票分割	
股本（2 000 万股，面值为 5 元）	10 000 万元
资本公积	20 000 万元
留存收益	70 000 万元
股东权益	100 000 万元

2. 股票分割的主要作用

（1）采用股票分割可使公司股票每股市价降低，促进股票流通和交易。

（2）股票分割可以向投资者传递公司发展前景良好的信息，有助于提高投资者对公司的信心。

（3）股票分割可以为公司发行新股做准备。公司股票价格太高，会使许多潜在的投资者力不从心而不敢轻易对公司的股票进行投资。在新股发行之前，利用股票分割降低股票价格，可以促进新股的发行。

（4）股票分割有助于公司并购政策的实施，增加对并购方的吸引力。

【例 10-7】 假设有甲、乙两个公司，甲公司股票每股市价为 60 元，乙公司股票每股市价为 6 元，甲公司准备通过股票交换的方式对乙公司实施并购，如果甲公司以 1 股股票换取乙公司 10 股股票，可能会使乙公司的股东在心理上难以承受；相反，如果甲公司先进行股票分割，将原来 1 股分拆为 5 股，然后再以 1∶2 的比例换取乙公司股票，则乙公司的股东在心理上可能会容易接受些。通过股票分割的办法改变被并购企业股东的心理差异，更有利于企业并购方案的实施。

（5）股票分割带来的股票流通性的提高和股东数量的增加，会在一定程度上加大对公司股票恶意收购的难度。

另外，如果公司认为其股票价格过低，不利于其在市场上的声誉和未来的再筹资时，为提高其股票的价格，会采取反分割措施，实质上就是公司将流通在外的股票数进行合并。反分割显然会降低股票的流通性，加大投资者入市的门槛，它向市场传递的信息通常都是不利的。在其他因素不变的条件下，股票反分割宣布日前后股票价格有大幅度的下跌。

【例 10-8】 某上市房地产企业在2006年终，其资产负债表上的股东权益账户情况如下（单位：万元）。

股东权益：	
普通股（面值10元，流通在外1 000万股）	10 000
资本公积	20 000
盈余公积	4 000
未分配利润	5 000
股东权益合计	39 000

要求：(1) 假设该企业宣布发放30%的股票股利，即现有股东每持有10股，即可获得赠送的3股普通股。发放股票股利后，股东权益有何变化？每股净资产是多少？

(2) 假设该企业按照1∶5的比例进行股票分割。股票分割后，股东权益有何变化？每股的净资产是多少？

解：(1) 发放股票股利后股东权益情况

股东权益：	
普通股（面值10元，流通在外1 300万股）	13 000
资本公积	20 000
盈余公积	4 000
未分配利润	2 000
股东权益合计	39 000

每股的净资产为：

$$39\,000 \div (1\,000 + 300) = 30\ (\text{元/股})$$

(2) 股票分割后股东权益情况

股东权益：	
普通股（面值2元，流通在外5 000万股）	10 000
资本公积	20 000
盈余公积	4 000
未分配利润	5 000
股东权益合计	39 000

每股的净资产为：$39\,000 \div (1\,000 \times 5) = 7.8$（元/股）

10.4.2 股票回购

1.股票回购的含义与方式

股票回购是指股份公司出资将其发行流通在外的股票以一定价格购回予以注销或作为库存股的一种资本运作方式。对需要现金的股东而言，可选择出卖股票，而对于不需要现金的股东来说，可继续持有股票。从公司管理层来说，派发现金股利会对公司产生未来的派现压力，而回购股票属于非常股利政策，不会对公司产生未来的派现压力。因此，股票回购不仅有利于实现其长期的股利政策目标，也可以防止派发剩余现金造成的短期效应。

《中华人民共和国公司法》规定，公司不得收购本公司股份。但是，有下列情形之一的除外：

①减少公司注册资本；

②与持有本公司股份的其他公司合并；

③将股份奖励给本公司职工；

④股东因对股东大会作出的公司合并、分立决议持异议，要求公司收购其股份的。

2.股票回购的动机

在证券市场上，股票回购的动机主要有以下几点。

(1) 现金股利的替代

对公司来讲，派发现金股利会对公司产生未来的派现压力，而股票回购属于非正常股利政策，不会对公司产生未来的派现压力。

(2) 提高每股收益

由于财务上的每股收益指标是以流通在外的股份数作为计算基础，有些公司为了自身形象、上市需求和投资人渴望高回报等原因，采取股票回购的方式来减少实际支付股利的股份数，从而提高每股收益指标。

(3) 改变公司的资本结构

股票回购可以改变公司的资本结构，提高财务杠杆水平。无论是用现金回购还是举债回购股份，都会提高财务杠杆水平，改变公司的资本结构。

(4) 传递公司的信息以稳定或提高公司的股价

由于信息不对称和预期差异，证券市场上的公司股票价格可能被低估，而过低的股价将会对公司产生负面影响。因此，如果公司认为公司的股价被低估时，可以进行股票回购，以向市场和投资者传递公司真实的投资价值，稳定或提高公司的股价。

(5) 巩固既定控制权或转移公司控制权

许多股份公司的大股东为了保证其所代表股份公司的控制权不被改变，往往采取直接或间接的方式回购股票，从而巩固既有的控制权。另外，有些公司的法定代表人并不是公司大股东的代表，为了保证不改变在公司中的地位，也为了能在公司中实现自己的意志，往往也采取股票回购的方式分散或削弱原控股股东的控制权，以实现控制权的转移。

(6) 防止敌意收购

股票回购有助于公司管理者避开竞争对手企图收购的威胁，因为它可以使公司流通在外的股份数变少，股价上升，从而使收购方要获得控制公司的法定股份比例变得更为困难。而且，股票回购可能会使公司的流动资金大大减少，财务状况恶化，这样的结果也会减少收购公司的兴趣。

(7) 满足认股权的行使

在房地产企业发行可转换债券、认股权证或施行经理人员股票期权计划及员工持股计划的情况下，采取股票回购的方式既不会稀释每股收益，又能满足认股权的行使。

(8) 满足房地产企业兼并与收购的需要

在进行房地产企业兼并与收购时，产权交换的实现方式包括现金购买及换股两种。如果公司有库藏股，则可以用公司的库藏股来交换被并购公司的股权，这样可以减少公司的现金支出。

3.股票回购的影响

(1) 股票回购对上市公司的影响

①股票回购需要大量资金支付回购的成本，容易造成资金紧张，资产流动性降低，影响公司的后续发展。

②公司进行股票回购，无异于股东退股和公司资本的减少，在一定程度上削弱了对债权人利益的保障。

③股票回购可能使公司的发起人股东更注重创业利润的兑现，而忽视公司长远的发展，损害公司的根本利益。

④股票回购容易导致公司操纵股价。公司回购自己的股票，容易导致其利用内幕消息进行炒作，或操纵财务信息，加剧公司行为的非规范化，使投资者蒙受损失。

(2) 股票回购对股东的影响

对于投资者来说，与现金股利相比，股票回购不仅可以节约个人税收，而且具有更大的灵活性。因为股东对公司派发的现金股利没有是否接受的可选择性，而对股票回购则具有可选择性，需要现金的股东可选择卖出股票，而不需要现金的股东则可继续持有股票。如果公司急于回购相当数量的股票，而对股票回购的出价太高，以至于偏离均衡价格，那么，结果会不利于选择继续持有股票的股东，因为回购行动过后，股票价格会出现回归性下跌。

4.股票回购的方式

股票回购包括公开市场回购、要约回购及协议回购 3 种方式。

(1) 公开市场回购

公开市场回购，是指公司在股票的公开交易市场上以等同于任何潜在投资者的地位，按照公司股票当前市场价格回购股票。

(2) 要约回购

要约回购，是指公司在特定期间向市场发出的以高出股票当前市场价格的某一价格，回购既定数量股票的要约。这种方式赋予所有股东向公司出售其所持股票的均等机会。

(3) 协议回购

协议回购，是指公司以协议价格直接向一个或几个主要股东回购股票。

本章小结

利润分配要遵循依法分配原则、资本保全原则、兼顾各方面利益原则、分配与积累并重原则、投资与收益对等原则等原则。确定利润分配政策时应考虑法律因素、公司因素、股东因素、债务契约与通货膨胀等因素。

股利理论存在 3 大流派：股利重要论、股利无关论和股利分配的税收效应理论。

股利政策主要有剩余股利政策、固定或稳定增长的股利政策、固定股利支付率政策、低正常股利加额外股利政策 4 种。

利润分配顺序为弥补以前年度亏损、提取法定公积金、提取法定公益金、提取任意公积金、向投资者分配利润或股利。

股利分配方案的确定，主要是考虑确定以下 4 个方面的内容：①选择股利政策类型；②确定股利支付水平的高低；③确定股利支付形式，即确定合适时股利分配形式；④确定股利发放的日期等。

股票分割又称拆股，即将一张较大面值的股票拆成几张较小面值的股票。股票分割对公司的资本结构和股东权益不会产生任何影响，一般只会使发行在外的股票总数增加。股票回购是指股份公司出资将其发行流通在外的股票以一定价格购回予以注销或作为库存股的一种资本运作方式。股票回购可以改变公司的资本结构，提高财务杠杆水平。

复习思考题

1. 确定收益分配政策应考虑哪些因素?
2. 股利理论的有哪些主要观点?
3. 各种股利分配政策的特点有哪些?
4. 股票股利对公司的影响有哪些?
5. 股利分割的含义、目的和作用有哪些?
6. 股票回购的含义、意义与负效应有哪些?

练习题

1. 剩余股利分配政策的训练。

资料：安达房地产企业 2003 年全年利润总额为 2 000 万元，所得税率 33%；需要用税后利润补亏 50 万元；企业按规定提取法定公积金和公益金后，不再提取任意盈余公积金；2004 年投资计划拟需资金 1 200 万元。该企业的目标资金结构为：自有资金 60%，借入资金 40%。另外，该企业流通在外的普通股股数为 2 000 万股，没有优先股。

要求：

(1) 计算该企业 2004 年投资所需权益资金；

(2) 计算在剩余政策下，该企业当年可发放的股利额及每股股利。

2. 固定股利比例分配政策的训练。

资料：富强房地产企业的产品销路稳定，拟投资 600 万元，扩大生产能力。该企业想要维持目前 45%的负债比率，并想继续执行 20%的固定股利政策。该企业在 2003 年的税后利润为 260 万元。

要求：计算该企业 2004 年为扩充生产能力必须从外部筹措多少权益资本。

3. 剩余股利政策以及固定股利比例政策的训练。

资料：某房地产企业上年度税后利润 400 万元，每股股利 2 元。本年度实现净利润 412 万元，目前流通在外的股数为 10 万股，与上年保持一致。该企业决定下年度投资 300 万元于一新项目，其中 50%来自发行普通股，50%来自银行借款。

要求：

(1) 若该企业采取剩余股利政策，计算确定其本年度每股股利。

(2) 若该企业采取固定股利比例政策，计算确定其本年度每股股利。

4. 发放股票股利以及股票分割的训练。

资料：某房地产目前所有者权益总额为2 400万，其中普通股本500万元（每股面值5元，现行市价25元），资本公积500万元，留存收益1 400万元。

要求：

(1) 若该企业发放10%的股票股利，试确定其所有者权益有关项目变动情况。

(2) 若该企业按照1∶2将股票分割，试确定其所有者权益有关项目变动情况。

5. 发放股票股利后股东权益变化情况的训练。

资料：富丽房地产企业2003年实现利润总额2 000万元，所得税率33%。利润分配前该企业有关股东权益如表10-6所示。

股东权益表（单位：万元）　　表10-6

普通股（8 000万股）	8 000
资本公积	4 000
盈余公积 其中：公益金	1 200 200
留存收益	400
股东权益合计	13 600

该企业决定提取盈余公积金10%，公益金5%，提取任意盈余公积金6%，假定该企业宣布发放10%的股票股利，该企业当时的市价为6元/股。

要求：试分析该企业股东权益变化情况。

第11章 财务预测

本章概要

1. 介绍财务预测的目的和基础；
2. 叙述财务预测的步骤；
3. 进行销售预测；
4. 进行利润与资金需求量的预测；
5. 介绍财务预测的其他方法。

11.1 财务预测的内涵

11.1.1 财务预测的目的

财务预测是根据企业过去一段时期财务活动的历史资料，依据现实条件并考虑企业的发展趋势，运用定量分析法及预测人员的主观判断，对企业未来一定时期的财务状况和经营成果所进行的分析、测算或估计。由于未来的财务活动存在很多的不确定性，所以财务预测是一种特殊的财务分析，它需要在分析过去、把握现在的基础上，掌握财务活动发展的一般规律，以便对未来的财务活动进行较为准确的预测分析。财务预测分析的主要目的如下。

1. 财务预测分析是企业经营决策的依据

财务预测分析和企业的经营决策之间存在着密不可分的关系。经营决策要以预测分析为前提，预测分析要为经营决策提供资料。决策人员通过预测分析可以增加对未来的了解，降低不确定性，从而作出正确决策，所以财务预测分析为企业经营决策提供了依据，是保证决策正确的关键所在。

2. 财务预测为财务预算提供信息

财务预算也被称为财务计划，它明确了企业一定时期的总目标及各级、各部门的具体目标。为了保证财务预算的科学性、先进性和可行性，企业管理人员必须在编制预算之前对各项指标作好预测，使财务预算符合财务发展的规律，保证财务计划的顺利完成。

3. 财务预测为财务控制提供资料

在财务预算的执行过程中，对企业的财务活动应当进行必要的财务控制，尤其是日常资金的供应和调度、成本费用的控制工作，这就要求管理人员不仅要熟悉企业过去的财务收支状况，还要善于预测分析企业未来的资金运动和费用开支情况，只有这样才能做到统筹兼顾、适当安排。

4. 财务预测是企业进行价值评估的基础

由于企业的价值是该企业未来现金流量的现值总和，而企业未来的现金流量是通过对该企业的利润表、资产负债表和现金流量表的全面预测得到的，然后，通过一定的计价方法转化为企业的价值，所以说财务预测分析的结果代表了企业未来的发展前景，是企业未来价值评估的首要环节。

11.1.2 财务预测的基础

预测本身不是一个孤立地分析、测算和估计的过程，它是建立在企业环境分析、会计分析和财务分析的基础上，并结合企业未来的发展趋势而进行综合分析的结果。预测的准确程度不仅取决于使用的预测技术，更重要的是取决于分析人员对企业环境和业务性质的理解及把握程度。

1. 企业环境分析

企业的经济业务决定企业的会计系统和会计信息，而企业的经济业务又由众多的环境因素所决定，因此，清楚认识企业各种环境因素的现状及对企业的影响，对准确预测企业的会计信息起着关键的作用。企业环境包括外部环境和内部环境。外部环境是指宏观经济状况、企业所处行业及与企业有相关利益的各个方面，如顾客、供应商和竞争对手等。对外部环境的分析主要包括：

（1）国家宏观经济政策的变化对企业经营方针、政策的影响；

（2）按产品的种类、地理区域和顾客类型划分销售情况，分析行业竞争对手对企业产品所占市场份额的影响；

（3）竞争对手可能采用的战略与反应对企业的影响；

（4）通过市场调查研究顾客的偏好，分析其对企业产品品种结构的影响等。

内部环境是指企业的战略方针、经营运作框架及产品特征等，它决定了企业的经营方向和战略目标，并提出了实现目标的方针与计划，解决了企业向何处发展和如何发展的问题。相对于外部环境而言，内部环境使企业掌握的主动性更大一些，对企业经营活动的影响也较为主动。对内部环境的分析主要包括：

(1) 企业经营战略的有效性对企业未来的利润率和销售额有何影响；

(2) 产品结构对企业销售水平及现金流量的影响；

(3) 创意广告和强势营销网络对销售活动的影响程度等。

2. 会计分析

企业过去的会计信息是我们对企业未来财务状况进行预测的依据，它的真实性会直接影响到预测结果的准确性与可靠性。因此，为保证企业将来业绩的预测结果具有准确性与可靠性，财务预测分析就必须以会计分析为基础，主要分析以下几个方面：

(1) 企业在会计核算中所确定的关键会计政策，在未来是否有什么变化。比如，所有的企业都不得不对折旧、存货计价、摊销、商誉等会计政策作出选择，这些政策如果发生变化，会对企业未来的资产、收益及现金流量有什么影响。

(2) 企业是否充分披露了会计信息，对评估企业的经营业绩和经济效果有什么影响。

(3) 会计的灵活性是否成为管理人员掩盖真实情况、操纵利润的手段，对企业未来的财务状况和经营成果有何影响。

(4) 会计信息对企业经营状况是否作了充分解释，对分析人员预测企业未来的经营变化有什么影响。比如，某企业在一段时间的利润率下降了，是因为价格竞争，还是因为成本上升？如果是成本上升了，是生产成本上升，还是非生产性费用上升？会计信息的解释是否能使分析人员了解其中的原因，这对预测企业未来经营变化有很大影响。

3. 财务分析

一个企业的价值取决于它的盈利和成长能力，而企业的盈利和成长能力又受其产品市场和筹资市场策略的影响。产品市场策略通过企业的经营策略和投资策略得以实现，而筹资市场策略则通过融资和股利策略得以实现。财务分析的目的就是运用一定方法评估既定目标和上述策略的实施情况，这些财务策略的实施情况也影响着企业未来的财务状况，所以它是我们对企业前景预测的一个关键因素。财务分析主要分析的内容有：

(1) 企业的盈利能力如何，是否充分有效地使用了全部资产，影响资产盈利能力的因素有哪些；

(2) 企业偿还短期债务与长期债务的能力如何，并据此分析企业的财务状况和风险程度；

(3) 分析企业的营运能力，对企业资产的流动性作出评价，进一步了解资产利用的潜力；

（4）企业的可持续增长率为多少，股利政策对其起了什么作用等。

11.1.3 预测的步骤

财务预测是根据反映企业财务活动的历史资料，运用科学方法来预计和推测企业未来财务活动发展的必然趋势和可能性。由于企业的经营活动受到各种因素的影响，未来的财务状况又不是过去的简单重复，所以预测分析是一项工作量大、涉及面广、操作复杂的工作，为了保证预测的精确度和质量，提高预测工作的效率，财务预测分析必须有计划、有步骤地进行，其步骤如下。

1. 确定预测目标

确定预测目标是搞好预测分析的首要前提，它是制订预测工作计划、确定资料来源、选择预测方法和组织预测人力的重要依据。只有目标明确了，才能顺利地开展预测工作，做到有的放矢。比如，分析人员以企业的成本作为预测目标，目标确定后，才能开始组织与目标成本预测有关的各种工作，取得成本的有关资料和分析影响成本变化的各种因素，最终完成成本预测的任务。

2. 搜集整理资料

预测目标确定后，就应着手搜集相关资料，搜集的资料是否真实、可信和全面，对预测的准确性起着决定性的作用。财务预测分析所需要的信息资料，既包括纵向历史资料，如连续多年的销售收入指标，也包括某一时期对同一预测对象有影响的各种因素的横向资料，如价格竞争和成本变化对销售收入的影响。在搜集资料的过程中，分析人员应注意整理分析，鉴别真伪，这样才能保证预测工作的顺利进行和预测结果的准确性。

3. 选择预测方法

财务预测的方法有很多，每种预测方法都有特定的用途，如果采用的预测方法不同，预测结果也会不一致，所以我们应根据预测目标、内容和所掌握的资料，选择最恰当的预测方法，有时还可以把几种预测方法结合运用。对于那些因缺乏定量资料无法开展定量分析的预测对象，则应结合以往的经验加以定性预测分析。

4. 综合预测

财务预测的方法选定后，就可以根据所整理的数据资料进行综合预测分析了。综合预测是以企业的内外环境分析、会计分析和财务分析为基础，对企业的利润表、资产负债表和现金流量表展开的全面预测，预测结果可以用列表、制图或文字形式来表达。

11.2 销售预测

销售预测，是根据市场上产品供需情况的发展趋势，对企业的产品在未来时期的销售量或销售额进行科学的预计和推测。一个企业销售预测工作做得好与坏，销售预测结果准确与否，直接影响到企业对其未来财务状况的预测，影响到未来资产负债表、利润表以及现金预算的编制。不仅如此，搞好销售预测，还有利于企业开展生产经营活动的决策，提高经营决策的正确性和科学性，有利于企业合理安排生产，提高企业的经营管理水平。

企业的销售预测，可以由企业内部的管理人员作出，也可请企业外部的有关专家、教授作出，还可由专门的咨询公司进行。销售预测的结果是否准确，主要取决于预测所依据的资料是否充分和可靠，以及采用的方法是否合适和科学。进行销售预测的方法很多，总体上主要分为定性预测和定量预测两大类。定性预测主要包括市场调查法、专家意见法和德尔菲法。定量预测主要包括移动平均法、指数平滑法和趋势预测法。

11.2.1 定性预测方法

1.市场调查法

市场调查就是了解市场产品供求关系的各项因素及其发展动态，它不仅是企业进行销售预测的一种重要方法，而且是后面定量预测法的基础。开展市场调查的主要内容有：国家经济发展方针、政策、市场供求状况和变化动态；有关企业的产品质量、价格、销路，顾客的经济状况、个人爱好、风俗习惯；国内外以及本地区经济发展趋势；科学技术与新产品的发展动向，国际市场的有关情报等。调查方法主要有：普查、重点调查、抽样调查、函调、面谈、展销会、订货会等。通过调查，将各方面的意见加以综合，分析、判断、预测企业未来的产品销售水平。

2.专家意见法

专家意见法是向一组经过挑选的有关专家提供一定的背景资料，通过会议的形式对销售状况及其前景进行评价，在综合专家分析判断的基础上，对市场趋势作出量的推断。专家意见法一般用于以下几种情况：没有历史资料或历史资料不完备；难以进行定量的分析；需要进行定性分析的预测。专家意见法效果的好坏，在很大程度上取决于专家选择的适当与否。专家要具有代表性和一定的市场调研与预测方面的知识和经验。

专家意见法的优点是由专家作出的判断和估计具有更高的准确性，同时，这种方法本身可以使与会专家能畅所欲言，自由辩论，充分讨论，集思广益，从而提高销售预测的准确性。但是，这种方法也同样存在受专家个性和心理因素或其他专家的意见的影响或左右，同时受参加人数和讨论时间的限制，会影响到预测的科学性和准确性。

3. 德尔菲法

德尔菲法是用信函的方式寄给各位专家，分别征求他们的意见，得到答复后，把各种意见经过综合、整理和反馈，让专家们再次作出判断，如此反复多次，直到得到销售预测的结果。参加预测的专家在整个预测过程中彼此互不通气，以“背靠背”的方式接受咨询，即预测是以匿名方式进行的。其目的在于尽可能减少各种因素对专家的影响，使他们畅所欲言。

11.2.2 定量预测方法

1. 移动平均法

移动平均法假定待预测事物的未来状况只与近期的状况有关，而与较远期的状况无关。因此，只要选用近期的几个数据加以平均即可预测下期的数据。根据平均值的不同算法，移动平均法又分为简单移动平均法和加权移动平均法两种。

简单移动平均法是把过去数据对预测值的影响作用等同看待，采用简单算术平均法计算预测值。其预测模型为：

$$F_{t+1}=\frac{\sum_{i=t}^{t-N+1} V_i}{N} \tag{11-1}$$

式中：F_{t+1}——第 $t+1$ 期的预测值；

V_i——第 i 期的实际值；

N——与预测期邻近的有关期数。

加权移动平均法是考虑远近不同的历史数据对预测值的影响不同。一般来说，距预测期越近的数据，对预测值的影响作用越大。其模型为：

$$F_{t+1}=\frac{\sum_{i=t}^{t-N+1} W_{t-i}\cdot V_i}{\sum_{i=1}^{N} W_i} \tag{11-2}$$

式中：W_{t-i}——与 V_i 对应的权数，可结合实际经验加以选择。

【例 11-1】某房地产企业某年 1～12 月份销售额如表 11-1 所示。试用简单移动平均法（$N=3$，$N=6$）和加权移动平均法（$N=3$，权值分别为 3，2，1）计算移动平均值。

解：当 $N=3$ 时，根据式（11-1）用简单移动平均法进行预测可得：

4 月份的预测值为：

$$F_{3+1}=\frac{\sum_{i=3}^{3-3+1}V_i}{3}=\frac{170+200+150}{3}=173.3$$

5 月份的预测值为：

$$F_{4+1}=\frac{\sum_{i=4}^{4-3+1}V_i}{3}=\frac{200+150+230}{3}=193.3$$

其他月份的预测值的计算方法以此类推，最终结果列于表 11-1。

移动平均预测计算表 表 11-1

月份	销售额（万元）	F_{t+1}		
		简单移动平均法		加权移动平均法
		$N=3$	$N=6$	$N=3$（权值 3，2，1）
1	170			
2	200			
3	150			
4	230	173.3		170
5	210	193.3		198.3
6	280	196.7		206.7
7	300	240.0	206.7	248.3
8	260	263.3	228.3	278.3
9	250	280.0	238.3	276.7
10	230	270.0	255.0	268.3
11	250	246.7	255.0	241.7
12	180	243.3	261.7	243.3

当 $N=6$ 时，根据式（11-1）用简单移动平均法进行预测可得：

7 月份的预测值为：

$$F_{6+1}=\frac{\sum_{i=6}^{6-6+1}V_i}{6}=\frac{170+200+150+230+210+280}{6}=206.7$$

8 月份的预测值为：

$$F_{7+1}=\frac{\sum_{i=6}^{7-6+1}V_i}{6}=\frac{200+150+230+210+280+300}{6}=228.3$$

其他月份的预测值的计算方法以此类推，最终结果列于表 11-1。

用加权移动平均法进行预测，需注意采用加权移动平均法时，距预测期越近的数据，对预测值的影响作用越大。此时，权值越大的应越靠近预测期的数据。当 $N=3$ 时，根据式（11-2）可得：

4 月份的预测值为：

$$F_{3+1}=\frac{\sum_{i=3}^{3-3+1}W_{t-i}\cdot V_i}{\sum_{i=1}^{3}W_i}=\frac{1\times170+2\times200+3\times150}{1+2+3}=170$$

5 月份的预测值为：

$$F_{4+1}=\frac{\sum_{i=4}^{4-3+1}W_{t-i}\cdot V_i}{\sum_{i=1}^{3}W_i}=\frac{1\times200+2\times150+3\times230}{1+2+3}=198.3$$

其他月份的预测值的计算方法以此类推，最终结果列于表 11-1。

2. 指数平滑法

指数平滑法是用指数加权的办法来进行移动平均的预测方法。它以本期实际值和本期预测值为基数，分别给这两种数以不同的权数，计算出指数平滑值。其计算公式为：

$$S_{t+1}=\alpha\cdot X_t+(1-\alpha)\cdot S_t \tag{11-3}$$

式中：S_{t+1}——第 $t+1$ 期的指数平滑值；

α——平滑系数（$0\leqslant\alpha\leqslant1$）；

X_t——第 t 期实际值；

S_t——第 t 期指数平滑值；

由式（11-3）可推得：

$$S_{t+1}=\alpha\cdot X_t+\alpha(1-\alpha)\cdot X_{t-1}+\alpha(1-\alpha)^2\cdot X_{t-2}+\cdots$$

从上式可以看出，指数平滑法就是对不同时期的数据给予不同的权数，既强调了近期数据对预测值的作用，又未完全忽略远期数据的影响。

在实际中，平滑系数 α 由预测人员判断选定，通常可以选用几个 α 值做实验，经试验与调整，选取误差较小的 α 值用于预测。当找到较满意的 α 值后，若连续运用，还要定期校核。又因为 $S_2=\alpha\cdot X_1+(1-\alpha)\cdot S_1$，$S_1$ 为一未知值，称为初始值。如何确定 S_1，可分为两种情况。当样本为大样本时，初始值以时间数列的首项替代；当样本为小样本时，初始值以时间数列的前几项求一简单平均数作为替代。

【例 11-2】现以表 11-2 的实际数据为例，应用指数平滑法，分别按 $\alpha=0.3$ 和 $=0.7$ 计算预测值，计算结果如表 11-2 所示。

解：表 11-2 中的时间数列中已知数据为时间 t（月）和相对应的销售额 X_t

（万元）。由于只有10个月的数据，属于小样本，初始值取前3项简单平均数。即：

$$S_1=\frac{120+125+130}{3}=125$$

当平滑系数 $\alpha=0.3$ 时，根据公式（11-3）可得2月份的预测值为：

$$S_{1+1}=0.3\times X_1+(1-0.3)\times S_1=0.3\times 120+0.7\times 125=123.5$$

3月份的预测值为：

$$S_{2+1}=0.3\times X_2+(1-0.3)\times S_2=0.3\times 125+0.7\times 123.5=123.95$$

以此类推，可得出其他月份的预测值。当=0.7时计算方法相同。计算结果见表11-2。

指数平滑计算表

表11-2

t	销售额 X_t	S_{t+1}（$\alpha=0.3$）	$\lvert S_{t+1}-X_t\rvert$	S_{t+1}（$\alpha=0.7$）	$\lvert S_{t+1}-X_t\rvert$
1	120	125.00	5.00	125.00	5.00
2	125	123.50	1.50	121.50	3.50
3	130	123.95	6.05	123.95	6.05
4	115	125.77	10.77	128.19	13.19
5	135	122.54	12.46	118.96	16.04
6	140	126.27	13.73	130.19	9.81
7	146	130.39	15.61	137.06	8.94
8	137	135.07	1.93	143.32	6.32
9	142	135.65	6.35	138.90	3.10
10	150	137.56	12.44	141.07	8.93
11	—	141.29	合计85.83	147.32	合计80.89

从表11-2中可以看出，当 $\alpha=0.3$ 和 $\alpha=0.7$ 时，计算出的各期预测值与实际值之差的绝对值之和分别为85.83和80.89。因此，当 $\alpha=0.7$ 时其预测效果要优于 $\alpha=0.3$ 时。在实际的操作中，要再选取几个 α 值做实验，最终选取误差较小的 α 值用于预测。

3. 趋势预测法

趋势预测法是以一个经济变量在一定时期内大致沿某一趋势呈线性或非线性变化为研究对象，预测事物未来发展趋势的方法。趋势预测法中最为基础的方法为线性趋势预测法。当经济变量在某一时间内近似呈线性趋势时，我们可把事件的序列数作为变量 X，把所研究经济变量在各个时期的数值作为变量 Y，则线性趋势预测模型为：

$$Y=a+bX \tag{11-4}$$

式中：a、b——待定的系数。

利用最小二乘法，a 和 b 分别由下式确定：

$$b=\frac{N\sum x_i y_i-\sum x_i\sum y_i}{N\sum x_i^2-(\sum x_i)^2} \tag{11-5}$$

$$a=\frac{\sum y_i}{N}-b\frac{\sum x_i}{N} \tag{11-6}$$

式中：N——数据点数；

x_i、y_i——实际数据点（$i=1$，2，…，N）。

根据时间序列的特点，我们可按照下述方法将时间序列数适当取值，使$\sum x_i=0$，从而使计算简化。当周期数为奇数，我们可以以中间一期为原点，则 x 的数列为…，－3，－2，－1，0，1，2，3，…。当周期数为偶数，我们可以以中间二期之间的点为原点，则 x 的数列为…，－5，－3，－1，1，3，5，…。这样$\sum x_i=0$，由此上述计算公式简化为：

$$b=\frac{\sum x_i y_i}{\sum x_i^2} \tag{11-7}$$

$$a=\frac{\sum y_i}{N} \tag{11-8}$$

【例 11-3】某房地产企业 1～10 月份的销售额见表 11-3 所示，试用趋势预测法预测 11 月份和 12 月份的可能销售额。

解：首先根据统计资料绘出数据分布图（图 11-1）。

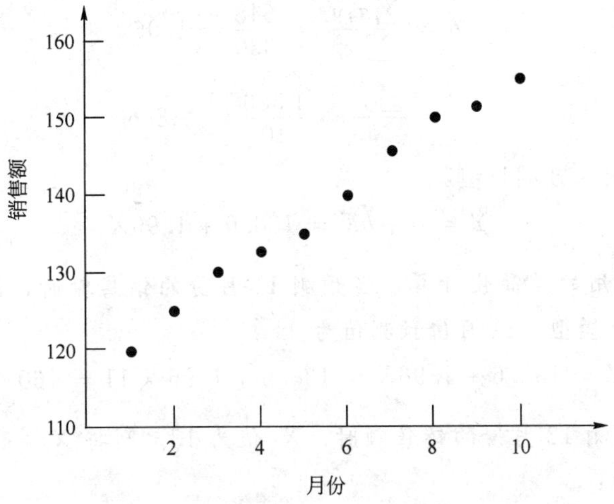

图 11-1　数据分布图

从图 11-1 中可以看出数据点的分布呈线性趋势，建立预测模型：

$$Y = a + bX$$

列表计算结果见表 11-3。

线性趋势计算表　　表 11-3

月　份	y_i	x_i	x_i^2	$x_i y_i$
1	120	−9	81	−1 080
2	125	−7	49	−875
3	130	−5	25	−650
4	133	−3	9	−399
5	135	−1	1	−135
6	140	1	1	140
7	146	3	9	438
8	150	5	25	750
9	152	7	49	1 064
10	155	9	81	1 395
合计	1 386	0	330	648

则：

$$b = \frac{\sum x_i y_i}{\sum x_i^2} = \frac{648}{330} = 1.96$$

$$a = \frac{\sum y_i}{N} = \frac{1\,386}{10} = 138.6$$

将 a、b 值代入预测模型：

$$Y = a + bX = 138.6 + 1.96X$$

由于此处使用的是简化计算，当预测 11 月份的销售额时，X_i 值为 11。则将 $X_i = 11$ 代入预测模型。11 月份预测值为：

$$Y = 138.6 + 1.96X = 138.6 + 1.96 \times 11 = 160.16$$

同样，当预测 12 月份的销售额时，X_i 值为 13。则将 $X_i = 13$ 代入预测模型。12 月份预测值为：

$$Y = 138.6 + 1.96X = 138.6 + 1.96 \times 13 = 164.08$$

11.3 利润与资金需求量的预测

利润与资金需求量预测经常采用销售百分比法。利用此法进行财务预测时，先要假设收入、费用、资产、负债与销售收入之间存在着固定的比例关系，然后根据预计销售额和相应的比例，以及资产、负债和所有者权益，再确定出所需的融资数量以及利润。

11.3.1 销售百分比法的操作程序

销售百分比法是根据财务报表各变量与销售收入之间的比例关系，按照预测期销售收入的增长情况，预测企业未来财务报表的一种方法。该方法简单明了，易于操作，是我们预测分析经常使用的一种方法。销售百分比法的操作程序一般如下。

(1) 通过对历史数据的审核，判断财务报表中与销售呈比例变化的项目有哪些。一般来说，资产负债表中的资产类项目，如货币资金、正常的应收账款和存货等项目，都会随销售额的增长而相应地增长。固定资产项目的利用率如果已经达到饱和状态，则要随销售额的增长而增添设备。负债类项目，如应付账款、其他应付款等项目，一般会随销售额的增长而增长，而应付票据、长期负债等项目，则不随销售额的增长而增长。所有者权益类项目，如股本，一般不随销售额的变化而变化。若利润率保持不变，保留盈余项目一般会随销售额的增长而增长。

(2) 预测销售额。由于报表中众多的项目与销售预测机械地相关，所以尽可能准确地估计销售额至关重要。销售额的预测在上一节中我们已介绍。

(3) 根据财务报表中各项目与销售额的依存关系，借助预测的销售额估计财务报表的各项目。

(4) 采用其他方法分别测定财务报表中与销售额不直接相关，但已肯定变动的项目数额。

(5) 编制预测的利润表及资产负债表，保证报表之间的内在联系及表内项目的平衡关系，确定应增加的外部融资需求量。

11.3.2 预计利润表

预计利润表是运用销售百分比法的原理预测留存受益的一种报表。预计利润表与实际利润表的内容、格式相同。通过预计利润表，既可预测留存收益的数额，也可为预计资产负债表和预计外部融资数额提供依据。

预计利润表的编制步骤如下：

(1) 收集基年实际利润表资料，计算确定利润表各项目与销售额的百分比。

(2) 取得预测年度销售收入的预计数，用该预计销售额乘以基年实际利润表各项目与实际销售额的百分比，计算出预测年度预计利润表各项目的预计数，并编制预计利润表。

(3) 测算留存收益的数额。根据基年税后净利润占基年销售收入的比例乘以计划销售收入，确定计划年度税后净利润的数额；如果计划年度不对投资者分配利润，则税后净利润就是留存收益的增加额；如果计划年度对投资者分配利润，则税后净利润应乘以（1－股利分配率）才是留存收益的增加额。

应注意的是，如果以现金形式进行分配，则按确定的股利分配率计算即可；但如果以非现金形式（如股票股利等形式）进行分配，则股利分配率应进行如下调整：股利分配率×（1－非现金股利分配比例）。

【例 11-4】 诚信房地产开发公司 2007 年的利润表见表 11-4。

2007 年实际利润表 表 11-4

编制单位：诚信房地产 2007 年 单位：万元

项　目	金　额
一、主营业务收入	8 310
减：主营业务成本	4 020.40
经营税金及附加	662
二、主营业务利润	3 627.60
加：其他业务利润	790.40
减：销售费用	1 300
管理费用	1 050
财务费用	360
三、营业利润	1 708
加：投资收益	40
补贴收入	
营业外收入	6.50
减：营业外支出	19.50
四、利润总额	1 735
减：所得税（税率为 40%）	694
五、净利润	1 041

若该企业 2008 年预计销售额为 9 000 万元，则 2008 年预计利润表可测算如表 11-5 所示，具体分析如下：

(1) 表中第二栏列示的是 2007 年的基数，第三栏是利润表中各项目与销售额的比例关系。表中 n 代表“二者相关性不大”。

(2) 根据费用方面的预测来看，主营业务成本、主营业务税金及附加、销售费用、管理费用和财务费用都与销售收入密切相关，并随预计销售额的增长而相应提高，只要将其预测的销售额乘以销售百分比即可得到预测数。

(3) 对于不是直接由销售引起的费用项目，则根据相关资料分析预测。例如，其他业务利润的增加是由于该房地产企业售后服务收入的增加和其从事的其他相关业务的增加引起的。

若该企业预定的股利支付率为50%，则2008年预测留存收益为559.68万元，即：

$$\begin{aligned}留存收益&=预计净利润\times(1-股利支付率)\\&=1\,119.36\times(1-50\%)\\&=559.68\ (万元)\end{aligned}$$

预计利润表 表11-5

编制单位：诚信房地产 2008年 单位：万元

项目	2007年实际数	占销售收入的百分比(%)	2008年预计数
一、主营业务收入	8 310	100.00	9 000
减：主营业务成本	4 020.40	48.38	4 354.20
主营业务税金及附加	662	7.97	717.30
二、主营业务利润	3 627.60	43.65	3 928.50
加：其他业务利润	790.40	n	820
减：销售费用	1 300	15.64	1 407.60
管理费用	1 050	12.64	1 137.60
财务费用	360	4.33	389.70
三、营业利润	1 708	n	1 813.60
加：投资收益	40	n	60
补贴收入		n	
营业外收入	6.50	n	8
减：营业外支出	19.50	n	16
四、利润总额	1 735	n	1 865.60
减：所得税（税率为40%）	694	n	746.24
五、净利润	1 041	n	1 119.36

11.3.3 预计资产负债表

预计资产负债表是运用销售百分比法的原理预测企业外部融资额的一种报表。预计资产负债表与实际资产负债表的内容、格式相同。通过预计资产负债表，可预测资产、负债及留存收益有关项目的数额，进而预测企业所需的外部融资数额。

在分析资产负债表项目与销售之间的关系时，要注意区分敏感项目与非敏感项目。凡是资产负债表项目的金额变动与销售增减有直接关系（即表现为一定的比例关系）的项目，称为敏感项目。凡是资产负债表项目的金额变动与销售增减没有直接关系的项目称为非敏感项目。因此，现金、银行存款、应收账款、存货等称为敏感资产，而应付费用、应付账款等称为敏感负债，其他资产负债表项目（固定资产净值项目比较特殊）都属于非敏感项目。

固定资产净值是否应划为敏感资产与现有固定资产的利用情况有关。如果固定资产已经满负荷运转，销售量的增加必然导致机器设备等固定资产的增加，此时固定资产净值应列为敏感资产；如果固定资产并未满负荷运转，而且销售量的增长未超过固定资产生产能力的限度，则产量增加就不需要增加固定资产的投入，此时固定资产净值不应列为敏感项目；如果固定资产未满负荷运转，但销售量的增长已超过固定资产生产能力的限度，则产量增长超过固定资产生产能力的限度的部分就要相应增加固定资产的投入，此时，固定资产净值就应列为敏感项目。

留存收益也是一个比较特殊的项目，它虽然也随销售量的增加而增加，但两者之间并没有一定的比例关系。因此，留存收益既不能列为敏感项目也不能列为非敏感项目。

下面举例说明预计资产负债表的编制。

【例 11-5】 诚信房地产开发公司 2007 年的资产负债表如表 11-6 所示。假定固定资产净值是敏感项目，留存收益是非敏感项目。根据此资料，编制该企业 2008 年预计资产负债表。

资 产 负 债 表　　　　表 11-6

编制单位：诚信房地产　　　　2007 年 12 月 31 日　　　　单位：万元

资 产 项 目	金 额	负债及所有者权益	金 额
流动资产：		流动负债：	
货币资金	450	短期借款	400
短期投资	80	应付票据	68
应收票据	20	应付账款	350
应收账款	650	预收账款	10
减：坏账准备	5.80	应付工资	0.6
应收账款净额	644.20	应付福利费	
预付账款	19	应付股利	
其他应收款	4.80	应交税金	46
存货	640	其他应交款	6.4
待摊费用	2	其他应付款	19
待处理流动资产净损失	3	预提费用	8

续上表

资 产 项 目	金额	负债及所有者权益	金额
1年内到期的长期债券投资		1年内到期的长期负债	56
流动资产合计	1 863	其他流动负债	
长期投资：	190	流动负债合计	964
固定资产：		长期负债	
固定资产原价	2 700	长期借款	540
减：累计折旧	730	应付债券	430
固定资产净值	1 970	长期应付款	96
在建工程	150	其他长期负债	
待处理固定资产净损失		长期负债合计	1 066
固定资产合计	2 120	股东权益：	
无形资产及递延资产：		股本	1 500
无形资产	35	资本公积	230
递延资产	12	盈余公积	250
其他长期资产		未分配利润	210
		股东权益合计	2 190
资产合计	4 220	负债及股东权益合计	4 220

现说明该企业2008年预计资产负债表（表11-7）的编制过程：

(1) 按基年资产负债表实际资料，确定敏感项目与销售收入之间的比例关系。将基期各敏感项目的金额分别除以基期销售收入，计算敏感项目占销售收入的百分比，如表11-7的第三栏。非敏感项目以n表示。

(2) 用2008年预计销售收入9 000万元，乘以第三栏所列的百分比，求得表11-7中第四栏所列的敏感项目金额。第四栏中非敏感项目除留存收益外，按第二栏数额填列。

(3) 确定2007年留存收益增加额及预计资产负债表中的留存收益累计额。留存收益是企业内部资金的来源，只要企业有盈利，并且不是全部支付股利，留存收益就会使所有者权益自然增长。留存收益可以满足或部分满足企业的融资要求。这部分资金的多少，取决于收益的多少和股利支付率的高低。本例中2008年留存收益增加额已通过预计利润表计算确定，金额为559.68万元。2008年累计留存收益为1 249.68万元（230＋250＋210＋559.68）。

(4) 确定融资需求。加总预计资产负债表的两方：2008年预计资产总额为4 588.70万元，负债及所有者权益为4 813.68万元。由于预计的资产总额大于负债与所有者权益的总额，该企业2008年不需要外部融资，而且有224.98万元的资金剩余。

预计资产负债表　　　　表 11-7

编制单位：诚信房地产　　　　2008 年　　　　单位：万元

项　　目	金额	2007 年销售百分比（%）	2008 年预计数
流动资产：			
货币资金	450	5.42	487.80
短期投资	80	n	80
应收票据	20	n	20
应收账款	650	7.82	703.80
减：坏账准备	5.80	n	5.80
应收账款净额	644.20	n	698
预付账款	19	n	19
其他应收款	4.80	n	4.80
存货	640	7.70	693
其他流动资产	2	n	2
待处理流动资产净损失	3	n	3
流动资产合计	1 863	n	2 007.60
长期投资：	190	n	190
固定资产：			
固定资产原价	2 700	32.49	2 924.10
减：累计折旧	730	n	730
固定资产净值	1 970	n	2 194.10
在建工程	150	n	150
固定资产合计	2 120	n	2 344.10
无形资产及递延资产：			
无形资产	35	n	35
递延资产	12	n	12
资产合计	4 220	n	4 588.70
流动负债：			
短期借款	400	n	400
应付票据	68	n	68
应付账款	350	4.21	378.90
预收账款	10	0.12	10.80
应付工资	0.60	n	0.60

续上表

项　　目	金额	2007 年销售百分比（%）	2008 年预计数
应交税金	46	n	46
其他应交款	6.40	n	6.40
其他应付款	19	n	19
应付利息	8	n	8
一年内到期的长期负债	56	0.67	60.30
流动负债合计	964		998
长期负债：			
长期借款	540	n	540
应付债券	430	n	430
长期应付款	96	n	96
长期负债合计	1 066	n	1 066
股东权益：			
股本	1 500	n	1 500
留存收益	690	n	1 249.68
股东权益合计	2 190	n	2 749.68
负债及股东权益合计	4 220	n	4 813.68

以上介绍了如何运用预计资产负债表预测融资需求量的过程。为简便起见，也可用公式预测外部融资需求量。预测公式列示如下：

$$\text{外部融资需求量} = (\Delta S)\frac{\text{RA}}{S} - (\Delta S)\frac{\text{RL}}{S} - \Delta\text{RE}$$

$$= \Delta S\left(\frac{\text{RA}}{S} - \frac{\text{RL}}{S}\right) - \Delta\text{RE} \qquad (11\text{-}9)$$

式中：ΔS——预计年度销售增加额；

RA——基年敏感资产总额；

S——基年销售额；

RL——基年敏感负债总额；

ΔRE——预计年度留存收益增加额。

根据上例资料，可计算出：

2008 年销售增加额（ΔS）为：

2008 年销售增加额＝2008 年预计销售额－2007 年实际销售额

＝9 000－8 310＝690（万元）

上例中敏感资产为货币资金、应收账款、存货和固定资产原价。因此，该企业 2007 年敏感资产总额（RA）为：

敏感资产总额＝450＋650＋640＋2 700＝4 440（万元）

上例中敏感负债为应付账款、预收账款和1年内到期的长期负债。因此，该企业2007年敏感负债总额（RL）为：

敏感负债总额＝350＋10＋56＝416（万元）

预计年度留存收益增加额（ΔRE）为559.68万元。运用上述公式可计算如下：

$$
\begin{aligned}
\text{外部融资需求量} &= \Delta S\left(\frac{RA}{S}-\frac{RL}{S}\right)-\Delta RE \\
&= 690\times\left(\frac{4\ 440}{8\ 310}-\frac{416}{8\ 310}\right)-559.68 \\
&= 334.12-559.68 \\
&= -225.55(\text{万元})
\end{aligned}
$$

财务预测的百分比法是一种简单实用的方法。它的使用成本较低，而且便于了解主要变量之间的关系，可以作为复杂方法的补充和检验。但是，它也有一定的局限性。这种局限性主要是由于假定预测年度非敏感项目、敏感项目及其与销售额的百分比均与基年保持不变。在实践中，非敏感项目、敏感项目及其与销售额的百分比有可能发生变动。这些变动对预测融资需求会产生一定的影响，需要相应地进行调整。

11.4 财务预测的其他方法

11.4.1 财务预算法

财务预算法是通过编制财务预算来编制预测的财务报表的方法。财务预算是企业全面预算的一部分，它和其他的预算是联系在一起的。对编有完整生产经营财务计划的企业而言，预测未来的财务报表，只要就地取材稍作加工就可以了。但对没有完整计划资料的企业来说，预测起来就显得比销售百分比法费时、费力、复杂得多。其具体的操作程序如下。

1. 分析经营环境

财务预算法要求分析人员在进行报表预测之前，首先应对企业所处的内外环境作出认真的、综合的研究与分析，主要包括：国家政治经济形势分析、同行业竞争趋势分析、市场价格变动趋势分析、金融政策趋势分析等。通过环境分析，结合企业的生产能力拟定企业的预算方案。

2. 拟定预算总方案

预算的总方案是指企业未来的经营方针、各项政策及企业的总目标和分目标。比如，为销售部门制订的销售目标，具体包括预算期产品的销售数量、销售价格、销售费用、销售地区、销售战略和战术等。通过拟定预算总方案使企业各部门编制预算有了依据和标准。

3. 编制具体预算

组织各部门按照具体的目标要求，编制本部门的预算草案，包括销售预算、生产预算、成本预算、费用预算等。

4. 预测财务报表

在上述经营预算的基础上，编制预算期的利润表、资产负债表和现金流量表。

综上所述，预测财务报表的操作程序如图 11-2 所示。

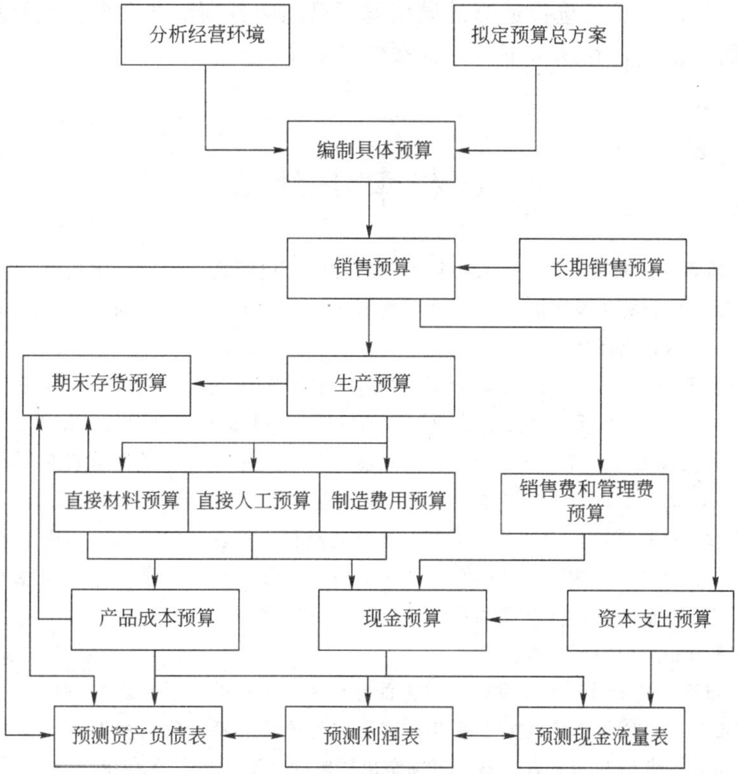

图 11-2　预测财务报表的操作程序

11.4.2　计算机预测法

随着知识经济时代的到来，高科技的不断发展，使用计算机进行财务预测分析是必然趋势。特别对于大型企业，影响其财务预测的变量很多，如产品组合、信用政策、价格政策等，如果把这些变量代入预测模型后，计算量会大大增加，所以企业不可避免地要以计算机代替手工操作。使用计算机进行财务预测，可以随时更新数据，快速生成预计的财务报表，从而支持财务决策。

企业使用计算机进行财务预测要注意根据本企业经营活动的特点，选择适当的软件模型。如果企业的经济业务较为简单，则可选择简单的“电子表软件”。电子表软件的预测与手工操作差别很小，但当预测期较长或临时改变某一变量时，计算机就要比手工快得多。比较复杂的业务可以采用交互式财务预测模型，它比电子表软件的功能更强，可以通过“人机对话”进行“反向操作”。比如，通过该模型可以根据设定的目标利润预测应实现的销售量，反过来根据既定的销售量预测可达到的利润。最复杂的预测是使用综合数据库财务计划系统。该系统需建立企业的历史资料库和模型库，然后选择适当的模型就可以预测各项财务数据。计算机预测法不是我们介绍的重点，在这里不再详细举例说明了。

本章小结

1. 财务预测是根据企业过去一段时期财务活动的历史资料，依据现实条件并考虑企业的发展趋势，运用定量分析法及预测人员的主观判断，对企业未来一定时期的财务状况和经营成果所进行的分析、测算或估计。

2. 财务预测本身不是一个孤立的分析、测算和估计的过程，它是建立在企业环境分析、会计分析和财务分析的基础上，并结合企业未来的发展趋势而进行综合分析的结果。

3. 为了保证预测的精确度和质量，提高预测工作的效率，财务预测分析必须有计划、有步骤地进行，其步骤一般为：确定预测目标；搜集整理资料；选择预测方法；进行综合预测。

4. 销售预测是根据市场上产品供需情况的发展趋势，对企业的产品在未来时期的销售量或销售额进行科学的预计和推测。进行销售预测的方法很多，总体上主要分为定性预测和定量预测两大类。定性预测主要包括市场调查法、专家意见法和德尔菲法；定量预测主要包括移动平均法、指数平滑法和趋势预测法。

5. 利润与资金需求量预测经常采用销售百分比法。利用此法进行财务预测时，先要假设收入、费用、资产、负债与销售收入之间存在着固定的比例关系，然后根据预计销售额和相应的比例，以及资产、负债和所有者权益，再确定出所需的融资数量以及利润。

复习思考题

1. 为什么要进行财务预测？

2. 财务预测前需要做哪些工作？

3. 简述财务预测的步骤。

4. 销售预测的方法主要有哪些?

练习题

1. 某房地产开发公司某年各月份的销售量如表11-8所示，运用移动平均法（$N=3$，$N=6$）和加权移动平均法（$N=3$，权值分别为3，2，1）计算移动平均值；运用指数平滑法，分别按$\alpha=0.2$、$\alpha=0.5$和$\alpha=0.8$，计算预测值。

销 售 量 一 览 表　　表11-8

月份	1	2	3	4	5	6	7	8	9	10	11	12
销售量	43	55	62	71	73	73	62	54	49	41	47	48

2. 某房地产开发企业第1年到第7年的销售额如表11-9所示，试预测第8年销售额。

某房地产开发企业第1年到第7年的销售额　　表11-9

年序	1	2	3	4	5	6	7
销售额（万元）	200	210	280	250	360	320	380

3. 某房地产开发企业2007年的资产负债表和利润表如表11-10、表11-11所示，若该企业2008年预计销售额为3 800万元，预定的股利支付率为50%。试根据销售总额确定该企业2008年的留存收益和需要从外部融资的金额。

2007年实际利润表　　表11-10

编制单位：××房地产　　2007年　　单位：万元

项　目	金　额
主营业务收入	3 000
减：主营业务成本	2 280
主营业务利润	720
减：销售费用	12
管理费用	612
财务费用	6
利润总额	90
减：所得税（税率为30%）	27
净利润	63

资 产 负 债 表 表 11-11

编制单位：××房地产 2007 年 单位：万元

项 目	金 额
资产：	
现金	15
应收账款	480
存货	522
预付费用	2
固定资产净值	57
资产总额	1 076
负债及所有者权益：	
应付票据	100
应付账款	528
应付费用	21
长期负债	11
负债合计	660
实收资本	50
留存收益	366
所有者权益合计	416
负债及所有者权益总额	1 076

第12章
财务分析

本章概要

1. 理解财务分析的基本含义及其现实意义；
2. 明确财务分析的一般程序；
3. 知道财务分析的局限性；
4. 理解财务分析的趋势分析法、比率分析法和因素分析法；
5. 进行偿债能力分析、营运能力分析、盈利能力分析和发展能力分析；
6. 运用杜邦分析法对企业的财务状况进行综合分析。

12.1 财务分析概述

12.1.1 财务分析的意义

财务分析是以企业财务报告和其他核算资料为依据和起点，采用一系列的分析方法和指标，对企业的财务状况和经营成果进行研究与评价，为投资者、经营管理者、债权人等社会各界的经济预测或决策提供依据的一项财务管理活动。财务分析对企业具有重要的现实意义。

1. 财务分析是评价企业财务状况的基础工作

通过对企业财务报表等核算资料进行分析，可以了解企业的短期偿债能力、长期偿债能力、营运能力、获利能力、财务结构的合理性等。从而判断企业财务实力的大小及企业的经营机制是否健全。

2. 财务分析是评价企业管理者的经营业绩的重要依据

将企业财务评价指标的本期实际与计划数进行比较，了解实际执行结果偏离计划的原因；将企业本期实际与过去几期的实际做比较，了解企业经营业绩的变化趋势；将企业本期实际与同行业的其他企业做比较，分析优势与劣势。企业从不同角度的比较中找出影响现有财务状况和经营成果的主观因素和客观因素，并把它们区分开来，从而能够客观地评价企业管理者的业绩。

3.财务分析是实现理财目标的重要手段

企业理财的根本目标是努力实现企业价值最大化。通过财务指标的计算和分析，企业了解其盈利能力和资产周转状况后，可不断挖掘企业改善财务状况、扩大财务成果的内部潜力，充分认识未被利用的人力资源和经济资源，寻找利用不当的原因，发现进一步提高利用效率的可能性。企业从各方面揭露矛盾，找出差距，寻求措施，促进企业生产经营活动按企业目标良性运行。

4.财务分析是经济决策的基础

对企业进行财务分析除有利于本企业的经济决策外，还可为企业外部相关部门或人员提供有用的财务信息。例如，银行通过财务分析可以决定是否给企业贷款；潜在投资者可以决定是否向企业投入资金（如购买企业股票和债券）；国家财税机构审查企业的财务活动是否遵守政府的法令和规章制度，以及确定企业应向国家上缴的税收等。

12.1.2 财务分析的一般程序

1.明确财务分析的目的

不同的信息使用者，出于自身利益的考虑，他们关心企业财务状况时是有所侧重的。例如，对于一般投资者来讲，更关心股利是否发放以及是否提高。而企业的债权人最关心的是企业是否有足够的偿债能力，以保证其债务本息能够及时、足额地得以偿还的财务信息。而对于拥有企业控股权的投资者，考虑更多的是追求长期利益的持续、稳定增长。因此，在进行财务分析时，信息使用者必须明确分析的目的是什么，希望通过分析获得哪些信息，这样才能有针对性地收集相关性资料、确定分析方法、建立相关分析指标。

2.收集财务分析资料

具备系统、完整和准确的财务资料是保证财务分析质量的重要条件。在明确了分析目的后，信息使用者应该围绕着分析目的收集相关资料。由于企业财务分析所涉及的因素比较复杂，因此分析所需要的资料是多方面的，来源也是非常广泛的。例如，既要有反映历史及现状的资料，又要有反映未来趋势和前景的资料；既要有所评价企业的财务资料，又要有国内外同行业其他企业的相关财务资料；既要有定量方面的资料，又要有定性方面的资料。需要指出的是，财务分析者要根据自身的经济实力和分析能力选取相关的分析资料，并不一定非要从“多多益善”的角度考虑而搜集过多的资料。

3. 整理财务分析资料

财务分析结论的客观和真实取决于分析评价资料的真实性与可靠性，因此，在对资料进行分析评价前，必须对所收集的资料进行整理归类，去伪存真、去粗取精。这种分析鉴别主要是评价人员凭借其专业知识和经验，通过对财务报表各项目数据的构成及其在不同期间变化情况的考察，查明有无异常情况。若发现异常情况，则应深入分析研究。

4. 确定分析评价方法

进行财务分析评价的方法有很多，不同的财务分析方法各有其分析的侧重点，当然得出的结论也会有所差异。因此，分析人员在进行财务分析时，必须根据其财务分析的目的以及所收集的资料情况，选择恰当的财务分析方法。

5. 正确计算相关财务比率

在进行财务分析时，会涉及从特定方面说明企业财务及经营情况的各种财务比率，对这些财务比率的正确计算是信息使用者对企业财务状况进行客观评价的基础。在进行财务分析和评价前，必须对指标进行界定，并认真仔细地计算各项数据，保证计算出的相关财务比率数据的正确性和可靠性。

6. 进行比较分析和因素分析

孤立地考察某一企业在某一期间的财务比率，只能了解到该企业在此期间内的财务情况。但是，这种计算并不能满足企业决策者、股权投资者、信贷人等对该企业信息的需求。企业的利益相关者需要对各种财务比率指标进行比较分析和因素分析。

7. 撰写财务分析报告

财务分析报告是财务分析工作的总结，也是财务分析的最后步骤。它将财务分析的对象、目的、分析程序、分析方法、计算数据和改进措施以书面的形式表示出来。财务分析报告是一份专业性非常强的书面报告，无相关财务知识的人员一般是无法看懂分析报告的，因此要求分析报告的语言要通俗易懂，用数据说明问题，观点鲜明，不要使用易造成歧义的文字和语言，使相关使用者能利用财务分析报告信息指导自己的投资和筹资决策。

12.1.3 财务分析的局限性

尽管财务分析在企业经营管理和经济决策方面有十分重要的作用，但由于财务分析存在着一定的局限性，导致财务分析的结果往往并不是很准确。财务分析的局限性主要体现在以下几个方面。

1.会计信息本身的问题

财务报告是会计信息的载体。由于会计信息本身的局限性，我们只能在一定的意义上使用财务报告数据，不能认为财务报告揭示了企业的全部实际情况。

(1) 货币计量问题

由于会计主要以货币为计量单位，因此，会计信息表反映的主要是企业能够用货币表现的经济活动，而非货币信息较少。例如，企业开发研制的新产品、发明的新技术、企业人员的素质、企业高层管理团队的状况等非货币信息对企业未来的发展有重大影响，但是财务分析对这类因素的评价却显得苍白无力。此外，货币计量假设市值不变，不按通货膨胀率或物价水平调整。因此，按历史成本编制的财务报告不能真实反映企业的财务状况和经营成果，往往导致企业资产不实、利润虚假。

(2) 会计政策问题

不同的企业对同一会计事项的账务处理可能会选择不同的会计政策，可能影响不同企业财务报告之间的可比性。例如，存货计价方法、折旧方法、所得税费用的确认方法、对外投资收益的确认方法等。虽然财务报告附注对会计政策的选择有一定的表述，但报告使用人未必能完成可比性的调整工作。

2.报告的真实性问题

我们进行财务分析时，要注意与报告真实性有关的问题。例如，财务报告所附的审计意见的类型及审计师的信誉度问题；财务报告的规范性和完整性问题；分析数据是否存在反常现象的问题等。这些真实性的问题都会导致最终财务分析结果的可信度。

3.比较基础问题

在比较分析时，必须要选择比较的标准，作为评价本企业当期实际数据的参照依据；否则，就不能说明其含义并得出结论。在财务分析中，经常使用的标准包括绝对标准、同业标准和计划预算标准等。

绝对标准是人们公认的一些标准，具有一定的参考价值。例如，企业的流动资产与流动负债之比应为2∶1。但是各企业所处行业不同、所处经济环境各异，放之四海而皆准的绝对标准并不能作为所有企业的统一标准。

横向比较时使用同业标准。但是，同业的平均数只起一般性的指导作用，不一定有代表性。此外，由于不同企业所使用的指标口径可能不一致，而使得行业平均水平不能说明任何问题。

以计划或预算作为比较标准，但有时是预算本身就不合理，而不是执行中存在什么问题。这样，以计划或预算作为标准就没有太大的意义。

总之，对比较标准本身要准确理解，并且要在限定意义上使用分析结论，避免简单化和绝对化。

12.2 财务分析的方法

开展财务分析需要运用一定的方法。企业财务分析的方法主要有趋势分析法、比率分析法和因素分析法。

12.2.1 趋势分析法

趋势分析法是通过对比两期或连续数期财务报告中相同指标，确定其增减变动的方向、数额和幅度，来说明企业财务状况和经营成果的变动趋势的一种方法。采用这种方法，可以分析引起变化的主要原因、变动的性质，并预测企业未来的发展前景。趋势分析法的具体运用主要有以下 3 种方式。

1. 重要财务指标的比较

重要财务指标的比较，是将不同时期财务报告中的相同指标或比率进行比较，直接观察其增减变动情况及变动幅度，考察其发展趋势，预测其发展前景。对不同时期财务指标的比较，可以有两种方法。

（1）定基动态比率

它是以某一时期的数额为固定的基期数额而计算出来的动态比率。其计算公式为：

$$\text{定基动态比率}=\frac{\text{分析期数额}}{\text{固定基期数额}}\times 100\% \tag{12-1}$$

（2）环比动态比率

它是以每一分析期的前期数额为基期数额而计算出来的动态比率。其计算公式为：

$$\text{环比动态比率}=\frac{\text{分析期数额}}{\text{前期数额}}\times 100\% \tag{12-2}$$

2. 会计报表的比较

会计报表的比较是将连续数期的会计报表的金额并列起来，比较其相同指标的增减变动金额和幅度，据以判断企业财务状况和经营成果发展变化的一种方法。会计报表的比较，具体包括资产负债表比较、利润表比较、现金流量表比较等。比较时，既要计算出表中有关项目增减变动的绝对额，又要计算出其增减变动的百分比。

3. 会计报表项目构成的比较

它是以会计报表中的某个总体指标作为 100％，再计算出其各组成项目占该总体指标的百分比，从而来比较各个项目百分比的增减变动，以此来判断有关财务活动的变化趋势。这种方法比前述两种方法更能准确地分析企业财务活动的发展趋势。它既可用于同一企业不同时期财务状况的纵向比较，又可用于不同企业之间的横向比较。同时，这种方法能消除不同时期（不同企业）之间业务规模差异的影响，有利于分析企业的耗费水平和盈利水平。

在采用趋势分析法时，必须注意用于进行对比的各个时期的指标，在计算口径上必须一致；剔除偶发性项目的影响，使作为分析的数据能反映正常的经营状况；应用例外原则，对某项有显著变动的指标作重点分析，研究其产生的原因，以便采取对策，趋利避害。

12.2.2 比率分析法

比率分析法是用同一期内的有关数据相互比较，得出它们的比率，以说明财务报告所列各有关项目的相互关系，并来判断企业财务和经营状况的好坏。其优点是计算简便，计算结果容易判断，而且可以使某些指标在不同规模的企业之间进行比较，甚至也能在一定程度上超越行业间的差别进行比较。但采用这一方法时，对比率指标的使用应该注意对比口径应一致和对比项目的相关性。比率的形式有很多种，按照他们在分析中所起的作用不同，主要分为相关比率、结构比率和动态比率。

1. 相关比率

相关比率是同一时期会计报表及有关财会资料中两项指标的比率。这两项指标之间虽然性质不同，但却相互联系。相关比率强调指标间的相关性，而不是对指标本身变动作直接比较。例如，甲、乙两企业在相同的年份中年利润均为 100 万元，甲企业权益资本为 500 万元，而乙企业权益资本只有 400 万元。这时要比较两企业的效益情况，就需要计算两企业的相对比率。本例中相对比率选取企业的资本利润率，即企业年利润与企业的权益资本的比率，则甲企业为 20%，乙企业为 25%，由此可说明乙企业的效益高于甲企业。

两个相关指标一旦形成比率，则能反映各项财务指标之间的比例关系是否合理。企业通过相关比率的分析结果，对财务经营活动各环节进行协调平衡。这类比率包括反映变现能力的比率、反映偿债能力的比率和反映营运能力的比率。

2. 结构比率

结构比率又称为构成比率，是会计报表中某项目的数值与各项目总和的比率。其计算公式为：

$$构成比率=\frac{某个组成部分数额}{总体数额}\times 100\% \quad (12\text{-}3)$$

这类比率揭示了部分与整体的关系，通过不同时期结构比率的比较还可以揭示其变化趋势。在财务分析资料中，如果仅仅列示某指标与某组成各项目的绝对数值，远不如使用结构比率更简便，更醒目。结构比率可以显示总指标的内部构架，表现各项目间的联系以及在总指标中所占地位的重要程度，便于分清主次因素，突出分析工作的重点。在财务报表中，结构比率显示出报表中各指标项目相互间垂直关系，是对财务指标进行的纵向分析。例如，存货与流动资产的比率、流动资产与全部资产的比率等。在使用结构比率时需注意，部分指标必须是总体指标这个大系统中的一个小系统。

3. 动态比率

动态比率是会计报表及有关财会资料中某项目不同时期的两项数值的比率。这类比率又分为定基比率和环比比率，可分别从不同角度揭示某项财务指标的变化趋势和发展速度。在对财务报表分析时，动态比率是对财务报表中某一财务指标进行横向分析。

12.2.3 因素分析法

因素分析法是指为深入分析某一指标（综合财务指标或经济指标），而将该指标按构成因素进行分解，分别测定各因素变动对该指标的影响程度的一种分析方法。采用这种方法的出发点在于，当有若干因素对分析对象发生影响作用时，假定其他各个因素都无变化，顺序确定每一个因素单独变化所产生的影响。其作用在于揭示指标差异的成因，以便更深入、全面地理解和认识企业的财务状况和经营情况。因素分析法主要有连环替代法和差额分析法。

1. 连环替代法

连环替代法主要有3个步骤。第一步，把总指标分解为各项有次序性的连锁因素；第二步，顺序地把其中一个因素视为可变因素，其他因素暂时视为不变因素，依次逐项进行替代，每一次替代在上一次替代的基础上进行；第三步，将每一次替代后的结果反向两两相减，测算出各项因素变动对总体指标的影响程度和影响方向。

假定某个指标 M 受3个因素 a，b，c 的影响，3个因素的依次关系为 $M=a\times b\times c$，则：

基期指标： $M_0=a_0\times b_0\times c_0$

实际指标： $M_1=a_1\times b_1\times c_1$

首先，确定分析对象。对总体指标的分析，一般是分析该指标的绝对差异，即分析对象为 $\Delta M=M_1-M_0$；其次，进行因素替代。假定影响指标的因素是依次变动的，当某一因素由基期数值变为实际数值时，就会引起指标数值的变动，则：

基期数值：　　　　　　$M_0 = a_0 \times b_0 \times c_0$

替代 a 因素：　　　　$M_a = a_1 \times b_0 \times c_0$

替代 b 因素：　　　　$M_b = a_1 \times b_1 \times c_0$

替代 c 因素：　　　　$M_c = a_1 \times b_1 \times c_1$

最后，测算各因素的影响。各因素变化后总体指标的数值与因素变化前总体指标的数值的差额，就是该因素变动对总指标的影响，则：

$$a\text{因素的影响} = M_a - M_0 = (a_1 - a_0) \times b_0 \times c_0$$

$$b\text{因素的影响} = M_b - M_a = a_1 \times (b_1 - b_0) \times c_0$$

$$c\text{因素的影响} = M_c - M_b = a_1 \times b_1 \times (c_1 - c_0)$$

$$\text{因素影响的汇总} = M_c - M_0 = M_1 - M_0 = \Delta M$$

【例 12-1】 某一房地产开发企业生产某产品耗用材料上年为 43 200 元，本年为 75 000 万元，具体资料如表 12-1 所示。

某企业的生产资料指标　　　　表 12-1

项　目	单　位	上 年 数	本 年 数	差　异
产品产量	件	800	1 000	200
材料单耗	kg/件	18	15	−3
材料单价	元/kg	3	5	2
材料费用	元	43 200	75 000	31 800

解：本题分析指标为材料费用。由于材料费用是由产品产量、单位产品材料消耗用量和材料单价 3 个因素的乘积构成的，因此，就可以把材料费用这一总指标分解为 3 个因素，即产品产量因素、单位产品材料消耗量因素和单价因素。然后，逐个来分析它们对材料费用总额的影响程度，其关系式为：

材料费用＝产品产量×材料单耗×材料单价

(1) 明确分析对象

材料费用差异＝75 000－43 200＝31 800（元）

(2) 进行因素替代

基期材料费用＝800×18×3＝43 200（元）

替代产量因素＝1 000×18×3＝54 000（元）

替代单耗因素＝1 000×15×3＝45 000（元）

替代单价因素＝1 000×15×5＝75 000（元）

(3) 因素测算

产量影响因素＝54 000－43 200＝10 800（元）

单耗影响因素＝45 000－54 000＝－9 000（元）

单价影响因素＝75 000－45 000＝30 000（元）

通过上述测算，可知本年材料费用上升 31 800 元的原因是：产量扩大 200 件使材料费用客观上升 10 800 元，这属于正常现象；材料耗用水平降低 3kg/件，使材料费用节约 9 000 元，这说明生产中对材料消耗的控制能力有所加强；材料单价上升 2 元/kg，使材料费用上升 30 000 元，这是材料费用上升的主要因素。企业这时就需要进行分析，是材料采购部门内部管理的问题，还是由于外部环境的变化导致材料价格的上涨。

2. 差额分析法

差额分析法是连环替代法的一种简化形式。它是利用各个因素的比较值与基准值之间的差额来计算各因素对分析指标的影响。

【例 12-2】仍以表 12-1 中所列数据为例，可采用差额分析法计算确定各因素变动对材料费用的影响。

（1）由于产量增加对材料费用的影响为：

$$(1\,000-800)\times 18\times 3=10\,800(\text{元})$$

（2）由于材料消耗节约对材料费用的影响为：

$$(15-18)\times 1\,000\times 3=-9\,000(\text{元})$$

（3）由于价格提高对材料费用的影响为：

$$(5-3)\times 1\,000\times 5=30\,000(\text{元})$$

虽然，因素分析法既可以全面分析各因素对某一经济指标的影响，又可以单独分析某个因素对某一经济指标的影响，在财务分析中应用颇为广泛。但在应用这一方法时必须注意以下几个问题。

（1）因素分解的关联性

在确定构成经济指标的因素时，各因素与经济指标之间必须在客观上存在着因果关系。这种因果关系要能够反映形成该项指标差异的内在构成原因，否则就失去了其存在价值。

（2）因素替代的顺序性

替代因素时，必须按照各因素的依存关系，排列成一定的顺序并依次替代，不可随意加以颠倒；否则，就会得出不同的计算结果。一般而言，确定正确排列因素替代程序的原则是，按分析对象的性质，从诸因素相互依存关系出发，并使分析结果有助于分清责任。

（3）顺序替代的连环性

连环替代法在计算每一个因素变动的影响时，都是在前一次计算的基础上进行，并采用连环比较的方法确定因素变化的影响结果。因为只有保持计算程序上的连环性，才能使各个因素影响之和，等于分析指标变动的差异，以全面说明分析指标变动的原因。

(4) 计算结果的假定性

连环替代法计算的各因素变动的影响数，会因替代计算顺序的不同而有差别，因而计算结果不免带有假定性，即它不可能使每个因素计算的结果，都达到绝对地准确。它只是在某种假定前提下的影响结果，离开了这种假定前提条件，也就不会是这种影响结果。为此，分析时财务人员应力求使这种假定是合乎逻辑和具有实际经济意义的假定，这样才不至于妨碍分析的有效性。

12.3 财务指标分析

总结和评价企业财务状况与经营成果的分析指标包括偿债能力指标、营运能力指标、盈利能力指标和发展能力指标。现将后面举例时需要用到的诚信房地产开发公司的利润表和资产负债表列举如下（见表 12-2 和表 12-3）。

2007 年实际利润表　　表 12-2

编制单位：诚信房地产　　2007 年　　单位：万元

项　目	金　额
一、主营业务收入	8 310
减：主营业务成本	4 020.40
经营税金及附加	662
二、主营业务利润	3 627.60
加：其他业务利润	790.40
减：销售费用	1 300
管理费用	1 050
财务费用	360
三、营业利润	1 708
加：投资收益	40
补贴收入	
营业外收入	6.50
减：营业外支出	19.50
四、利润总额	1 735
减：所得税（税率为 40%）	694
五、净利润	1 041

资 产 负 债 表

表 12-3

编制单位：诚信房地产　　2007 年 12 月 31 日　　单位：万元

资 产 项 目	年初数	年末数	负债及所有者权益	年初数	年末数
流动资产：			流动负债：		
货币资金	325	450	短期借款	380	400
短期投资	40	80	应付票据	48	68
应收票据	25	20	应付账款	260	350
应收账款	620	650	预收账款	20	10
减：坏账准备	5.5	5.8	应付工资	0.8	0.6
应收账款净额	614.5	644.2	应付福利费		
预付账款	27	19	应付股利		
其他应收款	12.5	4.8	应交税金	57	46
存货	590	640	其他应交款	5.2	6.4
其他流动资产	28	2	其他应付款	16	19
待处理流动资产净损失	10	3	应付利息	5	8
1 年内到期的长期债券投资	30		1 年内到期的长期负债	75	56
流动资产合计	1 702	1 863	其他流动负债		
长期投资：	120	190	流动负债合计	867	964
固定资产：			长期负债		
固定资产原价	2 200	2 700	长期借款	500	540
减：累计折旧	580	730	应付债券	330	430
固定资产净值	1 620	1 970	长期应付款	100	96
在建工程	150	150	其他长期负债		
待处理固定资产净损失			长期负债合计	930	1 066
固定资产合计	1 770	2 120	股东权益：		
无形资产及长期待摊费用：			股本	1 500	1 500
无形资产	25	35	资本公积	112	230
长期待摊费用	15	12	盈余公积	120	250
其他长期资产			未分配利润	103	210
			股东权益合计	1 835	2 190
资产合计	3 632	4 220	负债及股东权益合计	3 632	4 220

12.3.1 偿债能力分析

偿债能力是指企业偿还到期债务（包括本息）的能力。债权人十分关心企业的偿债能力，往往把偿债能力的高低视为企业信用状况好坏的标志。企业的偿债能力可以分为短期偿债能力和长期偿债能力。

1.短期偿债能力分析

短期偿债能力是指企业流动资产对流动负债及时足额偿还的保证程度，是衡量企业当前财务能力，特别是流动资产变现能力的重要标志。企业到期债务一般均应以现金清偿，因此，短期偿债能力本质上是一种资产变现能力。由于短期偿债能力是企业履行短期债务的保证，因此，对短期偿债能力的分析主要是通过对流动资产与短期债务的对比关系进行的，特别应着重分析那些周转速度快、变现能力强的流动资产。企业短期偿债能力的衡量指标主要有流动比率、速动比率、现金比率和现金流动负债比率。

（1）流动比率

流动比率是流动资产与流动负债的比率。它表明企业每一元流动负债有多少流动资产作为偿还的保证，反映企业用可在短期内转变为现金的流动资产偿还到期流动负债的能力。因此，一般首先通过流动资产与流动负债的对比来考察企业短期偿债能力。其计算公式为：

$$流动比率=\frac{流动资产}{流动负债}\times 100\% \tag{12-4}$$

一般情况下，流动比率越高，反映企业短期偿债能力越强，债权人的权益越有保证。它表明企业财务状况稳定可靠，除了满足日常生产经营的流动资金需要外，还有足够的财力偿付到期短期债务。如果比例过低，则表示企业可能捉襟见肘，难以如期偿还债务。究竟应保持多高水平的比率，主要视企业对待风险与收益的态度予以确定，一般在150%～200%之间比较恰当。在分析流动比率时，必须注意以下几个问题：

①虽然流动比率越高，企业偿还短期债务的流动资产保证程度越强，但这并不等于说企业已有足够的现金或存款用来偿债。流动比率高也可能是存货积压、应收账款增多且收账期延长，以及待摊费用和待处理财产损失增加所致，而真正可用来偿债的现金和存款却严重短缺。所以，企业应在分析流动比率的基础上，进一步对现金流量加以考察。

②从短期债权人的角度看，自然希望流动比率越高越好。但从企业经营角度看，过高的流动比率通常意味着企业闲置现金的持有量过多，必然造成企业机会成本的增加和获利能力的降低。因此，企业应尽可能将流动比率维持在不使货币资金

闲置的水平。

③流动比率是否合理的评价标准是不同的。一般来说，食品加工等生产周期短的行业，无需大量存货，应收账款周转期也较短，流动比率可以较低。相反，房地产等生产周期长的企业，流动比率要求较高。另外，流动比率的高低还要根据企业各个时期的实际情况而定。例如，对房地产开发企业来说，流动资产变动与房地产市场的景气度密切相关。当房地产市场处于景气时期时，房地产变现快，流动比率可以小一些；反之，当房地产市场处于不景气时期时，房地产空置较多，这时流动比率就要大一些。因此，不同的企业以及同一企业不同时期不应用统一的标准来评价各企业流动比率合理与否。

④在分析流动比率时应当剔除一些虚假因素的影响。

【例 12-3】 根据表 12-3 资料，该企业 2007 年的流动比率为：

$$年初流动比率=\frac{流动资产}{流动负债}\times100\%=\frac{1\,702}{867}\times100\%=196\%$$

$$年末流动比率=\frac{流动资产}{流动负债}\times100\%=\frac{1\,863}{964}\times100\%=193\%$$

该企业 2007 年年初、年末流动比率在一般的公认标准的范围内，反映该企业的短期偿债能力较强。

（2）速动比率

速动比率是企业流动资产中速动资产与流动负债的比率，反映企业对日常经营债务支付能力的迅速性。速动资产是指流动资产减去变现能力较差且不稳定的存货、待摊费用、待处理流动资产损失等后的余额，是货币资金、短期投资、应收票据、应收账款、1 年内到期的长期投资等项目。由于剔除了存货等变现能力较弱且不稳定的资产，因此，速动比率较之流动比率能够更加准确、可靠地评价企业资产的流动性及其偿还短期负债的能力。其计算公式为：

$$速动比率=\frac{速动资产}{流动负债}\times100\% \tag{12-5}$$

其中：

$$\begin{aligned}速动资产&=货币性资产+结算性资产\\&=现金+短期有价证券+应收款项净额\\&=流动资产-存货类资产-其他流动资产\end{aligned} \tag{12-6}$$

速动比率要求保持在 100%左右是正常的。因为如果速动比率小于 100%，必使企业面临很大的偿债风险；如果速动比率大于 100%，尽管债务偿还的安全性很高，但却会因企业现金及应收账款资金占用过多而大大增加企业的机会成本。当然，和流动比率一样，在分析速动比率时也要结合债权人的信用和房地产市场景气度等具体情况分析，才能作出准确的评价。

另外，尽管速动比率较之流动比率更能反映出流动负债偿还的安全性和稳定性，但并不能认为速动比率较低的企业的流动负债到期绝对不能偿还。例如，日杂百货店一般只作现金销售，没有应收账款，因此保持一个远低于100%的速动比率，也不会对正常营业产生不良影响。实际上，如果企业存货流转顺畅，变现能力较强，即使速动比率较低，只要流动比率高，企业仍然有望偿还到期的债务本息。另外，应收账款的回收在很大程度上决定了流动比率和速动比率的大小，因此，在考察这两个比率指标数值时，要扣除坏账准备后的应收账款净额计算，并结合应收账款周转期指标进行综合分析评价。

【例 12-4】 根据表 12-3 资料，该企业 2007 年的流动比率为：

$$年初速动比率=\frac{速动资产}{流动负债}\times 100\%$$

$$=\frac{货币资金+短期投资+应收票据+应收账款净额+其他应收款}{流动负债}$$

$$+\frac{1年内到期的长期债券投资}{流动负债}\times 100\%$$

$$=\frac{325+40+25+614.5+12.5+30}{867}\times 100\%=121\%$$

$$年末速动比率=\frac{速动资产}{流动负债}\times 100\%$$

$$=\frac{货币资金+短期投资+应收票据+应收账款净额+其他应收款}{流动负债}\times 100\%$$

$$=\frac{450+80+20+644.2+4.8}{964}\times 100\%=124\%$$

分析表明该企业 2007 年年初和年末的速动比率均超过一般公认标准，而且年末的速动比率比年初有所上升。证明该企业的存货和待摊费用在流动资产中所占的比例较低，企业的实际短期偿债能力很强。

（3）现金比率

有时，为了更稳健起见，还经常把存在着回收风险的应收账款和应收票据从速动资产中剔除，只计算现金及其等价物与流动负债的比率。这里，现金及其等价物包括已经是现金形式的货币资金、肯定可以出售的短期有价证券、基本上无回收风险的1年内到期的长期投资等项目。这种比率称为现金比率，计算公式为：

$$现金比率=\frac{现金及其等价物}{流动负债}\times 100\% \quad (12\text{-}7)$$

现金比率反映了企业的即刻变现能力，它比速动比率所反映的即时支付能力更迅速。不过，这个比率太高，也不一定是好现象，可能是企业不善于利用现金资源，及时把现金投入经营以获取更多的利润造成的。所以，现金比率一般只要求保持在20%左右。在某些行业中，现金比率是相当重要的。例如，企业的存货和应收账款周转时期很长，而且经营活动又具有高度的投机性和风险性，对于这类企业来说，应重视分析其现金比率指标。不过，现金比率只把货币资金、短期有价证券和1年内到期的长期投资与流动负债对比，在评价企业变现能力中，这个比率重要程度不大。这是因为，在大多数情况下，不可能只要求企业只用货币资金和有价证券来偿付流动负债，企业也没有必要保持这些流动资产的数额。一般来说，只有在企业财务发生困难时，才能用现金比率衡量企业最坏情况下的短期偿债能力。所以，现金比率只是速动比率指标的辅助比率。

【例 12-5】根据表12-3资料，该企业2007年的现金比率为：

$$年初现金比率=\frac{现金及其等价物}{流动负债}\times 100\%$$

$$=\frac{货币资金+短期投资+1\text{ 年内到期的长期债券投资}}{流动负债}\times 100\%$$

$$=\frac{325+40+30}{867}\times 100\%=49\%$$

$$年末现金比率=\frac{现金及其等价物}{流动负债}\times 100\%$$

$$=\frac{货币资金+短期投资+1\text{ 年内到期的长期债券投资}}{流动负债}\times 100\%$$

$$=\frac{450+80+0}{964}\times 100\%=55\%$$

分析表明该企业2007年的现金比率远远高于一般的标准，说明该企业并没有把企业的资金及时地投入到企业经营中去。

(4) 现金流动负债比率

现金流动负债比率是企业一定时期的经营现金净流量同流动负债的比率，它可以从现金流量角度来反映企业当期偿付短期负债的能力。其计算公式为：

$$现金流动负债比率=\frac{年经营现金净流量}{年末流动负债}\times 100\% \qquad (12\text{-}8)$$

式中，年经营现金净流量指一定时期内，由企业经营活动所产生的现金及其等价物的流入量与流出量的差额。

该指标是从现金流入和流出的动态角度对企业实际偿债能力进行考察。由于有利润的年份不一定有足够的现金来偿还债务，所以利用以收付实现制为基础的现金流动负债比率指标，能充分体现企业经营活动所产生的现金净流量可以在多大程度上保证当期流动负债的偿还，直观地反映出企业偿还流动负债的实际能力。该指标较大，表明企业经营活动产生的现金净流量较多，能够保障企业按时偿还到期债务。但也不是越大越好，太大，则表示企业流动资金利用不充分，收益能力不强。

【例 12-6】 根据表 12-3 资料，假定该企业 2006 年度和 2007 年度的经营现金净流量分别为 400 万元和 500 万元，则该企业的现金流动负债比率为：

$$2006\text{ 年现金流动负债比率}=\frac{\text{年经营现金净流量}}{\text{年末流动负债}}\times 100\%$$
$$=\frac{400}{867}\times 100\%$$
$$=46\%$$

$$2007\text{ 年现金流动负债比率}=\frac{\text{年经营现金净流量}}{\text{年末流动负债}}\times 100\%$$
$$=\frac{500}{964}\times 100\%$$
$$=52\%$$

分析表明该企业 2007 年度的现金流动负债比率比 2006 年度有所提高，表明该企业的短期偿债能力增强。

2. 长期偿债能力分析

长期偿债能力是指公司清偿长期债务（期限在 1 年或 1 个营业周期以上的债务）的能力。包括两个方面：一是财务本金的偿还，二是债务利息的支付。因此，用于评价长期偿债能力的基本财务指标主要有资产负债率、产权比率、长期资产适合率、利息保障倍数、或有负债比率和带息负债比率。

(1) 资产负债率

资产负债率又称负债比率，是企业在一定时点（通常为期末）的负债总额对资产总额的比率。它表明企业资产总额中，债权人提供资金所占的比重，以及企业资产对债权人权益的保障程度。其计算公式为：

$$\text{资产负债率}=\frac{\text{负债总额}}{\text{资产总额}}\times 100\% \qquad (12\text{-}9)$$

企业利益主体的身份不同，看待该项指标的立场也不尽相同。

从债权人的立场看，他们所关心的是贷款的安全程度，即能否按期足额地收回贷款本金和利息，至于其贷款能给企业股东带来多少利益，在他们看来则是无关紧要的。因此，作为企业债权人，他们总是希望企业的资产负债率越低越好。

从股东的立场看，他们所关心的主要是举债的财务杠杆效益，即总资本报酬率是否高于借入资本的利息率。若全部资本的报酬率高于借入资本利息率，则举债愈多，企业收益也就愈多，股东可望获得的利益相应也就愈大。反之，若全部资本的报酬率低于借入资本利息率，则举债愈多，企业损失就会愈大，股东因此遭受的损失也相应愈大。可见，从股东方面看，当总资本报酬率高于借款利率时，资产负债率愈大愈好。

从经营者的立场看，他们所关心的通常是如何实现收益与风险的最佳组合，即以适度的风险获取最大的收益。在他们看来，若负债规模过大，资产负债率过高，将会给人以财务状况不佳、融资空间和发展潜力有限的评价；反之，若负债规模过小，资产负债率过低，又会给人以经营者缺乏风险意识、对企业发展前途信心不足的感觉。因此，他们在利用资产负债率进行借入资本决策时，将会全面考虑和充分预计负债经营的收益和风险，并在二者之间权衡利弊得失，以求实现收益和风险的最佳组合。

【例 12-7】根据表 12-3 资料，该企业 2007 年的资产负债率为：

$$年初资产负债率=\frac{负债总额}{资产总额}\times100\%$$

$$=\frac{1\,797}{3\,632}\times100\%=49.48\%$$

$$年末资产负债率=\frac{负债总额}{资产总额}\times100\%$$

$$=\frac{2\,030}{4\,220}\times100\%$$

$$=48.10\%$$

分析表明该企业的资产负债率接近 50%，其长期偿债能力不是很强，债权人的保障程度不高。

在对该比率进行计算和分析利用时，应当注意如下问题：

①结合营业周期分析。营业周期是指从付款购买存货开始到销售存货并收回现金为止的这段时间。相对而言，营业周期短的企业，其资产周转快、变现能力强，在一定期间的获利机会也较多。当其他条件确定时，企业一定期间的利润总额必然增加，进而使企业流动资产和股东权益额相应增加。因此，这类企业可适当扩大负债规模，维持较高的资产负债率。相反，对于营业周期长的房地产企业，其存货周转慢，变现能力差，获利机会少，因此，负债比率不宜过高，否则将会影响到期债务的清偿。

②结合资产构成分析。资产构成是指在企业资产总额中流动资产与固定及长期资产各自所占的比例。相对而言，资产总额中流动资产所占比重大的企业，其短期偿债能力较强，不能支付到期债务的风险较小，因此，这类企业的资产负债率可适当高些。相反，资产总额中固定及长期资产所占比重大的企业，其流动比率低，短期偿债能力较差，不能支付到期债务的风险较大，从而决定了这类企业的资产负债率不宜过高。虽然房地产行业的资产总额中存货所占比重较大，但因其生产周期长，存货周转慢，资产负债率也不宜过高。

③结合企业经营状况分析。当企业经营处于兴旺时期，其资本报酬率不仅高于

市场利率，而且也往往高于同行业的平均利润率水平。在这种情况下，债务本息的按期清偿一般不会发生困难，债权投资的风险较小，对于企业来说，也有必要借助负债经营的杠杆作用增加企业盈利。因此，处于兴旺时期的企业可适当扩大举债规模，维持较高的资产负债率。相反，若企业的经营状况不佳，资本报酬率低于同行业平均利润率水平，特别是当负债经营的收益不足抵偿负债成本时，债务本息的清偿将会发生困难，债权投资的风险较大，对企业来说，此时举债愈多，损失就会愈大。因此，对于经营状况不佳的企业，应控制负债规模，降低资产负债率。

④结合客观经济环境分析。首先，应结合市场利率分析。一般而言，当市场贷款利率较低或预计贷款利率将上升时，企业可适当扩大负债规模。具体说，目前贷款利率低意味着举债成本低，企业除维持正常经营所必需的负债规模外，还可以举借新债来偿还旧债，以减少过去负债的利息；而在预计贷款利率上升的情况下扩大举债规模，则可以减少未来负债的利息开支。当市场利率较高或预计贷款利率将下降时，企业不仅不宜扩大举债规模，相反应缩减负债规模，以降低未来的负债成本。其次，应结合通货膨胀率分析。在持续通货膨胀或预计物价上涨的情况下，可适当扩大负债规模，因为此时举债能为企业带来购买力；相反，在通货紧缩或预计物价下跌的情况下，应控制甚至缩减负债规模，因为此时负债会给企业造成购买力损失。

⑤结合企业的会计政策、资产质量等进行分析。与短期偿债能力分析一样，长期偿债能力同样应考虑企业采用的会计政策和资产的质量状况，只不过对长期偿债能力而言，除需要考虑有关流动资产的会计政策和质量状况外，更主要的是应考虑各项长期资产（如固定资产、长期资产、无形资产等）的会计政策选择和质量状况。

(2) 产权比率

产权比率是指负债总额与所有者权益的比率，是企业财务结构稳健与否的重要标志。它反映企业所有者权益对债权人权益的保障程度。其计算公式为：

$$产权比率=\frac{负债总额}{所有者权益}\times 100\% \tag{12-10}$$

该指标越低，表明企业的长期偿债能力越强，债权人权益的保障程度越高，承担的风险越小，但企业不能充分地发挥负债的财务杠杆效应。所以，企业在评价产权比率适度与否时，应从提高获利能力与增强偿债能力两个方面综合进行，即在保障债务偿还安全的前提下，应尽可能提高产权比率。

【例 12-8】 根据表 12-3 资料，该企业 2007 年的产权比率为：

$$年初产权比率=\frac{负债总额}{所有者权益}\times 100\%$$

$$=\frac{1\ 797}{1\ 835}\times 100\%=97.93\%$$

$$\text{年末产权比率}=\frac{\text{负债总额}}{\text{所有者权益}}\times 100\%$$

$$=\frac{2\ 030}{2\ 190}\times 100\%=92.69\%$$

该企业2007年初和年末的产权比率均较高，同资产负债率的计算结果可相互印证，表明该企业的长期偿债能力较弱，债权人的保障程度不高。

(3) 长期资产适合率

长期资产适合率是企业所有者权益与长期负债之和同固定资产与长期投资之和的比率，它可以从企业资源配置结构方面反映企业的偿债能力。其计算公式为：

$$\text{长期资产适合率}=\frac{\text{所有者权益}+\text{长期负债}}{\text{固定资产}+\text{长期投资}}\times 100\% \tag{12-11}$$

长期资产适合率从企业长期资产与长期资本的平衡性与协调性的角度出发，反映了企业财务结构的稳定程度和财务风险的大小。该指标在充分反映企业偿债能力的同时，也反映了企业资金使用的合理性，分析企业是否存在盲目投资、长期资产挤占流动资金、或者负债使用不充分等问题，有利于加强企业的内部管理和外部监督。从维护企业财务结构稳定和长期安全性角度出发，该指标数值较高比较好，但过高也会带来融资成本增加的问题，理论上认为该指标大于等于100%。

【例12-9】根据表12-3中资料，该企业2007年的长期资产适合率为：

$$\text{年初长期资产适合率}=\frac{\text{所有者权益}+\text{长期负债}}{\text{固定资产}+\text{长期投资}}\times 100\%$$

$$=\frac{1\ 835+930}{1\ 770+120}\times 100\%$$

$$=146.30\%$$

$$\text{年末长期资产适合率}=\frac{\text{所有者权益}+\text{长期负债}}{\text{固定资产}+\text{长期投资}}\times 100\%$$

$$=\frac{2\ 190+1\ 066}{2\ 120+190}\times 100\%$$

$$=\frac{3\ 256}{2\ 310}=140.95\%$$

分析表明该企业年初和年末的长期资产适合率均大于100%，其财务结构较为稳定。

(4) 利息保障倍数

利息保障倍数是指企业息税前利润与利息费用的比率，它可以反映获利能力对债务偿付的保证程度。其计算公式为：

$$利息保障倍数=\frac{息税前利润}{利息费用} \tag{12-12}$$

其中：

$$\begin{aligned}息税前利润&=营业性收入-经营性成本\\&=税前利润总额+利息费用\end{aligned} \tag{12-13}$$

息税前利润是指包括利息支出和所得税前的正常业务经营利润，不包括非正常项目。这是由于由负债与资本支持的项目一般属于正常业务经营范围，因此计算利息保障倍数时就应当以正常业务经营的息税前利润为基础。利息费用不仅包括计入当期财务费用的利息费用，而且还应包括长期资产价值中的利息。

该指标不仅反映了企业获利能力的大小，而且反映了获利能力对偿还到期债务的保证程度，它既是企业举债经营的前提依据，也是衡量企业长期偿债能力大小的重要标志。若要维持正常偿债能力，从长期看，已获利息倍数至少应当大于 1，且比值越高，企业长期偿债能力一般也就越强。如果已获利息倍数过小，企业将面临亏损、偿债的安全性与稳定性下降的风险。但在短期内，即使该比率值低于 1，企业也可能仍有能力支付利息，因为用于计算的某些费用项目不需要在当期支付现金，如折旧费、摊销费等，这些非付现却能从当期的销售收入中获得补偿的费用，是一种短期的营业现金流入，可用于支付利息。然而这种支付是暂时的，随着时间的推延，企业如果不能改观其获利状况或缩减负债规模，则在计提折旧、摊销的资产须重置时，势必会发生支付困难。因此，从长期看，企业应连续比较多个会计年度（一般选择 5 年以上）的利息保障倍数，以说明企业付息能力的稳定性。

【例 12-10】根据表 12-2 中的资料，假定表中财务费用全部为利息费用，该企业 2007 年的利息保障倍数为：

$$\begin{aligned}利息保障倍数&=\frac{息税前利润}{利息费用}\\&=\frac{税前利润总额+利息费用}{利息费用}\\&=\frac{1\,735+360}{360}\\&=5.82\end{aligned}$$

从以上计算可以看出，该企业 2007 年的利息保障倍数远远大于 1，有较强的偿付负债利息的能力。

（5）或有负债比率

或有负债比率是指企业或有负债总额对所有者权益总额的比率。它反映企业所有者权益应对可能发生的或有负债的保障程度。其计算公式为：

$$或有负债比率=\frac{或有负债余额}{所有者权益总额}\times 100\% \tag{12-14}$$

$$\begin{pmatrix}\text{或有负}\\\text{债余额}\end{pmatrix}=\begin{pmatrix}\text{已贴现商业}\\\text{承兑汇票金额}\end{pmatrix}+\begin{pmatrix}\text{对外担}\\\text{保金额}\end{pmatrix}+\begin{pmatrix}\text{未决诉讼和}\\\text{仲裁金额}\end{pmatrix}+\begin{pmatrix}\text{其他或有}\\\text{负债金额}\end{pmatrix}\quad(12\text{-}15)$$

公式中未决诉讼和仲裁金额不包含由于贴现和担保而引起的诉讼或仲裁。一般情况下，或有负债比率越低，表明企业的长期偿债能力越强，所有者权益应对或有负债的保障程度越高；反之，或有负债比率越高，表明企业承担的相关风险越大。

【例 12-11】根据表 12-3 中资料，同时假设诚信房地产开发公司 2007 年年初和年末的或有事项只有对外提供债务担保，担保金额分别为 300 万元和 500 万元（或有负债的有关信息可以从财务报表附注中获得），该企业 2007 年的或有负债比率为：

$$\text{年初或有负债比率}=\frac{\text{或有负债余额}}{\text{所有者权益总额}}\times100\%$$

$$=\frac{300}{1\,835}\times100\%=16.35\%$$

$$\text{年末或有负债比率}=\frac{\text{或有负债余额}}{\text{所有者权益总额}}\times100\%$$

$$=\frac{500}{2\,190}\times100\%=22.83\%$$

（6）带息负债比率

带息负债比率是指企业某一时点的带息负债金额与负债总额的比率，反映企业负债中带息负债的比重，在一定程度上体现了企业未来的偿债（尤其是偿还利息）压力。其计算公式为：

$$\begin{pmatrix}\text{带息负}\\\text{债比率}\end{pmatrix}=\frac{\text{短期借款}+\begin{pmatrix}\text{1 年内到期}\\\text{的长期负债}\end{pmatrix}+\text{长期借款}+\text{应付债券}+\text{应付利息}}{\text{负债总额}}\times100\%\quad(12\text{-}16)$$

一般情况下，带息负债比率越低，表明企业的偿债压力越低，尤其是偿还债务利息的压力越低；反之，带息负债比率越高，表明企业承担的偿债风险和偿还利息的风险较大。

【例 12-12】根据表 12-3 中资料，同时假设该公司 2007 年年初和年末的短期借款和长期借款均为带息负债，则该公司 2007 年的带息负债比率为：

$$\begin{pmatrix}\text{年初带息}\\\text{负债比率}\end{pmatrix}=\frac{\text{短期借款}+\begin{pmatrix}\text{1 年内到期}\\\text{的长期负债}\end{pmatrix}+\text{长期借款}+\text{应付债券}+\text{应付利息}}{\text{负债总额}}\times100\%$$

$$=\frac{380+75+500+330}{867+930}\times100\%$$

$$=71.51\%$$

$$\binom{\text{年末带息}}{\text{负债比率}}=\frac{\text{短期借款}+\binom{\text{1 年内到期}}{\text{的长期负债}}+\text{长期借款}+\text{应付债券}+\text{应付利息}}{\text{负债总额}}\times 100\%$$

$$=\frac{400+56+540+430}{964+1\,066}\times 100\%=70.25\%$$

分析表明该企业2007年年末的带息负债比率比年初略低，但带息负债占负债总额的比重较大。由此可知该公司承担了较大的偿还债务及其利息的压力。

12.3.2 营运能力分析

营运能力是指企业基于外部市场环境的约束，通过内部人力资源和生产资料的配置组合来衡量企业组织、管理和营运特定资产的能力和效率，一般用周转速度来衡量。营运能力的分析包括人力资源营运能力的分析和生产资料营运能力的分析。

1.人力资源营运能力的分析

企业人员素质水平的高低对企业营运能力的形成状况具有决定性作用。而分析和评价人力资源营运能力的着眼点在于如何充分调动劳动者的积极性、能动性，从而提高其经营效率。通常采用劳动效率指标进行分析。劳动效率是指企业主营业务收入净额或净产值与平均职工人数（可以视不同情况具体确定）的比率。其计算公式为：

$$\text{劳动效率}=\frac{\text{主营业务收入净额或净产值}}{\text{平均职工人数}} \tag{12-17}$$

对企业劳动效率进行考核评价主要是采用比较的方法。例如，将实际劳动效率与本企业计划水平、历史先进水平或同行业平均先进水平等指标进行对比，进而确定其差异程度，分析造成差异的原因，以择取适宜对策，进一步发掘提高人力资源劳动效率的潜能。

2.生产资料营运能力分析

企业拥有或控制的生产资料表现为各项资产占用。因此，生产资料的营运能力实际上就是企业的总资产及其各个组成要素的营运能力。资产是资金运用的具体化，加快资产运转速度，能减少资产结存量，加快资产回收，企业的经营状况也就越安全稳定。在企业的资产中，固定资产回收时间较长，一般用折旧率的高低来衡量其周转速度。因此，考察资产的周转期，一般主要考察流动资产，通过流动资产的周转速度来反映企业经营活动量大小和经营效率，即企业的营运能力。

资产营运能力的强弱关键取决于周转率。一般说来，周转率越高，资产的使用效率越高，则资产营运能力越强；反之，营运能力就越差。所谓周转率即企业在一定时期内资产的周转额与平均余额的比率，它反映企业资金在一定时期的周转次数。周转次数越多，周转率越高，表明营运能力越强。这一指标的反指标是周转期，它是周转次数的倒数与分析期天数的乘积，反映资产周转一次所需要的天数。周转期越短，表明周转率越高，资产营运能力越强。其计算公式为：

$$周转率（周转次数）=\frac{周转额}{资产平均余额} \tag{12-18}$$

$$周转期（周转天数）=\frac{分析期天数}{周转次数}$$

$$=\frac{资产平均余额\times 分析期天数}{周转额} \tag{12-19}$$

上述计算式中，资产平均余额是指分析期资产负债表上期初余额与期末余额的平均值。分析期一般以 1 年为准，按 360d 计算，在短期分析中，按 1 季 90d，1 月 30d 计算。

资产营运能力的分析可以从以下几个方面进行。

(1) 流动资产周转情况分析

反映流动资产周转情况的指标主要有应收账款周转率、存货周转率和流动资产周转率。

①应收账款周转率。它是一定时期内产品主营业务收入净额与平均应收账款余额的比值，是反映应收账款周转速度的指标。其计算公式为：

$$应收账款周转率（次）=\frac{主营业务收入净额}{平均应收账款余额} \tag{12-20}$$

其中：

$$主营业务收入净额=主营业务收入-销售折扣与折让 \tag{12-21}$$

$$平均应收账款余额=\frac{应收账款年初数+应收账款年末数}{2} \tag{12-22}$$

$$应收账款周转天数=\frac{平均应收账款\times 360}{主营业务收入} \tag{12-23}$$

应收账款周转率反映了企业应收账款变现速度的快慢及管理效率的高低，周转率高表明收账迅速，资产流动性强，短期偿债能力强，企业可以减少收账费用和坏账损失，从而相对增加企业流动资产的投资收益。同时借助应收账款周转期与企业信用期限的比较，还可以评价购买单位的信用程度，以及企业原定的信用条件是否适当。

利用上述公式计算应收账款周转率时，需要注意公式中的应收账款包括会计核算中的“应收账款”和“应收票据”等全部赊销账款在内，且其金额应为扣除坏账准备后的净额。如果应收账款余额的波动性较大，应尽可能使用更详尽的计算资料，如按每月的应收账款余额来计算其平均占用额；另外，分子、分母的数据应注意时间的对应性。

【例12-13】根据表12-2和表12-3中资料，计算该企业2007年的应收账款周转率和周转天数：

$$\begin{pmatrix}\text{平均应收}\\\text{账款余额}\end{pmatrix}=\frac{\left[\begin{pmatrix}\text{应收账款净额}\\\text{年初数}\end{pmatrix}+\begin{pmatrix}\text{应收票据}\\\text{年初数}\end{pmatrix}\right]+\left[\begin{pmatrix}\text{应收账款净额}\\\text{年末数}\end{pmatrix}+\begin{pmatrix}\text{应收票据}\\\text{年末数}\end{pmatrix}\right]}{2}$$

$$=\frac{(614.5+25)+(644.2+20)}{2}=651.85\text{（万元）}$$

$$\text{应收账款周转率（次）}=\frac{\text{主营业务收入净额}}{\text{平均应收账款余额}}$$

$$=\frac{8\,310}{615.85}=13.49$$

$$\text{应收账款周转天数}=\frac{360}{13.49}=26.69$$

②存货周转率。它是一定时期内企业主营业务成本与存货平均资金占用额的比率，是反映企业流动资产流动性的一个指标，也是衡量企业生产经营各环节中存货运营效率的一个综合性指标。其计算公式为：

$$\text{存货周转率（次数）}=\frac{\text{主营业务成本}}{\text{平均存货}} \tag{12-24}$$

$$\text{平均存货}=\frac{\text{存货年初数}+\text{存货年末数}}{2} \tag{12-25}$$

$$\text{存货周转天数}=\frac{\text{平均存货}\times 360}{\text{主营业务成本}} \tag{12-26}$$

利用上述公式计算存货周转率时，需要注意公式中的主营业务成本包括会计核算中的“主营业务成本”和“销售费用”等经营成本。

存货周转速度的快慢，不仅反映出企业采购、储存、生产、销售各环节管理工作状况的好坏，而且对企业的偿债能力及获利能力产生决定性的影响。一般来讲，存货周转率越高越好。存货周转率越高，表明其变现的速度越快，周转额越大，资金占用水平越低，进而则说明企业具有较强的存货营运能力和较高的存货管理效率。另外，存货是流动资产的重要组成部分，其质量和流动性对企业流动比率具有举足轻重的影响，并进而影响企业的短期偿债能力。故一定要加强存货管理，以提高其变现能力和盈利能力。

存货周转率的高低与企业的经营特点（如经营周期、经营的季节性等）紧密相关。房地产企业的营业周期相对要长于一般性制造企业，因而其存货周转率通常要低于制造企业的平均水平。虽然，存货周转率能够反映企业管理和营运存货的综合状况，但却不能说明企业经营各环节的存货营运能力和管理效率。因此，分析者（特别是企业内部分析者）除利用该项比率进行综合分析和评价外，有必要按经营环节进行具体分析，以便全面了解和评价企业的存货管理绩效。另外，存货计价方法对存货周转率具有较大的影响，在分析企业不同时期或不同企业的存货周转率时，应注意存货计价方法的口径是否一致。

【例 12-14】根据表 12-2 和表 12-3 中资料，该企业 2007 年的存货周转率和周转天数为：

$$存货周转率（次数）=\frac{主营业务成本+销售费用}{平均存货}=\frac{4\,020.40+1\,300}{\frac{590+640}{2}}=8.65$$

$$存货周转天数=\frac{360}{8.65}=41.62$$

③流动资产周转率。它是流动资产的平均占用额与流动资产在一定时期所完成的周转额（主营业务收入）之间的比率。它反映了企业流动资产综合营运效率和变现能力。其计算公式为：

$$流动资产周转率（次数）=\frac{主营业务收入净额}{平均流动资产总额} \quad (12\text{-}27)$$

$$流动资产周转期（天数）=\frac{平均流动资产总额\times 360}{主营业务收入净额} \quad (12\text{-}28)$$

平均流动资产总额应按分析期的不同分别加以确定，并应保持分子的主营业务收入净额与分母的平均流动资产总额在时间上的一致性。在一定时期内，流动资产周转次数越多，表明以相同的流动资产完成的周转额越多，流动资产综合营运能力越强。流动资产周转率用周转天数表示时，周转一次所需要的天数越少，表明流动资产在经历生产和销售各阶段时所占用的时间越短。

【例 12-15】根据表 12-2 和表 12-3 中的资料，该企业 2007 年的流动资产周转率和周转天数为：

$$流动资产周转率（次数）=\frac{主营业务收入净额}{平均流动资产总额}=\frac{8\,310}{\frac{1\,702+1\,863}{2}}=4.66$$

$$流动资产周转天数=\frac{360}{4.66}=77.25$$

（2）固定资产周转率

固定资产周转率是指企业年销售收入净额与固定资产平均净值的比率。它是反映企业固定资产周转情况，从而衡量固定资产利用效率的一项指标。其计算公式为：

$$固定资产周转率=\frac{主营业务收入净额}{固定资产平均净值} \tag{12-29}$$

$$固定资产平均净值=\frac{固定资产净值年初数+固定资产净值年末数}{2} \tag{12-30}$$

$$固定资产周转天数=\frac{固定资产平均净值\times 360}{主营业务收入净额} \tag{12-31}$$

需要说明的是，固定资产净值为固定资产原价扣除已计提的累积折旧后的金额。固定资产净额则是固定资产原价扣除已计提的累计折旧以及已计提的减值准备后的余额。

一般情况下，固定资产周转率高，表明企业固定资产利用充分，同时也能表明企业固定资产投资得当，固定资产结构合理，能够充分发挥效率。反之，如果固定资产周转率不高，则表明固定资产使用效率不高，提供的生产成果不多，企业的营运能力不强。运用固定资产周转率时，需要考虑固定资产因计提折旧的影响，其净值在不断地减少以及因更新重置，其净值突然增加的影响。同时，由于折旧方法的不同，可能影响其可比性。故在分析时，一定要剔除掉这些不可比因素。

【例 12-16】根据表 12-2 和表 12-3 中的资料，该企业 2007 年的固定资产周转率和周转天数为：

$$\begin{aligned}固定资产周转率&=\frac{主营业务收入净额}{固定资产平均净值}\\&=\frac{8\,310}{\frac{1\,770+2\,120}{2}}\\&=4.27\end{aligned}$$

$$固定资产周转天数=\frac{360}{4.27}=84.31$$

(3) 总资产周转率

总资产周转率是企业主营业务收入净额与资产总额的比率。它可用来反映企业全部资产的利用效率。其计算公式为：

$$总资产周转率=\frac{主营业务收入净额}{平均资产总额} \tag{12-32}$$

资产平均占用额应按分析期的不同分别加以确定，并应当与分子的主营业务收入净额在时间上保持一致。值得说明的是，如果资金占用的波动性较大，企业应采用更详细的资料进行计算，如按照各月份的资金占用额计算。如果各期占用额比较稳定，波动不大，季、年的平均资金占用额也可以直接用（期初＋期末）÷2 的公式来计算。

总资产周转率高，表明企业全部资产的使用效率高；如果这个比率较低，说明使用效率较差，最终会影响企业的盈利能力。企业应采取各项措施来提高企业的资产利用程度，如提高销售收入或处理多余资产。

【例 12-17】根据表 12-2 和表 12-3 中的资料，该企业 2007 年的总资产周转率和周转天数为：

$$总资产周转率=\frac{主营业务收入净额}{平均资产总额}=\frac{8\ 310}{\frac{3\ 632+4\ 220}{2}}=2.12$$

$$总资产周转天数=\frac{360}{2.12}=169.81$$

12.3.3 盈利能力分析

对增值的不断追求是企业资金运动的动力源泉与直接目的。盈利能力就是企业资金增值的能力，它通常体现为企业收益数额的大小与水平的高低。企业盈利能力的分析可从一般分析和社会贡献能力分析两方面研究。

1. 企业盈利能力的一般分析

企业会计的六大要素有机统一于企业资金运动过程，并通过筹资、投资活动取得收入，补偿成本费用，从而实现利润目标。由此，可以按照会计基本要素设置主营业务利润率、成本费用利润率、总资产报酬率、净资产收益率、资本保值增值率、盈余现金保障倍数和资本收益率等指标，借以评价企业各要素的盈利能力及资本保值增值情况。此外，上市公司经常使用的获利能力指标还有每股收益、每股股利、市盈率和每股净资产等。

(1) 主营业务利润率

主营业务利润率是企业一定时期企业利润与主营业务收入净额的比率。其计算公式为：

$$主营业务利润率=\frac{利润}{主营业务收入净额}\times 100\% \qquad (12\text{-}33)$$

从利润表来看，企业的利润包括主营业务利润、营业利润、利润总额和净利润 4 种形式。其中，利润总额和净利润包含着非销售利润因素，所以能够更直接反映销售获利能力的指标是主营业务利润率和营业利润率。通过考察主营业务利润占整个利润总额比重的升降，可以发现企业经营理财状况的稳定性、面临的危险或可能出现的转机迹象。该比率越高，表明房地产开发企业所开发的产品符合市场需求，产品销售情况良好，价格合理，经营成本较低，具有较强的市场竞争力。

【例 12-18】根据表 12-2 中资料，该企业 2007 年的主营业务利润率为：

$$主营业务利润率=\frac{利润}{主营业务收入净额}\times 100\%$$
$$=\frac{1\ 735}{3\ 627.6}\times 100\%=47.83\%$$

(2) 成本费用利润率

成本费用利润率是指企业一定时期利润总额与成本费用的比率。其计算公式为：

$$成本费用利润率=\frac{利润总额}{成本费用}\times 100\% \tag{12-34}$$

同利润一样，成本也可以分为几个层次：主营业务成本、营业成本（主营业务成本＋主营业务税金及附加＋营业费用＋管理费用＋财务费用＋其他业务成本），主营业务成本利润率与营业成本利润率反映了企业主要成本的利用效果，是企业加强成本管理的着眼点。该指标越高表明企业取得利润而付出的代价越小，成本费用控制的越好，获利能力越强。

【例 12-19】根据表 12-2 中资料，该企业 2007 年的主营业务成本费用利润率为：

$$主营业务成本费用利润率=\frac{利润}{成本费用}\times 100\%$$
$$=\frac{1\ 735}{4\ 020.40}\times 100\%$$
$$=43.15\%$$

(3) 总资产报酬率

总资产报酬率是企业一定时期内获得的报酬总额与企业平均资产总额的比率。它是反映企业资产综合利用效果的指标，也是衡量企业利用债权人和所有者权益总额所取得盈利的重要指标。其计算公式为：

$$总资产报酬率=\frac{利润总额+利息支出}{平均资产总额}\times 100\% \tag{12-35}$$

平均资产总额为年初资产总额与年末资产总额的平均数。该比率越高，表明企业的资产利用效益越好，整个企业盈利能力越强，经营管理水平越高。

【例 12-20】根据表 12-2 和表 12-3 中资料，该企业 2007 年的总资产报酬率为：

$$总资产报酬率=\frac{利润总额+利息支出}{平均资产总额}\times 100\%$$
$$=\frac{1\ 735+360}{\frac{3\ 632+4\ 220}{2}}$$
$$=53.36\%$$

(4) 净资产收益率

净资产收益率是指企业一定时期内的净利润同平均净资产的比率。它反映投资者投入企业的自有资本获取净收益的能力，即反映投资与报酬的关系，因而是评价企业资本经营效益的核心指标。其计算公式为：

$$净资产收益率=\frac{净利润}{平均净资产}\times 100\% \tag{12-36}$$

式中：净利润是指企业的税后利润，是未作任何分配的数额，受各种政策等其他人为因素影响较少，能够比较客观、综合地反映企业的经济效益，准确体现投资者投入资本的获利能力。

平均净资产是企业年初所有者权益同年末所有者权益的平均数。其计算公式为：

$$平均净资产=\frac{所有者权益年初数+所有者权益年末数}{2} \tag{12-37}$$

净资产收益率是评价企业自有资本及其积累获取报酬水平的最具综合性与代表性的指标，反映企业资本运营的综合效益。该指标通用性强，适应范围广，不受行业局限。在我国上市公司业绩综合排序中，该指标居于首位。通过对该指标的综合对比分析，可以看出企业获利能力在同行业中所处的地位，以及与同类企业的差异水平。一般认为，企业净资产收益率越高，企业自有资本获取收益的能力越强，运营效益越好，对企业投资人、债权人的保证程度越高。

【例 12-21】根据表 12-2 和表 12-3 中资料，该企业 2007 年净资产收益率为：

$$\begin{aligned}净资产收益率&=\frac{净利润}{平均净资产}\times 100\%\\&=\frac{1\,041}{\frac{1\,835+2\,190}{2}}\times 100\%=51.73\%\end{aligned}$$

(5) 资本保值增值率

资本保值增值率是指企业本年末所有者权益扣除客观增减因素后同年初所有者权益的比率。资本保值增值率表示企业当年资本在企业自身努力下的实际增减变动情况，是评价企业财务效益状况的辅助指标。其计算公式为：

$$资本保值增值率=\frac{扣除客观因素后的年末所有者权益}{年初所有者权益}\times 100\% \tag{12-38}$$

资本保值增值率是根据“资本保全”原则设计的指标，更加谨慎、稳健地反映了企业资本保全和增值状况。该指标越高，表明企业的资本保全状况越好，所有者的权益增长越快，债权人的债务越有保障，企业发展后劲越强。该指标如为负值，表明企业资本受到侵蚀，没有实现资本保全，损害了所有者的权益，也妨碍了企业进一步发展壮大，应予充分重视。

【例 12-22】 根据表 12-3 中资料，该企业 2007 年的资本保值增值率为：

$$资本保值增值率=\frac{扣除客观因素后的年末所有者权益}{年初所有者权益}\times 100\%$$

$$=\frac{2\ 190}{1\ 835}\times 100\%=119.35\%$$

（6）盈余现金保障倍数

盈余现金保障倍数是企业一定时期经营现金净流量与净利润的比值。它反映了企业当期净利润中现金收益的保证程度，真实反映了企业盈余的质量，是评价企业盈利状况的辅助指标。其计算公式为：

$$盈余现金保障倍数=\frac{经营现金净流量}{净利润} \tag{12-39}$$

盈余现金保障倍数是从现金流入和流出的动态角度，对企业收益的质量进行评价，在收付实现制的基础上，充分反映出企业当期净利润中有多少是有现金保障的。一般来说，当企业当期净利润大于 0 时，盈余现金保障倍数应当大于 1。该指标越大，表明企业经营活动产生的净利润对现金的贡献越大。

【例 12-23】 根据表 12-2 中资料，同时假设该公司 2007 年度的经营现金净流量为 1 500 万元（经营现金净流量的数据可以从公司的现金流量表中获得），则该公司 2007 年度的盈余现金保障倍数为：

$$盈余现金保障倍数=\frac{经营现金净流量}{净利润}$$

$$=\frac{1\ 500}{1\ 041}=1.44$$

（7）资本收益率

资本收益率是企业一定时期净利润与平均资本（即资本性投入及其资本溢价）的比率，它反映企业实际获得投资额的回报水平。其计算公式为：

$$资本收益率=\frac{净利润}{平均资本}\times 100\% \tag{12-40}$$

$$\left(\begin{matrix}平均\\资本\end{matrix}\right)=\frac{\left[\left(\begin{matrix}实收资本或股本\\年初数\end{matrix}\right)+\left(\begin{matrix}资本公积\\年初数\end{matrix}\right)\right]+\left[\left(\begin{matrix}实收资本或股本\\年末数\end{matrix}\right)+\left(\begin{matrix}资本公积\\年末数\end{matrix}\right)\right]}{2} \tag{12-41}$$

需要说明的是，企业所有者权益的来源包括所有者投入的资本、直接计入所有者权益的利得和损益、留存收益等。其中，所有者投入的资本，反映在实收资本（股本）和资本公积（资本溢价或股本溢价）中；直接计入所有者权益的利得和损益反映在资本公积（其他资本公积）中；留存收益则包括未分配利润和盈余公积。换句话说，并非资本公积中的所有金额都属于所有者投入的资本，只有其中的资本溢价（股本溢价）属于资本性投入。

【例 12-24】 根据表 12-2 和表 12-3 资料，同时假设该公司 2007 年度“资本公积”项目中没有股本溢价，则该公司 2007 年度资本收益率为：

$$\text{资本收益率}=\frac{\text{净利润}}{\text{平均资本}}\times 100\%$$

$$=\frac{1\,041}{\frac{1\,500+1\,500}{2}}\times 100\%$$

$$=64.40\%$$

（8）每股收益

每股收益反映企业普通股股东持有每一股份所能享有的企业利润和承担的企业亏损，是衡量上市公司获利能力时最常用的财务分析指标。每股收益越高，说明公司的获利越强。企业应当按照归属于普通股股东的当期净利润，除以发行在外普通股的加权平均数计算基本每股收益。其计算公式为：

$$\text{基本每股收益}=\frac{\text{归属于普通股股东的当期净利润}}{\text{当期发行在外普通股的加权平均数}} \qquad (12\text{-}42)$$

$$\left(\begin{array}{l}\text{当期发行在外普通股的}\\\text{加权平均数}\end{array}\right)=\frac{\left(\begin{array}{c}\text{期初发行在外}\\\text{普通股股数}\end{array}\right)+\left(\begin{array}{c}\text{当期新发行}\\\text{普通股股数}\end{array}\right)\times\left(\begin{array}{c}\text{已发行}\\\text{时间}\end{array}\right)}{\text{报告期时间}}-\frac{\left(\begin{array}{c}\text{当期回购普通}\\\text{股股数}\end{array}\right)\times\left(\begin{array}{c}\text{已回购}\\\text{时间}\end{array}\right)}{\text{报告期时间}} \qquad (12\text{-}43)$$

（注：已发行时间、报告期时间和已回购时间一般按天数计算，在不影响计算结果的前提下，也可以按月份简化计算）

每股收益是分析上市公司获利能力的一个综合性较强的财务指标，可以分解为若干个相互联系的财务指标。下面是一个简化的分解公式，只是为了说明各财务指标之间的关系，并不是精确的计算公式：

$$\text{每股收益}=\frac{\text{净利润}}{\text{普通股平均股数}}$$

$$=\frac{\text{净利润}}{\text{平均股东权益}}\times\frac{\text{平均股东权益}}{\text{普通股平均股数}}$$

$$=\text{股东权益收益率}\times\text{平均每股净资产}$$

$$=\frac{\text{净利润}}{\text{资产平均总额}}\times\frac{\text{资产平均总额}}{\text{平均股东权益}}\times\frac{\text{平均股东权益}}{\text{普通股平均股数}}$$

$$=\text{总资产收益率}\times\text{股东权益比率}\times\text{平均每股净资产}$$

$$=\frac{\text{净利润}}{\text{营业收入}}\times\frac{\text{营业收入}}{\text{资产平均总额}}\times\frac{\text{资产平均总额}}{\text{平均股东权益}}\times\frac{\text{平均股东权益}}{\text{普通股平均股数}}$$

$$=\text{营业净利润}\times\text{总资产周转率}\times\text{股东权益比率}\times\text{平均每股净资产} \qquad (12\text{-}44)$$

【例 12-25】 根据表 12-2 中资料，同时假定该企业 2006 年度和 2007 年度发行在外的普通股股数均为 14 000 股。则该企业 2007 年的每股收益为：

$$每股收益=\frac{净利润}{普通股平均股数}$$

$$=\frac{1\,041}{\frac{14\,000+14\,000}{2}}=0.07$$

(9) 每股股利

每股股利指上市公司本年发放的普通股现金股利总额与年末普通股总数的比值。其计算公式为:

$$每股股利=\frac{普通股股利总额}{年末普通股股数} \tag{12-45}$$

【例 12-26】 假定诚信房地产开发公司 2007 年度发放普通股股利 14 万元，则该公司 2007 年度的每股股利为:

$$每股股利=\frac{普通股股利总额}{年末普通股股数}=\frac{140\,000}{14\,000}=10$$

(10) 市盈率

市盈率是上市公司普通股每股市价相当于每股收益的倍数。它反映了投资者对上市公司每元净利润愿意支付的价格，可以用来估计股票的投资报酬和风险。这一比率是投资者作为投资决策的重要参考因素之一。其计算公式为:

$$市盈率=\frac{普通股每股市价}{普通股每股收益} \tag{12-46}$$

一般来说，市盈率越高，说明投资者对该公司的发展前景越看好，越愿意出较高的价格购买该公司的股票。但是，如果某一种股票的市盈率过高，则也意味着这种股票具有较高的投资风险。

【例 12-27】 根据表 12-2 和表 12-3 中资料，同时假定该公司 2007 年年末的每股市价为 4 元，则该公司 2007 年年末的市盈率为:

$$市盈率=\frac{普通股每股市价}{普通股每股收益}$$

$$=\frac{4}{0.07}=57.14$$

(11) 每股净资产

每股净资产是上市公司年末净资产（即股东权益）与年末普通股总数的比值。其计算公式为:

$$每股净资产=\frac{年末股东权益}{年末普通股总数} \tag{12-47}$$

【例 12-28】 根据表 12-2 和表 12-3 中资料，该公司 2007 年度年末每股净资产为:

$$每股净资产=\frac{年末股东权益}{年末普通股总数}=\frac{2\ 190}{14\ 000}=0.16$$

2. 社会贡献能力分析

在现代经济社会，企业对社会贡献的主要评价指标有社会贡献率和社会积累率。

(1) 社会贡献率

社会贡献率是企业社会贡献总额与平均资产总额的比值。它反映了企业占用社会经济资源所产生的社会经济效益大小，是社会进行资源有效配置的基本依据。其计算公式为：

$$社会贡献率=\frac{企业社会贡献总额}{平均资产总额} \tag{12-48}$$

社会贡献总额包括：工资（含奖金、津贴等工资性收入）、劳保退休统筹及其他社会福利支出、利息支出净额、应交或已交的各项税款、附加及福利等。

(2) 社会积累率

社会积累率是企业上缴的各项财政收入与企业社会贡献总额的比值。其计算公式为：

$$社会积累率=\frac{上缴国家财政总额}{企业社会贡献总额} \tag{12-49}$$

上缴的财政收入总额包括企业依法向财政交纳的各项税款，如：增值税、所得税、产品销售税金及附加、其他税款等。

12.3.4 发展能力分析

发展能力是企业在生存的基础上，扩大规模，壮大实力的潜在能力。在分析企业发展能力时，主要考察以下指标。

1. 销售增长率

销售增长率是指企业本年销售收入增长额同上年销售收入总额的比率。这里，企业销售收入是指企业的主营业务收入。销售增长率表示与上年相比，企业销售收入的增减变化情况，是评价企业成长状况和发展能力的重要指标。其计算公式为：

$$销售增长率=\frac{本年销售增长额}{上年销售收入总额}\times 100\% \tag{12-50}$$

该指标是衡量企业经营状况和市场占有能力、预测企业经营业务拓展趋势的重要标志，也是企业扩张增量和存量资本的重要前提。该指标若大于零，表示企业本年的销售收入有所增长，指标值越高，表明增长速度越快，企业市场前景越好；若该指标小于零，则说明企业或是产品不适销对路、质次价高，或是在售后服务等方面存在问题，产品销售不出去，市场份额萎缩。该指标在实际操作时，应结合企业历年的销售水平、企业市场占有情况、行业未来发展及其他影响企业发展的潜在因素进行前瞻性预测，或者结合企业前3年的销售收入增长率作出趋势性分析判断。

2. 资本积累率

资本积累率是指企业本年所有者权益增长额同年初所有者权益的比率，它可以表示企业当年资本的积累能力，是评价企业发展潜力的重要指标。其计算公式为：

$$\text{资本积累率}=\frac{\text{本年所有者权益增长额}}{\text{年初所有者权益}}\times 100\% \tag{12-51}$$

该指标是企业当年所有者权益总的增长率，反映了企业所有者权益在当年的变动水平。资本积累率反映了投资者投入企业资本的保全性和增长性，该指标越高，表明企业的资本积累越多，企业资本保全性越强，应付风险、持续发展的能力越大。该指标如为负值，表明企业资本受到侵蚀，所有者利益受到损害，应予充分重视。

【例 12-29】 根据表12-2中资料，该企业2007年的资本积累率为：

$$\begin{aligned}\text{资本积累率}&=\frac{\text{本年所有者权益增长额}}{\text{年初所有者权益}}\times 100\%\\&=\frac{2\,191-1\,835}{1\,835}\times 100\%=19.40\%\end{aligned}$$

3. 总资产增长率

总资产增长率是企业本年总资产增长额同年初资产总额的比率，它可以衡量企业本期资产规模的增长情况，评价企业经营规模总量上的扩张程度。其计算公式为：

$$\text{总资产增长率}=\frac{\text{本年总资产增长额}}{\text{年初资产总额}}\times 100\% \tag{12-52}$$

该指标是从企业资产总量扩张方面衡量企业的发展能力，表明企业规模增长水平对企业发展后劲的影响。该指标越高，表明企业一个经营周期内资产经营规模扩张的速度越快。但实际操作时，应注意资产规模扩张的质与量的关系，以及企业的后续发展能力，避免资产盲目扩张。

【例 12-30】 根据表12-3中资料，该企业2007年的总资产增长率为：

$$\begin{aligned}\text{总资产增长率}&=\frac{\text{本年总资产增长额}}{\text{年初资产总额}}\times 100\%\\&=\frac{4\,220-3\,632}{3\,632}\times 100\%\\&=16.19\%\end{aligned}$$

4. 3年利润平均增长率

3年利润平均增长率表明企业利润的连续3年增长情况，体现企业的发展潜力。其计算公式为：

$$3\text{年利润平均增长率}=\left(\sqrt[3]{\frac{\text{年末利润总额}}{\text{3年前年末利润总额}}}-1\right)\times 100\% \qquad (12\text{-}53)$$

3 年前年末利润总额指企业 3 年前的利润总额数。假如评价企业 2007 年的效绩状况，则 3 年前年末利润总额是指 2004 年利润总额年末数。

该指标越高，表明企业积累越多，可持续发展能力越强，发展的潜力越大。利用 3 年利润平均增长率指标，能够反映企业的利润增长趋势和效益稳定程度，较好体现企业的发展状况和发展能力，避免因少数年份利润不正常增长而对企业发展潜力的错误判断。

5. 技术投入比率

技术投入比率是企业本年科技支出（包括用于研究开发、技术改造、科技创新等方面的支出）与本年营业收入金额的比率。它反映企业在科技进步方面的投入，在一定程度上可以体现企业的发展潜力。其计算公式为：

$$\text{技术投入比率}=\frac{\text{本年科技支出合计}}{\text{本年营业收入净额}}\times 100\% \qquad (12\text{-}54)$$

需要强调的是，上述 4 类指标不是相互独立的，它们相辅相成，有一定的内在联系。企业周转能力好，获利能力就较强，则可以提高企业的偿债能力和发展能力；反之亦然。

12.4 财务综合分析

12.4.1 财务综合分析的含义及特点

1. 财务综合分析的含义

财务分析的最终目的在于全方位地了解企业经营理财的状况，并借以对企业经济效益的优劣作出系统的、合理的评价。单独分析任何一项财务指标，都难以全面评价企业的财务状况和经营成果。要想对企业财务状况和经营成果有一个总的评价，就必须进行相互关联的分析，采用适当的标准进行综合性的评价。所谓财务综合分析就是将营运能力、偿债能力、盈利能力和发展能力等诸方面的分析纳入一个有机的整体之中，全面地对企业经营状况、财务状况进行解剖和分析，从而对企业经济效益的优劣作出准确地评价与判断。

2. 财务综合分析的特点

财务综合分析的特点，体现在其财务指标体系的要求上。一个健全有效的综合财务指标体系必须具备3个基本素质。

(1) 指标要素齐全适当

这是指所设置的评价指标必须能够涵盖企业营运能力、偿债能力和盈利能力等诸方面总体考核的要求。

(2) 主辅指标功能匹配

在确立营运能力、支付能力和盈利能力诸方面评价的主要指标与辅助指标的同时，进一步明晰总体结构中各项指标的主辅地位。另外，不同范畴的主要考核指标所反映的企业经营状况、财务状况的不同侧面与不同层次的信息有机统一，应当能够全面而翔实地揭示出企业经营理财的实绩。

(3) 满足多方信息需要

这要求评价指标体系必须能够提供多层次、多角度的信息资料，既能满足企业内部管理当局实施决策的需要，又能满足外部投资者和政府经济管理机构进行决策和实施宏观调控的要求。

12.4.2 财务综合分析方法

财务综合分析的方法很多，其中应用比较广泛的有杜邦财务分析体系和沃尔比重评分法。

1.杜邦财务分析体系

杜邦财务分析体系（简称杜邦体系）是利用各主要财务指标间的内在关系，建立财务分析指标体系，对企业综合经营理财及经济效益进行系统分析评价的方法。因其最初由美国杜邦公司创立并成功运用而得名。杜邦财务分析体系的特点是将若干反映企业盈利状况、财务状况和营运状况的比率按其内在联系有机结合起来，形成一个完整的指标体系，并最终通过净资产收益率（或资本收益率）这一核心指标来综合反映。

杜邦体系各主要指标之间的关系如下：

$$\begin{aligned}\text{净资产收益率} &= \text{总资产净利率}\times\text{权益乘数}\\ &= \text{营业净利率}\times\text{总资产周转率}\times\text{权益乘数}\end{aligned} \tag{12-55}$$

其中：

$$\text{营业净利率}=\frac{\text{净利润}}{\text{营业收入}} \tag{12-56}$$

$$\text{总资产周转率}=\frac{\text{营业收入}}{\text{平均资产总额}} \tag{12-57}$$

$$\text{权益乘数}=\frac{\text{资产总额}}{\text{所有者权益总额}}=\frac{1}{1-\text{资产负债率}} \tag{12-58}$$

杜邦分析图中，包括以下几种主要的指标关系：

(1) 净资产收益率是一个综合性最强的财务比率，是杜邦系统的核心。净资产收益率反映所有者投入资金的获利能力，反映企业筹资、投资、资产运营等活动的效率，提高净资产收益率是实现财务管理目标的基本保证。该指标的高低取决于总资产净利率和权益乘数。

(2) 总资产净利率也是一个重要的财务比率，综合性也较强。它是主营业务净利率和资产周转率的乘积，因此，要进一步从销售成果和资产运营两方面来分析。

(3) 主营业务净利率反映了企业净利润与主营业务收入的关系。提高营业净利率是提高企业盈利的关键，而提高这个比率有两个主要途径：一是扩大主营业务收入，二是降低成本费用。

(4) 资产周转率揭示出企业资产实现主营业务收入的综合能力。企业要联系主营业务收入分析企业资产的使用是否合理，流动资产和非流动资产的比例安排是否恰当。此外，还必须对资产的内部结构以及影响资产周转率的各具体因素进行分析。

(5) 权益乘数反映所有者权益同总资产的关系。在总资产需要量既定的前提下，企业适当开展负债经营，相对减少所有者权益所占的份额，就可使权益乘数提高，这样能给企业带来较大的财务杠杆利益，但同时企业也需要承受较大的风险压力。因此，企业既要合理使用全部资产，又要妥善安排资金结构。用图 12-1 更能准确反映和理解杜邦财务分析体系的本质。

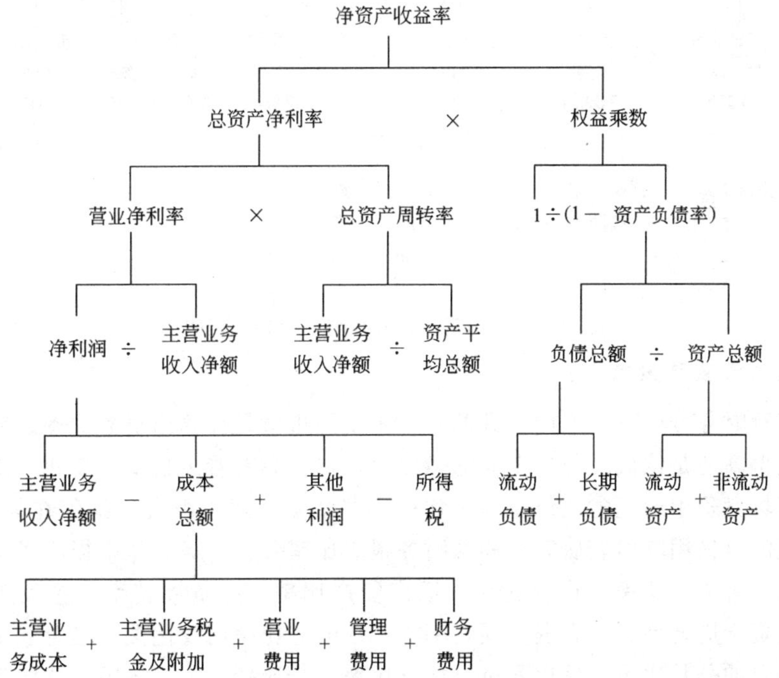

图 12-1 杜邦财务分析体系

通过杜邦体系自上而下地分析，不仅可以揭示出企业各项财务指标间的结构关系，查明各项主要指标变动的影响因素，而且为决策者优化经营理财状况，提高企业经营效益提供了思路。

【例 12-31】 根据表 12-2 和表 12-3 中资料，制作诚信房地产开发公司 2007 年度的杜邦分析图（如图 12-2 所示）。

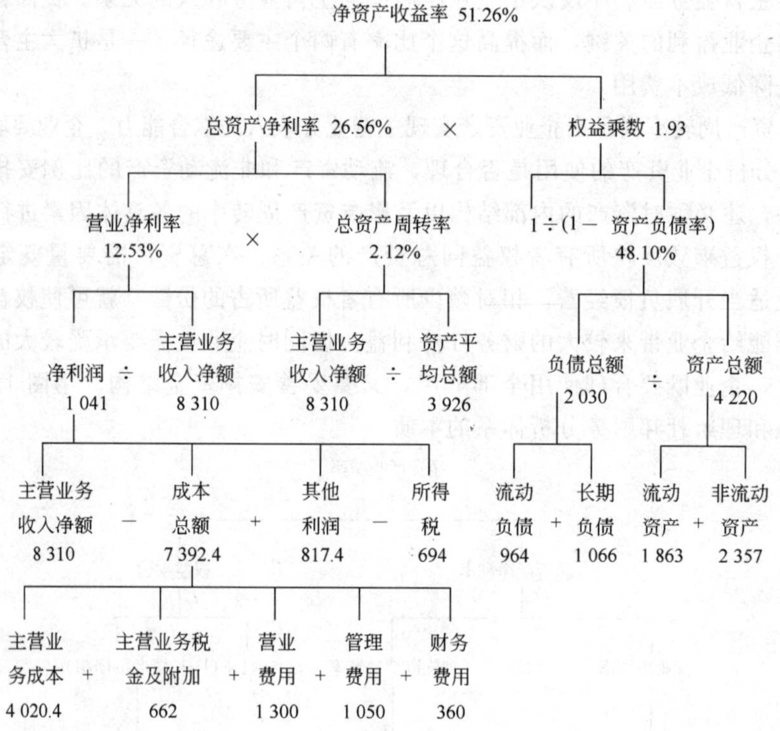

图 12-2　诚信房地产开发公司杜邦分析图

2. 沃尔比重评分法

在进行财务分析时，人们遇到的一个主要困难就是计算出财务比率之后，无法判断它是偏高还是偏低。与本企业的历史比较，也只能看出自身的变化，却难以评价其在市场竞争中的优劣地位。为了弥补这些缺陷，亚历山大 · 沃尔在其于 20 世纪初出版的《信用晴雨表研究》和《财务报表比率分析》等著作中提出了信用能力指数概念，将流动比率、产权比率、固定资产比率、存货周转率、应收账款周转率、固定资产周转率、自有资金周转率等 7 项财务比率用线性关系结合起来，并分别给定各自的分数比重，然后通过与标准比率进行比较，确定各项指标的得分及总体指标的累计分数，从而对企业的信用水平作出评价。

原始意义上的沃尔分析法存在两个缺陷：一是所选定的7项指标缺乏证明力；二是当某项指标严重异常时，会对总评分产生不合逻辑的重大影响。与沃尔所处的时代相比，现在已经发生很大的变化，沃尔最初提出的7项指标已难以完全适用当前企业评价的需要。现在通常认为，在选择指标时，偿债能力、运营能力、获利能力和发展能力指标均应当选到，除此之外还应当适当选取一些非财务指标作为参考。

【例12-32】根据表12-2和表12-3中资料，运用沃尔比重评分法分析该企业的财务综合能力。

（1）选择评价指标并分配指标权重（表12-4）

评价指标及其所分配的权重 表12-4

选择的指标	分配的权重
一、偿债能力指标	20
1. 资产负债率	12
2. 利息保障倍数	8
二、运营能力指标	18
1. 总资产周转率	9
2. 流动资产周转率	9
三、获利能力指标	38
1. 净资产收益率	25
2. 总资产报酬率	13
四、发展能力指标	24
1. 总资产增长率	12
2. 资本积累率	12
合计	100

（2）确定各项评价指标的标准值

财务指标的标准值一般可以行业平均数、企业历史先进数、国家有关标准或者国际公认数为基准来加以确定。表12-5中的标准值仅是为举例目的而假定的。

（3）对各项评价指标计分并计算综合分数（表12-6）

$$各项评价指标的得分=各项指标的权重\times\frac{指标的实际值}{标准值} \tag{12-59}$$

$$综合分数=\sum 各项评价指标的得分 \tag{12-60}$$

（4）形成评价结果

在最终评价时，如果综合得分大于100，则说明企业的财务状况比较好；反之，则说明企业的财务状况比同行业平均水平或者该企业历史先进水平等差。由于该公司综合得分为116.50（大于100），说明其财务状况较为良好。

各项评价指标的标准值 表 12-5

选择的指标	指标的标准值
一、偿债能力指标	
1. 资产负债率	60%
2. 利息保障倍数	3
二、运营能力指标	
1. 总资产周转率	2
2. 流动资产周转率	5
三、获利能力指标	
1. 净资产收益率	50%
2. 总资产报酬率	55%
四、发展能力指标	
1. 总资产增长率	10%
2. 资本积累率	15%

公司综合得分计算表 表 12-6

选择的指标	分配的权重 (1)	指标的实际值 (2)	指标的标准值 (3)	实际得分 (4) = (1) × (2) ÷ (3)
一、偿债能力指标	20			
1. 资产负债率	12	48.10%	60%	9.62
2. 利息保障倍数	8	5.82	3	15.52
二、运营能力指标	18			
1. 总资产周转率	9	2.12	2	9.54
2. 流动资产周转率	9	4.66	5	8.39
三、获利能力指标	38			
1. 净资产收益率	25	51.73%	50%	25.87
2. 总资产报酬率	13	53.36%	55%	12.61
四、发展能力指标	24			
1. 总资产增长率	12	16.19%	10%	19.43
2. 资本积累率	12	19.40%	15%	15.52
综合得分	100			116.50

沃尔比重评分法是评价企业总体财务状况的一种比较可取的方法。这一方法的关键在于指标的选定、权重的分配以及标准值的确定等。

本章小结

1. 财务分析是以企业财务报告和其他核算资料为依据和起点，采用一系列的分析方法和指标，对企业的财务状况和经营成果进行研究与评价，为投资者、经营管理者、债权人等社会各界的经济预测或决策提供依据的一项财务管理活动。

2. 财务分析的一般程序为：明确财务分析的目的；收集财务分析资料；整理财务分析资料；确定分析评价方法；正确计算相关财务比率；进行比较分析和因素分析；撰写财务分析报告。

3. 财务分析的局限性主要体现在会计信息本身的问题、报告的真实性问题和比较基础的问题。

4. 企业财务分析的主要方法有趋势分析法、比率分析法和因素分析法。

5. 偿债能力是指企业偿还到期债务（包括本息）的能力。债权人十分关心企业的偿债能力，往往把偿债能力的高低视为企业信用状况好坏的标志。企业的偿债能力按分析要求，可以分为短期偿债能力和长期偿债能力。

6. 营运能力是指企业基于外部市场环境的约束，通过内部人力资源和生产资料的配置组合来衡量企业组织、管理和营运特定资产的能力和效率，一般用周转速度来衡量。营运能力的分析包括人力资源营运能力的分析和生产资料营运能力的分析。

7. 盈利能力就是企业资金增值的能力，它通常体现为企业收益数额的大小与水平的高低。企业盈利能力的分析可从一般分析和社会贡献能力分析两方面研究。

8. 发展能力是企业在生存的基础上，扩大规模，壮大实力的潜在能力。在分析企业发展能力时，主要考察销售增长率、资本积累率、总资产增长率、3 年利润平均增长率和技术投入比率等指标。

9. 财务综合分析就是将营运能力、偿债能力、盈利能力和发展能力等诸方面的分析纳入一个有机的整体之中，全面地对企业经营状况、财务状况进行解剖和分析，从而对企业经济效益的优劣作出准确的评价与判断。财务综合分析的方法很多，其中应用比较广泛的有杜邦财务分析体系和沃尔比重评分法。

复习思考题

1. 为什么要进行财务分析？财务分析的局限性体现在哪些方面？
2. 简述财务分析的一般程序。
3. 财务分析的方法主要有哪些？
4. 反映偿债能力的基本财务指标有哪些？这些指标的作用如何？
5. 反映营运能力的基本财务指标有哪些？这些指标的作用如何？
6. 反映盈利能力的基本财务指标有哪些？这些指标的作用如何？

7. 反映发展能力的基本财务指标有哪些？这些指标的作用如何？

8. 简述杜邦财务评价体系和沃尔比重分析法的基本原理。

练习题

某房地产开发公司2007年的资产负债表和利润表如表12-7、表12-8所示。结合本章所学的各种财务分析指标进行计算，并制出该公司的杜邦分析图。

资 产 负 债 表

表12-7

编制单位：　　2007年　　单位：万元

资　　产	年初余额	期末余额	负债和所有者权益	年初金额	期末金额
流动资产：			流动负债：		
货币资金	800	900	短期借款	2 000	2 300
交易性金融资产	1 000	500	应付账款	1 000	1 200
应收账款	1 200	1 300	预收账款	300	400
预付账款	40	70	其他应付款	100	100
存货	4 000	5 200	流动负债合计	3 400	4 000
其他流动资产	60	80	非流动负债：		
流动资产合计	7 100	8 050	长期借款	2 000	2 500
非流动资产：			非流动负债合计	2 000	2 500
持有至到期投资	400	400	负债合计	5 400	6 500
固定资产	12 000	14 000	所有者权益：		
无形资产	500	550	实收资本（或股本）	12 000	12 000
非流动资产合计	12 900	14 950	盈余公积	1 600	1 600
			未分配利润	1 000	2 900
			所有者权益合计	14 600	16 500
资产总计	20 000	23 000	负债及所有者权益合计	20 000	23 000

利 润 表

表12-8

编制单位：　　2007年　　单位：万元

项　　目	上 期 金 额	本 期 金 额
一、营业收入	18 800	21 200
减：营业成本	10 900	12 400

续上表

项　　目	上期金额	本期金额
营业税金及附加	1 080	1 200
销售费用	1 620	1 900
管理费用	800	100
财务费用	200	300
加：投资收益	300	300
二、营业利润	4 500	4 700
加：营业外收入	100	150
减：营业外支出	600	650
三、利润总额	4 000	4 200
减：所得税（40%）	1 600	1 680
四、净利润	2 400	2 520

附　录

复利终值系数表　　附表 1

期数	1%	2%	3%	4%	5%	6%	7%	8%	9%	10%
1	1.010 0	1.020 0	1.030 0	1.040 0	1.050 0	1.060 0	1.070 0	1.080 0	1.090 0	1.100 0
2	1.020 1	1.040 4	1.060 9	1.081 6	1.102 5	1.123 6	1.144 9	1.166 4	1.188 1	1.210 0
3	1.030 3	1.061 2	1.092 7	1.124 9	1.157 6	1.191 0	1.225 0	1.259 7	1.295 0	1.331 0
4	1.040 6	1.082 4	1.125 5	1.169 9	1.215 5	1.262 5	1.310 8	1.360 5	1.411 6	1.464 1
5	1.051 0	1.104 1	1.159 3	1.216 7	1.276 3	1.338 2	1.402 6	1.463 9	1.538 6	1.610 5
6	1.061 5	1.126 2	1.194 1	1.265 3	1.340 1	1.418 5	1.500 7	1.580 9	1.677 1	1.771 6
7	1.072 1	1.148 7	1.229 9	1.315 9	1.407 1	1.503 6	1.605 8	1.713 8	1.828 0	1.948 7
8	1.082 9	1.171 7	1.268 8	1.368 6	1.477 5	1.593 8	1.718 2	1.850 9	1.992 6	2.143 6
9	1.093 7	1.195 1	1.304 8	1.423 3	1.551 3	1.689 5	1.838 5	1.999 0	1.171 9	2.357 9
10	1.104 6	1.219 0	1.343 9	1.480 2	1.628 9	1.790 8	1.967 2	2.158 9	2.367 4	2.593 7
11	1.115 7	1.243 4	1.384 2	1.539 5	1.710 3	1.898 3	2.104 9	2.331 6	2.580 4	2.853 1
12	1.126 8	1.268 2	1.425 8	1.601 0	1.795 9	2.012 2	2.252 2	2.518 2	2.812 7	3.138 4
13	1.138 1	1.293 6	1.468 5	1.665 1	1.885 6	2.132 9	2.409 8	2.719 6	3.065 8	3.452 3
14	1.149 5	1.319 5	1.512 6	1.731 7	1.979 0	2.260 9	2.578 5	2.937 2	3.341 7	3.797 5
15	1.161 0	1.345 9	1.558 0	1.800 9	2.078 9	2.396 6	2.759 0	3.172 2	3.642 5	4.177 2
16	1.172 6	1.372 8	1.604 7	1.873 0	2.182 9	2.540 4	2.952 2	3.425 9	3.970 3	4.595 0
17	1.184 3	1.400 2	1.652 8	1.947 9	2.292 0	2.692 8	3.158 8	3.700 0	4.327 6	5.054 5
18	1.196 1	1.428 2	1.702 4	2.025 8	2.406 6	2.854 3	3.379 9	3.996 0	4.717 1	5.559 9
19	1.208 1	1.456 8	1.753 5	2.106 8	2.527 0	3.025 6	3.616 5	4.315 7	5.141 7	6.115 9
20	1.220 2	1.485 9	1.806 1	2.191 1	1.653 3	3.207 1	3.869 7	4.661 0	5.604 4	6.727 5
21	1.232 4	1.515 7	1.860 3	2.278 8	2.786 0	3.399 6	4.140 6	5.038 8	6.108 8	7.400 2
22	1.244 7	1.546 0	1.916 1	2.369 9	2.925 3	3.603 5	4.430 4	5.436 5	6.658 6	8.140 3
23	1.257 2	1.576 9	1.976 3	2.464 7	3.071 5	3.819 7	4.740 5	5.871 5	7.257 9	8.254 3
24	1.269 7	1.608 4	2.030 8	2.563 3	3.225 1	4.048 9	5.072 4	6.341 2	7.911 1	9.849 7
25	1.282 4	1.640 6	2.093 8	2.665 8	3.386 4	4.291 9	5.427 4	6.848 5	8.623 1	10.835
26	1.295 3	1.673 4	2.156 6	2.772 5	3.555 7	4.549 4	5.807 4	7.396 4	9.399 2	11.918
27	1.308 2	1.706 9	2.221 3	2.883 4	3.733 5	4.882 6	6.213 9	7.988 1	10.245	13.110
28	1.321 3	1.741 0	2.287 9	2.998 7	3.920 1	5.111 7	6.648 8	8.627 1	11.176	14.421
29	1.334 5	1.775 8	2.356 6	3.118 7	4.516 1	5.418 4	7.114 3	9.317 1	12.172	15.863
30	1.347 8	1.811 4	2.427 3	3.243 4	4.321 9	5.743 5	7.612 3	10.063	13.268	17.449
40	1.488 9	2.208 0	3.262 0	4.801 0	7.040 0	10.286	14.794	21.725	31.408	45.259
50	1.644 6	2.691 6	4.383 9	7.106 7	11.467	18.420	29.457	46.902	74.358	117.39
60	1.816 7	3.281 0	5.891 6	10.520	18.679	32.988	57.946	101.26	176.03	304.48

续上表

期数	12%	14%	15%	16%	18%	20%	24%	28%	32%	36%
1	1.120 0	1.140 0	1.150 0	1.160 0	1.180 0	1.200 0	1.240 0	1.280 0	1.320 0	1.360 0
2	1.254 4	1.299 6	1.322 5	1.345 6	1.392 4	1.440 0	1.537 6	1.638 4	1.742 4	1.849 6
3	1.404 9	1.481 5	1.520 9	1.560 9	1.643 0	1.728 0	1.906 6	2.087 2	2.300	2.515 5
4	1.573 5	1.689 0	1.749 0	1.810 6	1.938 8	2.076 3	2.364 2	2.684 4	3.036 0	3.421 0
5	1.762 3	1.925 4	2.011 4	1.900 3	2.287 8	2.488 3	2.931 6	3.426 0	4.007 5	4.652 6
6	1.973 8	2.195 0	2.313 1	2.436 4	2.669 6	2.986 0	3.635 2	4.398 0	5.289 9	6.327 5
7	2.210 7	2.502 3	2.660 0	2.826 2	3.185 5	3.583 2	4.507 7	5.629 5	6.982 6	8.605 4
8	2.476 0	2.852 6	3.059 0	3.278 4	3.758 9	4.299 8	5.598 5	7.205 8	9.217 0	11.703
9	2.773 1	3.251 9	3.517 9	3.803 0	4.435 5	5.159 8	6.931 0	9.224 3	12.166	15.917
10	3.105 8	3.707 2	4.045 6	4.411 4	5.233 8	6.191 7	8.594 4	11.806	16.060	21.647
11	3.478 5	4.226 2	4.652 4	5.117 3	6.175 9	7.430 1	10.657	15.112	21.199	29.439
12	3.696 0	4.817 9	5.350 3	5.936 0	7.287 6	8.916 1	13.215	19.343	27.983	40.037
13	4.363 5	5.492 4	6.152 8	6.885 8	8.599 4	10.699	16.386	24.759	36.937	54.451
14	4.887 1	5.261 3	7.075 7	7.987 5	10.147	12.839	20.319	31.691	48.757	74.053
15	5.473 6	7.137 9	8.137 1	9.265 5	11.974	15.407	25.196	40.565	64.359	100.71
16	6.130 4	8.137 2	9.357 6	10.748	14.129	18.488	31.243	51.923	84.954	136.97
17	6.886 0	9.276 5	10.761	12.468	16.672	22.186	38.741	66.461	112.14	186.28
18	7.690 0	10.575	12.375	14.463	19.673	26.623	48.039	86.071	148.02	253.34
19	8.612 8	12.056	14.232	16.777	23.214	31.948	59.568	108.89	195.39	344.34
20	9.646 3	13.743	16.367	19.461	27.393	38.388	73.864	139.38	257.92	468.57
21	10.804	15.688	18.822	22.574	32.324	46.005	91.592	178.41	340.45	637.26
22	12.100	17.861	21.645	26.188	38.142	55.206	113.57	228.36	449.39	866.67
23	13.552	20.632	24.891	30.676	45.008	66.247	140.83	292.30	593.20	1 178.7
24	15.179	23.212	28.625	35.236	53.109	79.497	174.63	374.14	783.02	1 603.0
25	17.000	26.426	32.919	40.874	62.669	95.396	216.54	478.90	1 033.66	2 180.1
26	19.040	30.167	37.857	47.414	73.949	114.48	268.51	613.00	1 364.3	2 964.9
27	21.325	34.390	43.535	55.000	87.260	137.37	322.95	784.64	1 800.9	4 023.3
28	23.884	39.204	50.066	63.800	102.97	164.84	412.86	1 004.3	2 377.2	5 483.9
29	26.750	44.963	57.595	74.009	121.50	197.81	511.95	1 285.6	3 137.9	7 458.1
30	29.960	50.950	66.212	85.850	143.37	237.38	634.82	1 645.5	4 142.1	10 143.
40	93.051	188.83	267.86	378.72	750.38	1 469.8	5 455.9	19 427.	66 521.	*
50	289.00	700.23	1 083.7	1 670.7	3 927.4	9 100.4	46 890.	*	*	*
60	897.60	2 595.9	4 384.0	7 370.2	20 555.	56 348.	*	*	*	*
	* >99 999									

复利现值系数表 附表 2

期数	1%	2%	3%	4%	5%	6%	7%	8%	9%	10%
1	0.990 1	0.980 4	0.970 9	0.961 5	0.952 4	0.943 4	0.934 6	0.925 9	0.917 4	0.909 1
2	0.960 3	0.971 2	0.942 6	0.924 6	0.907 0	0.890 0	0.873 4	0.857 3	0.841 7	0.826 4
3	0.970 6	0.942 3	0.915 1	0.889 0	0.863 8	0.839 6	0.816 3	0.793 8	0.772 2	0.751 3
4	0.961 0	0.923 8	0.888 5	0.854 8	0.822 7	0.792 1	0.762 9	0.735 0	0.708 4	0.683 0
5	0.951 5	0.905 7	0.862 6	0.821 9	0.783 5	0.747 3	0.713 0	0.680 6	0.649 9	0.620 9
6	0.942 0	0.888 0	0.837 5	0.790 3	0.746 2	0.705 0	0.666 3	0.630 2	0.596 3	0.564 5
7	0.932 7	0.860 6	0.813 1	0.759 9	0.710 7	0.665 1	0.622 7	0.583 5	0.547 0	0.513 2
8	0.923 5	0.853 5	0.787 4	0.730 7	0.676 8	0.627 4	0.582 0	0.540 3	0.501 9	0.466 5
9	0.914 3	0.838 6	0.766 4	0.702 6	0.644 6	0.591 9	0.543 9	0.500 2	0.460 4	0.424 1
10	0.905 3	0.820 3	0.744 1	0.675 6	0.613 9	0.558 4	0.508 3	0.463 2	0.422 4	0.385 5
11	0.896 3	0.804 3	0.722 4	0.649 6	0.584 7	0.526 8	0.475 1	0.428 9	0.387 5	0.350 5
12	0.887 4	0.788 5	0.701 4	0.624 6	0.556 8	0.497 0	0.444 0	0.397 1	0.355 5	0.318 6
13	0.878 7	0.773 0	0.681 0	0.600 6	0.530 3	0.468 8	0.415 0	0.367 7	0.326 2	0.289 7
14	0.870 0	0.757 9	0.661 1	0.577 5	0.505 1	0.442 3	0.387 8	0.340 5	0.299 2	0.263 3
15	0.861 3	0.743 0	0.641 9	0.555 3	0.481 0	0.417 3	0.362 4	0.315 2	0.274 5	0.239 4
16	0.852 8	0.728 4	0.623 2	0.533 9	0.458 1	0.393 6	0.338 7	0.291 9	0.251 9	0.217 6
17	0.844 4	0.714 2	0.605 0	0.513 4	0.436 3	0.371 4	0.316 6	0.270 3	0.231 1	0.197 8
18	0.836 0	0.700 2	0.587 4	0.493 6	0.41 55	0.350 3	0.295 9	0.250 2	0.212 0	0.179 9
19	0.827 7	0.686 4	0.570 4	0.474 6	0.395 7	0.330 5	0.276 5	0.231 7	0.194 5	0.163 5
20	0.819 5	0.673 0	0.553 7	0.456 4	0.376 9	0.311 8	0.258 4	0.214 5	0.178 4	0.148 16
21	0.811 4	0.659 8	0.537 5	0.438 8	0.358 9	0.294 2	0.241 5	0.198 7	0.163 7	0.135 1
22	0.803 4	0.646 8	0.521 9	0.422 0	0.341 8	0.277 5	0.225 7	0.183 9	0.150 2	0.122 8
23	0.795 4	0.634 2	0.506 7	0.405 7	0.325 6	0.261 8	0.210 9	0.170 3	0.137 8	0.111 7
24	0.787 6	0.621 7	0.491 9	0.390 1	0.310 1	0.247 0	0.197 1	0.157 7	0.126 4	0.101 5
25	0.779 8	0.609 5	0.477 6	0.375 1	0.295 3	0.233 0	0.184 2	0.146 0	0.116 0	0.092 3
26	0.772 0	0.597 6	0.463 7	0.360 4	0.281 2	0.219 8	0.172 2	0.135 2	0.106 4	0.083 9
27	0.764 4	0.585 9	0.450 2	0.346 8	0.267 8	0.207 4	0.160 9	0.125 2	0.097 6	0.076 3
28	0.756 8	0.574 4	0.437 1	0.333 5	0.255 1	0.195 6	0.150 4	0.115 9	0.089 5	0.169 3
29	0.749 3	0.563 1	0.424 3	0.320 7	0.242 9	0.184 6	0.140 6	0.107 3	0.082 2	0.063 0
30	0.741 9	0.552 1	0.412 0	0.308 3	0.231 4	0.174 1	0.131 4	0.099 4	0.075 4	0.057 3
35	0.705 9	0.500 0	0.255 4	0.353 4	0.181 3	0.130 1	0.093 7	0.067 6	0.049 0	0.035 6
40	0.671 7	0.452 9	0.306 6	0.208 3	0.142 0	0.097 2	0.066 8	0.046 0	0.031 8	0.022 1
45	0.639 1	0.410 2	0.264 4	0.171 2	0.111 3	0.072 7	0.046 7	0.013 1	0.020 7	0.013 7
50	0.608 0	0.371 5	0.228 1	0.140 7	0.087 2	0.054 3	0.033 9	0.021 3	0.013 4	0.008 5
55	0.578 5	0.336 5	0.196 8	0.115 7	0.068 3	0.040 6	0.024 2	0.014 5	0.008 7	0.005 3

续上表

期数	12%	14%	15%	16%	18%	20%	24%	28%	32%	36%
1	0.892 9	0.877 2	0.869 6	0.862 1	0.847 5	0.833 3	0.806 5	0.781 3	0.757 6	0.735 3
2	0.797 2	0.769 5	0.756 1	0.743 2	0.718 2	0.694 4	0.650 4	0.610 4	0.573 9	0.540 7
3	0.711 8	0.675 0	0.657 5	0.640 7	0.608 6	0.578 7	0.524 5	0.476 8	0.434 8	0.397 5
4	0.635 5	0.592 1	0.571 8	0.552 3	0.515 8	0.482 3	0.423 0	0.372 5	0.329 4	0.292 3
5	0.567 4	0.519 4	0.497 2	0.476 2	0.437 1	0.401 9	0.341 1	0.291 0	0.249 5	0.214 9
6	0.506 6	0.455 6	0.432 3	0.410 4	0.370 4	0.334 9	0.275 1	0.227 4	0.189 0	0.158 0
7	0.452 3	0.399 6	0.375 9	0.353 8	0.313 9	0.279 1	0.221 8	0.177 6	0.143 2	0.116 2
8	0.403 9	0.350 6	0.326 9	0.305 0	0.266 0	0.232 6	0.178 9	0.138 8	0.108 5	0.085 4
9	0.360 6	0.307 5	0.284 3	0.263 0	0.225 5	0.193 8	0.144 3	0.108 4	0.082 2	0.062 8
10	0.322 0	0.269 7	0.247 2	0.226 7	0.191 1	0.161 5	0.116 4	0.084 7	0.062 3	0.046 2
11	0.287 5	0.236 6	0.214 9	0.195 4	0.161 9	0.134 6	0.093 8	0.066 2	0.047 2	0.034 0
12	0.256 7	0.207 6	0.186 9	0.168 5	0.137 3	0.112 2	0.075 7	0.051 7	0.035 7	0.025 0
13	0.229 2	0.182 1	0.162 5	0.145 2	0.116 3	0.093 5	0.061 0	0.040 4	0.027 1	0.018 4
14	0.204 6	0.159 7	0.141 3	0.125 2	0.098 5	0.007 9	0.049 2	0.031 6	0.020 5	0.013 5
15	0.182 7	0.140 1	0.122 9	0.107 9	0.083 5	0.064 9	0.039 7	0.024 7	0.015 5	0.009 9
16	0.163 1	0.122 9	0.106 9	0.098 0	0.070 9	0.054 1	0.032 0	1.019 3	0.011 8	0.007 3
17	0.145 6	0.107 8	0.092 9	0.080 2	0.060 0	0.045 1	0.025 9	0.015 0	0.008 9	0.005 4
18	0.130 0	0.094 6	0.080 8	0.069 1	0.050 8	0.037 6	0.020 8	0.011 8	0.006 8	0.003 9
19	0.116 1	0.182 9	0.170 3	0.059 6	0.043 1	0.031 3	0.016 8	0.009 2	0.005 1	0.002 9
20	0.103 7	0.072 8	0.061 1	0.051 4	0.036 5	0.026 1	0.013 5	0.007 2	0.003 9	0.002 1
21	0.092 6	0.063 8	0.053 1	0.044 3	0.030 9	0.021 7	0.010 9	0.021 7	0.010 9	0.005 6
22	0.082 6	0.056 0	0.046 2	0.038 2	0.026 2	0.018 1	0.008 8	0.004 4	0.002 2	0.001 2
23	0.073 8	0.049 1	0.040 2	0.032 9	0.022 2	0.015 1	10.07 1	0.004 0	0.001 7	0.000 8
24	0.065 9	0.043 1	0.034 9	0.028 4	0.018 8	0.012 6	0.005 7	0.002 7	0.001 3	0.000 6
25	0.058 8	0.037 8	0.030 4	0.024 5	0.016 0	0.013 5	0.004 6	0.002 1	0.001 0	0.000 5
26	0.052 5	0.033 1	0.026 4	0.021 1	0.011 5	0.008 7	0.003 7	0.001 6	0.000 7	0.000 3
27	0.046 9	0.029 1	0.023 0	0.018 2	0.011 5	0.007 3	0.003 0	0.001 3	0.000 6	0.000 2
28	0.041 9	0.025 5	0.020 0	0.015 7	0.009 7	0.006 1	0.002 4	0.001 0	0.000 4	0.000 2
29	0.037 4	0.022 4	0.017 4	0.013 5	0.008 2	0.005 1	0.002 0	0.000 8	0.000 3	0.000 1
30	0.033 4	0.019 6	0.015 1	0.011 6	0.007 0	0.004 2	0.001 6	0.000 6	0.000 2	0.000 1
35	0.018 9	0.010 2	0.007 5	0.005 5	0.003 0	0.001 7	0.000 5	0.000 2	0.000 1	*
40	0.010 7	0.005 3	0.003 7	0.002 6	0.001 3	0.000 7	0.000 2	0.000 1	*	*
45	0.006 1	0.002 7	0.001 9	0.001 3	0.000 6	0.000 3	0.000 1	*	*	*
50	0.003 5	0.001 4	0.000 9	0.000 3	0.000 1	*	*	*	*	*
55	0.002 0	0.000 7	0.000 5	0.000 3	0.000 1	*	*	*	*	*
	*<0.0001									

年金终值系数表 附表 3

期数	1%	2%	3%	4%	5%	6%	7%	8%	9%	10%
1	1.000 0	1.000 0	1.000 0	1.000 0	1.000 0	1.000 0	1.000 0	1.000 0	1.000 0	1.000 0
2	2.010 0	2.020 0	2.030 0	2.040 0	2.050 0	2.060 0	2.070 0	2.080 0	2.090 0	2.100
3	3.030 1	3.060 4	3.090 9	3.121 6	3.152 5	3.183 6	2.214 9	3.246 4	3.278 1	3.310 0
4	4.060 4	4.121 6	4.183 6	4.246 5	4.313 3	4.374 6	4.443 9	4.506 1	4.573 1	4.641 0
5	5.101 0	5.204 0	5.309 1	5.416 3	5.525 6	5.637 1	5.750 7	5.866 6	5.984 7	6.105 1
6	6.152 0	6.308 1	6.468 4	6.633 0	6.801 9	6.975 3	7.153 3	7.335 9	7.523 3	7.715 6
7	7.213 5	7.434 3	7.662 5	7.898 3	8.142 0	8.393 8	8.654 0	8.922 8	9.200 4	9.487 2
8	8.285 7	8.583 0	8.892 3	9.214 2	9.549 1	9.897 5	10.260	11.028	11.436	11.486
9	9.368 5	9.754 6	10.159	10.583	11.027	11.491	11.978	12.488	13.021	13.579
10	10.462	10.950	11.464	12.006	12.578	13.181	13.816	14.487	15.193	15.937
11	11.567	12.169	12.808	13.486	14.207	14.972	15.784	16.645	17.560	18.531
12	12.638	13.412	14.129	15.026	15.917	16.870	17.888	18.977	21.141	21.384
13	13.809	14.680	15.618	16.627	17.713	18.882	20.141	21.495	22.953	24.523
14	14.947	15.947	17.086	18.292	19.599	21.015	22.550	24.214	26.019	27.975
15	15.097	17.293	18.599	20.024	21.579	23.276	23.129	27.152	29.361	31.772
16	17.258	18.639	20.157	21.825	23.657	25.673	27.888	30.324	33.003	35.950
17	18.430	20.012	21.762	23.698	25.840	28.213	39.840	33.750	36.974	40.545
18	19.615	21.412	23.414	25.645	28.132	30.069	33.999	37.450	41.301	45.599
19	20.811	22.841	25.117	27.671	30.539	33.760	37.379	41.446	46.018	51.159
20	22.109	24.297	26.870	29.778	33.066	36.768	40.995	45.752	51.160	57.275
21	23.239	25.783	28.767	31.969	35.719	39.993	44.865	50.423	56.765	64.002
22	24.472	27.299	30.537	34.248	38.005	43.392	49.006	55.457	62.873	71.403
23	25.716	28.845	32.453	36.618	41.030	46.966	53.436	60.883	69.532	79.543
24	26.973	30.422	34.426	39.083	44.002	50.816	58.177	66.765	76.799	88.497
25	28.243	32.030	36.459	41.646	47.727	54.863	63.249	73.106	84.701	98.347
26	29.526	33.671	38.553	44.312	51.113	59.156	68.676	79.954	93.324	109.18
27	30.821	35.344	40.710	47.084	54.669	63.706	74.484	87.351	102.72	212.10
28	32.129	37.051	42.391	49.968	58.403	68.528	80.698	95.339	112.97	134.21
29	33.450	38.792	45.219	52.966	62.323	73.640	87.347	103.97	124.14	148.63
30	34.785	40.568	47.575	56.085	66.439	79.058	89.461	113.28	136.11	164.49
40	40.886	60.402	75.401	95.026	120.80	154.76	199.64	259.06	377.88	442.59
50	64.463	84.579	112.80	152.67	209.35	290.34	406.53	573.77	815.08	1 163.9
60	81.670	114.05	163.05	237.99	353.58	533.13	318.52	1 253.2	1 944.8	3 034.8

续上表

期数	12%	14%	15%	16%	18%	20%	24%	28%	32%	36%
1	1.000 0	1.000 0	1.000 0	1.000 0	1.000 0	1.000 0	1.000 0	1.000 0	1.000 0	1.000 0
2	2.120 0	2.140 0	2.150 0	2.160 0	2.180 0	2.200 0	2.240 0	2.280 0	2.320 0	2.360 0
3	3.374 4	3.439 6	3.472 2	3.505 6	3.572 4	3.640 0	3.777 6	3.918 4	3.062 4	3.209 6
4	4.779 3	4.921 1	4.993 4	5.066 5	5.215 4	5.368 0	5.684 2	6.015 6	6.362 4	6.362 4
5	6.352 8	6.610 1	6.742 4	6.877 1	7.154 2	7.441 6	8.048 4	9.999 9	9.398 3	10.146
6	8.115 2	8.525 5	8.753 7	8.977 5	9.442 0	9.929 9	10.980	12.136	13.406	14.799
7	10.089	10.730	11.067	11.414	12.142	12.916	14.615	16.534	18.696	21.126
8	12.300	13.233	13.727	14.240	15.327	16.499	19.123	22.163	25.678	29.732
9	14.776	16.085	16.785	17.519	19.086	20.799	24.369	29.712	34.895	41.435
10	17.459	19.337	20.304	21.521	23.321	25.959	31.643	38.593	47.062	57.352
11	20.655	23.045	24.349	25.733	28.755	32.150	40.238	50.398	63.122	78.998
12	24.133	27.271	29.002	30.850	34.981	39.581	50.895	65.510	84.320	108.44
13	29.029	32.089	34.352	36.786	42.219	48.497	64.110	84.853	112.30	148.47
14	32.393	37.581	40.505	43.672	50.818	59.196	80.496	109.61	149.24	202.93
15	37.280	43.842	47.580	51.660	60.965	72.035	100.82	141.30	198.00	276.98
16	42.753	50.980	55.717	60.925	72.939	87.442	126.01	181.87	262.36	377.69
17	48.884	59.118	65.075	71.673	87.068	105.930	157.250	233.790	347.310	514.6
18	55.750	68.394	75.836	84.141	103.74	128.12	195.99	300.25	459.45	770.94
19	63.440	78.969	88.212	98.503	124.41	154.74	244.03	385.32	607.47	954.28
20	72.052	91.025	102.44	115.38	146.63	186.69	303.60	494.21	802.86	1 298.8
21	81.699	104.77	118.81	134.84	174.02	225.03	377.46	633.59	1 060.8	1 767.4
22	92.503	120.44	137.63	157.41	206.23	271.03	469.06	812.00	1 401.2	2 404.7
23	104.60	138.30	159.28	183.60	244.49	326.24	582.63	1 040.4	1 850.6	2 404.7
24	118.16	158.66	184.17	213.98	289.49	392.48	723.46	1 337.2	2 448.8	4 450.0
25	133.33	181.87	212.79	249.21	342.60	471.98	9 898.09	1 706.8	3 226.8	6 053.0
26	150.33	208.33	245.71	290.09	405.27	567.38	114.6	2 185.7	4 260.4	8 233.1
27	169.37	238.50	283.57	337.50	479.22	681.85	1 381.3	2 798.7	5 624.4	1 198.0
28	190.70	272.89	327.10	392.50	566.48	819.22	1 716.1	3 583.3	7 425.7	15 230.3
29	214.58	312.09	377.17	456.30	669.45	984.07	2 129.0	4 587.7	9 802.9	20 714.2
30	241.38	356.79	434.75	530.31	790.95	1 181.9	2 604.9	5 873.2	12 941.0	28 172.3
40	767.09	1 342.0	1 799.1	2 360.8	4 163.2	7 343.2	2 729.0	6 937.7	*	*
50	2 400.0	4 994.5	7 217.7	10 436.0	21 813.0	45 497.0	*	*	*	*
60	7 471.1	18 535.0	29 220.0	45 058.0	*	*	*	*	*	*
	*>99 999									

年金现值系数表 附表 4

期数	1%	2%	3%	4%	5%	6%	7%	8%	9%
1	0.990 1	0.980 4	0.970 9	0.961 5	0.952 4	0.943 4	0.934 6	0.925 9	0.917 4
2	1.970 4	1.941 6	1.913 5	1.886 1	1.859 4	1.833 4	1.808 0	1.783 3	1.759 1
3	2.941 0	2.883 9	2.828 6	2.775 1	2.723 2	2.673 0	2.624 3	2.557 1	2.531 3
4	3.902 0	3.807 7	3.717 1	3.629 9	3.546 0	3.465 1	3.387 2	3.312 1	3.239 7
5	4.853 4	4.713 5	4.579 7	4.451 8	4.329 5	4.212 4	4.100 2	3.992 7	3.889 7
6	5.975 5	5.601 4	5.417 2	5.242 1	5.075 7	4.917 3	4.766 5	4.622 9	4.485 9
7	6.728 2	6.472 0	6.230 3	6.002 1	5.786 4	5.582 4	5.389 3	5.204 6	5.033 0
8	7.651 7	7.325 5	7.091 7	6.732 7	6.463 2	6.209 8	5.971 3	5.746 6	5.534 8
9	8.566 0	8.162 2	7.786 1	7.435 3	7.107 8	6.801 7	6.515 2	6.246 9	5.995 2
10	9.471 3	8.982 6	8.532 0	8.110 9	7.721 7	7.360 1	7.023 6	6.710 1	6.417 7
11	10.367 6	9.786 8	9.252 6	8.760 5	8.360 4	7.886 9	7.498 7	7.139 0	6.805 2
12	11.255 1	10.575 3	9.954 0	9.385 1	8.863 3	8.383 8	7.942 7	7.536 1	7.160 7
13	12.133 7	11.348 4	10.635 0	9.985 6	9.393 6	8.852 7	8.357 7	7.903 8	7.486 9
14	13.003 7	12.106 2	11.296 1	10.563 1	9.898 6	9.295 0	8.745 5	8.244 2	7.786 2
15	13.8651	12.849 3	11.937 9	11.118 4	10.379 7	9.712 2	9.107 9	8.559 5	8.060 7
16	14.717 9	13.577 7	12.561 1	11.652 3	10.837 8	10.105 9	9.446 6	8.851 4	8.312 6
17	15.562 3	14.291 9	13.166 1	12.165 7	116.271 4	10.477 3	9.763 2	9.121 6	8.543 6
18	16.398 3	14.992 0	13.753 5	12.689 6	11.689 6	10.827 6	10.059 1	9.379 1	8.755 6
19	17.226 0	15.678 5	14.322 8	13.133 9	12.058 3	11.158 1	11.335 6	9.603 6	8.960 1
20	18.065 4	16.351 4	14.877 5	13.590 3	12.462 2	11.469 9	11.594 0	9.818 1	9.128 5
21	18.857 0	17.011 2	15.415 0	14.029 2	12.821 2	11.764 1	11.835 5	10.016 8	9.292 2
22	19.660 4	17.658 0	15.936 9	14.451 1	13.488 6	12.303 4	11.061 2	10.200 7	9.442 4
23	20.455 8	18.299 2	16.443 6	14.858 6	13.486 8	12.303 4	11.272 2	10.371 1	9.580 2
24	21.243 4	18.913 9	16.935 5	15.247 0	13.798 6	12.550 4	11.469 3	10.528 8	9.706 6
25	22.023 2	19.523 5	17.413 1	15.622 1	14.093 9	12.783 4	11.653 6	10.674 8	9.822 6
26	22.795 2	20.122 0	17.876 8	15.982 8	14.375 2	13.003 2	11.825 8	10.810 0	9.929 0
27	23.559 6	20.709 5	18.327 0	16.329 6	14.643 0	13.210 5	11.986 7	10.935 2	10.026 6
28	24.316 4	21.282 3	18.764 1	16.663 1	14.898 1	13.406 2	12.137 1	11.051 1	10.116 1
29	25.065 8	21.844 4	19.188 5	16.983 7	15.141 1	13.590 7	12.277 7	11.158 4	10.198 3
30	25.807 7	22.396 5	19.600 4	17.292 0	15.372 5	13.764 8	12.409 0	11.257 8	10.273 7
35	29.408 6	24.998 6	21.487 2	18.604 6	16.374 2	14.498 2	12.947 7	11.654 6	10.566 8
40	32.834 7	27.355 5	23.114 8	19.792 8	17.159 1	15.046 3	13.331 7	11.924 6	10.757 4
45	36.094 5	29.490 2	24.518 7	20.720 0	17.774 1	15.455 8	13.605 5	12.108 4	10.881 2
50	39.196 1	31.423 6	25.729 8	21.482 2	18.255 9	15.761 9	13.800 7	12.233 5	10.961 7
55	42.147 2	33.174 8	26.774 4	22.108 6	18.633 5	15.990 5	13.939 9	12.318 6	11.014 0

续上表

期数	10%	12%	14%	15%	16%	18%	20%	24%	28%	32%
1	0.909 1	0.892 9	0.877 2	0.869 6	0.862 1	0.847 5	0.833 3	0.806 5	0.781 3	0.757 6
2	1.735 5	1.690 1	1.646 7	1.625 7	1.605 2	1.565 6	1.527 8	1.456 8	1.391 6	1.331 5
3	2.486 9	2.410 8	2.321 6	2.283 2	2.245 9	2.174 3	2.106 5	1.981 3	1.868 4	1.766 3
4	3.169 9	3.037 3	2.917 3	2.855 0	2.798 2	2.690 1	2.588 7	2.404 3	2.241 0	2.095 7
5	3.790 8	3.604 8	3.433 1	3.552 2	3.274 3	3.127 2	2.990 6	2.745 4	2.532 0	2.345 2
6	4.355 3	4.111 4	3.888 7	3.784 5	3.684 7	3.497 6	3.325 5	3.020 5	3.759 4	2.537 2
7	4.868 4	4.563 8	4.288 2	4.160 4	4.038 6	3.811 5	3.604 6	3.242 3	2.937 0	2.677 5
8	5.334 9	4.967 6	4.638 9	4.487 3	4.343 6	4.077 6	3.837 2	3.421 2	3.075 8	2.786 0
9	5.759 0	5.328 2	4.916 4	4.771 6	4.606 5	4.303 0	4.031 0	3.565 5	3.184 2	3.868 1
10	6.144 6	5.650 2	5.216 1	4.833 2	5.018 8	4.494 1	4.192 5	3.681 9	3.268 9	2.930 4
11	6.495 1	5.937 7	5.452 7	5.233 7	5.028 6	4.656 0	4.327 1	3.775 7	3.335 1	2.977 6
12	6.813 7	6.194 4	5.660 3	5.420 6	5.197 1	4.793 2	4.439 2	3.851 4	3.386 8	3.013 3
13	7.103 4	6.423 5	5.842 4	5.583 1	5.342 3	4.909 5	4.532 7	3.912 4	3.427 2	3.040 4
14	7.366 7	6.628 2	6.002 1	5.724 5	5.467 5	5.028 1	4.610 6	3.961 6	3.458 7	3.060 9
15	7.606 1	6.810 9	6.142 2	5.847 4	5.575 5	5.091 6	4.675 5	4.001 3	3.483 3	3.076 4
16	7.823 7	6.974 0	6.265 1	5.954 2	5.668 5	5.162 4	4.729 6	4.033 3	3.502 6	3.082 2
17	8.021 6	7.119 6	6.372 9	6.047 2	5.748 7	5.222 3	4.772 6	4.051 9	3.517 7	3.097 1
18	8.201 4	7.249 7	6.467 4	6.128 0	5.817 8	5.273 2	4.812 2	4.079 9	3.529 4	3.103 9
19	8.369 4	7.365 8	6.550 4	6.198 2	5.877 5	5.316 2	4.843 5	4.096 7	3.438 6	3.109 0
20	8.513 6	7.469 4	6.621 3	6.259 3	5.928 8	5.352 7	4.869 6	4.110 3	3.545 8	3.112 9
21	8.648 7	7.562 0	6.687 0	6.312 5	5.973 1	5.383 7	4.893 1	4.121 2	3.551 4	3.115 8
22	8.771 5	7.644 6	6.742 9	6.358 7	6.011 3	5.409 9	4.909 4	4.130 0	3.555 8	3.118 0
23	8.883 2	7.718 4	6.792 1	6.398 8	6.044 2	5.432 1	4.924 5	4.127 1	3.550 2	3.119 7
24	8.984 7	7.784 3	6.835 1	6.433 8	6.072 6	5.450 9	4.937 1	4.142 8	3.561 9	3.121 0
25	9.077 0	7.843 1	6.872 9	6.464 1	6.097 1	5.466 9	4.947 6	4.147 4	3.564 0	3.122 0
26	9.160 9	7.895 7	6.906 1	6.490 6	6.118 2	5.480 4	4.956 3	4.151 1	3.565 6	3.122 7
27	9.237 2	7.942 6	6.935 2	6.513 5	6.136 4	5.491 9	4.963 6	4.154 2	3.566 9	3.123 3
28	9.306 6	7.984 4	6.960 7	6.533 5	6.152 0	5.501 6	4.969 7	4.156 6	3.567 9	3.123 7
29	9.369 6	8.021 8	6.983 0	6.550 9	6.165 6	5.509 8	4.974 7	4.158 5	3.568 7	3.124 0
30	9.426 9	8.055 2	7.002 7	6.566 0	6.177 2	5.516 8	4.978 9	4.160 1	3.569 3	3.124 2
35	9.644 2	8.175 5	7.070 0	6.616 6	6.215 3	5.538 6	4.991 5	1.164 4	3.570 8	3.124 8
40	9.779 1	8.243 8	7.105 0	6.641 8	6.233 5	5.548 2	4.996 6	4.165 9	3.571 4	3.125 0
45	9.862 8	8.282 5	7.123 2	6.654 3	6.242 1	5.552 3	4.998 6	4.166 4	3.571 4	3.125 0
50	9.914 8	8.304 5	7.132 7	6.660 5	6.246 3	5.554 1	4.999 5	4.166 5	3.571 4	3.125 0
55	9.947 1	8.317 0	7.137 6	6.663 6	6.248 2	5.554 9	4.998 0	4.166 6	3.571 4	3.125 0

正态分布曲线面积表 附表 5

Z	0.00	0.01	0.02	0.03	0.04	0.05	0.06	0.07	0.08	0.09
0.00	0.000 0	0.000 0	0.004 0	0.008 0	0.012 0	0.019 9	0.023 9	0.027 9	0.031 9	0.035 9
0.10	0.039 8	0.043 8	0.047 8	0.051 7	0.055 7	0.059 6	0.063 6	0.067 5	0.071 4	0.075 3
0.20	0.079 3	0.083 2	0.087 1	0.091 0	0.094 8	0.098 7	0.102 6	0.106 4	0.110 3	0.114 1
0.30	0.117 9	0.121 7	0.125 5	0.129 3	0.133 1	0.136 8	0.140 6	0.144 3	0.148 0	0.151 7
0.40	0.155 4	0.159 4	0.162 8	0.166 1	0.170 0	0.173 6	0.177 2	0.180 8	0.184 4	0.187 9
0.50	0.191 5	0.195 0	0.198 5	0.201 0	0.205 4	0.208 8	0.212 3	0.215 7	0.219 0	0.222 4
0.60	0.225 7	0.229 1	0.232 4	0.235 7	0.238 9	0.242 2	0.245 4	0.246 8	0.251 7	0.254 9
0.70	0.258 0	0.261 1	0.264 2	0.267 3	0.270 3	0.273 4	0.276 4	0.279 3	0.282 3	0.295 2
0.80	0.288 1	0.291 0	0.293 9	0.296 7	0.299 5	0.302 3	0.305 1	0.307 8	0.310 6	0.313 3
0.90	0.315 9	0.318 6	0.321 2	0.323 8	0.326 4	0.328 9	0.331 5	0.334 0	0.336 5	0.338 9
1.00	0.341 3	0.343 8	0.346 1	0.348 5	0.350 8	0.353 1	0.355 4	0.357 7	0.359 9	0.362 1
1.10	0.364 3	0.366 5	0.368 6	0.370 3	0.372 9	0.374 9	0.377 0	0.379 0	0.381 0	0.383 0
1.20	0.384 9	0.386 9	0.388 8	0.390 7	0.392 5	0.394 3	0.396 2	0.398 0	0.399 7	0.401 5
1.30	0.403 2	0.404 9	0.406 6	0.408 2	0.409 9	0.411 5	0.411 5	0.414 7	0.416 2	0.417 7
1.40	0.419 2	0.420 7	0.422 2	0.423 6	0.425 1	0.462 5	0.427 9	0.429 2	0.430 6	0.431 9
1.50	0.433 2	0.434 5	0.435 7	0.437 0	0.438 2	0.439 3	0.440 6	0.441 8	0.442 9	0.444 1
1.60	0.445 2	0.446 3	0.447 4	0.448 4	0.449 5	0.445 0	0.451 5	0.452 5	0.453 5	0.454 5
1.70	0.455 4	0.456 4	0.457 3	0.458 2	0.459 1	0.459 9	0.460 8	0.461 6	0.462 5	0.463 3
1.80	0.464 1	0.464 9	0.465 6	0.466 4	0.467 1	0.467 8	0.468 6	0.469 3	0.469 9	0.470 3
1.90	0.471 3	0.471 9	0.472 6	0.473 2	0.473 8	0.474 4	0.475 0	0.475 6	0.476 1	0.476 7
2.00	0.477 2	0.477 8	0.478 3	0.478 8	0.479 3	0.479 8	0.480 3	0.480 8	0.481 2	0.481 2
2.10	0.482 1	0.482 6	0.483 0	0.483 4	0.483 8	0.484 2	0.484 6	0.485 0	0.485 4	0.485 7
2.20	0.486 1	0.486 4	0.486 8	0.487 1	0.487 5	0.487 8	0.488 1	0.488 4	0.488 7	0.489 0
2.30	0.489 3	0.489 6	0.489 8	0.490 1	0.490 4	0.490 6	0.490 9	0.491 1	0.491 3	0.491 6
2.40	0.491 8	0.492 0	0.492 2	0.492 5	0.492 7	0.492 9	0.493 1	0.493 2	0.493 4	0.493 6
2.50	0.493 8	0.494 0	0.494 1	0.494 3	0.494 5	0.494 6	0.494 8	0.494 9	0.495 1	0.495 2
2.60	0.495 3	0.495 5	0.495 6	0.495 7	0.495 9	0.496 0	0.496 1	0.496 2	0.496 3	0.496 4
2.70	0.496 5	0.496 6	0.496 7	0.496 8	0.496 9	0.497 0	0.497 1	0.497 2	0.497 3	0.497 4
2.80	0.497 4	0.497 5	0.497 6	0.497 7	0.497 7	0.497 8	0.497 9	0.497 9	0.498 0	0.498 1
2.90	0.498 1	0.498 2	0.498 2	0.498 3	0.498 4	0.498 4	0.498 5	0.498 5	0.498 6	0.498 6
3.00	0.498 6	0.498 7	0.498 7	0.498 8	0.498 8	0.498 9	0.498 9	0.498 9	0.499 0	0.499 1
3.10	0.499 0	0.499 1	0.499 1	0.499 1	0.499 2	0.499 2	0.499 2	0.499 2	0.499 3	0.499 2
3.20	0.499 3	0.499 3	0.499 4	0.499 4	0499 4	0.499 4	0.499 4	0.499 5	0.499 5	0.499 5
3.30	0.499 5	0.499 5	0.499 5	0.499 6	0.499 6	0.499 6	0.499 6	0.499 6	0.499 6	0.499 7
3.40	0.499 7	0.499 7	0.499 7	0.499 7	0.499 7	0.499 7	0.499 7	0.499 7	0.499 7	0.499 8
3.50	0.499 8	0.499 8	0.499 8	0.499 8	0.499 8	0.499 8	0.499 8	0.499 8	0.499 8	0.499 8
3.60	0.499 8	0.499 8	0.499 9	0.499 9	0.499 9	0.499 9	0.499 9	0.499 9	0.499 9	0.499 9
3.70	0.499 9	0.499 9	0.499 9	0.499 9	0.499 9	0.499 9	0.499 9	0.499 9	0.499 9	0.499 9
3.80	0.499 9	0.499 9	0.499 9	0.499 9	0.499 9	0.499 9	0.499 9	0.499 9	0.499 9	0.499 9
3.90	0.500 0	0.500 0	0.500 0	0.500 0	0.500 0	0.500 0	0.500 0	0.500 0	0.500 0	0.500 0

注：Z 为标准差的个数，表中数据是平均数和 Z 个标准差之间的那部分正态曲线下的总面积。

参 考 文 献

[1] 戴书松．财务管理．北京：经济管理出版社，2006.
[2] 财政部会计资格评价中心．财务管理．北京：中国财政经济出版社，2004.
[3] 中国注册会计师协会．财务成本管理．北京：经济科学出版社，2006.
[4] 谷祺，刘淑莲．财务管理．大连：东北财经大学出版社，2006.
[5] 彭忆．财务管理．长沙：湖南人民出版社，2001.
[6] 何进日．企业财务管理．长沙：湖南人民出版社，2001.
[7] 王庆成，郭复初．财务管理学．北京：高等教育出版社，2000.
[8] 俞文青．房地产开发企业财务管理．上海：立信会计出版社，2005.
[9] 郑毅．财务管理学．长沙：中南工业大学出版社，1997.
[10] 张玲，张佳林．财务管理．长沙：湖南大学出版社，2004.
[11] 全国会计专业技术资格考试教材．财务管理．北京：中国经济出版社，2007.
[12] 方芳．房地产开发企业财务管理．上海：上海财经大学出版社，2006.
[13] 刘新国．房地产开发企业会计与财务管理．北京：经济科学出版社，2006.
[14] 谷祺．财务管理．大连：东北财经大学出版社，2003.
[15] 周正庆．证券知识读本．北京：中国金融出版社，1998.
[16] 霍文文．证券投资学．北京：高等教育出版社年版，2000.
[17] 吴林祥，段琛．债券投资技巧．上海：上海科学技术出版社，2001.
[18] 中国证券业协会．证券市场基础知识．上海：上海财经大学出版社，2002.
[19] 中国证券业协会．证券投资分析．上海：上海财经大学出版社，2002.
[20] 证券投资基金编写组．证券投资基金．上海：上海财经大学出版社，2002.
[21] 陈德强．资金营运论．上海：立新会计出版社，2000.
[22] 于立君．建筑技术经济分析．北京：中国建筑工业出版社，2002.
[23] 荆新，王化成，刘俊彦．财务管理学（修订版）．北京：中国人民大学出版社，1998.
[24] 财政部注册会计师考试办公室．财务成本管理．北京：中国财政出版社，2001.
[25] 尤企·伯格汉母．美国中级财务管理．天津商学院 MBA 班译．北京：中国展望出版社，1998.
[26] 斯蒂芬，A·罗斯，等．公司理财．吴世农，沈艺峰，等译．北京：机械工业出版社，2000.
[27] 郭复初，等．财务通论．上海：立信会计出版社，1997.
[28] 王庆成．财务管理．北京：经济科学出版社，1995.
[29] 郭复初，等．财务专论．上海：立信会计出版社，1998.
[30] 郭复初，黄卓夫．财务管理学（第 2 版）．成都：西南财经大学出版社，2002.

[31] 余绪绍．企业理财学．沈阳：辽宁大学出版社，1995.
[32] R·查尔斯·摩尔．当代财务管理．大连：东北财经大学出版社，1998.
[33] 王左军．财务管理．北京：民主与建设出版社，2006.
[34] 吴雪林．目标成本管理．北京：经济科学出版社，2006.
[35] 王关宇．丁华明．作业成本管理．北京：清华大学出版社，2006.
[36] 张凤英．财务管理．北京：对外经济贸易大学出版社，2005.
[37] 荆新．财务管理学．北京：中国人民大学出版社，2004.
[38] 郭复初，王庆成．财务管理学．北京：高等教育出版社，2006.
[39] 方芳．房地产开发企业财务管理．上海：上海财经大学出版社，2006.
[40] 张先治．财务分析．大连：东北财经大学出版社，2006.

图书在版编目（CIP）数据

房地产财务管理/赵玉霞等主编．--北京：人民交通出版社，2007.8

ISBN 978-7-114-06595-8

Ⅰ. 房… Ⅱ. 赵… Ⅲ. 房地产业—企业管理：财务管理—高等学校—教材 Ⅳ. F293.33

中国版本图书馆 CIP 数据核字（2007）第 118912 号

书　　名：房地产财务管理
著 作 者：赵玉霞　周桂芳
责任编辑：王　霞(wxccpress@126.com)
出版发行：人民交通出版社
地　　址：（100011）北京市朝阳区安定门外外馆斜街 3 号
网　　址：http://www.ccpress.com.cn
销售电话：（010）59757973
总 经 销：人民交通出版社发行部
经　　销：各地新华书店
印　　刷：北京市密东印刷有限公司
开　　本：720×960　1/16
印　　张：21.25
字　　数：394 千
版　　次：2007 年 8 月第 1 版
印　　次：2013 年 7 月第 3 次印刷
书　　号：ISBN 978-7-114-06595-8
定　　价：35.00 元

教材使用调查问卷

尊敬的老师：

欢迎您使用我社"高等学校工程管理专业应用型本科规划教材"——《房地产财务管理》，请您拨冗填写以下简短问卷。反馈问卷即进入我社教材服务贵宾数据库，我们将向您提供周到细致的服务：**赠送新版教材，赠送教师教学辅助用书，赠送相关图书多媒体课件，赠送业界最新资讯信息，提供购书优惠，优先参与教材编写，提供教师培训和定期举办的假期研讨班，等等。**

教师姓名：________________ 电　　话：________________

邮　　箱：________________ 主讲课程：________________

学　　校：________________ 院　（系）：________________

地　　址：________________________________（　　　）

1. 贵校工程管理专业下设哪些方向：

□工程项目管理　□投资与造价　□物业管理

□房地产经营与管理　□公路工程管理　□不分方向

2. 您认为本书的印刷装帧质量：

□好　□一般　□差　需要改进之处________________

3. 您对本书的选材和内容编排评价：

□好　□一般　□差　需要改进之处________________

4. 本书文字、公式、图、表是否存在错、漏，请指出：

____

5. 您认为本门课程的教材还需要如何改进，以更好地契合教学？

____

____

同时，我们也热烈欢迎与您交换教学用资料，如案例、课件、多媒体资料等，以充实、完善教学服务体系。

联系人：王霞（wx@ccpress. com. cn）

反馈方式：邮寄（北京市安定门外外馆斜街3号人民交通出版社

土木与建筑图书出版中心 100011）

传真（010-85285927）

e-mail（tumu@ccpress. com. cn）

在线填写（http://www. ccpress. com. cn）

高等学校工程管理专业应用型本科规划教材

教材名称		主编	主审
技术平台	工程制图	张 英　谭海洋	陈锦昌
	工程制图习题集	郭全花　张 英	陈锦昌
	建筑工程 CAD	冯小平　郭全花	马 华
	工程测量	贺跃光　高成发	过静珺
	工程测量实践教学指导书	李广文　马 斌	过静珺
	土力学地基与基础	邵光辉　吴能森	陈 轮
	工程力学	刘淑红　田玉梅	沈蒲生
	工程结构	叶 玲　孙敦本	沈蒲生
	土木工程材料	张正雄　姚佳良	黄政宇
	土木工程材料试验指导书	米文瑜	黄政宇
	土木工程施工	张云波　苏有文	朱宏亮
	专业英语	孙春玲　韦 嘉	卢有杰
管理平台	工程估价	马 楠	尹贻林
	工程项目管理基础	周建国	刘长滨
经济平台	工程经济学	宋 伟　王恩茂	刘晓君
	金融与保险	张国兴	张洪涛
工程项目管理方向	建设工程项目管理	庞南生　周建国	刘长滨
	工程合同管理	杨 平　丁晓欣	成 虎
	建设项目评估	吴文平　等	谭大璐
	建筑企业经营管理	张涑贤	庞永师
房地产经营与管理	房地产经济学	余 宏	武永祥
	房地产估价	李 杰	盛承懋
	房地产开发	陈 双　郭 平	李启明
	房地产市场营销	刘鹏忠　苏 萱	盛承懋
	房地产财务管理	赵玉霞	邵军义
	房地产经纪	薛 姝	盛承懋
	房地产项目策划	张敏莉	黄安永
	房地产金融	寇慧丽	田金信
	物业管理	周 云　周建国	王建廷
	房地产法规	李 岫	朱宏亮
投资与造价管理	工程造价管理	吴怀俊　马 楠	陈起俊
	工程计量与计价	李锦华	王雪青
	工程定额管理	李建峰	
公路工程管理	路桥工程施工	王首绪　夏 伟	邬晓光
	公路工程材料	柳俊哲	申爱琴
	桥梁与隧道工程	颜东煌	顾安邦
	工程英语	贾艳敏	张建仁
	道路与交通工程	凌天清	杨少伟
	工程项目管理	周 直	任 宏
	公路工程质量管理	袁剑波	陈忠达
	公路工程合同管理	原 驰	袁剑波
	施工企业经营管理	陈传德	杨华峰
	建设工程安全管理	张国志	刘浩学
	工程经济学	石勇民	石振武
	公路工程项目招标与投标	周 直	刘开生
	工程管理教学案例	魏道升	王选仓
	公路工程造价编制与管理	崔新媛	石勇民
	公路工程造价管理案例分析	姚玉玲	沈其明
	计算机辅助管理教程	高 幸	王选仓
	工程风险管理	陈 赟	王选仓

相关图书推介

简明英汉—汉英土木工程词汇(主编:孙跃东)

简明英汉—汉英公路工程词汇(主编:刘开生)

简明英汉—汉英工程管理专业词汇(主编:天津理工大学)